MARTIN MULERT

Die deutschen Bundesländer vor dem Europäischen Gerichtshof

Hamburger Studien zum Europäischen und Internationalen Recht

Herausgegeben von

Meinhard Hilf, Hans Peter Ipsen,
Ingo von Münch und Gert Nicolaysen

Band 8

Die deutschen Bundesländer vor dem Europäischen Gerichtshof

Von

Martin Mulert

Duncker & Humblot · Berlin

Die Deutsche Bibliothek – CIP-Einheitsaufnahme

Mulert, Martin:
Die deutschen Bundesländer vor dem Europäischen Gerichtshof /
von Martin Mulert. –
Berlin : Duncker und Humblot, 1996
(Hamburger Studien zum europäischen und internationalen Recht ;
Bd. 8)
Zugl.: Hamburg, Univ., Diss., 1995
ISBN 3-428-08633-3
NE: GT

Fotoprint: Color-Druck Dorfi GmbH, Berlin
Printed in Germany

ISSN 0945-2435
ISBN 3-428-08633-3

Gedruckt auf alterungsbeständigem (säurefreiem) Papier
entsprechend ISO 9706 ♾

Meinen Eltern

Vorwort

Diese Arbeit lag dem Fachbereich Rechtswissenschaft I der Universität Hamburg im Wintersemester 1995/96 als Dissertation vor. Das Manuskript wurde im Oktober 1995 abgeschlossen.

Die Begegnung mit meinem Doktorvater, Herrn Prof. Dr. Meinhard Hilf, hat sich in fachlicher und menschlicher Sicht als Glücksfall erwiesen. Er hat seinem Namen durch ständige Hilfsbereitschaft alle Ehre gemacht und als vorbildlicher Betreuer entscheidend zur zügigen Fertigstellung der Arbeit beigetragen. Herrn Prof. Dr. Gert Nicolaysen gebührt Dank für die rasche Erstattung des Zweitgutachtens.

Sämtlichen Mitarbeitern des Hamburger Max-Planck-Instituts für ausländisches und internationales Privatrecht, allen voran Herrn Dr. Jan Peter Waehler, Herrn Dr. Marek Schmidt und Herrn Jochen Beckmann, danke ich herzlich für vielfältige Unterstützung.

Wertvolle Gesprächspartner mit unterschiedlichen Perspektiven waren mir am Gerichtshof der Europäischen Gemeinschaften Herr Generalanwalt Prof. Dr. Carl Otto Lenz, an der Universität Bamberg Herr Prof. Dr. Manfred A. Dauses, beim Juristischen Dienst der Europäischen Kommission Herr Dr. Jürgen Grunwald, beim Bundesrat Herr Ministerialrat Dr. Horst Risse und Herr Regierungsrat Lars von Dewitz, beim Bundesministerium für Wirtschaft Herr Ministerialrat Dr. Ernst Röder und Herr Ministerialrat Wilhelm Kaiser sowie in der Staatskanzlei des Landes Nordrhein-Westfalen Herr Ministerialrat Dr. Wolfram Försterling. Weiterführende Anregungen verdanke ich darüber hinaus den wissenschaftlichen Mitarbeitern des Heidelberger Max-Planck-Instituts für ausländisches öffentliches Recht und Völkerrecht und meinem Vater, Herrn Dr. Thomas M. Mulert. Das von Herrn Dr. Robert Lane und Frau Christine Boch geleitete Master-Programm am Europa Institute der University of Edinburgh hat meine Faszination für das Gemeinschaftsrecht geweckt.

Stetigen Zuspruch und Unterstützung verdanke ich meinen Eltern und meiner Schwester Maike, meiner Freundin Sonia und meinem Freundeskreis, für den hier stellvertretend Herr Dr. Bernhard Bender, Herr Levin Holle und Herr Thomas Kuhnle genannt seien.

Für die Anfertigung der Übersetzungen schulde ich Herrn Mark Sgarbossa (englisch), Frau Delphine David (französisch), Herrn Vincenzo Colonna und Herrn Prof. Dr. Paolo Picone (italienisch) sowie Frau Sonia Gutiérrez López, LL. M. (spanisch) jeweils ein dickes Dankeschön.

Der Universität Hamburg gebührt Dank für ein großzügiges, durch Frau Mechthild Modersohn souverän verwaltetes Doktorandenstipendium. Dem Verlag und den Herausgebern danke ich für die Aufnahme der Arbeit in diese Schriftenreihe.

Last, not least, danke ich Frau Christel Leroy für ihre herzliche Unterstützung und Frau Ingeborg Stahl für die professionelle Betreuung des Manuskripts.

Hamburg, im Oktober 1995

Martin Mulert

Inhaltsverzeichnis

Fünftes Kapitel

Mittelbare Teilhabe der Bundesländer an der prozessualen Stellung der Bundesrepublik Deutschland vor dem Europäischen Gerichtshof

Sechstes Kapitel

Zusammenfassung und Ausblick 261

Abkürzungsverzeichnis

a.A.	anderer Ansicht
a.F.	alte Fassung
ABl.	Amtsblatt der Europäischen Gemeinschaften
AfP	Archiv für Presserecht
AJDA	L'Actualité juridique - Droit administratif
AJPIL	Austrian Journal of Public and International Law
AK	Alternativkommentar zum Grundgesetz
Anm.	Anmerkung
AöR	Archiv des öffentlichen Rechts
ArbG	Arbeitsgericht
AVR	Archiv des Völkerrechts
AWD (BB)	Außenwirtschaftsdienst des Betriebsberaters
BayVBl.	Bayerische Verwaltungsblätter
ber.	berichtigt
BGBl.	Bundesgesetzblatt
BR-Drs.	Drucksachen des Bundesrates
BT-Drs.	Drucksachen des Deutschen Bundestages
BVerfG	Bundesverfassungsgericht
BVerfGE	Entscheidungen des Bundesverfassungsgerichts
BVerwG	Bundesverwaltungsgericht
CMLRev.	Common Market Law Review
DB	Der Betrieb
DJT	Deutscher Juristentag
DÖV	Die Öffentliche Verwaltung
DRiZ	Deutscher Richterzeitung
DVBl.	Deutsches Verwaltungsblatt
EA	Europa-Archiv
ELRev.	European Law Review
EuGH	Europäischer Gerichtshof
EuGRZ	Europäische Grundrechte-Zeitschrift
EuR	Europarecht
EuZW	Europäische Zeitschrift für Wirtschaftsrecht
EWS	Europäisches Wirtschafts- und Steuerrecht
FAZ	Frankfurter Allgemeine Zeitung

G/T/E	von der Groeben/Thiesing/Ehlermann, Kommentar zum EWG-Vertrag, 4. Auflage, Baden-Baden 1991
i.d.F.	in der Fassung
i.E.	im Ergebnis
i.e.	id est
i.V.m.	in Verbindung mit
ibid.	ibidem
JA	Juristische Arbeitsblätter
JöR	Jahrbuch des öffentlichen Rechts der Gegenwart
Jur. Diss.	Juristische Dissertation
JZ	Juristenzeitung
m.w.N.	mit weiteren Nachweisen
MDR	Monatsschrift für Deutsches Recht
n.F.	neue Fassung
NJW	Neue Juristische Wochenschrift
NVwZ	Neue Zeitschrift für Verwaltungsrecht
NWVBl.	Nordrhein-Westfälische Verwaltungsblätter
öBGBl.	Österreichisches Bundesgesetzblatt
ÖJZ	Österreichische Juristen-Zeitung
RIW	Recht der internationalen Wirtschaft
RMC	Revue du Marché Commun
Rn.	Randnummer
Rs.	Rechtssache
RTDE	Revue trimestrielle de droit européen
Rz.	Randziffer
Slg.	Amtliche Sammlung der Rechtsprechung des Europäischen Gerichtshofs
Univ.	Universität
VerwArch	Verwaltungsarchiv
Verb.	verbunden
Vorb.	Vorbemerkung
VR	Verwaltungsrundschau
VVDStRL	Veröffentlichungen der Vereinigung der Deutschen Staatsrechtslehrer
WM	Wertpapier-Mitteilungen
ZaöRV	Zeitschrift für ausländisches öffentliches Recht und Völkerrecht
ZfRV	Zeitschrift für Rechtsvergleichung
ZG	Zeitschrift für Gesetzgebung
ZParl	Zeitschrift für Parlamentsfragen
ZRP	Zeitschrift für Rechtspolitik
zugl.	zugleich

Erstes Kapitel

Einführung

A. Problemstellung

Die Stellung der deutschen Bundesländer im Prozeß der europäischen Integration ist seit der Gründung der Europäischen Gemeinschaft für Kohle und Stahl im Jahre 1951[1] wiederholt Gegenstand wissenschaftlicher und politischer Kontroversen in der Bundesrepublik Deutschland gewesen[2]. Auf der einen Seite wird vor den Gefahren einer Überbetonung des deutschen Föderalismus für die Integrationsfähigkeit der Bundesrepublik Deutschland gewarnt[3]. Die Länder beklagen demgegenüber einen schrittweisen Verlust der ihnen durch das Grundgesetz eingeräumten Gesetzgebungs- und Verwaltungsbefugnisse durch die stetige Erweiterung der Kompetenzen der Europäischen Gemeinschaften[4].

Zum einen erfolgte diese Erweiterung durch Änderungen und Ergänzungen der Gründungsverträge, etwa durch die Einheitliche Europäische Akte[5] im Jahre 1986[6]. Zum anderen ergab sie sich aus der großzügigen Anwendung und Auslegung vertraglicher Ermächtigungsnormen, insbesondere der sogenannten

---

1 Vertrag über die Gründung der Europäischen Gemeinschaft für Kohle und Stahl, BGBl. 1952 II S. 447, im folgenden "EGKSV".

2 So warnte der damalige nordrhein-westfälische Ministerpräsident Arnold schon anläßlich der Ratifizierung des EGKSV, die Länder könnten "zu reinen Verwaltungseinheiten herabgedrückt werden": Vgl. Protokoll der 61. Sitzung des Bundesrates am 27.7.1951, S. 445.

3 Meier, ZRP 1987, S. 228 (228 f.); Badura, in: Festschrift Lerche, S. 369 (380 f.); Everling, DVBl. 1993, S. 936 (947); zur Hausen, EuR 1987, S. 322 (327 ff.); Schleyer, WM 47 (1993), S. 735; bereits im Hinblick auf den Anschluß Österreichs an das Deutsche Reich bemerkte Kelsen, Zeitschrift für öffentliches Recht 1927, S. 329 (331): "Ein Bundesstaat im Bundesstaat bedeutet organisationstechnisch eine heillose Komplikation".

4 Vgl. Riegel, DVBl. 1979, S. 245 ff.; Oschatz/Risse, EA 1988, S. 9 ff.

5 BGBl. 1986 II S. 1102, im folgenden "EEA".

6 Ress, EuGRZ 1986, S. 549 (549 f.); Jooss/Scheurle, EuR 1989, S. 226 (226 ff.); Waitz von Eschen, BayVBl. 1991, S. 321 (327); Dörr, NWVBl. 1988, S. 289 (290 f.); Rudolf, in: Merten, S. 263 ff.

Abrundungsklausel des Art. 235 des Vertrages zur Gründung der Europäischen Wirtschaftsgemeinschaft, durch die Gemeinschaftsorgane[7].

Einen vorläufigen Höhepunkt erreichte diese Entwicklung im Vorfeld des in Maastricht abgeschlossenen Vertrages über die Europäische Union[8]: Angesichts der beabsichtigten Festschreibung von Gemeinschaftskompetenzen auf den Gebieten Bildung und Kultur sahen die Länder nunmehr Kernbereiche ihrer Eigenstaatlichkeit gefährdet[9].

Kompensationsstrategien der Länder[10] zielten sowohl auf verstärkte Mitwirkungsrechte des Bundesrates und der Länder im Bereich der innerstaatlichen Willensbildung[11] als auch auf die Berücksichtigung von Länderinteressen auf gemeinschaftsrechtlicher Ebene[12]. Beide Strategien sind auf teils heftigen Widerstand der Bundesregierung sowie anderer Mitgliedstaaten gestoßen, die aufgrund ihrer zentralistischen Verfassungen oder aus Furcht vor separatistischen Bestrebungen interne föderative Strukturen ablehnen[13].

Durch die im Zusammenhang mit der Ratifizierung des EUV vorgenommenen Änderungen des Grundgesetzes - insbesondere durch den neugefaßten Artikel 23[14] - wurde den Forderungen der erstgenannten Strategie weitgehend

---

7 BGBl. 1957 II S. 766, im folgenden "EWGV"; zum weiten Anwendungsbereich des Art. 235 EWGV vgl. Grabitz/Hilf-Grabitz, Art. 235, Rn. 9 ff.; Morawitz/Kaiser, S. 103 ff.; Baumhof, S. 43; Rabe, NJW 1993, S. 1 (2); Benz, DÖV 1991, S. 586 (591 f.); Brenner, DÖV 1992, S. 903 (907 f.); Eiselstein, NVwZ 1989, S. 323 (328 f.); Kirchhof, EuR 1991, Beiheft 1, S. 11 (16 f.); Steinberg/Britz, DÖV 1993, S. 313 (317 f.).

8 Vertrag über die Europäische Union ("Maastricht-Vertrag"), BGBl. 1992 II S. 1253, im folgenden "EUV"; der EWGV ist durch den EUV umbenannt worden in Vertrag zur Gründung der Europäischen Gemeinschaft, BGBl. 1992 II S. 1253/1255, im folgenden "EGV".

9 Instruktiv zur Länderbeteiligung an der Vorbereitung des Vertragswerkes Kalbfleisch-Kottsieper, DÖV 1993, S. 541 (542 ff.); Böhm, BayVBl. 1993, S. 545 (546 f.); zur Auswirkung der Wirtschafts- und Währungsunion auf den bundesdeutschen Finanzausgleich Carl, NVwZ 1994, S. 947 (949 ff.).

10 Zahlreiche im Vorfeld des EUV verabschiedete Forderungskataloge der Länder sind abgedruckt bei Bauer, S. 13 ff; vgl. auch die bei Schäffer, S. 207 ff., abgedruckten Standpunkte der österreichischen Bundesländer für die EG-Beitrittsverhandlungen und ibid., S. 203 ff., die Entschließung der Fünften Konferenz "Europa der Regionen".

11 Borchmann, EA 1991, S. 340 (340 ff.); Häberle, EuGRZ 1992, S. 429 (435); Meier, ZRP 1987, S. 228 f.; Biancarelli, AJDA 1991, S. 835 (836 f.); Lothar Müller, DVBl. 1992, S. 1249 (1254).

12 Kleffner-Riedel, S. 6; Röhl, EuR 1994, S. 409 (438 ff.); Borchmann, EA 1991, S. 340 ff.; Häberle, S. 218 ff.; Schink, DÖV 1992, S. 385 (386 ff.).

13 Borchmann, EA 1991, S. 340 (346 f.); Petersen, DÖV 1991, S. 278 (280).

14 BGBl. 1992 I S. 2086.

entsprochen[15]. Im Sinne der zweitgenannten Strategie trägt das Gemeinschaftsrecht - etwa durch die Schaffung eines Ausschusses der Regionen[16] und das Gebot zur Achtung der nationalen Identität der Mitgliedstaaten gemäß Art. F Abs. 1 EUV[17] - seit dem Inkrafttreten des EUV verstärkt der Existenz regionaler Untergliederungen[18] in den Mitgliedstaaten Rechnung[19].

Die sich aus der Mitgliedschaft der föderativ gegliederten Bundesrepublik Deutschland in der Europäischen Union ergebenden gemeinschafts- und verfassungsrechtlichen Probleme waren in materiellrechtlicher Hinsicht bereits Gegenstand zahlreicher wissenschaftlicher Untersuchungen[20]. Dagegen ist bislang weitgehend ungeklärt, welche prozessuale Stellung den Bundesländern in gemeinschaftsbezogenen Angelegenheiten vor dem Gerichtshof der Europäischen Gemeinschaften[21] zukommt. Insoweit klafft in der bisherigen Literatur eine - insbesondere für die Länder - schmerzhafte Lücke. Praktisch ist dieser Problemkreis von großer Bedeutung: Materiellrechtliche Positionen vermögen die Bundesländer im Prozeß der fortschreitenden europäischen Integration nicht zu stärken, wenn die prozessuale Durchsetzbarkeit dieser Positionen nicht gewährleistet ist. Zudem wird die Bereitschaft der Bundesländer zu weiteren Integrationsschritten maßgeblich davon abhängen, ob ihnen zur Verteidigung ihrer Kompetenzbereiche gegen etwaige Übergriffe der Gemeinschaftsorgane wirksame Rechtsbehelfe zu Gebote stehen.

Schlaglichtartig läßt sich die Problematik am Beispiel zweier gegen die Bundesrepublik Deutschland eingeleiteter Vertragsverletzungsverfahren aufzeigen. Gegenstand der Verfahren waren Beihilfen, welche die Länder Rhein-

---

15 Schede, S. 51 ff.; Oppermann/Classen, Aus Politik und Zeitgeschichte 1993, Heft 28, S. 11 (13 f.); Neßler, EuR 1994, S. 216 (222 ff.); kritisch zum neuen Art. 23 GG Badura, EuR 1994, Beiheft 1, S. 9 (16); Breuer, NVwZ 1994, S. 417 (421 f.); Schwarze, JZ 1993, S. 585 (590); Classen, ZRP 1993, S. 57 (57 ff.); Everling, DVBl. 1993, S. 936 (945 ff.); Di Fabio, Der Staat 32 (1993), S. 191 (207 ff.).

16 Bassot, RMC 1993, S. 729 (729 ff.); Wuermeling, EuR 1993, S. 196 (197 ff.).

17 Dazu Hilf, in: Gedächtnisschrift Grabitz, S. 157 ff.; Epiney, EuR 1994, S. 301 (307).

18 Im Anschluß an die Terminologie des den Regionalausschuß betreffenden Art. 198a EGV ist im folgenden von "regionalen Gebietskörperschaften" die Rede.

19 Zusammenfassend Kleffner-Riedel, S. 249 ff.

20 Grundlegend Kössinger, S. 16 ff.; vgl. auch Baumhof, S. 68 ff.; Schwan, S. 15 ff., jeweils m.w.N.

21 Im folgenden wird dieses Gemeinschaftsorgan im Einklang mit der üblichen Terminologie als "Europäischer Gerichtshof" bezeichnet; vgl. dazu Grabitz/Hilf-Nettesheim, Art. 4, Rn. 16; EuZW 1994, S. 34.

land-Pfalz[22] bzw. Baden-Württemberg[23] gewährt hatten. Die Länder waren an den Verfahren über "ihre" Maßnahmen gänzlich unbeteiligt. Ähnlich blieb die Region Wallonien von einem Vertragsverletzungsverfahren gegen den Mitgliedstaat Belgien ausgeschlossen, in dem eine wallonische Maßnahme auf dem Gebiete der Abfallpolitik in Rede stand[24]. Diese Vorgänge stimmen mit Blick auf die rechtsstaatlichen Gebote eines wirksamen Rechtsschutzes und des rechtlichen Gehörs nachdenklich.

Besondere Aktualität erlangt die Frage nach der Stellung der Bundesländer vor dem Europäischen Gerichtshof im Hinblick darauf, daß diese sich mit ihrer Forderung nach der Verankerung eines ausdrücklichen privilegierten Klagerechts für föderative Untergliederungen im Gemeinschaftsprozeßrecht[25] im Rahmen des Vertrages über die Europäische Union nicht durchsetzen konnten[26]. Zwar wird diese Forderung mit Blick auf die nächste Vertragsrevision erneut erhoben[27]. Angesichts der zögerlichen Haltung der Bundesregierung und der starken Gruppe zentralistisch verfaßter Mitgliedstaaten muß die Durchsetzbarkeit aber skeptisch beurteilt werden. Deshalb ist klärungsbedürftig, ob bereits das bestehende gemeinschaftsprozessuale Instrumentarium im Zusammenspiel mit den innerstaatlichen Beteiligungsverfahren nach Art. 23 Abs. 4 bis 6 GG und den dazu ergangenen Ausführungsregelungen eine wirkungsvolle Verteidigung von Länderkompetenzen im Prozeß der europäischen Integration ermöglicht.

Aus wissenschaftlicher Sicht erscheint eine Untersuchung über die Stellung der Bundesländer vor dem Europäischen Gerichtshof auch insofern reizvoll, als sie grundlegende Fragen des Zusammenspiels von Gemeinschaftsrechtsordnung und nationalen Rechtsordnungen aufwirft: Sofern das Gemeinschaftsprozeßrecht föderativen Untergliederungen der Mitgliedstaaten keine

---

22 EuGH Rs. 94/87 (Kommission/Deutschland), Slg. 1989, S. 175 (189 ff.).

23 EuGH Rs. C-5/89 (Kommission/Deutschland), Slg. 1990 I, S. 3437 (3453 ff.).

24 EuGH Rs. C-2/90 (Kommission/Belgien), Slg. 1992 I, S. 4431 (4471 ff.).

25 Borchmann, EA 1991, S. 340 (342); Knemeyer, DVBl. 1990, S. 449 (454); Zbinden, in: Freiburghaus, S. 91 (95 f.); Rengeling, in: Festschrift Thieme, S. 445 (454 f.).

26 Baetge, BayVBl. 1992, S. 711 (714); Kleffner-Riedel, S. 244 f.; Schweitzer, VVDStRL 53 (1994), S. 48 (66 f.); Morawitz/Kaiser, S. 116; Streinz, S. 51; Classen, ZRP 1993, S. 57 (58, Fn. 17).

27 Dauses, Gutachten, S. D 113 ff.; Borchmann, EuZW 1995, S. 570 (572); der 60. DJT hat diese Forderung mit einer deutlichen Mehrheit unterstützt: Verhandlungen des 60. DJT, Bd. II/1, S. N 59; der bayerische Ministerpräsident Stoiber bekräftigte sie anläßlich einer Sitzung des Regionalausschusses: FAZ vom 14.03.1995, S. 3.

oder nur unzureichende Möglichkeiten zur Verteidigung ihrer Zuständigkeiten gegen kompetenzwidrige Gemeinschaftsrechtsakte einräumt, sind Justizkonflikte zwischen der nationalen Verfassungsgerichtsbarkeit und dem Europäischen Gerichtshof vorprogrammiert. Den Bundesländern und den Gebietskörperschaften in anderen Mitgliedstaaten bliebe nämlich in diesem Falle als ultima ratio nur die Anrufung des jeweiligen nationalen Verfassungsgerichts, um nicht schutzlos zu bleiben. Deutlich wird diese Problematik an dem vor dem Bundesverfassungsgericht ausgetragenen Bund-Länder-Streit um die Rechtmäßigkeit von Quotenregelungen in der gemeinschaftlichen Fernsehrichtlinie[28], in der vorgesehen ist, daß ein bestimmter Prozentsatz der Sendezeit europäischen Produktionen vorbehalten werden muß[29].

Insgesamt ist das Gemeinschaftsprozeßrecht im Vergleich zum materiellen Recht bisher von der Wissenschaft eher stiefmütterlich behandelt worden[30]. Daher können die Betroffenen - hier die Länder - oftmals zwar nachlesen, welche materiellen Rechtspositionen ihnen nach dem Gemeinschaftsrecht zustehen, nicht aber, ob und wie diese Rechte prozessual durchsetzbar sind. Die vorliegende Arbeit will dazu beitragen, diesem Mangel für den Bereich der deutschen Bundesländer abzuhelfen.

B. Gang der Untersuchung

Im Mittelpunkt der Arbeit steht die prozessuale Stellung der Bundesländer in Verfahren vor dem Europäischen Gerichtshof. Nach einem Überblick über die für sie bedeutsamen gemeinschaftsrechtlichen Verfahrensarten im zweiten Kapitel ist das dritte Kapitel der für das Gemeinschaftsprozeßrecht charakteristischen, durchgehenden Differenzierung zwischen privilegierten, beschränkt privilegierten und nichtprivilegierten Prozeßbeteiligten gewidmet. Darauf aufbauend wird im vierten Kapitel zu klären sein, wie die Bundesländer in jenes System einzuordnen sind und für welche Klagearten und unter welchen Voraussetzungen sie aktiv- bzw. passivlegitimiert sind. Erörterungsbedürftig ist dann ferner, ob besondere Mechanismen des Gemeinschaftsprozeßrechts wie der Streitbeitritt oder die Drittwiderspruchsklage zur Wahrung von Länderinteressen herangezogen werden können.

---

28 Richtlinie 89/552/EWG, ABl. 1989 Nr. L 298/23 f.

29 2 BvG 1/89, Urteil vom 22.03.1995, EuZW 1995, S. 277 ff. m. Anm. Häde; Abdruck ebenfalls in JZ 1995, S. 669 ff. m. Anm. Zuleeg; näher dazu unten S. 108 ff.

30 Gündisch, S. 9.

Die auftretenden rechtlichen Fragen werden im engen Zusammenhang mit der jeweiligen Verfahrensart behandelt und gelöst. Weiterführende Anregungen zu Verbesserungen der derzeitigen Stellung der Bundesländer vor dem Europäischen Gerichtshof werden ebenfalls im Rahmen der jeweiligen Verfahrensart vorgestellt.

Sinngemäß gelten die Ausführungen zur gemeinschaftsprozessualen Stellung der Bundesländer zwar auch für vergleichbare regionale Gebietskörperschaften in anderen Mitgliedstaaten, etwa die österreichischen Bundesländer, die spanischen Comunidades Autónomas und die belgischen Regionen. Angesichts der Vielgestaltigkeit der mitgliedstaatlichen Verfassungsstrukturen[31], der von Fall zu Fall variierenden Aufgaben- und Kompetenzbereiche der regionalen Gebietskörperschaften[32] und der daraus resultierenden unterschiedlichen Betroffenheit durch das Gemeinschaftsrecht[33] können die jeweiligen Besonderheiten in den übrigen Mitgliedstaaten indes bei der Untersuchung nicht berücksichtigt werden.

Nach dem dieser Arbeit zugrundegelegten umfassenden Verständnis des Themas "Die deutschen Bundesländer vor dem Europäischen Gerichtshof" betrifft dieses nicht nur das unmittelbare Auftreten der Länder vor dem Europäischen Gerichtshof, sondern auch die mittelbare Wahrnehmung ihrer Interessen durch die Bundesregierung. Unter welchen Voraussetzungen eine derartige "Prozeßstandschaft"[34] in Betracht kommt und ob sie gegebenenfalls von den Ländern erzwungen werden kann, ist nach deutschem Verfassungsrecht zu klären. Hier zeigt sich, daß die behandelte Thematik an der Schnittstelle von Gemeinschafts- und Verfassungsrecht liegt.

Unter Berücksichtigung der im vierten Kapitel herausgearbeiteten eigenen Rechtsschutzmöglichkeiten der Länder in Verfahren vor dem Europäischen

---

31 Oschatz, ZG 5 (1990), S. 14 (14 f.).

32 Vgl. die Überblicke bei Wuermeling, BayVBl. 1990, S. 489 ff.; Lothar Müller, BayVBl. 1993, S. 513 (516 f.); Goetschel, in: Freiburghaus, S. 41 ff.

33 Zu Auswirkungen des Gemeinschaftsrechts auf die Kompetenzen der spanischen Comunidades Autónomas Abellán Honrubia, S. 39 (52 ff.); zu den Auswirkungen auf die Zuständigkeiten der österreichischen Bundesländer Öhlinger, in: Festschrift Helmrich, S. 379 (381 ff.); Schäffer, DÖV 1994, S. 181 (188 ff.); Staudigl, AJPIL 45-46 (1993-94), S. 41 (44 ff.); Seidl-Hohenveldern, CMLRev. 1995, S. 727 (731 ff.); zu den Auswirkungen auf die italienischen Regionen Patrono, in: Schäffer, S. 51 ff.

34 Das Bundesverfassungsgericht, 2 BvG 1/89, Urteil vom 22.03.1995, EuZW 1995, S. 277 = JZ 1995, S. 669, bezeichnet in seiner Entscheidung zur Fernsehrichtlinie die Bundesregierung als "Sachwalter der Länderrechte".

Gerichtshof wird sich das fünfte Kapitel der verfassungsrechtlichen Frage zuwenden, ob und unter welchen Voraussetzungen die Länder ein bestimmtes Verhalten der Bundesregierung vor dem Europäischen Gerichtshof durchsetzen können, sofern ihre Interessen in Rede stehen. Dabei wird der Erörterung des neuen Art. 23 GG und der zu seiner Umsetzung erlassenen Regelungen zentrale Bedeutung zukommen. Nach ihrem Wortlaut gewährt diese Vorschrift allerdings nur dem Bundesrat, nicht aber einzelnen Ländern Beteiligungsrechte. Folglich ist zu prüfen, ob sich darüber hinaus aus dem Grundsatz der Bundestreue auch Beteiligungsrechte einzelner Länder ergeben.

Das sechste Kapitel faßt die wesentlichen Ergebnisse der Arbeit - auch in englischer, französischer, italienischer und spanischer Sprache - zusammen.

Zweites Kapitel

Überblick über die länderrelevanten gemeinschaftsrechtlichen Verfahrensarten

Das Gemeinschaftsprozeßrecht folgt dem Grundsatz der begrenzten Einzelermächtigung[1]. Eine dem § 40 der deutschen Verwaltungsgerichtsordnung[2] vergleichbare Generalklausel ist ihm unbekannt[3]. Vielmehr werden die einzelnen Verfahrensarten in den Gründungsverträgen[4], den Satzungen[5] sowie Verfahrensordnungen des Europäischen Gerichtshofs[6] und des Gerichts erster Instanz[7] abschließend aufgezählt und ausgestaltet[8]. Holzschnittartig lassen sie sich in verwaltungsrechtliche[9], verfassungsrechtliche und sonstige Verfahren einteilen[10].

---

1 Schmidt-Aßmann, JZ 1994, S. 832 (835); Lenz-Borchardt, Art. 164, Rn. 1; Oppermann, S. 230 f.; Dauses Gutachten, S. D 46.

2 Im folgenden "VwGO".

3 Rengeling/Middeke/Gellermann, S. 19 f.

4 Neben dem EGV und dem EGKSV ist der Vertrag zur Gründung der Europäischen Atomgemeinschaft, BGBl. 1957 II S. 1014 i.d.F. des EUV, BGBl. 1993 II S. 1253/1286, im folgenden "EAGV", zu nennen. Die Untersuchung konzentriert sich auf das Rechtsschutzsystem des EGV.

5 Protokoll über die Satzung des Gerichtshofs der Europäischen Wirtschaftsgemeinschaft, BGBl. 1957 II S. 1166 mit mehreren Änderungen, im folgenden "Satzung"; Protokoll über die Satzung des Gerichtshofs der Europäischen Atomgemeinschaft, BGBl. 1957 II S. 1194 mit Änderungen, im folgenden "Satzung EAGV"; Protokoll über die Satzung des Gerichtshofs der Europäischen Gemeinschaft für Kohle und Stahl, BGBl. 1952 II S. 482 mit Änderungen, im folgenden "Satzung EGKSV".

6 Verfahrensordnung des Gerichtshofs der Europäischen Gemeinschaften, ABl. 1991 Nr. L 176/1, im folgenden "VerfO".

7 Verfahrensordnung des Gerichts erster Instanz der Europäischen Gemeinschaften, ABl. 1991 Nr. L 136/1, ber. ABl. 1991 Nr. L 193/44 und ABl. 1991 Nr. L 317/34.

8 Edward/Lane, S. 20; Dauses, Gutachten, S. D 46.

9 Zu dieser Gruppe Everling, in: Festschrift Redeker, S. 293 (297 ff.).

10 Einteilung nach Schweitzer/Hummer, S. 108 ff.; ähnlich Lenz-Borchardt, Art. 164, Rn. 2; eine andere Einteilung nimmt Dauses, Gutachten, S. D 46 ff., vor: Streitige Verfahren, Vorabentscheidungsverfahren, gutachtliche Stellungnahmen.

Aus der Sicht der Bundesländer interessiert in erster Linie die Nichtigkeitsklage gemäß Art. 173 EGV, die - abhängig vom jeweiligen Kläger - teils verfassungsrechtlicher, teils verwaltungsrechtlicher Natur ist[11]. Sie ermöglicht die Überprüfung von gemeinschaftlichen Rechtsakten im Wege einer direkten Klage vor dem Europäischen Gerichtshof[12]. Rügt ein Bundesland einen Eingriff in Länderkompetenzen durch einen kompetenzwidrig erlassenen Gemeinschaftsrechtsakt, so bietet sich die Nichtigkeitsklage als statthafte Verfahrensart an[13]. Eine Untätigkeitsklage gemäß Art. 175 EGV kommt dagegen in Betracht, wenn ein Gemeinschaftsorgan es rechtswidrig unterläßt, einen Beschluß zu fassen[14].

Unter den rein verfassungsrechtlichen Verfahrensarten ist die Aufsichtsklage der Kommission gemäß Art. 169 EGV aus der Sicht der Bundesländer von besonderer Brisanz. Gegenstand einer Aufsichtsklage kann nämlich jeder Vertragsverstoß durch ein mitgliedstaatliches Organ sein[15]. Folglich fallen darunter nicht nur Maßnahmen der Zentralgewalt eines Mitgliedstaates, sondern auch Maßnahmen seiner Untergliederungen[16] sowie nachgeordneter Behörden[17]. Klärungsbedürftig ist daher, ob sich ein Bundesland in derartigen Fällen unmittelbar an einem Vertragsverletzungsverfahren beteiligen kann, um "seine" Maßnahme - etwa ein Landesgesetz oder einen durch eine Landesbehörde erlassenen Verwaltungsakt - vor dem Europäischen Gerichtshof zu verteidigen.

Was schließlich den Bereich der sonstigen Verfahren anbelangt, so nimmt das Vorabentscheidungsverfahren gemäß Art. 177 EGV aus der Perspektive der Länder eine herausragende Stellung ein. Mitgliedstaatliche Gerichte können den Europäischen Gerichtshof um Auslegung des Gemeinschaftsrechts auch in Verfahren ersuchen, in denen Landesrecht auf dem Prüfstand des nationalen

---

11 Verwaltungsrechtlicher Natur ist die Nichtigkeitsklage, wenn natürliche oder juristische Personen gemäß Art. 173 Abs. 4 EGV klagen - verfassungsrechtlicher Charakter kommt ihr zu, wenn sie von Mitgliedstaaten, Gemeinschaftsorganen im Sinne des Art. 4 EGV oder der Europäischen Zentralbank nach Art. 173 Abs. 2 bzw. 3 EGV erhoben wird: Vgl. Lenz-Borchardt, Art. 164, Rn. 2.

12 Rengeling/Middeke/Gellermann, S. 65 f.

13 Zuleeg, DVBl. 1992, S. 1329 (1331); Dauses, BayVBl. 1989, S. 609 (609); Jooss/Scheurle, EuR 1988, S. 227 (232); Geiger, in: Kremer, S. 51 (68 f.); Wolfgang Kahl, AöR 118 (1993), S. 414 (443).

14 Dauses, BayVBl. 1989, S. 609 (609).

15 EuGH Rs. 52/75 (Kommission/Italien), Slg. 1976, S. 277; Rs. 77/69 (Kommission/Belgien), Slg. 1970, S. 237; Lenz-Borchardt, Art. 169, Rn. 7.

16 EuGH EuGH Rs. C-2/90 (Kommission/Belgien), Slg. 1992 I, S. 4431 ff.

17 EuGH Rs. 45/87 (Kommission/Irland), Slg. 1988, S. 4929 ff.

Gerichts steht. Das ist immer dann der Fall, wenn die Vereinbarkeit einer landesrechtlichen Norm mit dem Gemeinschaftsrecht nach Auffassung des vorlegenden nationalen Gerichts zweifelhaft und für das Ausgangsverfahren entscheidungserheblich ist[18]. Auch hier stellt sich die Frage, ob ein in seiner Rolle als Normgeber und -anwender betroffenes Bundesland die Möglichkeit hat, die umstrittene Norm vor dem Europäischen Gerichtshof in Schutz zu nehmen.

Unter den sonstigen Instituten des gemeinschaftlichen Prozeßrechts sind zwei hervorzuheben, die zwar in der bisherigen Spruchpraxis des Europäischen Gerichtshofs eher ein Mauerblümchendasein gefristet haben, für die Bundesländer jedoch künftig Relevanz gewinnen könnten. Das gilt zum einen für den Streitbeitritt gemäß Art. 37 Satzung[19] und zum anderen für den außerordentlichen Rechtsbehelf der Drittwiderspruchsklage gemäß Art. 39 Satzung[20]. Der Streitbeitritt ermöglicht es Dritten unter bestimmten Voraussetzungen, auf ein bei dem Gerichtshof anhängiges laufendes Verfahren prozessual Einfluß zu nehmen. Demgegenüber richtet sich der Drittwiderspruch gegen ein in einem Verfahren zwischen anderen Parteien ohne Beteiligung des Drittwiderspruchsklägers ergangenes Urteil, durch welches seine Rechte beeinträchtigt worden sind.

Die Untersuchung konzentriert sich auf die vorstehend genannten Verfahrensarten, welche aus der Sicht der Länder von besonderem Interesse sind. Ausgeklammert bleiben daher beamten- und arbeitsrechtliche Streitigkeiten aus dem internen Organisationsbereich der Gemeinschaft gemäß Art. 179 EGV und Verfahren aufgrund eines Schiedsvertrags zwischen Mitgliedstaaten gemäß Art. 182 EGV. Auch vertragliche und außervertragliche Schadensersatzklagen gegen die Gemeinschaft gemäß Art. 215 EGV werden im Hinblick auf ihre eher periphere Länderrelevanz von der Untersuchung ausgenommen. Entspre-

---

18 Anlaß für die Vorlage des Bundesverwaltungsgerichts in der Rs. 66/85 (Lawrie-Blum/Baden-Württemberg), Slg. 1986, S. 2121 (2141 f.) war beispielsweise § 6 des baden-württembergischen Landesbeamtengesetzes, der in seiner damaligen Fassung zwingend die deutsche Staatsangehörigkeit i. S. d. Art. 116 GG für die Berufung in das Beamtenverhältnis auf Widerruf verlangte.

19 Rengeling/Middeke/Gellermann, S. 358 ff.; im Hinblick auf die Länderbeteiligung Zuleeg, DVBl. 1992, S. 1329 (1336).

20 Däubler, NJW 1968, S. 325 (325 ff.); Rengeling/Middeke/Gellermann, S. 402 ff.; allerdings hat der Europäische Gerichtshof in seiner bisherigen Spruchpraxis sämtliche Drittwiderspruchsklagen als unzulässig verworfen: Vgl. aus neuerer Zeit EuGH Rs. C-147/86 (POIFXG), Slg. 1989, S. 4103 (4108).

chendes gilt für die Einholung von Gutachten des Gerichtshofs über die Vereinbarkeit geplanter völkerrechtlicher Abkommen der Gemeinschaft mit dem EGV gemäß Art. 228 Abs. 6 EGV.

Drittes Kapitel

Die Unterscheidung zwischen privilegierten, beschränkt privilegierten und nichtprivilegierten Verfahrensbeteiligten

Für das gemeinschaftsprozessuale Instrumentarium charakteristisch ist seine durchgehende Differenzierung zwischen privilegierten, beschränkt privilegierten und nichtprivilegierten Verfahrensbeteiligten[1]. Das prozessuale Schicksal der Betroffenen richtet sich in verschiedener Hinsicht nach der Zuordnung zu einer dieser Gruppen. Daher muß eine Untersuchung der prozessualen Stellung der Bundesländer im Gemeinschaftsrecht dieses Differenzierungssystem zugrunde legen und anschließend klären, wie sie dort jeweils einzuordnen sind.

Im einzelnen wirkt sich die Unterscheidung zwischen privilegierten, beschränkt privilegierten und nichtprivilegierten Verfahrensbeteiligten wie folgt aus:

A. Klageerhebung

Zunächst erleichtert eine Privilegierung bei der Nichtigkeits- und bei der Untätigkeitsklage bereits die Klageerhebung.

I. Nichtigkeitsklage gemäß Art. 173 EGV

Während nichtprivilegierte Kläger nach dem vierten Absatz des Art. 173 EGV ein unmittelbares und individuelles Betroffensein durch den angefochtenen Rechtsakt dartun müssen, entfällt dieses Erfordernis nach dem zweiten Absatz für privilegierte Nichtigkeitsklagen der Mitgliedstaaten, des Rates und der Kommission. Letztere sind also zur Anfechtung jedes Gemeinschaftsrechtsaktes befugt[2].

---

1 Vgl. Dauses, BayVBl. 1989, S. 609 (609); Schweitzer/Hummer, S. 107 f.; Oppermann, S. 242 f.; Hummer/Simma/Vedder/Emmert, S. 2.

2 Grabitz/Hilf-Wenig, Art. 164, Rn. 2.

Eine beschränkte Privilegierung wird seit den durch den EUV bewirkten Änderungen des EGV dem Europäischen Parlament und der Europäischen Zentralbank - bzw. bis zu ihrer Einrichtung gemäß Art. 109f Abs. 9 EGV dem Europäischen Währungsinstitut als ihrem Vorgänger - nach Art. 173 Abs. 3 EGV gewährt: Sie brauchen im Unterschied zu nichtprivilegierten Klägern zwar kein unmittelbares und individuelles Betroffensein darzulegen, sind allerdings nur dann klageberechtigt, wenn ihre Klagen auf die Wahrung ihrer Rechte - etwa Mitwirkungsbefugnisse im Normgebungsverfahren - abzielen[3]. Mit dieser differenzierenden Lösung folgt das geschriebene Gemeinschaftsrecht nunmehr auch ausdrücklich der Rechtsprechung des Europäischen Gerichtshofs zur Aktivlegitimation des Europäischen Parlamentes im Nichtigkeitsverfahren[4].

II. Untätigkeitsklage gemäß Art. 175 EGV

Eine andere Unterscheidung zwischen privilegierten, beschränkt privilegierten und nichtprivilegierten Klägern nimmt Art. 175 EGV für den Bereich der Untätigkeitsklage vor. Privilegiert klageberechtigt sind in diesem Verfahren nämlich neben den Mitgliedstaaten alle in Art. 4 EGV aufgeführten Organe der Gemeinschaft, also auch das Europäische Parlament und der Rechnungshof[5]. Eine Ausnahme muß für den Gerichtshof gelten, da dieser nicht zugleich Rechtsschutz begehren und gewähren kann[6]. Gegenstand einer von den privilegierten Klageberechtigten erhobenen Untätigkeitsklage ist allgemein die unterlassene Beschlußfassung[7].

Dagegen können natürliche und juristische Personen gemäß Art. 175 Abs. 3 EGV mittels der Untätigkeitsklage nur Beschwerde darüber führen, daß ein Gemeinschaftsorgan es pflichtwidrig unterlassen habe, "einen anderen Akt als eine Empfehlung oder eine Stellungnahme an sie zu richten". Eine von mehreren Generalanwälten vertretene Auffassung sieht vom Wortlaut des Art. 175 Abs. 3 EGV nur Entscheidungen im Sinne des Art. 189 Abs. 4 EGV erfaßt,

---

3 Lenz-Borchardt, Art. 173, Rn. 26.

4 Nenstiel, JR 1993, S. 485 (487); Middeke/Szczekalla, JZ 1993, S. 284 (289), sprechen zutreffend von "textlichen Anpassungen" an die Rechtsprechung des EuGH.

5 Lenz-Borchardt, Art. 175, Rn. 3

6 G/T/E-Krück, Art. 175, Rn. 5.

7 Lenz-Borchardt, Art. 175, Rn. 7.

weil nur solche bei formaler Betrachtungsweise an den Kläger zu adressieren seien[8].

Nach der Gegenauffassung ist dem Erfordernis der Klägergerichtetheit in Parallelität zur Nichtigkeitsklage bereits dann Genüge getan, wenn der Kläger von dem unterlassenen Rechtsakt unmittelbar und individuell betroffen wäre[9]. Damit reduziert sich die Klageberechtigung auf die verbindlichen Akte, die - wenn sie erlassen worden wären - Gegenstand einer Nichtigkeitsklage hätten sein können[10].

Ein abschließendes Votum des Gerichtshofs steht noch aus[11]. Einer Streitentscheidung bedarf es an dieser Stelle nicht. Vielmehr genügt hier die Feststellung, daß die nichtprivilegierte Klageberechtigung nach Art. 175 Abs. 3 EGV jedenfalls nicht weiter geht als diejenige nach Art. 173 Abs. 4 EGV.

Gleichsam zwischen privilegierten und nichtprivilegierten Klageberechtigten steht die Europäische Zentralbank[12]. Nach Art. 175 Abs. 4 EGV besteht ihre Klageberechtigung nicht allgemein, sondern nur innerhalb ihres durch Art. 105 ff. EGV abgesteckten Zuständigkeitsbereiches[13]. Dagegen verzichtet Art. 173 Abs. 4 EGV für Klagen der Europäischen Zentralbank auf das einschränkende Erfordernis der Klägergerichtetheit des begehrten Beschlusses. Die prozessuale Stellung der Europäischen Zentralbank im Untätigkeitsverfahren läßt sich daher als beschränkt privilegiert bezeichnen.

---

8 In diesem Sinne Generalanwalt Roemer, in: EuGH Rs. 103/63 (Rhenania u.a./Kommission), Slg. 1964, S. 913 (934); Generalanwalt Capotorti, in: EuGH Rs. 125/78 (GEMA/Kommission), Slg. 1979, S. 3173 (3193); Generalanwalt Slynn, in: EuGH Rs. 246/81 (Lord Bethell), Slg. 1982, S. 2277 (2293).

9 G/T/E-Krück, Art. 175, Rn. 17; Lenz-Borchardt, Art. 175, Rn. 8.

10 Vgl. EuGH Rs. 15/70 (Chevalley/Kommission), Slg. 1970, S. 975 (979); Lenz-Borchardt, Art. 175, Rn. 8.

11 In den Entscheidungen EuGH Rs. 247/87 (Star Fruit/Kommission), Slg. 1989, S. 291 (301) und Rs. 118/83 (CMC/Kommission), Slg. 1985, S. 2325 (2345) scheint der Gerichtshof sich indes im Interesse eines effektiven Rechtsschutzes gegen eine formale, am Adressaten orientierte Betrachtungsweise zu wenden.

12 Bis zur Einrichtung der Europäischen Zentralbank nimmt deren prozessuale Stellung gemäß Art. 10 f Abs. 9 EGV das Europäische Währungsinstitut ein.

13 Diese Einschränkung übersieht Lenz-Borchardt, Art. 175, Rn. 4.

B. Privilegierte Äußerungsbefugnis nach Art. 20 Satzung

Praktisch bedeutsam ist die aus Art. 20 Abs. 2 Satzung folgende privilegierte Äußerungsbefugnis der Mitgliedstaaten als "Herren der Verträge"[14] und der Kommission als "Hüterin der Verträge"[15] in Vorabentscheidungsverfahren gemäß Art. 177 EGV[16]. Diesen Äußerungsbefugten stellt der Kanzler des Gerichtshofs gemäß Art. 20 Abs. 1 Satzung jedes Vorabentscheidungsersuchen eines nationalen Gerichts zu. Binnen zwei Monaten nach dieser Zustellung können sie beim Gerichtshof Schriftsätze einreichen oder schriftliche Erklärungen abgeben, ohne formal am Verfahren beteiligt zu sein.

Der Rat besitzt gemäß Art. 20 Abs. 2 Satzung eine beschränkt privilegierte Äußerungsbefugnis, sofern die Gültigkeit oder Auslegung einer von ihm vorgenommenen Handlung in Frage steht. Im übrigen besteht eine Äußerungsberechtigung nach Art. 20 Satzung nur für die am Ausgangsverfahren beteiligten Parteien[17].

Angesichts der überragenden Bedeutung des Vorabentscheidungsverfahrens für die Entwicklung der Gemeinschaftsrechtsordnung und ihre Beachtung durch die mitgliedstaatlichen Gerichte stellt diese Regelung eine nicht zu unterschätzende Möglichkeit der Äußerungsberechtigten dar, auf die Rechtsprechung des Gerichtshofs Einfluß zu nehmen[18]. Ebenso wie der jeweilige Generalstaatsanwalt in seinen Schlußanträgen[19] setzt sich der Gerichtshof in seinen Urteilen regelmäßig mit dem Vorbringen der Äußerungsberechtigten auseinander[20].

---

14 Carstens, ZaöRV 21 (1961), S. 1 (13), bezeichnete die Mitgliedstaaten als "Herren der Verträge"; Hilf, in: Gedächtnisschrift Grabitz, S. 157 (163); Grimm, JZ 1995, S. 581 (586); Heintzen, AöR 119 (1994), S. 564 (564 f.); vgl. auch Lecheler, BayVBl. 1989, S. 417 (420).

15 Pieper, DVBl. 1993, S. 705 (712); Oppermann, S. 124.

16 Rengeling/Middeke/Gellermann, S. 191; Brealey/Hoskins, S. 149.

17 Brealey/Hoskins, S. 149.

18 Dauses, Vorabentscheidungsverfahren, S. 91 f.; Meier, EuZW 1995, S. 257.

19 Vgl. etwa Generalanwalt Lenz in EuGH Rs. 66/85 (Lawrie-Blum/Land Baden-Württemberg), Slg. 1986, S. 2121 (2127 ff.).

20 Vgl. etwa EuGH Rs. 14/83 (von Colson und Kamann/Land Nordrhein-Westfalen), Slg. 1984, S. 1891 (1905 f.).

C. Interventionsberechtigung

Ein weiterer Anwendungsfall der Differenzierung zwischen privilegierten und sonstigen Verfahrensbeteiligten betrifft die Interventionsberechtigung nach Art. 37 Satzung: Die Mitgliedstaaten und die Organe der Gemeinschaft können nach dem ersten Absatz dieser Vorschrift jedem bei dem Gerichtshof anhängigen Rechtsstreit beitreten. Demgegenüber bestimmt sich für alle anderen Personen die Interventionsberechtigung nach dem zweiten Absatz. Danach müssen sie ein berechtigtes Interesse am Ausgang des Rechtsstreits geltend machen. Von Rechtsstreitigkeiten zwischen Mitgliedstaaten, zwischen Organen der Gemeinschaft oder zwischen Mitgliedstaaten und Organen der Gemeinschaft sind sie dagegen - ungeachtet eines etwaigen Interesses - gänzlich ausgeschlossen[21].

Im auffälligen Unterschied hierzu steht die Regelung der Interventionsberechtigung für den Bereich der Europäischen Gemeinschaft für Kohle und Stahl in Art. 34 Satzung EGKS. Hier müssen alle Interventionswilligen ein berechtigtes Interesse am Ausgang des Verfahrens darlegen. Eine Differenzierung nach der Natur der am Verfahren beteiligten Parteien kennt Art. 34 Satzung EGKS dagegen nicht. Folglich steht selbst einem Streitbeitritt einer natürlichen Person oder einer juristischen Person des Privatrechts zu einem Verfahren zwischen Organen der Gemeinschaft und/oder Mitgliedstaaten - etwa einem Vertragsverletzungsverfahren gemäß Art. 88 Abs. 2 EGKSV - im Bereich des EGKSV nichts entgegen, sofern sie ein berechtigtes Interesse am Ausgang des Verfahrens glaubhaft machen kann[22].

D. Zuständigkeit des Europäischen Gerichtshofs

Seit der Einrichtung des dem Gerichtshof beigeordneten Gerichts erster Instanz im Jahre 1988[23] schlägt sich die Differenzierung zwischen privilegierten und sonstigen Verfahrensbeteiligten auch in der Zuständigkeitsverteilung zwischen Gerichtshof und Gericht erster Instanz nieder. Art. 168a Abs. 1 a.F. EWGV schloß eine Zuständigkeit des Gerichts erster Instanz sowohl für Vorabentscheidungsverfahren als auch - unabhängig von der Verfahrensart - für von den Mitgliedstaaten oder den Gemeinschaftsorganen unterbreitete

---

21 Dauses-Dauses, Handbuch, P IV Rn. 32; Klinke, Rn. 328.

22 Rengeling/Middeke/Gellermann, S. 358.

23 Beschluß 88/591/EGKS, EWG, Euratom vom 24.10.1988, ABl. 1988 Nr. L 319/1, ber. ABl. 1989 Nr. L 241/4.

Rechtssachen zunächst kategorisch aus[24]. Art. 168a EGV hält diese Beschränkung nur für Vorabentscheidungsverfahren aufrecht und gestattet im übrigen dem Rat eine Übertragung auch derjenigen Rechtssachen auf das Gericht erster Instanz, die von Mitgliedstaaten oder Gemeinschaftsorganen eingeleitet wurden[25]. Von dieser Möglichkeit hat der Rat indes bisher keinen Gebrauch gemacht.

E. Vertretungsrecht

Auch im Bereich des prozessualen Vertretungsrechts wirkt sich die Unterscheidung zwischen privilegierten und sonstigen Verfahrensbeteiligten aus. Gemäß Art. 17 Abs. 1 Satzung werden die Mitgliedstaaten und die Gemeinschaftsorgane durch einen Bevollmächtigten vertreten. Dieser kann sich der Hilfe eines Beistands oder eines Anwalts bedienen, der in einem Mitgliedstaat zugelassen ist[26]. Demgegenüber müssen sich alle anderen Parteien gemäß Art. 17 Abs. 2 Satzung durch einen Anwalt vertreten lassen[27]. Folglich besteht ein gemeinschaftsprozessualer "Anwaltszwang" lediglich für nichtprivilegierte Verfahrensbeteiligte[28].

F. Verweisung von Rechtssachen an Kammern

Die Beteiligung von privilegierten Klage- oder Äußerungsberechtigten beschränkt die Befugnis des Gerichtshofs, nach Art. 95 Satzung Rechtssachen an die gemäß Art. 165 Abs. 2 EGV i.V.m. Art. 9 ff. VerfO gebildeten Kammern zu verweisen. Für auf Antrag eines Mitgliedstaates oder eines Gemeinschaftsorgans anhängige Rechtssachen schließt Art. 95 § 1 a.E. Satzung eine Verweisung durchweg aus. Gemäß Art. 95 § 2 Satzung können Mitgliedstaaten oder Organe bei sämtlichen Verfahren, an denen sie als Partei, als Streithelfer oder als Äußerungsberechtigter im Sinne des Art. 20 Satzung beteiligt sind, eine Entscheidung des Gerichtshofs in Vollsitzung verlangen[29]. Damit steht ihnen gleichsam ein Vetorecht gegen die Übertragung von Rechtssachen auf die Kammern zu.

---

24 Kritisch zu dieser Beschränkung G/T/E-Jung, Art. 168 a, Rn. 3.

25 Middeke/Szczekalla, JZ 1993, S. 284 (285 f.); Niemeyer, EuZW 1993, S. 529 ff.

26 Rengeling/Middeke/Gellermann, S. 326.

27 Lasok, S. 120 f.

28 Gündisch, S. 130 f.; G/T/E-Wolf, Art. 17 Satzung, Rn. 7.

29 Lasok, S. 26 f.

G. Sprachenregelung

Selbst im Bereich der Sprachenregelung besteht eine Privilegierung der Mitgliedstaaten: Nach Art. 29 § 3 Abs. 4 VerfO dürfen sie sich als Intervenienten in streitigen Verfahren gemäß Art. 37 Satzung oder als Äußerungsberechtigte in Vorabentscheidungsverfahren gemäß Art. 20 Satzung auch dann ihrer eigenen Amtssprache bedienen, wenn diese nicht mit der jeweiligen Verfahrenssprache übereinstimmt. Alle übrigen Beteiligten haben sich nach der Verfahrenssprache zu richten.

H. Zwischenergebnis

Die vorstehenden Ausführungen haben gezeigt, daß sich das Gemeinschaftsprozeßrecht in vielfacher Hinsicht von der Differenzierung zwischen privilegierten und nichtprivilegierten Verfahrensbeteiligten leiten läßt[30]. Zugleich ist deutlich geworden, daß der Kreis der privilegierten Verfahrensbeteiligten von Fall zu Fall unterschiedlich bestimmt wird. In mehreren Fällen, namentlich bei der Klageberechtigung für Nichtigkeitsklagen nach Art. 173 EGV und für Untätigkeitsklagen nach Art. 175 EGV sowie bei der Äußerungsberechtigung in Vorabentscheidungsverfahren nach Art. 20 Abs. 2 Satzung, ist zudem eine abgestufte Privilegierung vorgesehen.

Stets privilegiert sind die Mitgliedstaaten und die Kommission. Mit der Einschränkung des Art. 20 Abs. 2 Satzung gilt dies auch für den Rat. Demgegenüber ist das Europäische Parlament nur für Untätigkeitsklagen nach Art. 175 Abs. 1 EGV, hinsichtlich der Befreiung vom Anwaltszwang nach Art. 17 Abs. 1 Satzung und bezüglich des Vetorechts gegen die Übertragung von Rechtssachen auf die Kammern nach Art. 95 Satzung voll privilegiert. Für die Nichtigkeitsklage kommt ihm nach Art. 173 Abs. 3 EGV lediglich eine beschränkt privilegierte Klageberechtigung zu.

Für die Europäische Zentralbank bzw. das Europäische Währungsinstitut als ihren Vorgänger gemäß Art. 109f Abs. 9 EGV gilt im wesentlichen dasselbe wie für das Europäische Parlament. Allerdings ist die Klageberechtigung der Europäischen Zentralbank auch bei Untätigkeitsklagen gemäß Art. 175 Abs. 4 EGV auf ihren Zuständigkeitsbereich begrenzt.

---

30 Vgl. Schweitzer/Hummer, S. 107.

Der Rechnungshof wird überall dort privilegiert, wo die Privilegierung an die Organeigenschaft im Sinne des Art. 4 EGV Abs. 1 EGV geknüpft ist[31]. Für ihn gilt also die privilegierte Klageberechtigung für Untätigkeitsklagen gemäß Art. 175 Abs. 1 EGV, die Befreiung vom Anwaltszwang gemäß Art. 17 Abs. 1 Satzung und das Vetorecht gegen Übertragungen von Rechtssachen auf die Kammern gemäß Art. 95 Satzung. Hingegen steht ihm eine Klageberechtigung für Nichtigkeitsklagen nach Art. 173 EGV weder in privilegierter noch in beschränkt privilegierter Form zu.

31 Die Aufnahme des Rechnungshofs in den Kreis der Hauptorgane der Gemeinschaft durch Art. G EUV ist als inhomogen kritisiert worden, da der Rechnungshof anders als die anderen Hauptorgane nicht über außenwirksame Befugnisse verfüge: Zur Kritik Grabitz/Hilf-Nettesheim, Art. 4 EGV, Rn. 29.

Viertes Kapitel

Die prozessuale Stellung der Bundesländer in den Verfahren vor dem Europäischen Gerichtshof

Für die Stellung der Bundesländer vor dem Europäischen Gerichtshof ist entscheidend, wie sie in das zwischen privilegierten, beschränkt privilegierten und nichtprivilegierten Verfahrensbeteiligten unterscheidende Gemeinschaftsprozeßrecht einzuordnen sind. Die Untersuchung dieser Frage hat von zwei Prämissen auszugehen.

Zum einen kann den Besonderheiten der jeweiligen Verfahrensart nur Rechnung getragen werden, wenn die Untersuchung entsprechend differenziert. Eine pauschale Antwort würde die Gefahr bergen, Unterschiede zwischen den einzelnen Verfahrensarten zu verkennen und zu verwischen. Das - wie gezeigt - von Fall zu Fall unterschiedlich ausgestaltete gemeinschaftsprozessuale Privilegierungssystem erfordert eine differenzierende Betrachtung.

Zum anderen ist die Untersuchung nicht schon deshalb gegenstandslos, weil die Bundesländer und andere regionale Gebietskörperschaften unterhalb der Ebene der Mitgliedstaaten in keiner der privilegierenden Vorschriften ausdrücklich genannt werden. Der Wortlaut dieser Vorschriften stellt nämlich dann keine unüberwindbare Grenze dar, wenn das Erfordernis eines effektiven gerichtlichen Rechtsschutzes oder zwingende Erwägungen des institutionellen Gleichgewichts eine erweiterte Auslegung notwendig erscheinen lassen[1]. Dies hat der Europäische Gerichtshof in seiner Rechtsprechung zur Aktivlegitimation des Europäischen Parlaments für Nichtigkeitsklagen nach Art. 173 Abs. 1 EWGV a.F. klargestellt[2]. Noch weitergehend hat er zur Gewährleistung eines effektiven Rechtsschutzes in der Rs. "Zwartveld" sogar einen dem geschriebe-

---

1 Sedemund, in: Verhandlungen des 60. DJT, Bd. II/1, S. N 41 (N 49; N 51); Schneider, AöR 119 (1994), S. 294 (303).

2 Ständige Rechtsprechung seit EuGH Rs. C-70/88 (Europäisches Parlament/Rat), "Tschernobyl", Slg. 1990 I, S. 2041 ff.; Verb. Rs. C-181/91 und C-248/91, (Europäisches Parlament/Rat und Kommission), Slg. 1993 I, S. 3685 (3713 ff.); Rs. C-316/91 (Europäisches Parlament/Rat), Slg. 1994 I, S. 625 (656 ff.).

nen Gemeinschaftsprozeßrecht gänzlich unbekannten Rechtsbehelf zugelassen[3]. Ausgehend von dieser Rechtsprechung wird in der Literatur über den Wortlaut von Art. 173 EGV hinausgehend etwa dem in Art. 198a ff. EGV verankerten Ausschuß der Regionen ein eigenständiges Klagerecht zugestanden[4].

Zur Veranschaulichung wird der Untersuchung der prozessualen Stellung der Bundesländer in den einzelnen Verfahrensarten jeweils ein Überblick zu der Frage vorangestellt, welche Rolle die Bundesländer oder Gebietskörperschaften anderer Mitgliedstaaten in der Rechtsprechung des Europäischen Gerichtshofs in der jeweiligen Verfahrensart bislang eingenommen haben. Dabei ist indes stets zu beachten, daß diese Rechtsprechung sich durchweg auf die Rechtslage vor dem Inkrafttreten des Vertrages über die Europäische Union bezog.

A. Nichtigkeitsklage gemäß Art. 173 EGV

Die Nichtigkeitsklage gemäß Art. 173 EGV verdient aus der Sicht der Bundesländer besondere Beachtung, da sie die statthafte Verfahrensart zur Abwehr kompetenzwidriger Übergriffe von Gemeinschaftsorganen in Länderzuständigkeiten darstellt.

I. Gebietskörperschaften in Nichtigkeitsverfahren

Als Klägerinnen waren Gebietskörperschaften bislang an drei Nichtigkeitsklagen beteiligt. In zahlreichen weiteren Fällen unterstützten sie die jeweiligen Kläger als Streithelferinnen.

1. Rs. "Differdange"

Im Jahre 1983 erhoben mehrere luxemburgische Gemeinden gemäß Art. 33 EGKSV und gemäß Art. 173 Abs. 2 EWGV a.F. Klage gegen eine an das Großherzogtum Luxemburg gerichtete Entscheidung der Kommission[5]. Aus der Sicht der klagenden Gemeinden lag also eine drittadressierte Entscheidung im Sinne des Art. 173 Abs. 2, 2. Alt. EWGV a.F. vor. In der Entscheidung

3 EuGH Rs. C-2/88 (Zwartveld), Slg. 1990 I, S. 3365 (3373): Es ging um ein im geschriebenen Gemeinschaftsrecht nicht geregeltes "Ersuchen um Rechtshilfe"; vgl. dazu Dine/Douglas-Scott/Persaud, S. 79.

4 Lenz-Kaufmann-Bühler, Art. 198c, Rn. 8; der Ausschuß der Regionen fordert die ausdrückliche Verankerung seines Klagerechts im Vertragstext, vgl. FAZ vom 22.4.1995, S. 4.

5 EuGH Rs. 222/83 (Gemeinde Differdange/Kommission), Slg. 1984, S. 2889 ff.

wurde Luxemburg ermächtigt, namentlich bezeichneten Gesellschaften der Stahlindustrie Beihilfen zu gewähren, sofern ein bestimmter Kapazitätsabbau erfolge. Die klagenden Gemeinden machten ein unmittelbares und individuelles Betroffensein im Sinne des Art. 173 Abs. 2 EWGV a.F. geltend, da auf ihrem Gemeindegebiet potentiell vom Kapazitätsabbau betroffene Unternehmen ansässig seien.

Der Gerichtshof wies die Klage als unzulässig zurück. Art. 33 EGKSV zähle die zur Klage berechtigten Rechtssubjekte abschließend auf und erwähne die Gebietskörperschaften nicht. Für eine Klage nach Art. 173 Abs. 2 EWGV a.F. fehle es dagegen am unmittelbaren und individuellen Betroffensein der Gemeinden, da die streitige Entscheidung den nationalen Behörden hinsichtlich der Auswahl der zu schließenden Anlagen einen erheblichen Ermessensspielraum einräumte[6]. Mit dieser Entscheidung verdeutlichte der Gerichtshof zum ersten Mal seine Auffassung, daß Nichtigkeitsklagen von Gebietskörperschaften grundsätzlich auf Art. 173 Abs. 2 EWGV a.F. zu stützen seien.

2. *Rs. "Exécutif régional wallon"*

Ebenfalls beihilferechtliche Fragen betraf eine Nichtigkeitsklage des Exécutif régional wallon aus dem Jahre 1987[7]. Wiederum ging es um eine Entscheidung, welche die Kommission an einen Mitgliedstaat - Belgien - gerichtet hatte, also aus Sicht des klagenden Exécutif régional wallon um eine drittadressierte Entscheidung. Die Entscheidung der Kommission stellte fest, daß eine durch den Exécutif régional wallon an einen Hersteller von Flachglas gewährte Beihilfe mit dem Gemeinsamen Markt unvereinbar sei.

Der Exécutif régional wallon machte geltend, er sei als innerstaatlich für die Beihilfegewährung zuständige Stelle durch die Entscheidung unmittelbar und individuell im Sinne des Art. 173 Abs. 2 EWGV a.F. betroffen. Dieser Auffassung schloß sich der Generalanwalt in seinem Schlußantrag an, die Kommission widersprach ihr nicht. Der Gerichtshof sah keine Veranlassung, die Zulässigkeit der Klage von Amts wegen zu prüfen[8]. Dies ist im Hinblick auf den Grundsatz der begrenzten Einzelermächtigung im Gemeinschaftsprozeß-

---

6 EuGH Rs. 222/83 (Gemeinde Differdange/Kommission), Slg. 1984, S. 2889 (2896).

7 EuGH Verb. Rs. 62 und 72/87 (Exécutif régional wallon und SA Glaverbel/Kommission), Slg. 1988, S. 1573 ff.

8 EuGH Verb. Rs. 62 und 72/87 (Exécutif régional wallon und SA Glaverbel/Kommission), Slg. 1988, S. 1573 (1592).

recht[9] bedenklich, da der Gerichtshof die Entscheidung über die Zulässigkeit der Klage und damit die Begründung seiner Zuständigkeit faktisch den Verfahrensbeteiligten überließ.

Im Ergebnis wies der Gerichtshof die Klage des Exécutif régional wallon als unbegründet ab[10].

3. Rs. "Gibraltar"

Gegen eine Richtlinie zur Genehmigung von interregionalen Passagierlinienflügen durch die Mitgliedstaaten wandte sich eine Nichtigkeitsklage der Regierung von Gibraltar aus dem Jahre 1989[11]. Gibraltar hielt sich mit Blick auf seine Beteiligung am Genehmigungsverfahren, seine Verantwortung für das Wohlergehen der Bevölkerung von Gibraltar und sein Eigentum am Flughafen für unmittelbar und individuell betroffen. Der beklagte Rat und Großbritannien als sein Streithelfer machten geltend, die Klage sei u.a. deshalb unzulässig, weil Gibraltar nicht gegen den Willen der Britischen Krone vor dem Europäischen Gerichtshof gerichtliche Schritte ergreifen dürfe[12].

Der Gerichtshof stellte zunächst fest, die Regierung von Gibraltar zähle nicht zu den privilegiert Klageberechtigten gemäß Art. 173 Abs. 1 EWGV a.F. Anschließend verneinte er mit wenigen Worten[13] die Zulässigkeit einer Klage nach Art. 173 Abs. 2 EWGV a.F., da Gibraltar durch die Richtlinie nicht individuell betroffen sei. Auf das Argument, Gibraltar dürfe keine prozessualen Schritte gegen den Willen der britischen Krone ergreifen, ging der Gerichtshof nicht ein[14].

4. Rs. "Barbara Erzbergbau"

Beispielhaft für eine Beteiligung von Gebietskörperschaften als Streithelferinnen an Nichtigkeitsklagen sei die Rs. "Barbara Erzbergbau" aus dem Jahre

---

9 Lenz-Borchardt, Art. 164, Rn. 1.

10 EuGH Verb. Rs. 62 und 72/87 (Exécutif régional wallon und SA Glaverbel/Kommission), Slg. 1988, S. 1573 (1592 ff.).

11 EuGH Rs. C-298/89 (Gibraltar/Rat), Slg. 1993 I, S. 3605 ff.; vgl. dazu Nihoul, RTDE 30 (1994), S. 171 (174).

12 EuGH Rs. C-298/89 (Gibraltar/Rat), Slg. 1993 I, S. 3605 (3609).

13 Kritisch zum knappen Begründungsstil des Gerichtshofs Schroeder, ZfRV 1994, S. 143 (155); vgl. auch Everling, EuR 1994, S. 127 (139 ff.).

14 EuGH Rs. C-298/89 (Gibraltar/Rat), Slg. 1993 I, S. 3605 (3609).

1958 erwähnt[15]. Hier unterstützten insgesamt sechs deutsche Bundesländer eine Nichtigkeitsklage mehrerer Unternehmen der Bergbau- und Metallbranche gegen eine Entscheidung der Hohen Behörde betreffend die Ausnahmetarife der Deutschen Bundesbahn für die Beförderung von mineralischen Brennstoffen und Eisenerzen. Der Gerichtshof erhob gegen die Streitbeitritte der Bundesländer keine Einwände.

5. Zusammenfassung

In seiner bisherigen Rechtsprechung beurteilte der Gerichtshof die Klageberechtigung von Gebietskörperschaften ausschließlich nach Art. 173 Abs. 2 EWGV a.F.[16]. Damit kam es entscheidend auf die Kriterien des unmittelbaren und individuellen Betroffenseins an. Eine privilegierte Klageberechtigung gemäß Art. 173 Abs. 1 EWGV a.F. lehnte der Gerichtshof in der Rs. "Gibraltar" eher beiläufig ab[17].

Bemerkenswert ist, daß sich diese Rechtsprechung durchweg auf Fälle bezog, in welchen die jeweiligen Gebietskörperschaften eine Beeinträchtigung ihrer Verwaltungszuständigkeiten rügten. Dagegen hatte der Gerichtshof bisher noch keinen Anlaß zur Prüfung der Frage, ob eine mögliche Beeinträchtigung der Gesetzgebungskompetenzen von regionalen Gebietskörperschaften durch einen Gemeinschaftsrechtsakt zu einer Klageberechtigung nach Art. 173 Abs. 2 EWGV a.F. bzw. Art. 173 Abs. 4 EGV führen kann[18].

Im auffälligen Gegensatz zu der geschilderten Rechtsprechung steht eine Entscheidung aus dem Jahre 1982, in welcher der Gerichtshof eine von der Bundesanstalt für Arbeit als juristischer Person des öffentlichen Rechts gemeinsam mit der Bundesregierung erhobene, privilegierte Nichtigkeitsklage

---

15 EuGH Verb. Rs. 3 bis 18, 25 und 26/58 (Barbara Erzbergbau u.a./Hohe Behörde), Slg. 1960, S. 373 ff.

16 EuGH Rs. 222/83 (Gemeinde Differdange/Kommission), Slg. 1984, S. 2889 (2896); Verb. Rs. 62 und 72/87 (Exécutif régional wallon und SA Glaverbel/Kommission), Slg. 1988, S. 1573 (1592); Rs. C-298/89 (Gibraltar/Rat), Slg. 1993 I, S. 3605 (3653 ff.).

17 EuGH Rs. C-298/89 (Gibraltar/Rat), Slg. 1993 I, S. 3605 (3653).

18 Zu dieser Frage hätte der Gerichtshof z.B. bei einer fristgerecht erhobenen Nichtigkeitsklage eines Bundeslandes gegen die Quotenregelungen in der "Fernsehrichtlinie" Stellung beziehen müssen, soweit das Land für die Zulässigkeit der Klage eine Beeinträchtigung seiner Gesetzgebungskompetenz für Kultur ins Feld geführt hätte.

gegen eine Mitteilung der Kommission aufgrund des Art. 173 Abs. 1 EWGV a.F. ohne weiteres als zulässig erachtete[19].

II. Klageberechtigung der Bundesländer nach Art. 173 EGV

Für eine Klageberechtigung der Bundesländer nach Art. 173 EGV n.F. kommen drei prozessuale Ansatzpunkte in Betracht.

Zum einen könnten die Bundesländer entsprechend der bisherigen Rechtsprechung des Gerichtshofs zu Art. 173 Abs. 2 EWGV a.F. zu den in Art. 173 Abs. 4 EGV genannten juristischen Personen zu zählen sein, die nur unter dem einschränkenden Erfordernis eines unmittelbaren und individuellen Betroffenseins klageberechtigt sind.

Zum anderen könnten sie zu den privilegiert Klageberechtigten im Sinne des Art. 173 Abs. 2 EGV gehören. Dies würde indes voraussetzen, daß sie entweder selbst als "Mitgliedstaaten" im Sinne dieser Vorschrift anzusehen sind oder jedenfalls zur Vertretung des Mitgliedstaates Bundesrepublik Deuschland vor dem Europäischen Gerichtshof befugt sind.

Schließlich könnte ihnen in entsprechender Anwendung des Art. 173 Abs. 3 EGV ähnlich wie dem Europäischen Parlament und der europäischen Zentralbank eine beschränkte Privilegierung einzuräumen sein, derzufolge Klagen der Bundesländer zwar nur zur Wahrung ihrer Rechte zulässig wären, aber kein unmittelbares und individuelles Betroffensein voraussetzen würden.

1. Klageberechtigung nach Art. 173 Abs. 4 EGV

Art. 173 Abs. 4 EGV berechtigt nichtprivilegierte natürliche und juristische Personen zur Erhebung von Klagen gegen die an sie ergangenen Entscheidungen sowie gegen diejenigen Entscheidungen, die sie unmittelbar und individuell betreffen, obwohl sie als Verordnung oder als eine an eine andere Person gerichtete Entscheidung ergangen sind.

Durch die Erstreckung der Klagemöglichkeit auf Verordnungen macht der Vertrag deutlich, daß die Gemeinschaftsorgane die Rechtsschutzmöglichkeiten der Rechtsunterworfenen nicht durch die Wahl der Rechtsform beschränken

---

[19] EuGH Rs. 44/81 (Bundesrepublik Deutschland und Bundesanstalt für Arbeit/Kommission), Slg. 1982, S. 1855 ff.

dürfen[20]. Folglich kommt auch eine Nichtigkeitsklage gegen Richtlinien in Betracht, sofern diese den Kläger unmittelbar und individuell betreffen[21].

Aus der Sicht der Bundesländer ist daher nach der Art des inkriminierten Gemeinschaftsrechtsaktes zwischen länderadressierten Entscheidungen, drittadressierten Entscheidungen, Verordnungen und Richtlinien zu differenzieren. Zusätzlich sind "unbenannte" Gemeinschaftsrechtsakte, die keiner der in Art. 189 EGV typisierten Handlungsformen entsprechen, in die Untersuchung einzubeziehen.

a) Länderadressierte Entscheidungen

Unproblematisch gegeben ist die Klageberechtigung nach Art. 173 Abs. 4 EGV, wenn ein Gemeinschaftsorgan eine Entscheidung an ein Bundesland richtet. Als Adressat einer Entscheidung ist der Kläger nämlich stets unmittelbar und individuell betroffen[22]. Nach ständiger Rechtsprechung des Gerichtshofs gilt dies auch für Handlungen, die zwar nicht rechtsförmlich als Entscheidungen im Sinne des Art. 189 Abs. 4 EGV ergangen sind, aber unabhängig von ihrer Form dazu bestimmt sind, Rechtswirkungen gegenüber ihrem Adressaten zu erzeugen[23]. Daher besteht eine Klageberechtigung auch bei der Ablehnung eines Antrages eines Bundeslandes auf Tätigwerden der Gemeinschaftsorgane[24].

Als Adressat einer Entscheidung wäre ein Bundesland, welches die Gewährung einer Beihilfe beabsichtigt, zur Erhebung einer Nichtigkeitsklage gemäß Art. 173 Abs. 4 EGV berechtigt, wenn die Kommission im Wege einer Entscheidung nach Art. 92 Abs. 2 EGV gegenüber dem betreffenden Bundesland die Unvereinbarkeit der betreffenden Beihilfe mit dem Gemeinschaftsrecht feststellen würde[25]. Dazu kann es jedoch nur kommen, wenn die beabsichtigte

---

20 EuGH Rs. 101/76 (Koninklijke Scholten Honig/Rat und Kommission), Slg. 1977, S. 797 ff.

21 In diesem Sinne von Burchard, EuR 1991, S. 140 (169 f.); G/T/E-Krück, Art. 173, Rn. 44; Grabitz/Hilf-Wenig, Art. 173, Rn. 53; Dauses-Stotz, Handbuch, P I Rn. 58; vgl. auch EuGH Rs. T-99/94 (Asocarne/Rat), Slg. 1994 II, S. 871 (880): In dieser Entscheidung läßt das Gericht erster Instanz offen, ob sich eine Klage nach Art. 173 Abs. 4 EGV ausnahmsweise auch gegen eine Richtlinie richten könnte.

22 Lenz-Borchardt, Art. 173, Rn. 30.

23 EuGH Rs. 60/81 (IBM/Kommission), Slg. 1981, S. 2639; Rs. 135/84 (F.B./Kommission), Slg. 1984, S. 3577 (3579); anders noch EuGH Verb. Rs. 16 und 17/62 (Confédération nationale des producteurs de fruits et légumes u.a./Rat), Slg. 1962, S. 961 (978).

24 Vgl. Lenz-Borchardt, Art. 173, Rn. 33.

25 Vgl. Kössinger, S. 142.

Beihilfe entgegen der bisherigen Praxis[26] durch das Bundesland unmittelbar - und nicht auf dem Umweg über die Bundesregierung - der Kommission notifiziert würde. Eine unmittelbare Notifizierung durch die Bundesländer wird indes mit Blick auf die zunehmende Interaktion zwischen Gemeinschaftsrecht und regionalen Gebietskörperschaften für zulässig erachtet[27]. Sollte ein Bundesland von dieser Möglichkeit Gebrauch machen, so ist davon auszugehen, daß die Kommission ihre verfahrensabschließende Entscheidung jedenfalls auch an das notifizierende Bundesland richten würde.

b) Drittadressierte Entscheidungen

Im Unterschied zu klägeradressierten Entscheidungen liegt eine Klageberechtigung nach Art. 173 Abs. 4 EGV gegen drittadressierte Entscheidungen nur dann vor, wenn diese den Kläger unmittelbar und individuell beeinträchtigen[28]. In der Rechtsprechung des Gerichtshofs haben sich im wesentlichen zwei Fallgruppen zur Nichtigkeitsklage gegen drittadressierte Entscheidungen herausgebildet[29]:

aa) Unmittelbare Konkurrentenklagen

Unmittelbare Konkurrentenklagen richten sich gegen Entscheidungen der Gemeinschaftsorgane, die an Konkurrenten des Klägers ergangen sind oder im Wege einer ausdrücklichen Ablehnung pflichtwidrig unterlassen werden[30]. In dieser Fallgruppe gilt das Kriterium des unmittelbaren Betroffenseins bereits dann als erfüllt, wenn die angefochtene Entscheidung den Dritten individuell betrifft[31].

Das somit entscheidende Kriterium des individuellen Betroffenseins setzt voraus, daß die drittadressierte Entscheidung den Kläger aufgrund bestimmter persönlicher Eigenschaften oder Umstände in seiner Rechtsstellung besonders

---

26 Dazu Dauses-Götz, Handbuch, H III Rn. 48 ff.

27 G/T/E-Wenig, Art. 93, Rn. 43.

28 Geiger, Art. 173, Rn. 20.

29 Dauses-Stotz, Handbuch, P I Rn. 77; Lenz-Borchardt, Art. 173, Rn. 43 ff.

30 Lenz-Borchardt, Art. 173, Rn. 44.

31 EuGH Rs. 169/84 (Cofaz/Kommission), Slg. 1986, S. 391; Rs. 75/84 (Metro/Kommission), Slg. 1986, S. 3021 (3080).

betrifft und ihn damit in ähnlicher Weise individualisiert wie den Adressaten[32]. Das ist nicht der Fall, wenn der Kläger aufgrund seiner objektiven Eigenschaften in gleicher Weise wie jeder andere Marktteilnehmer berührt wird, der sich tatsächlich oder potentiell in einer gleichgelagerten Situation befindet[33]. Allerdings werden von einer drittadressierten Entscheidung auch diejenigen Personen individuell betroffen, die in dem der Entscheidung vorausgehenden Verwaltungsverfahren in irgendeiner Form mitgewirkt haben oder beteiligt und informiert worden sind[34].

Die Bundesländer kommen als "Konkurrenten" im Sinne dieser Fallgruppe nur in Betracht, soweit sie sich im Bereich der Fiskalverwaltung wirtschaftlich betätigen.

bb) An Mitgliedstaaten adressierte Entscheidungen

Die zweite Fallgruppe betrifft diejenigen Entscheidungen, die an einen Mitgliedstaat adressiert sind. In diesen Fällen ist eine natürliche oder juristische Person nach der Rechtsprechung des Gerichtshofs klageberechtigt, wenn sie als Begünstigter oder Betroffener individualisiert ist und wenn dem Mitgliedstaat bei der Umsetzung ihr gegenüber kein Ermessensspielraum verbleibt[35].

Im Unterschied zur Fallgruppe der unmittelbaren Konkurrentenklagen kommt dem Kriterium des unmittelbaren Betroffenseins bei an Mitgliedstaaten adressierten Entscheidungen eigenständige Bedeutung zu, da die Rechtsstellung des Klagewilligen häufig erst im Zuge der Durchführung der Entscheidung unmittelbar betroffen wird[36]. Unmittelbar betroffen ist der Klagewillige nur dann, wenn der Mitgliedstaat aufgrund der Entscheidung rechtlich gezwungen ist, eine dem Kläger nachteilige Maßnahme zu treffen oder eine dem Kläger günstige Maßnahme zu unterlassen, also ein gleichsam automatischer Voll-

---

32 EuGH Rs. 25/62 (Plaumann/Kommission), Slg. 1963, S. 211 (238); Rs. 11/82 (Piraiki-Patraiki/Kommission), Slg. 1985, S. 207 (242); Verb. Rs. 250/86 und 11/87 (RAR/Rat und Kommission), Slg. 1989, S. 2045.

33 EuGH Rs. 231/82 (Spijker Kwasten/Kommission), Slg. 1983, S. 2559.

34 EuGH Rs. 75/84 (Metro/Kommission), Slg. 1986, S. 3021; Rs. 92/78 (Simmenthal/Kommission), Slg. 1979, S. 777; Lenz-Borchardt, Art. 173, Rn. 44.

35 EuGH Rs. 169/84 (Cofaz/Kommission), Slg. 1986, S. 391 (414) mit Anm. Nicolaysen, EuR 1986, S. 261 ff.; EuGH Verb. Rs. 296 und 318/82 (Niederlande und Leuwaarder Papierwarenfabriek/Kommission), Slg. 1985, S. 809.

36 Lenz-Borchardt, Art. 173, Rn. 46.

zug der Gemeinschaftshandlung erfolgt[37]. Dasselbe gilt, wenn der Mitgliedstaat mit Sicherheit oder mit großer Wahrscheinlichkeit ohne die Entscheidung die nachteilige Maßnahme unterlassen oder die günstige Maßnahme getroffen hätte. Dieser Fall ist insbesondere dann gegeben, wenn der betreffende Mitgliedstaat eine entsprechende Absicht bereits deutlich hat erkennen lassen[38].

Eine Klageberechtigung der Bundesländer nach diesen Grundsätzen kommt - entsprechend der Rs. "Exécutif régional wallon"[39] - vor allem im Bereich des gemeinschaftlichen Beihilferechts in Betracht. Auch die Notifizierung von beabsichtigten Länderbeihilfen gemäß Art. 93 EGV erfolgt nämlich nach der bisherigen Praxis grundsätzlich durch die Bundesregierung. Folglich richtet die Kommission ihre verfahrensabschließende Entscheidung über die Vereinbarkeit der Beihilfe mit dem Gemeinschaftsrecht an die notifizierende Bundesregierung, nicht hingegen an das betroffene Bundesland[40].

c) Verordnungen

Die Erstreckung der Klageberechtigung nach Art. 173 Abs. 4 EGV auf Entscheidungen, die als Verordnungen ergangen sind, soll verhindern, daß die Gemeinschaftsorgane durch die bloße Wahl der Rechtsform der Verordnung den Rechtsschutz natürlicher oder juristischer Personen verkürzen können[41]. Eine "verschleierte Entscheidung" in diesem Sinne liegt immer dann vor, wenn die angegriffene Verordnung den Kläger unmittelbar und individuell betrifft[42].

Das Merkmal des unmittelbaren Betroffenseins ist bei Verordnungen schon deshalb in der Regel erfüllt, weil diese ihrer Natur nach gemäß Art. 189 Abs. 2 EGV allgemeine Geltung haben, in allen ihren Teilen verbindlich sind und unmittelbar in jedem Mitgliedstaat gelten[43]. Mangels unmittelbaren Betroffenseins scheiden deshalb nur die seltenen Verordnungen aus dem Anwendungs-

---

37 EuGH Rs. 121/77 (Nachi Fujikoshi/Rat), Slg. 1979, S. 1363 (1379); G/T/E-Krück, Art. 173, Rn. 58.

38 EuGH Rs. 62/70 (Bock/Kommission), Slg. 1971, S. 897 (908); vgl. auch EuGH Rs. 11/82 (Piraiki-Patraiki/Kommission), Slg. 1985, S. 207 (242).

39 EuGH Verb. Rs. 62 und 72/87 (Exécutif régional wallon und SA Glaverbel/Kommission), Slg. 1988, S. 1573 ff.

40 Entsprechend verlief das Verfahren in EuGH Verb. Rs. 62 und 72/87 (Exécutif régional wallon und SA Glaverbel/Kommission), Slg. 1988, S. 1573 ff.

41 EuGH Rs. 101/76 (Koninklijke Honig/Rat und Kommission), Slg. 1977, S. 797.

42 Lenz-Borchardt, Art. 173, Rn. 35.

43 Geiger, Art. 173, Rn. 26.

bereich des Art. 173 Abs. 4 EGV aus, die den Mitgliedstaaten einen gewissen Ermessensspielraum einräumen[44].

Größere Schwierigkeiten bereitet hingegen die Feststellung des individuellen Betroffenseins. Es liegt nach der restriktiven Rechtsprechung des Gerichtshofs nur dann vor, wenn eine natürliche oder juristische Person in einer Verordnung wegen bestimmter persönlicher Eigenschaften oder besonderer Umstände in einer Weise individualisiert ist, die sie aus dem Kreis der anderen Wirtschaftsteilnehmer so heraushebt, daß sie einem Adressaten gleichgestellt ist[45]. Je nach der Art dieser individualisierenden Umstände ist weiter zu differenzieren.

aa) Beteiligungs-, Informations- oder Mitwirkungsrechte

Derartige besondere Umstände ergeben sich insbesondere aus Beteiligungs-, Informations- oder Mitwirkungsrechten, die den Betroffenen im Rahmen des dem Erlaß der Verordnung vorausgehenden Verwaltungsverfahren eingeräumt worden sind[46]. Fraglich ist, ob den Bundesländern derartige Rechte im Gemeinschaftsrecht mit der Folge gewährt werden, daß sie sich gegen kompetenzwidrig erlassene Verordnungen im Wege der Nichtigkeitsklage nach Art. 173 Abs. 4 EGV zur Wehr setzen könnten.

Vor den durch den EUV bewirkten Änderungen des primären Gemeinschaftsrechts standen den Bundesländern keine speziellen Beteiligungsrechte im gemeinschaftlichen Verwaltungs- und Normgebungsverfahren zu. Insbesondere beruhte die durch sogenannte Länderbüros in Brüssel[47] wahrgenommene informelle Lobbytätigkeit nicht auf gemeinschaftsrechtlichen Beteiligungsrechten, die zu einer Klageberechtigung nach Art. 173 Abs. 4 EGV führen könnten.

---

44 Ein mitgliedstaatliches Ermessen nahm der EuGH etwa an in den Rs. 333/85 (Mannesmann-Röhrenwerke/Rat), Slg. 1987, S. 1381; Rs. C-152/88 (Sofrimport/Kommission), Slg. 1990 I, S. 2477; Verb. Rs. 51 bis 54/71 (International Fruit Company/Kommission), Slg. 1971, S. 1107.

45 Ständige Rechtsprechung seit EuGH Rs. 25/62 (Plaumann/Kommission), Slg. 1963, S. 211 (238); Rs. 138/79 (Roquette Frères/Rat), Slg. 1980, S. 3333; Rs. C-156/87 (Gestetner Holdings/Rat und Kommission), Slg. 1990 I, S. 781.

46 EuGH Rs. 191/82 (Fediol/Kommission), Slg. 1983, S. 2913 (2935 f.); Rs. 264/82 (Timex/Rat und Kommission), Slg. 1985, S. 849; Ehlers, VerwArch 84 (1993), S. 139 (153).

47 Dazu Westerwelle, ZRP 1989, S. 121 (121 ff.); Zumschlinge, Die Verwaltung 1989, S. 217 (224 ff.); Fastenrath, DÖV 1990, S. 125 (125 ff.); Röhl, EuR 1994, S. 409 (441); Philipp, ZRP 1992, S. 433 (435); Morass, S. 143 ff.; zu Vertretungen der französischen Regionen in Brüssel Wiedmann, AöR 117 (1992), S. 46 (63 ff.); zu direkten EU-Beziehungen der österreichischen Bundesländer Staudigl, in: Freiburghaus, S. 157 (177 ff.).

Seit Maastricht ist zwar durch die Neufassung des Art. 146 EGV die Vertretung der Bundesrepublik Deutschland im Rat auch durch einen Landesminister möglich, sofern dieser befugt ist, für den Mitgliedstaat Deutschland verbindlich zu handeln[48]. Soweit von dieser Möglichkeit Gebrauch gemacht wird, liegt aus der Sicht des Gemeinschaftsrechts indes kein Beteiligungsrecht der Bundesländer am gemeinschaftsrechtlichen Normgebungsprozeß mit der Folge einer späteren Klageberechtigung nach Art. 173 EGV vor. Vielmehr handelt es sich aus dieser Sicht lediglich um eine besondere Form der Vertretung eines Mitgliedstaates[49]. Nur dieser wäre also im gemeinschaftsrechtlichen Sinne beteiligt[50].

Ähnliches gilt für etwaige Äußerungsrechte des neugeschaffenen Ausschusses der Regionen aufgrund von Art. 198c EGV. Zwar sind die Bundesländer an der Arbeit dieser Einrichtung beteiligt[51]. Das Recht zur Abgabe von Stellungnahmen steht jedoch dem Regionalausschuß selbst zu, nicht dagegen seinen einzelnen Mitgliedern und erst recht nicht den diese Mitglieder entsendenden Gebietskörperschaften. Dies gilt um so mehr, als die Beschickung des Regionalausschusses gemäß Art. 198a Abs. 3 EGV durch den Rat auf Vorschlag des jeweiligen Mitgliedstaates erfolgt.

Selbst wenn man in den Äußerungsrechten des Regionalausschusses zugleich Beteiligungsrechte der in ihm vertretenen Gebietskörperschaften sieht, so erreichen diese Beteiligungsrechte jedenfalls nicht die vom Gerichtshof geforderte Intensität. Dies erhellt schon daraus, daß der Regionalausschuß gemäß Art. 198c Abs. 4 EGV stets und ohne Beschränkung auf bestimmte Politikbereiche Stellungnahmen abgeben kann, wenn er dies für zweckdienlich hält. Damit darf sich der Regionalausschuß grundsätzlich zu jedem beabsichtigten Gemeinschaftsrechtsakt äußern[52]. Es widerspräche der restriktiven Rechtsprechung des Gerichtshofs zur Bestimmung des individuellen Betroffenseins bei Verordnungen, den im Regionalausschuß vertretenen Gebietskörperschaften ein diesem Äußerungsrecht entsprechendes, sachlich unbegrenztes Recht zur Erhebung von Nichtigkeitsklagen gemäß Art. 173 Abs. 4 EGV einzuräumen.

---

48 Fastenrath, EuR 1994, Beiheft 1, S. 101 (104); Kleffner-Riedel, S. 221 ff.; Papier, in: Kloepfer/Merten/Papier/Skouris, S. 85 (96).

49 Kleffner-Riedel, S. 221.

50 Vgl. Fastenrath, EuR 1994, Beiheft 1, S. 101 (104); Rudolf, in: Festschrift Dürig, S. 145 (150).

51 Zur Zusammensetzung des Regionalausschusses Lenz-Kaufmann-Bühler, Art. 198a, Rn. 4 ff.

52 Lenz-Kaufmann-Bühler, Art. 198c, Rn. 4.

Darüber hinaus ließe sich alleine aus den Mitwirkungsrechten der Bundesländer im Regionalausschuß allenfalls ihre Klagebefugnis bei einer möglichen Beeinträchtigung eben dieser gemeinschaftsrechtlich verankerten Mitwirkungsrechte - z.B. bei einer Verletzung von Minderheitsrechten durch einen Mehrheitsbeschluß des Regionalausschusses - herleiten, nicht aber eine Klagebefugnis zum Schutz ihrer Gesetzgebungs- und Verwaltungskompetenzen.

Festzuhalten bleibt, daß den Bundesländern im gemeinschaftlichen Verwaltungs- und Normsetzungsverfahren keine Beteiligungsrechte eingeräumt werden, die im Sinne der Rechtsprechung des Gerichtshofs zu einer Klageberechtigung nach Art. 173 Abs. 4 EGV zum Schutz ihrer Gesetzgebungs- und Verwaltungskompetenzen führen könnten.

bb) Bestimmbarkeit der Betroffenen nach Identität oder Zahl

Eine weitere Fallgruppe des individuellen Betroffenseins durch Verordnungen erfaßt diejenigen natürlichen oder juristischen Personen, deren Identität oder Zahl zum Zeitpunkt des Erlasses des Rechtsaktes bestimmt[53] oder zumindest bestimmbar[54] ist. Letzteres ist der Fall, wenn sich die Maßnahme nur auf einen bestimmten Kreis von Marktteilnehmern erstreckt, der aufgrund ihrer individuellen Merkmale bereits feststand. Diese Voraussetzung ist gegeben, wenn die Maßnahmen an bereits gestellte Anträge oder erteilte Genehmigungen[55] sowie bestehende Rechtspositionen[56] anknüpfen, so daß der Kreis der Betroffenen nach Erlaß der Maßnahme nicht mehr erweitert werden kann.

Eine Einschränkung erfährt diese Rechtsprechung allerdings dadurch, daß der Gerichtshof den Charakter einer Maßnahme als echte - und damit der Anfechtung nach Art. 173 Abs. 4 EGV entzogene - Verordnung trotz Bestimmbarkeit der Betroffenen nach Identität oder Zahl bejaht, wenn der von der Maßnahme erfaßte Sachverhalt in rechtlicher oder tatsächlicher Hinsicht objektiv umschrieben und der Kreis der potentiell Betroffenen lediglich nach allgemeinen Merkmalen abgegrenzt ist[57]. Im Extremfall kann sich darum ein Ausschluß

---

[53] EuGH Verb. Rs. 233 bis 235/86 (Champlor/Kommission), Slg. 1987, S. 2251.

[54] EuGH Rs. 112/77 (Töpfer/Komission), Slg. 1978, S. 1019.

[55] EuGH Rs. 100/74 (CAM/Kommission), Slg. 1975, S. 1393 (1403); Rs. 88/76 (Société pour l'exportation des sucres/Kommission), Slg. 1977, S. 709 (726).

[56] EuGH Rs. C-152/88 (Sofrimport/Kommission), Slg. 1990 I, S. 2477.

[57] EuGH Rs. 307/81 (Alusuisse/Rat und Kommission), Slg. 1982, S. 3463 (3472); Rs. 26/86 (Deutz und Geldermann/Kommission), Slg. 1987, S. 941.

der Klagebefugnis selbst dann ergeben, wenn in der Praxis nur ein einziger Marktteilnehmer von einer Maßnahme betroffen wird[58].

Fraglich ist, ob die Bundesländer unter Berücksichtigung dieser Kriterien gegen Verordnungen im Wege der Nichtigkeitsklage gemäß Art. 173 Abs. 4 EGV vorgehen können. Dabei ist nach der Art der geltend gemachten Rechtsverletzung zwischen Verwaltungs- und Gesetzgebungskompetenzen der Bundesländer zu unterscheiden.

(1) Verwaltungskompetenzen der Bundesländer

Zwar bedürfen Verordnungen grundsätzlich keines weiteren Vollzuges, da sie kraft ihrer vertraglich in Art. 189 Abs. 2 EGV fixierten unmittelbaren Geltung "self-executing" sind[59]. Verwaltungskompetenzen der Bundesländer nach Art. 83 ff GG können durch sie dennoch in zweierlei Hinsicht betroffen sein. Zum einen erfordert die praktische Durchführung der sogenannten "hinkenden" Verordnungen organisatorische Regelungen oder Ergänzungen des mitgliedstaatlichen Verwaltungsverfahrens[60]. Zum anderen kann eine Verordnung selbst den "zuständigen" Stellen der Mitgliedstaaten gewisse Aufgaben bei ihrem Vollzug auferlegen[61]. Ob die Bundesländer für den jeweiligen Bereich "zuständig" sind, bestimmt sich in diesen Fällen mangels anderweitiger Festlegung in der Verordnung nach innerstaatlichem Recht, insbesondere nach den Art. 30, 83 ff GG[62].

Zwar hat der Gerichtshof in der Rs. "Exécutif régional wallon" - wenn auch nicht mit Blick auf eine Verordnung, sondern eine an einen Mitgliedstaat adressierte Entscheidung - anerkannt, daß eine Beeinträchtigung der Verwaltungskompetenzen einer Gebietskörperschaft zu deren unmittelbarem und individuellem Betroffensein führen kann[63]. Auch ist anhand der jeweiligen innerstaatlichen Kompetenzordnung bereits im Zeitpunkt des Erlasses einer Verord-

58 Vgl. EuGH Rs. 231/82 (Spijker Kwasten/Kommission), Slg. 1983, S. 2559 (2566); Lenz-Borchardt, Art. 173, Rn. 39.

59 Grabitz/Hilf-Grabitz, Art. 189, Rn. 50.

60 Vgl. G/T/E-Daig/Schmidt, Art. 189, Rn. 30.

61 Kössinger, S. 27 f.

62 Kössinger, S. 46 f.; Rudolf, in: Festschrift Schlochauer, S. 117 (128); Maunz/Dürig-Lerche, Art. 83, Rn. 51.

63 EuGH Verb. Rs. 62 und 72/87 (Exécutif régional wallon und SA Glaverbel/Kommission), Slg. 1988, S. 1573 (1592).

nung bestimmbar, welche Stellen der Mitgliedstaaten gegebenenfalls an ihrem Vollzug zu beteiligen sind.

Im Falle echter Verordnungen scheitert eine Anfechtbarkeit nach Art. 173 Abs. 4 EGV jedoch daran, daß diese den geregelten Sachverhalt in rechtlicher und tatsächlicher Hinsicht stets objektiv umschreiben und den Kreis der potentiell betroffenen Marktteilnehmer lediglich nach allgemeinen Kriterien festlegen. An dieser Einordnung ändert sich auch dann nichts, wenn die Verordnung entweder Modifizierungen des mitgliedstaatlichen Verwaltungsverfahrens erfordert oder den "zuständigen" Stellen der Mitgliedstaaten bestimmte Aufgaben auferlegt. Folglich sind jedenfalls echte Verordnungen grundsätzlich der Anfechtung durch die Bundesländer gemäß Art. 173 Abs. 4 EGV entzogen, auch wenn sie ihre Verwaltungskompetenzen berühren.

(2) Gesetzgebungskompetenzen der Bundesländer

Gesetzgebungskompetenzen der Bundesländer können durch Verordnungen tangiert werden, wenn der betroffene Regelungsbereich nach der innerstaatlichen Kompetenzordnung der Art. 70 ff GG der Zuständigkeit der Länder unterfällt[64].

Angesichts der durch den Gerichtshof erarbeiteten engen Kriterien erweist sich die Klageberechtigung aufgrund der Bestimmbarkeit nach Identität oder Zahl als stumpfes Schwert zur Verteidigung der Gesetzgebungskompetenzen der Bundesländer. Bei jeder Verordnung läßt sich wohl feststellen, ob diese durch gemeinschaftsrechtliche Ermächtigungsgrundlagen gedeckt ist. Verneinendenfalls läßt sich ebenfalls feststellen, ob Kompetenzen der Mitgliedstaaten oder ihrer Gliedstaaten verletzt sind. Eine Erweiterung des Kreises der kompetenzrechtlich Betroffenen ist nach Erlaß der Maßnahme nicht mehr möglich. Unter Berücksichtigung der jeweiligen innerstaatlichen Kompetenzverteilungen ist dieser Kreis folglich sowohl nach der Identität als auch nach der Zahl der Betroffenen im Sinne der Rechtsprechung des Gerichtshofs bestimmbar.

Zweifelhaft ist indes mit Blick auf die Rechtsprechung des Gerichtshofs bereits, ob die bloße Verletzung einer Gesetzgebungskompetenz unter dem Gesichtspunkt des "kompetentiellen" Betroffenseins das individuelle Betroffensein einer Gebietskörperschaft im Sinne des Art. 173 Abs. 4 EGV auslösen könnte[65]. Jedenfalls läßt sich das noch nicht aus der Rs. "Exécutif régional

---

[64] Beispiele bei Kössinger, S. 25 f.

[65] Zweifelnd Zuleeg, DVBl. 1992, S. 1329 (1331); Kössinger, S. 142.

wallon" ableiten, in welcher der Gerichtshof das individuelle Betroffensein einer Gebietskörperschaft durch eine an einen Mitgliedstaat adressierte Entscheidung der Kommission bejahte, weil diese Gebietskörperschaft innerstaatlich für die Gewährung einer Beihilfe zuständig war[66]. Dort ging es nämlich nicht um Kompetenzen Walloniens beim Erlaß, sondern beim Vollzug eines mitgliedstaatlichen Gesetzes. Folglich standen keine Gesetzgebungs-, sondern Verwaltungskompetenzen in Rede.

Eine Klageberechtigung der Bundesländer gegen echte Verordnungen mit Rechtssatzcharakter scheidet jedenfalls auch zur Verteidigung von Gesetzgebungskompetenzen aus, weil solche Verordnungen den geregelten Sachverhalt in rechtlicher und tatsächlicher Hinsicht objektiv umschreiben und den Kreis der potentiell Betroffenen lediglich nach allgemeinen Kriterien abgrenzen. Gerade die im Hinblick auf die Gesetzgebungskompetenzen der Länder besonders verletzungsträchtigen echten Verordnungen als den nationalen Gesetzen vergleichbare abstrakt-generelle Regelungen[67] fallen folglich grundsätzlich aus dem Anwendungsbereich des Art. 173 Abs. 4 EGV heraus.

cc) Individuelle Betroffenheit trotz normativen Charakters

Möglicherweise bedarf das vorstehend gewonnene Zwischenergebnis - grundsätzlich keine Anfechtbarkeit von echten Verordnungen zur Verteidigung von Verwaltungs- oder Gesetzgebungskompetenzen der Länder - mit Blick auf die Entscheidung des Gerichtshofs aus dem Jahre 1991 in der Rs. "Extramet Industries"[68] einer Modifikation zugunsten der Bundesländer:

Ursprünglich ging der Gerichtshof davon aus, daß ein und dieselbe Bestimmung einer Verordnung nicht zugleich ein Rechtsakt von allgemeiner Geltung und eine Einzelfallmaßnahme sein könne[69]. Somit kam eine Nichtigkeitsklage nach Art. 173 Abs. 4 EGV bzw. Art. 173 Abs. 2 EWGV a.F. nicht in Frage, sofern der Gerichtshof den abstrakt-generellen Charakter der in Rede stehenden Bestimmung bejaht hatte[70].

---

66 EuGH Verb. Rs. 62 und 72/87 (Exécutif régional wallon und SA Glaverbel/Kommission), Slg. 1988, S. 1573 (1592).

67 Vgl. Oppermann, S. 174.

68 EuGH Rs. C-358/89 (Extramet Industries/Rat), Slg. 1991 I, S. 2501.

69 EuGH Rs. 45/81 (Moksel Import-Export/Kommission), Slg. 1982, S. 1129 (1144).

70 Lenz-Borchardt, Art. 173, Rn. 40.

Von dieser Vorstellung hat sich der Gerichtshof in der Rs. "Extramet Industries" für den Bereich des Antidumpingrechts gelöst[71]. Dort erkannte er ausdrücklich an, daß Verordnungen "unter bestimmten Umständen bestimmte Wirtschaftsteilnehmer individuell betreffen, ohne ihren normativen Charakter zu verlieren, so daß diese befugt sind, eine Klage auf Nichtigerklärung dieser Handlungen zu erheben". Eine Nichtigkeitsklage soll also nicht allein aufgrund des normativen Charakters unzulässig sein, den eine Bestimmung im allgemeinen haben mag, sofern der Kläger nachweist, daß er individuell betroffen ist[72].

Auf die Problematik der Bundesländer übertragen könnte diese Entscheidung bedeuten, daß eine mögliche Beeinträchtigung ihrer Verwaltungs- oder Gesetzgebungskompetenzen auch bei echten Verordnungen ihr individuelles Betroffensein mit der Folge einer Klageberechtigung nach Art. 173 Abs. 4 EGV zu begründen vermag[73].

Einer derartigen Übertragung stehen indes zwei Gesichtspunkte entgegen: Zum einen hat der Gerichtshof durch die Formulierung seiner Entscheidung deutlich gemacht, daß diese den Besonderheiten des Antidumpingrechts Rechnung tragen soll und deshalb nicht ohne weiteres auf andere Politikbereiche übertragbar ist[74]. Außerdem zielt die Ausdehnung der Klagebefugnis in der Rs. "Extramet Industries" auf eine Verbesserung des Individualrechtsschutzes von Wirtschaftsteilnehmern in einem Kernbereich wirtschaftlicher Betätigungsfreiheit[75]. Zu diesen Wirtschaftsteilnehmern sind die Bundesländer jedenfalls im Bereich ihrer hoheitlichen Verwaltungs- und Gesetzgebungstätigkeit nicht zu zählen.

Selbst wenn man entgegen diesen Bedenken eine Übertragbarkeit bejahte, würde eine mögliche kompetentielle Beeinträchtigung von Verwaltungs- oder Gesetzgebungszuständigkeiten der Länder nicht ausreichen, um ihr individuelles Betroffensein zu begründen. Eine gemeinschaftsrechtswidrige Verordnung würde nämlich sämtliche Mitgliedstaaten bzw. die nach der jeweiligen innerstaatlichen Kompetenzordnung für Verwaltung oder Gesetzgebung zuständigen Stellen in gleicher Weise beeinträchtigen, nicht nur die deutschen

---

71 EuGH Rs. C-358/89 (Extramet Industries/Rat), Slg. 1991 I, S. 2501.

72 EuGH Rs. C-358/89 (Extramet Industries/Rat), Slg. 1991 I, S. 2501.

73 Für eine derartige Klageberechtigung Wolfgang Kahl, AöR 118 (1993), S. 414 (444).

74 Für eine Ausdehnung plädiert Generalanwalt Lenz in der Rs. C-309/89 (Codorniu/Rat), Slg. 1994 I, S. 1853 (1868 f.); vgl. auch Lenz-Borchardt, Art. 173, Rn. 42.

75 Lenz-Borchardt, Art. 173, Rn. 42.

Bundesländer[76]. Von einem individuellen Betroffensein gerade der Bundesländer kann in solchen Fällen also keine Rede sein.

Eine Klageberechtigung der Bundesländer zur Verteidigung ihrer Verwaltungs- und Gesetzgebungskompetenzen gegen echte Verordnungen läßt sich also aus Art. 173 Abs. 4 EGV nicht herleiten.

d) Richtlinien

aa) Ausgangspunkt

Eine Nichtigkeitsklage gegen Richtlinien ist für nichtprivilegierte Klageberechtigte nach dem Wortlaut des Art. 173 Abs. 4 EGV nicht vorgesehen[77]. Diese Einschränkung beruht darauf, daß die Klageberechtigung nach dieser Vorschrift stets ein unmittelbares und individuelles Betroffensein voraussetzt. Nach Art. 189 Abs. 3 EGV sind Richtlinien zwar für jeden Mitgliedstaat, an den sie sich richten, hinsichtlich des zu erreichenden Zieles verbindlich. Sie überlassen aber den innerstaatlichen Stellen die Wahl der Form und der Mittel. Aus dieser Umsetzungsbedürftigkeit ergibt sich, daß Richtlinien grundsätzlich nicht geeignet sind, unmittelbare und individuelle Wirkungen im Sinne des Art. 173 Abs. 4 EGV zu erzeugen.

bb) Rechtsprechung zur unmittelbaren Wirkung von Richtlinien

Hieran ändert sich auch dann nichts, wenn man die Rechtsprechung des Gerichtshofs zur unmittelbaren Wirkung von hinreichend bestimmten Vorschriften in nicht fristgerecht umgesetzten Richtlinien berücksichtigt[78]. Diese Wirkung führt dazu, daß die Mitgliedstaaten natürlichen oder juristischen Personen nicht die in diesen Vorschriften vorgesehenen Rechte unter Berufung auf die unterbliebene Umsetzung vorenthalten dürfen[79]. Zudem vermag sie Ansprüche natürlicher oder juristischer Personen gegen den jeweiligen Mit-

---

[76] Kössinger, S. 142; dies verkennt Wolfgang Kahl, AöR 118 (1993), S. 414 (444).

[77] EuGH T-99/94 (Asocarne/Rat), Slg. 1994 II, S. 873 (880 f.); allerdings läßt das Gericht erster Instanz offen, ob eine Nichtigkeitsklage gegen eine Richtlinie gemäß Art. 173 Abs. 4 EGV ausnahmsweise in Frage kommt, wenn diese eine "verschleierte" Entscheidung darstellt bzw. eine spezielle Vorschrift enthält, die den Charakter einer individuellen Entscheidung hat.

[78] Ständige Rechtsprechung: EuGH Rs. 9/70 (Franz Grad/Finanzamt Traunstein), Slg. 1970, S. 825; Rs. 148/78 (Ratti), Slg. 1979, S. 1629 (1642); Rs. 271/82 (Ministère Public/Auer), Slg. 1983, S. 2727 (2744); Rs. 190/87 (Oberkreisdirektor des Kreises Borken/Moormann), Slg. 1988, S. 4689 (4722).

[79] EuGH Rs. 8/81 (Becker/Finanzamt München Innenstadt), Slg. 1982, S. 53.

gliedstaat auf Ersatz des Schadens zu begründen, der ihnen infolge der versäumten Umsetzung entstanden ist[80].

Die versäumte Umsetzung kann jedoch nach der Rechtsprechung des Gerichtshofs nicht zur unmittelbaren Wirkung von den Marktbürger belastenden Vorschriften in Richtlinien führen[81]. Folglich ergibt sich aus dieser Rechtsprechung auch keine Berechtigung natürlicher oder juristischer Personen, gegen belastende Vorschriften in Richtlinien im Wege der Nichtigkeitsklage nach Art. 173 Abs. 4 EGV vorzugehen[82].

cc) Erweiternde Auslegung des Art. 173 Abs. 4 in der Literatur

In der Literatur wird die Unanfechtbarkeit von Richtlinien durch nichtprivilegierte Klageberechtigte zunehmend in Frage gestellt[83]. Dabei wird vor allem darauf verwiesen, daß Richtlinien in der Rechtssetzungspraxis der Gemeinschaftsorgane zunehmend detaillierte Regelungen enthalten, die den Mitgliedstaaten keinen oder nur noch geringfügigen Umsetzungsspielraum belassen[84]. Derartige Richtlinien können den Marktbürger wie an Mitgliedstaaten adressierte Entscheidungen unmittelbar betreffen[85].

Ein individuelles Betroffensein des Anfechtenden sei dann zu bejahen, wenn er namentlich in der Richtlinie genannt oder auf andere Weise individualisiert werde, etwa durch eine spezifische und abschließende Adressatengerichtetheit im Falle abstrakter Fassung[86]. Im übrigen habe auch der Gerichtshof selbst betont, daß es für die Anfechtbarkeit einer Maßnahme auf deren Wesen, nicht aber auf ihre Form ankomme[87], und eine einschränkende Auslegung der Zulässigkeitsvoraussetzungen abgelehnt[88].

---

80 EuGH Verb. Rs. C-6/90 und C-9/90 (Francovich), Slg. 1991 I, S. 5357 (5413 ff.).

81 EuGH Rs. 152/84 (Marshall/Southampton and South-West Hampshire Area Health Authority (Teaching)), Slg. 1986, S. 723; Rs. 14/86 (Pretore di Salò), Slg. 1987, S. 2545.

82 Ähnlich von Burchard, EuR 1991, S. 140 (167).

83 Vgl. schon Fuß, DVBl. 1965, S. 378 (382); Everling, EuR 1990, S. 195 (210); von Burchard, EuR 1991, S. 140 (169 f.).

84 G/T/E-Daig/Schmidt, Art. 189, Rn. 37.

85 Von Burchard, EuR 1991, S. 140 (169).

86 Von Burchard, EuR 1991, S. 140 (169).

87 EuGH Rs. 22/70 (Kommission/Rat), "AETR", Slg. 1971, S. 263 (277); Rs. 60/81 (IBM/Kommission), Slg. 1981, S. 2639 (2651).

88 Von Burchard, EuR 1991, S. 140 (169); von Danwitz, NJW 1993, S. 1108 (1113 ff.).

Zweifelhaft erscheint, ob den Bundesländern unter Zugrundelegung dieser Auffassung ein Klagerecht gegen Richtlinien gemäß Art. 173 Abs. 4 EGV eingeräumt werden kann.

dd) Klageberechtigung der Bundesländer

Die den Bundesländern nach dem Grundgesetz zustehenden Gesetzgebungs- und Verwaltungskompetenzen können durch gemeinschaftsrechtliche Richtlinien erheblich beeinträchtigt werden, wie etwa der Streit um die sogenannte Fernsehrichtlinie des Rates zeigt[89].

Richtlinien, die einen detaillierten, nicht weiter umsetzungsbedürftigen Regelungsgehalt aufweisen und deshalb nach der vorstehend geschilderten Auffassung im Schrifttum der Anfechtung gemäß Art. 173 Abs. 4 EGV unterliegen sollten, können Länderkompetenzen ebenso tangieren wie Verordnungen nach Art. 189 Abs. 2 EGV.

Länderkompetenzen sind aber auch - und gerade - dort betroffen, wo umsetzungsbedürftige Richtlinien Sachbereiche tangieren, für welche die Länder innerstaatlich zuständig sind. In diesen Fällen folgt nämlich aus der Beteiligung der Bundesregierung am gemeinschaftlichen Rechtssetzungsverfahren im Rat nicht etwa eine Bundeskompetenz zur Umsetzung der jeweiligen Richtlinie in innerstaatliches Recht[90]. Vielmehr sind die Länder in ihrem Zuständigkeitsbereich dazu berufen, die Richtlinie umzusetzen[91].

(1) Umsetzungsbedürftige Richtlinien

Jedenfalls für die Gruppe der "normalen" - umsetzungsbedürftigen - Richtlinien ist zweifelhaft, ob sich eine Klageberechtigung der Bundesländer aus Art. 173 Abs. 4 EGV ableiten läßt.

Ein unmittelbares Betroffensein der Bundesländer durch derartige Richtlinien scheitert zwar noch nicht daran, daß sie sich nach dem Wortlaut des Art. 189 Abs. 3 EGV formal nur an die Mitgliedstaaten richten[92]. Ihre Wirkungen erreichen die Länder als die innerstaatlichen Stellen im Sinne des Art. 189 Abs. 3

---

89 Vgl. dazu Memminger, DÖV 1989, S. 846 ff.; Scholz, NJW 1990, S. 941 (944 ff.); Ehlermann, EuR 1991, Beiheft 1, S. 27 (33 ff.); Frowein, in: Festschrift Lerche, S. 401 (407).

90 So noch Birke, S. 122 ff.; Conrad, S. 134.

91 Kössinger, S. 40 ff.; Mögele, BayVBl. 1989, S. 577 (583).

92 G/T/E-Daig/Schmidt, Art. 189, Rn. 36.

EGV nämlich trotz dieser Formulierung nicht erst "auf dem Umweg" über die Zuständigkeitsverteilung nach dem Grundgesetz[93]. Vielmehr treffen gemeinschaftsrechtliche Pflichten aus einer Richtlinie nach der Rechtsprechung des Gerichtshofs alle Träger öffentlicher Gewalt in den Mitgliedstaaten im Rahmen ihrer jeweiligen Zuständigkeiten unmittelbar[94]. Die innerstaatliche Kompetenzordnung steckt somit nur den Rahmen ab, innerhalb dessen die Bundesländer unmittelbar gemeinschaftsrechtlichen Pflichten unterworfen sind. Sie stellt hingegen keinen Verteilerkopf dar, dessen Zwischenschaltung etwas an dieser Unmittelbarkeit ändern könnte.

Anknüpfend an diese Rechtsprechung bejahen Teile des Schrifttums ein unmittelbares Betroffensein der Länder durch eine Richtlinie dann, wenn ihnen innerstaatlich die Umsetzung obliegt[95]. Diese Auffassung übersieht indes, daß die unmittelbare Verpflichtung der Länder nichts an dem normativen Charakter des - für die Beurteilung durch den Gerichtshof maßgeblichen - materiellen Inhalts echter Richtlinien ändert[96]. Aus der unmittelbaren Verpflichtung der Länder zur Umsetzung einer Richtlinie ergibt sich somit noch nicht ihr unmittelbares Betroffensein durch deren Inhalt im Sinne des Art. 173 Abs. 4 EGV[97].

Selbst wenn man von diesem Einwand absieht, scheitert auch auf dem Boden der genannten Auffassung eine Klageberechtigung der Länder gegen Richtlinien gemäß Art. 173 Abs. 4 EGV indes an dem zusätzlichen Erfordernis eines individuellen Betroffenseins[98]. Der Annahme eines individuellen Betroffenseins aufgrund bloßer kompetentieller Betroffenheit stehen hier dieselben Bedenken gegenüber wie bei Verordnungen[99]: Kompetenz- oder sonst gemeinschaftsrechtswidrig erlassene Richtlinien betreffen nicht nur die Bundesländer,

---

93 So aber Jooss/Scheurle, EuR 1989, S. 226 (232).

94 EuGH Rs. 14/83 (von Colson und Kamann/Land Nordrhein-Westfalen), Slg. 1984, S. 1891 (1909); vgl. auch Rs. C-8/88 (Deutschland/Kommission), Slg. 1990 I, S. 2321 (2359); zur unmittelbaren Verpflichtung der Länder Zuleeg, in: Blomeyer/Schachtschneider, S. 9 (14); Dauses, BayVBl. 1989, S. 609 (609); G/T/E-Krück, Art. 171, Rn. 4.

95 Kleffner-Riedel, S. 239 f.; Geiger, in: Kremer, S. 51 (69); Wolfgang Kahl, AöR 118 (1993), S. 414 (444).

96 Vgl. EuGH Rs. 302/87 (Europäisches Parlament/Rat), "Comitologie", Slg. 1988, S. 5615 (5640).

97 Das verkennt Kleffner-Riedel, S. 239 f.

98 Dieses Erfordernis übersehen Kleffner-Riedel, S. 239 f. und Geiger, in: Kremer, S. 51 (68 ff.).

99 Vgl. oben S. 58 f.; vgl. Zuleeg, DVBl. 1992, S. 1329 (1331); Kössinger, S. 142.

sondern sämtliche Mitgliedstaaten bzw. deren innerstaatlich jeweils zuständige regionale Gebietskörperschaften[100].

Die in der Literatur erarbeiteten Gesichtspunkte für eine Klageberechtigung natürlicher oder juristischer Personen gegen Richtlinien beziehen sich nur auf solche Richtlinien, die den Mitgliedstaaten keinen Umsetzungsspielraum belassen und den Anfechtenden individuell betreffen[101]. Auch hiernach kommt also eine Klageberechtigung der Länder gegen umsetzungsbedürftige Richtlinien nicht in Frage.

(2) Atypische Richtlinien

Sofern atypische, detaillierte Richtlinien in Rede stehen, dürfte ihre Anfechtbarkeit durch die Bundesländer nach der im Schrifttum geäußerten Auffassung mangels individueller Betroffenheit ebenfalls ausscheiden, sofern die Länder eine Beeinträchtigung ihrer Verwaltungs- bzw. Gesetzgebungskompetenzen geltend machen wollen. In diesen Kompetenzen wären die Länder nämlich nicht in anderer Weise als sämtliche Mitgliedstaaten bzw. deren innerstaatlich jeweils zuständige Gliedstaaten betroffen[102].

Folglich käme selbst nach der erweiternden Auslegung des Art. 173 Abs. 4 EGV eine Nichtigkeitsklage eines Bundeslandes gegen eine detaillierte Richtlinie nur im Bereich der Fiskalverwaltung in Betracht, sofern das Bundesland durch besondere Umstände - etwa als Alleingesellschafter eines in der Richtlinie namentlich genannten Unternehmens - individualisiert werden könnte.

e) Unbenannte Gemeinschaftsrechtsakte

Die dargelegten Überlegungen gelten entsprechend für solche Rechtsakte der Gemeinschaftsorgane, die zwar nicht als Entscheidungen, Verordnungen oder Richtlinien bezeichnet worden sind, in ihren rechtlichen Wirkungen aber einer dieser Handlungsformen entsprechen. Dagegen scheiden rechtlich unverbindliche Empfehlungen und Stellungnahmen im Sinne von Art. 189 Abs. 5 EGV ebenso wie entsprechende unbenannte Gemeinschaftshandlungen nach dem

100 Kössinger, S. 142.

101 Von Burchard, EuR 1991, S. 140 (169).

102 Kössinger, S. 142.

eindeutigen Wortlaut des Art. 173 EGV als Gegenstand einer Nichtigkeitsklage aus[103].

f) Zwischenergebnis

Aus der Sicht der Bundesländer fällt die Bilanz der Klagemöglichkeiten nach Art. 173 Abs. 4 dürftig aus[104]. Wegen des für nichtprivilegierte Klageberechtigte durchweg geltenden einschränkenden Erfordernisses des unmittelbaren und individuellen Betroffenseins kommen Nichtigkeitsklagen der Bundesländer nach dieser Vorschrift im wesentlichen nur gegen an sie gerichtete Entscheidungen in Betracht. Entscheidungen, die an Dritte - insbesondere die Bundesregierung - adressiert sind, unterliegen einer Nichtigkeitsklage der Bundesländer nur, sofern sie diese unmittelbar und individuell betreffen. Entsprechendes gilt für als Scheinverordnungen[105] "getarnte" Entscheidungen[106].

Dagegen scheiden echte Verordnungen als Gegenstand einer durch ein Bundesland erhobenen Nichtigkeitsklage gemäß Art. 173 Abs. 4 EGV aus. Verordnungen zeitigen zwar regelmäßig unmittelbare Wirkung. Ein individuelles Betroffensein der Bundesländer ließe sich aber nur begründen, sofern man dafür die mögliche kompetentielle Beeinträchtigung von innerstaatlichen Gesetzgebungs- und Verwaltungszuständigkeiten genügen ließe. Dagegen spricht jedoch, daß eine gemeinschaftsrechtswidrige Verordnung nicht nur die Bundesländer, sondern sämtliche Mitgliedstaaten bzw. die nach der jeweiligen innerstaatlichen Kompetenzordnung zuständigen staatlichen Stellen in gleicher Weise beträfe[107]. Folglich kann in diesen Fällen von einer besonderen Individualisierung gerade der Bundesländer keine Rede sein.

Bei Richtlinien scheitert eine Klageberechtigung der Bundesländer zwar nicht schon deshalb, weil sie im formalen Sinne an die Bundesrepublik Deutschland adressiert sind[108]. Die Bundesländer werden nämlich innerhalb ihres Zuständigkeitsbereiches durch Richtlinien unmittelbar verpflichtet[109].

---

103 Lenz-Borchardt, Art. 173 Rn. 19.

104 Ähnlich Zuleeg, DVBl. 1992, S. 1329 (1333); Dauses, BayVBl. 1989, S. 609 (609).

105 Vgl. Schneider, AöR 119 (1994), S. 294 (302).

106 Joos/Scheurle, EuR 1989, S. 226 (232).

107 Kössinger, S. 142.

108 So Joos/Scheurle, EuR 1989, S. 226 (232).

109 EuGH Rs. 14/83 (von Colson und Kamann/Land Nordrhein-Westfalen), Slg. 1984, S. 1891 (1909); vgl. auch Rs. C-8/88 (Deutschland/Kommission), Slg. 1990 I, S. 2321 (2359); Zuleeg, in: Blomeyer/Schachtschneider, S. 9 (14).

Allerdings ergibt sich aus dieser unmittelbaren Verpflichtung zur Umsetzung der Richtlinie noch kein unmittelbares Betroffensein der Länder durch deren maßgeblichen materiellen Gehalt[110] im Sinne des Art. 173 Abs. 4 EGV. Im übrigen läßt sich auch hier ein individuelles Betroffensein gerade der deutschen Bundesländer noch nicht aus einer möglichen kompetentiellen Beeinträchtigung ihrer Gesetzgebungs- oder Verwaltungszuständigkeiten herleiten, da alle Mitgliedstaaten gleichermaßen betroffen sind.

Aus diesen Gründen ist eine Klageberechtigung gegen Richtlinien gemäß Art. 173 Abs. 4 EGV entgegen einer in der Literatur geäußerten Auffassung auch in den Fällen nicht "unschwer darzulegen", in denen ein Bundesland einen Eingriff in seine Rechtssetzungs- und Verwaltungskompetenzen rügt[111]. Vielmehr ist die von Teilen der Literatur bemühte Figur des kompetentiellen Betroffenseins weder bei Verordnungen noch bei Richtlinien geeignet, ein unmittelbares Betroffensein gerade der Bundesländer im Sinne der Rechtsprechung des Gerichtshofs darzulegen[112].

Damit scheiden beide Handlungsformen europäischer Gesetzgebung aus dem Anwendungsbereich der Nichtigkeitsklage gemäß Art. 173 Abs. 4 EGV praktisch aus[113]. Dies ist aus Sicht der Bundesländer besonders im Hinblick darauf mißlich, daß gerade von Verordnungen und Richtlinien Gefahren für die den Bundesländern nach dem Grundgesetz zustehenden Gesetzgebungs- und Verwaltungszuständigkeiten drohen[114].

Ausgehend von diesem Befund ist zu untersuchen, ob eine Nichtigkeitsklage der Bundesländer gegen Verordnungen oder Richtlinien nach den Grundsätzen der privilegierten oder der beschränkt privilegierten Klageberechtigung gemäß Art. 173 Abs. 2 oder Abs. 3 EGV in Frage kommt.

2. Privilegierte Klageberechtigung nach Art. 173 Abs. 2 EGV

Eine Klageberechtigung der Bundesländer nach Art. 173 Abs. 2 EGV würde diese in die Lage versetzen, ohne die Geltendmachung eines unmittelbaren und individuellen Betroffenseins und ohne Beschränkung auf Sachbereiche, für

---

110 Vgl. EuGH Rs. 302/87 (Comitologie), Slg. 1988, S. 5615 (5640).

111 So aber Wolfgang Kahl, AöR 118 (1993), S. 414 (444).

112 Wie hier Kössinger, S. 142; Zuleeg, DVBl. 1992, S. 1329 (1331); a.A. ohne Begründung Wolfgang Kahl, AöR 118 (1993), S. 414 (444).

113 Dauses, Gutachten, S. D 113.

114 Zur Rundfunkrichtlinie vgl. Scholz, NJW 1990, S. 941 (944 ff.).

welche sie innerstaatlich zuständig sind, im Wege der Nichtigkeitsklage gegen sämtliche Gemeinschaftsrechtsakte vorzugehen. Eine derart privilegierte prozessuale Stellung setzt jedoch voraus, daß die Bundesländer entweder selbst als "Mitgliedstaaten" im Sinne dieser Vorschrift anzusehen sind oder die Befugnis besitzen, die Rechte des Mitgliedstaates Bundesrepublik Deutschland wahrzunehmen.

a) Bundesländer als Mitgliedstaaten im Sinne des Art. 173 Abs. 2 EGV

Gemäß einer in der Literatur vertretenen Auffassung erscheint es nach den durch den EUV bewirkten Änderungen des Gemeinschaftsrechts denkbar, den Begriff der Mitgliedstaaten in den Rechtsschutzbestimmungen des EGV dahin auszulegen, daß darunter auch die Regionen - etwa die Bundesländer - verstanden werden[115]. Die Regionen könnten so aktiv und passiv an den Verfahren vor dem Europäischen Gerichtshof beteiligt werden, ohne den Umweg über den Bund einschlagen zu müssen. Zur Begründung wird insbesondere auf die Einführung eines Regionalausschusses durch die Art. 198a-198c EGV verwiesen[116].

Nach dieser Auffassung könnten die Bundesländer eine privilegierte Klageberechtigung nach Art. 173 Abs. 2 EGV in Anspruch nehmen, ohne ein besonderes Rechtsschutzinteresse geltend machen zu müssen[117]. Fraglich ist aber, ob die Erstreckung des Begriffs "Mitgliedstaaten" auf die Regionen einer Überprüfung anhand der Systematik des Vertrages standhält.

Der Begriff "Mitgliedstaaten" wird weder im primären noch im sekundären Gemeinschaftsrecht ausdrücklich bestimmt[118]. Er wird jedoch in zahlreichen Vorschriften mit einer Bedeutung vorausgesetzt, die mit den in Art. 227 EGV ausdrücklich genannten zwölf Staaten[119] und den der Union mittlerweile neu beigetretenen drei Staaten übereinstimmt.

So besteht etwa die Kommission gemäß Art. 157 Abs. 1 EGV aus 17 Mitgliedern. Dabei muß ihr nach Art. 157 Abs. 4 EGV mindestens ein Staatsangehöriger jedes Mitgliedstaates angehören[120]. Ähnlich knüpft Art. 148 Abs. 2

---

115 Bleckmann, DVBl. 1992, S. 335 (338); dagegen Baetge, BayVBl. 1992, S. 711 (714).

116 Bleckmann, DVBl. 1992, S. 335 (338).

117 G/T/E-Krück, Art. 173, Rn. 32.

118 Dauses, BayVBl. 1989, S. 609 (609).

119 Vgl. z.B. G/T/E-Wolf, Art. 17 Satzung, Rn. 1.

120 Lenz-Breier, Art. 157, Rn. 2.

EGV für die Stimmgewichtung im Rat bei qualifizierter Mehrheit an die in Art. 227 EGV aufgeführten Staaten an[121]. Diese Regelungen ergäben keinen Sinn, wenn sämtliche Bundesländer neben der Bundesrepublik Mitgliedstaaten im gemeinschaftsrechtlichen Sinne darstellen würden. In diesem Falle entfielen nämlich bereits 17 Sitze in der Kommission auf deutsche Staatsangehörige.

Es ist nicht ersichtlich, daß für den Bereich der Rechtsschutzbestimmungen des Vertrages ein erweiterter Begriff des Mitgliedstaates zugrunde zu legen ist, der Gliedstaaten unterhalb der Ebene der Nationalstaaten einbeziehen könnte[122]. Die Einordnung als Mitgliedstaaten würde den Gliedstaaten eine unbeschränkt privilegierte Klageberechtigung gegen Gemeinschaftsrechtsakte gemäß Art. 173 Abs. 2 EGV selbst auf denjenigen Gebieten einräumen, auf denen sie nach innerstaatlichem Recht keine Gesetzgebungs- oder Verwaltungskompetenzen besitzen. Damit wären selbst die kühnsten Forderungen der Regionen selbst übertroffen, die sich stets auf die Wahrung ihrer Kompetenzen beschränkten[123].

Auch die durch den EUV bewirkten Änderungen bieten für eine derart erweiterte Auslegung keinen Anhaltspunkt. Im Gegenteil verdeutlichen gerade die von der genannten Literaturansicht bemühten Vorschriften über den Regionalausschuß den Unterschied zwischen Mitgliedstaaten und Gebietskörperschaften, indem sie beide Begriffe mit offensichtlich unterschiedlichen Bedeutungen verwenden. Nach Art. 198a Abs. 1 EGV setzt sich der Ausschuß der Regionen aus Vertretern der "regionalen und lokalen Gebietskörperschaften" zusammen. Demgegenüber erfolgt die Ernennung der Mitglieder des Ausschusses nach Art. 198a Abs. 3 EGV durch den Rat auf Vorschlag der "Mitgliedstaaten"[124].

Die Systematik des Vertrages ergibt, daß das Gemeinschaftsrecht als Mitgliedstaaten nur die zwölf in Art. 227 EGV genannten sowie die neu beigetretenen Staaten betrachtet, nicht hingegen Gebietskörperschaften unterhalb der Ebene der Nationalstaaten[125]. Dabei ist es aus gemeinschaftsrechtlicher Sicht unerheblich, ob diesen Gebietskörperschaften nach mitgliedstaatlichem Verfas-

---

121 Geiger, Art. 148, Rn. 5 ff.

122 Kössinger, S. 140 f.; Wolfgang Kahl, AöR 118 (1993), S. 414 (443).

123 Vgl. dazu Borchmann, EA 1991, S. 340 (346); Kleffner-Riedel, S. 242.

124 Lenz-Kaufmann-Bühler, Art. 198a, Rn. 4 ff.

125 Grabitz/Hilf-Wenig, Art. 169, Rn. 2; G/T/E-Krück, Art. 173, Rn. 21; Baetge, BayVBl. 1992, S. 711 (714).

sungsverständnis Staatsqualität - wie den deutschen Bundesländern[126] - zukommt oder nicht. Es entspricht daher höchstens deutschem Wunschdenken, den Bundesländern als "Mitgliedstaaten" die Stellung von privilegierten Klageberechtigten im Sinne des Art. 173 Abs. 2 EGV einzuräumen, nicht aber dem Gemeinschaftsrecht[127].

b) Bundesländer als Vertreter der Bundesrepublik Deutschland

Von der begrifflichen Einordnung der Bundesländer als Mitgliedstaaten oder Gebietskörperschaften im Sinne des Gemeinschaftsrechts streng zu trennen ist die Frage, ob die Bundesländer ermächtigt werden können, die der Bundesrepublik als Mitgliedstaat zustehenden prozessualen Rechte wahrzunehmen. Dies wäre zu verneinen, wenn das Gemeinschaftsrecht eine Vertretung der Mitgliedstaaten in Verfahren vor dem Gerichtshof durch die jeweilige zentralstaatliche Regierung vorschriebe[128].

Eine derartige Festlegung enthielt das Gemeinschaftsrecht in der Vergangenheit lediglich hinsichtlich der Zusammensetzung des Rates. Dieser bestand nach Art. 2 des Vertrages zur Einsetzung eines gemeinsamen Rates und einer gemeinsamen Kommission der Europäischen Gemeinschaften[129] aus Vertretern der Mitgliedstaaten, wobei jede Regierung eines ihrer Mitglieder entsendete. Aus dieser Regelung wurde abgeleitet, daß nur Mitglieder der jeweiligen Zentralregierung eines Mitgliedstaates diesen im Rat vertreten konnten. Damit kam für die Bundesrepublik nur eine Vertretung durch Mitglieder der Bundesregierung, nicht hingegen durch Mitglieder von Landesregierungen in Betracht[130]. Inzwischen ermöglicht Art. 146 Abs. 1 EGV n.F. eine Entsendung auch von Landesministern in den Rat, sofern diese befugt sind, für die Bundesrepublik verbindlich zu handeln[131].

---

126 Maunz/Dürig-Herzog, Art. 20, Rn. 16.

127 Ähnlich Wolfgang Kahl, AöR 118 (1993), S. 414 (443); auch Bleckmann scheint sich dieser Auffassung mittlerweile anzuschließen, vgl. Bleckmann/Pieper, RIW 1993, S. 969 (977).

128 So wohl Maunz/Dürig-Randelzhofer, Art. 24, Rn. 210.

129 BGBl. 1965 II S. 1454.

130 Kleffner-Riedel, S. 214 f.; Borchmann/Kaiser, in: Borkenhagen/Bruns-Klöss, S. 36.

131 Wolfgang Fischer, ZParl 1993, S. 32 (35); Neßler, EuR 1994, S. 216 (224); kritisch dazu aus verfassungsrechtlicher Sicht Badura, EuR 1994, Beiheft 1, S. 9 (15); aus gemeinschaftsrechtlicher Sicht Everling, DVBl. 1993, S. 936 (946 f.); Röhl, EuR 1994, S. 409 (442); Kokott, AöR 119 (1994), S. 207 (235).

Dem Gemeinschaftsprozeßrecht hingegen ist eine dem Art. 2 a.F. des Fusionsvertrages vergleichbare Regelung fremd. Dies erhellt zum einen daraus, daß die Art. 164 ff. EGV prozessuale Rechte und Pflichten schlicht den "Mitgliedstaaten" zuordnen, ohne näher zu regeln, durch welche staatlichen Organe die prozessuale Vertretung zu erfolgen hat. Zum anderen bestimmt Art. 17 Abs. 1 Satzung, daß sich die Staaten vor dem Gerichtshof durch einen "Bevollmächtigten" vertreten lassen müssen, der für jede Sache bestellt wird[132]. Es bleibt aber den Mitgliedstaaten überlassen, wen sie als Bevollmächtigten auswählen[133].

Folglich gestattet das Gemeinschaftsrecht die Vertretung der Bundesrepublik vor dem Gerichtshof durch einen Ländervertreter, sofern dieser nach innerstaatlichem Recht verbindlich für die Bundesrepublik handeln darf[134]. So könnte den Ländern "mittelbar" auch die privilegierte Klageberechtigung der Bundesrepublik Deutschland nach Art. 173 Abs. 2 EGV zugute kommen. In diesem Fall würde allerdings aus gemeinschaftsrechtlicher Sicht lediglich die Bundesrepublik als Mitgliedstaat, nicht hingegen das jeweilige Land vor dem Gerichtshof auftreten[135].

Von der Feststellung, daß eine Vertretung der Bundesrepublik durch einen Ländervertreter gemeinschaftsrechtlich zulässig ist, muß die Frage getrennt werden, ob und unter welchen Voraussetzungen das deutsche Verfassungsrecht eine derartige Bevollmächtigung der Länder zuläßt oder sogar erzwingt. Diese verfassungsrechtliche Frage gehört indes aus systematischen Gründen nicht zur Erörterung der eigenen gemeinschaftsprozessualen Rechte der Länder vor dem Gerichtshof. Vielmehr ist sie in dem verfassungsrechtlichen Kapitel über die mittelbare Beteiligung der Bundesländer an Verfahren vor dem Gerichtshof zu erörtern[136].

c) Zwischenergebnis

Die Bundesländer stellen keine Mitgliedstaaten im Sinne des Gemeinschaftsrechts dar. Folglich besitzen sie jedenfalls in ihrer Eigenschaft als Bundeslän-

---

132 G/T/E-Wolf, Art. 17 Satzung, Rn. 1 ff.

133 Dauses, BayVBl. 1989, S. 609 (609).

134 Schede, S. 185.

135 Dauses, BayVBl. 1989, S. 609 (609); vgl. auch Badura, EuR 1994, Beiheft 1, S. 9 (15).

136 S. unten S. 207 ff.

der keine eigene privilegierte Klageberechtigung nach Art. 173 Abs. 2 EGV[137]. Aus diesem Grunde können sie mögliche Verletzungen ihrer Gesetzgebungs- und Verwaltungskompetenzen nicht selbst auf der Grundlage dieser Vorschrift geltend machen.

Einer mittelbaren Teilhabe der Länder an der prozessualen Stellung der Bundesrepublik als Mitgliedstaat steht das Gemeinschaftsrecht zwar nicht entgegen. Die Ausgestaltung einer derartigen Teilhabe - etwa durch die Bevollmächtigung eines Ländervertreters - obliegt aber dem deutschen Verfassungsrecht.

3. Beschränkt privilegierte Klageberechtigung nach Art. 173 Abs. 3 EGV

Möglicherweise verleiht das Gemeinschaftsrecht den Bundesländern eine beschränkt privilegierte Klageberechtigung im Sinne des Art. 173 Abs. 3 EGV. Bejahendenfalls wären sie zur Erhebung von Nichtigkeitsklagen zwar nur dann befugt, wenn diese innerhalb ihres Zuständigkeitsbereichs erhoben würden und auf die Wahrung ihrer Rechte abzielten. Die weitergehende Geltendmachung eines unmittelbaren und individuellen Betroffenseins wie im Falle des Art. 173 Abs. 4 EGV wäre indes entbehrlich. Folglich stünde Nichtigkeitsklagen gegen echte Verordnungen und Richtlinien nichts entgegen, sofern diese möglicherweise Länderkompetenzen beeinträchtigen.

Der Wortlaut des Art. 173 Abs. 3 EGV erwähnt nur das Europäische Parlament sowie die Europäische Zentralbank. Aus diesem Grunde kommt eine Einbeziehung der Bundesländer in den Anwendungsbereich der Vorschrift nur nach den vom Gerichtshof entwickelten Grundsätzen des rechtlichen Gehörs und des gerichtlichen Rechtsschutzes in Betracht[138]. Nach diesen Grundsätzen hat der Gerichtshof dem Europäischen Parlament unter gewissen, einschränkenden Voraussetzungen eine privilegierte Klageberechtigung nach Art. 173 Abs. 1 EWGV a.F. zugestanden, obwohl die Vorschrift diese Berechtigung ausdrücklich nur den Mitgliedstaaten, dem Rat und der Kommission einräumte[139].

Die Prüfung der Übertragbarkeit dieser Grundsätze auf die prozessuale Stellung der Bundesländer erfolgt in zwei Stufen. Zunächst ist - ausgehend von den

---

137 Vgl. G/T/E-Wenig, Art. 173, Rn. 2.

138 Zu diesen Grundsätzen Gassner, DVBl. 1995, S. 16 (17 ff.).

139 EuGH Rs. C-70/88 (Tschernobyl), Slg. 1990 I, S. 2041 (2072); dazu Hilf, EuR 1990, S. 273 ff.

Grundsätzen des rechtlichen Gehörs und des gerichtlichen Rechtsschutzes im Gemeinschaftsrecht - zu untersuchen, von welcher ratio sich der Gerichtshof bei der Einbeziehung des Europäischen Parlaments in den Anwendungsbereich des Art. 173 Abs. 1 EWGV a.F. leiten ließ. Dabei sind auch Seitenblicke auf andere Entwicklungen in der Rechtsprechung des Gerichtshofs erforderlich, die auf eine ausdehnende Auslegung der gemeinschaftsrechtlichen Rechtsschutzvorschriften abzielen. In einem zweiten Schritt wird zu zeigen sein, ob die Stellung der Bundesländer im institutionellen Gemeinschaftsgefüge ihre Einbeziehung in den Kreis der gemäß Art. 173 Abs. 3 EGV beschränkt privilegiert Klageberechtigten rechtfertigt[140].

a) Die Grundsätze des rechtlichen Gehörs und des gerichtlichen Rechtsschutzes im Gemeinschaftsrecht und die extensive Auslegung der Rechtsschutzvorschriften

Nach ständiger Rechtsprechung des Gerichtshofs ist die Gewährung rechtlichen Gehörs in einem Verwaltungs-[141] oder Gerichtsverfahren[142], das zu einer den Betroffenen beschwerenden Maßnahme führen kann, ein fundamentaler Grundsatz des Gemeinschaftsrechts und selbst dann sicherzustellen, wenn es keine einschlägigen Verfahrensregeln gibt[143].

Eng verwandt hiermit ist das Gebot des gerichtlichen Rechtsschutzes[144]. Nach Auffassung des Gerichtshofs ist dieses in den Art. 6 und 13 EMRK niedergelegte Gebot als allgemeiner Rechtsgrundsatz, der den gemeinsamen Verfassungstraditionen der Mitgliedstaaten zugrunde liege, im Rahmen des Gemeinschaftsrechts zu berücksichtigen[145]. Fraglich ist freilich, welche Anforderungen sich aus dieser Berücksichtigung im einzelnen für die Ausgestaltung des Gemeinschaftsprozeßrechts ergeben.

---

140 Zuleeg, DVBl. 1992, S. 1329 (1331), stellt zutreffend fest, der Gerichtshof habe ein der Rs. "Tschernobyl" entsprechendes Urteil zugunsten der Länder und Regionen noch nicht gefällt.

141 EuGH Rs. 85/76 (Hoffmann-La Roche/Kommission), Slg. 1979, S. 461 (511); Verb. Rs. 46/87 und 227/88 (Hoechst AG/Kommission), Slg. 1989, S. 2859 (2923).

142 So explizit EuGH Rs. 136/79 (National Panasonic/Kommission), Slg. 1980, S. 2033 (2058)

143 Vgl. Gassner, DVBl. 1995, S. 16 (17 ff.).

144 Vgl. von Danwitz, NJW 1993, S. 1108 (1115).

145 EuGH Rs. 222/84 (Johnston/Chief Constable of the Royal Ulster Constabulary), Slg. 1986, S. 1651 (1682); Verb. Rs. 46/87 und 227/88 (Hoechst AG/Kommission), Slg. 1989, S. 2859 (2924); zur dogmatischen Einordnung der allgemeinen Rechtsgrundsätze Bleckmann, NVwZ 1993, S. 824 (825 ff.); Koch, EuZW 1995, S. 78 (79 ff.).

Auf der einen Seite hat der Gerichtshof betont, die Gemeinschaft sei eine Rechtsgemeinschaft und durch den Vertrag sei ein umfassendes Rechtsschutzsystem gegen Rechtsakte aller Organe der Gemeinschaft geschaffen worden[146]. Daher hat er die gerichtliche Überprüfbarkeit von "unbenannten" Rechtsakten anerkannt, welche keiner der in Art. 189 EGV erwähnten Handlungsformen entsprechen[147]. Ähnlich hat der Gerichtshof die gerichtliche Überprüfbarkeit im Wege der Nichtigkeitsklage von Rechtsakten des - in Art. 173 Abs. 1 EWGV a.F. nicht genannten - Europäischen Parlaments bejaht[148] und dieses umgekehrt in Ausnahmefällen zu den nach dieser Vorschrift Klageberechtigten gezählt[149]. In einem obiter dictum stellte der Gerichtshof fest, er könne im Rahmen des Art. 173 EWGV a.F. "Lücken schließen"[150]. Dennoch handhabt er seit der Rs. "Plaumann"[151] in ständiger Rechtsprechung die Klageberechtigung natürlicher und juristischer Personen gemäß Art. 173 Abs. 2 EWGV a.F. bzw. Art. 173 Abs. 4 EGV durch eine strenge Auslegung der Kriterien des unmittelbaren und individuellen Betroffenseins restriktiv.

Besonders weitgehend ließ der Gerichtshof in der Rs. "Zwartveld" unter Berufung auf seine in Art. 164 EGV verankerte Aufgabe der Wahrung des Rechts bei der Anwendung und Auslegung des Vertrages ein - im Gemeinschaftsprozeßrecht nicht geregeltes - "Ersuchen um Rechtshilfe" eines nationalen Richters zu, mit dem dieser die gerichtliche Verpflichtung der Kommission zur Herausgabe bestimmter Akten anstrebte[152].

Ebenfalls gestützt auf Art. 164 EGV hat der Gerichtshof den "effet utile" des Gemeinschaftsrechts durch teils kühne juristische Konstruktionen verstärkt. So hat er etwa nicht fristgerecht umgesetzten Richtlinien unter bestimmten Voraussetzungen unmittelbare Wirkung zugunsten Einzelner zuerkannt, obwohl Richtlinien nach dem Wortlaut des Art. 189 Abs. 3 EGV verbindliche Wirkungen nur gegenüber den Mitgliedstaaten zeitigen[153]. Nach der "Francovich"-

---

146 EuGH Rs. 294/83 (Les Verts), Slg. 1986, S. 1339 (1365 f.); vgl. Zuleeg, NJW 1994, S. 545 ff.

147 EuGH Rs. 22/70 (AETR), Slg. 1971, S. 263 (277 ff.).

148 EuGH Rs. 294/83 (Les Verts), Slg. 1986, S. 1339 (1365 f.).

149 EuGH Rs. C-70/88 (Tschernobyl), Slg. 1990 I, S. 2041 (2072 ff.).

150 EuGH Rs. 44/81 (Bundesrepublik Deutschland und Bundesanstalt für Arbeit/Kommission), Slg. 1982, S. 1855 (1875).

151 EuGH Rs. 25/62 (Plaumann/Kommission), Slg. 1963, S. 211 (238).

152 EuGH Rs. C-2/88 (Zwartveld), Slg. 1990 I, S. 2265 (3373).

153 EuGH Rs. 9/70 (Franz Grad/Finanzamt Traunstein), Slg. 1970, S. 825; Rs. 148/78 (Ratti), Slg. 1979, S. 1629 (1642).

Doktrin kann die verspätete Umsetzung einer Richtlinie sogar zu Staatshaftungsansprüchen Einzelner gegenüber dem säumigen Mitgliedstaat führen[154]. Auch durch Anerkennung und Ausbau gemeinschaftsrechtlicher Grundrechte hat der Gerichtshof die Rechtsschutzmöglichkeiten zugunsten Einzelner verbessert[155].

Für die Gewährleistung eines angemessenen und kohärenten Rechtsschutzes plädierte Generalanwalt van Gerven in der Rs. "Tschernobyl". Dieser verlange die Möglichkeit des Rechtsinhabers, sein Recht nach eigenem Gutdünken mittels einer Anrufung der Gerichte zur Geltung zu bringen[156].

In der Literatur stößt die geschilderte, überwiegend rechtsschutzfreundliche Rechtsprechung des Gerichtshofs grundsätzlich auf Zustimmung[157]. Dabei ist jedoch hervorzuheben, daß zwar von einem System umfassenden Rechtsschutzes gesprochen wird[158], nicht aber von einer - dem Art. 19 Abs. 4 GG[159] vergleichbaren - gemeinschaftsrechtlichen Rechtsschutzgarantie[160].

Vielmehr gilt auch im Gemeinschaftsprozeßrecht das aus Art. B EUV sowie Art. 3b Abs. 1 und Art. 4 EGV herzuleitende Prinzip der begrenzten Einzelermächtigung[161]. Dementsprechend werden die verschiedenen Rechtsbehelfe enumerativ im EGV und in der Satzung des Gerichtshofs aufgezählt. Folglich kennt das Gemeinschaftsprozeßrecht keine dem § 40 VwGO oder dem Art. 93 Abs. 1 Nr. 3, 4 GG vergleichbare, umfassende verwaltungs- bzw. verfassungsrechtliche Zuständigkeitszuweisung an den Gerichtshof[162].

---

154 EuGH Verb. Rs. C-6/90 und C-9/90 (Francovich), Slg. 1991 I, S. 5357 (5413 ff.).

155 Dazu Grabitz/Hilf-Pernice, Art. 164, Rn. 42 ff.

156 In: EuGH Rs. C-70/88 (Tschernobyl), Slg. 1990 I, S. 2041 (2058).

157 G/T/E-Zuleeg, Art. 1, Rn. 36; Oppermann, S. 230 f.; Triantafyllou, DÖV 1990, S. 1040 (1042 f.); Schermers/Waelbroeck, S. 42 f.; von Danwitz, NJW 1993, S. 1108 (1115); Dine/Douglas-Scott/Persaud, S. 82 ff.

158 Frenz, DVBl. 1995, S. 408 (410).

159 Zur Stellung der Rechtsschutzgarantie im Verfassungsgefüge Schmidt-Jortzig, NJW 1994, S. 2569 ff.; zu Einwirkungen des Gemeinschaftsrechts auf das bundesdeutsche Rechtsschutzsystem Schoch, JZ 1995, S. 109 (112).

160 Nach Auffassung von Schmidt Aßmann, JZ 1994, S. 832 (835), zielen Art. 164, 168a EGV zwar in die "gleiche Richtung" wie Art. 19 Abs. 4 GG, das Gemeinschaftsrecht kenne aber eine "Lückenlosigkeitsgarantie vergleichbarer Intensität" nicht.

161 Grundlegend Kraußer, S. 16 ff.; Oppermann, S. 230; Klein/Haratsch, DÖV 1993, S. 785 (788); König, ZaöRV 54 (1994), S. 17 (43); Lambers, EuR 1993, S. 229 (233); Matuschak, DVBl. 1995, S. 81 (82).

162 Kössinger, S. 140; Rengeling/Middeke/Gellermann, S. 19 f.

Der Gerichtshof selbst hat die ihm hinsichtlich der Erweiterung des gemeinschaftsrechtlichen Rechtsschutzes gesetzten Grenzen in der Rs. "CFDT" deutlich gemacht: Die Bestimmungen über die Anrufung des Gerichtshofs dürften zwar weit ausgelegt werden. Der Gerichtshof dürfe aber die Rechtsgrundlage seiner Zuständigkeit nicht von sich aus ändern[163].

Ob Art. 173 Abs. 3 EGV eine ausreichende Rechtsgrundlage für eine beschränkt privilegierte Klageberechtigung der Bundesländer darstellt, ist anhand der vom Gerichtshof aufgestellten Grundsätze zur Aktivlegitimation des Europäischen Parlaments für Nichtigkeitsklagen gemäß Art. 173 EWGV a.F. festzustellen.

b) Die beschränkt privilegierte Klageberechtigung des Europäischen Parlaments nach Art. 173 Abs. 1 EWGV a.F. bzw. Art. 173 Abs. 3 EGV

aa) Rs. "Comitologie"

(1) Sachverhalt

Gegenstand der Rs. "Comitologie"[164] war der durch die Einheitliche Europäische Akte in Art. 145 EWGV a.F. neu eingefügte dritte Unterabsatz, wonach der Rat der Kommission Durchführungsbefugnisse für die von ihm erlassenen Vorschriften überträgt. Zur Regelung der Modalitäten dieser Übertragung schlug die Kommission eine Verordnung vor, mit der drei unterschiedliche Verfahren - "Beratender Ausschuß", "Verwaltungsausschuß" und "Regelungsausschuß" - für die Ausübung der vom Rat übertragenen Durchführungsbefugnisse eingeführt werden sollten. Das Europäische Parlament wurde zu diesem Entwurf gehört und beschloß eine Reihe von Änderungsvorschlägen. Da die Kommission nicht alle Änderungsvorschläge des Europäischen Parlaments akzeptierte, beantragte dieses die Beteiligung des Rats durch die Einleitung eines Konzertierungsverfahrens.

Der Rat faßte, ohne das vom Europäischen Parlament verlangte Konzertierungsverfahren einzuleiten, einen abschließenden Beschluß zum Entwurf der Kommission. Dieser wich in einigen Punkten vom Vorschlag der Kommission

---

[163] EuGH Rs. 66/76 (CFDT/Rat), Slg. 1977, S. 305 (310); ebenso Generalanwalt Reischl, ibid., S. 313; vgl. auch Ipsen, S. 755: Der Gerichtshof dürfe nicht "autonom neue Zuständigkeiten" in Anspruch nehmen.

[164] EuGH Rs. 302/87 (Comitologie), Slg. 1988, S. 5615 ff.; in der Rs. 138/79 (Roquette Frères/Rat), Slg. 1980, S. 3333 (3357 f.) hatte der EuGH entsprechend dem Wortlaut des Art. 37 Abs. 1 Satzung EuGH ("Organe") einen Streitbeitritt des Parlaments zugelassen.

ab. Insbesondere sah er die Möglichkeit eines Abstimmungsverfahrens in den Ausschüssen mit beratender Funktion vor und führte Varianten ein, die es dem Rat erlauben sollten, die von der Kommission vorgeschlagenen Maßnahmen zu verwerfen oder deren Erlaß hinauszuschieben. Außerdem führte der Ratsbeschluß ein besonderes Verfahren für den Erlaß von Schutzmaßnahmen ein, das in dem Kommissionsentwurf nicht vorgesehen war[165].

Das Europäische Parlament hielt den Beschluß des Rates in dreifacher Hinsicht für gemeinschaftsrechtswidrig:

Zum einen verstoße der Beschluß gegen den Wortlaut des Art. 145 EWGV a.F., wonach die Kommission für die Durchführung von Ratsverordnungen grundsätzlich über eine originäre und autonome Befugnis verfügte. Eines der vorrangigen Ziele der Einheitlichen Europäischen Akte sei es nämlich gewesen, die Exekutivbefugnisse der Kommission zu stärken. Folglich müsse die der Kommission in Art. 145 3. UAbs. EWGV a.F. eingeräumte Befugnis klar von der bereits vor dem Inkrafttreten der Einheitlichen Europäischen Akte geltenden Delegationsregelung des Art. 155 4. UAbs. EWGV a.F. unterschieden werden, wonach die Kommission die Befugnisse ausübt, die ihr der Rat zur Durchführung der von ihm erlassenen Vorschriften überträgt[166].

Zweitens beeinträchtigte der Ratsbeschluß durch die Mißachtung der Befugnisse der Kommission nach Auffassung des Europäischen Parlaments dessen Prärogativen auf der Ebene der politischen Kontrolle der Kommission[167].

Drittens monierte das Europäische Parlament, es hätte nach der Rechtsprechung des Gerichtshofs erneut konsultiert werden müssen, wenn der in Aussicht genommene Rechtsakt wesentlich von dem Vorschlag abweiche, zu dem es sich geäußert habe, und wenn die Änderung ganz offensichtlich nicht in die von ihm gewünschte Richtung gehe[168].

Das Europäische Parlament erhob im Oktober 1987 Klage auf Nichtigerklärung des Ratsbeschlusses. Der Rat machte dagegen die Einrede der Unzulässigkeit geltend und beantragte, über diese Einrede gemäß Art. 91 § 1 VerfO vorab zu entscheiden. Zur Begründung trug der Rat vor, eine Klage des Europäischen Parlaments komme weder nach dem ersten noch nach dem zweiten Absatz des Art. 173 EWGV a.F. in Betracht. Eine Klageberechtigung nach dem

---

165 Ratsbeschluß 87/373 EWG vom 13. Juli 1987, ABl. 1987 Nr. L 197/33.

166 EuGH Rs. 302/87 (Comitologie), Slg. 1988, S. 5615 (5619 f.).

167 EuGH Rs. 302/87 (Comitologie), Slg. 1988, S. 5615 (5620).

168 EuGH Rs. 302/87 (Comitologie), Slg. 1988, S. 5615 (5620).

zweiten Absatz scheitere schon daran, daß danach nur natürliche oder juristische Personen klagebefugt seien. Das Europäische Parlament sei selbst keine juristische Person, sondern nur Organ einer juristischen Person, nämlich der Gemeinschaft, die nach Art. 210 EWGV a.F. Rechtspersönlichkeit besitze. Eine privilegierte Klageberechtigung des Europäischen Parlaments über den Wortlaut des ersten Absatzes hinaus sei hingegen weder nach der Rechtsprechung des Gerichtshofs noch nach Geist und System des Vertrages geboten[169].

Das Europäische Parlament erwiderte, die Klage sei nach Art. 173 Abs. 1 EWGV a.F. erhoben. Zur Herleitung seiner Aktivlegitimation für eine privilegierte Klageberechtigung führte es drei Argumente an: Der Grundsatz des institutionellen Gleichgewichts erfordere, das Europäische Parlament den übrigen Organen im Rechtsschutzsystem der Gemeinschaft gleichzustellen. Ferner könne das Europäische Parlament die ihm übertragenen Kontrollfunktionen nur dann wirksam ausüben, wenn es über dieselben Klagemöglichkeiten wie die anderen Organe verfüge. Und schließlich habe der Gerichtshof die Aktivlegitimation des Europäischen Parlaments stillschweigend anerkannt, indem er es in der Rs. "Roquettes Frères" als Streithelfer in einem Verfahren nach Art. 173 zugelassen[170] und im übrigen seine Befugnis zur Erhebung einer Untätigkeitsklage nach Art. 175 EWGV a.F. anerkannt habe[171]. Wenn das Europäische Parlament im Wege der Untätigkeitsklage ein anderes Organ zu einer Stellungnahme veranlassen könne, dann müsse es auch die Möglichkeit haben, die Ungültigkeit einer bereits ergangenen Stellungnahme feststellen zu lassen[172].

(2) Schlußanträge des Generalanwalts Darmon

Generalanwalt Darmon wies zunächst darauf hin, daß die bisherige Rechtsprechung des Gerichtshofs die aktiven und passiven Beteilungsmöglichkeiten des Europäischen Parlaments in verschiedener Hinsicht bestimmt habe[173]. Nach dieser Rechtsprechung könnten die Handlungen des Europäischen Parlaments Gegenstand eines Vorabentscheidungsverfahrens sein[174]. Dem Europäischen Parlament stehe gemäß Art. 37 Abs. 1 Satzung ein allge-

---

169 EuGH Rs. 302/87 (Comitologie), Slg. 1988, S. 5615 (5638 f.).

170 EuGH Rs. 138/79 (Roquette Frères/Rat), Slg. 1980, S. 3333 ff.

171 EuGH Rs. 13/83 (Europäisches Parlament/Rat), Slg. 1985, S. 1513 ff.

172 EuGH Rs. 302/87 (Comitologie), Slg. 1988, S. 5615 (5641 ff.).

173 In: EuGH Rs. 302/87 (Comitologie), Slg. 1988, S. 5615 (5627 ff.).

174 EuGH Rs. 101/63 (Wagner), Slg. 1964, S. 417 ff.; Rs. 208/80 (Lord Bruce of Donington), Slg. 1981, S. 2205; Rs. 149/85 (Wybot), Slg. 1986, S. 2391.

meines Recht zum Streitbeitritt zu, ohne daß es irgendein Interesse am Verfahrensausgang darzutun habe[175]. Es habe im Rahmen der Untätigkeitsklage nach Art. 175 EWGV a.F. die Stellung eines privilegierten Klägers[176]. Der Gerichtshof könne es nach Art. 21 Abs. 2 Satzung sowohl im Rahmen direkter Klagen[177] als auch im Rahmen von Vorabentscheidungsverfahren[178] um Auskunft ersuchen. Schließlich könne das Europäische Parlament im Rahmen einer Nichtigkeitsklage nach Art. 173 EWGV a.F. Beklagter sein[179].

Hinsichtlich des Vorabentscheidungsverfahrens, des Streitbeitritts und der Untätigkeitsklage beruhe diese Rechtsprechung auf einer am Wortlaut orientierten Auslegung des Gemeinschaftsrechts. Die jeweils einschlägigen Verfahrensvorschriften stellten nämlich auf die "Organe der Gemeinschaft" ab, zu denen nach Art. 4 Abs. 1 EWGV a.F. auch das Europäische Parlament zähle[180]. Hinsichtlich der Passivlegitimation des Europäischen Parlaments in Nichtigkeitsklagen sei dagegen eine wörtliche Auslegung nicht möglich gewesen, da Art. 173 Abs. 1 EWGV a.F. eine Rechtmäßigkeitskontrolle durch den Gerichtshof nur für Handlungen des Rates und der Kommission vorsehe. Daher habe der Gerichtshof eine andere Vorgehensweise gewählt und festgestellt, daß in einer Rechtsgemeinschaft alle verbindlichen Akte mit Außenwirkung vom Gerichtshof überprüfbar sein müssen[181]. Die Anerkennung der Passivlegitimation des Europäischen Parlaments durch den Gerichtshof beruhe folglich in erster Linie auf den Erfordernissen eines wirksamen gerichtlichen Rechtsschutzes und der Wahrung der Rechtmäßigkeit in der Rechtsordnung in der Gemeinschaft[182].

Für eine Aktivlegitimation des Europäischen Parlaments zur Wahrung seiner Prärogativen durch Nichtigkeitsklagen gemäß Art. 173 Abs. 1 EWGV a.F. führte der Generalanwalt im wesentlichen drei Gesichtspunkte an. Der erste betrifft die Kohärenz des gemeinschaftsrechtlichen Rechtsschutzsystemes, der

---

175 EuGH Rs. 138/79 (Roquette Frères/Rat), Slg. 1980, S. 3333; Rs. 139/79 (Maizena GmbH/Rat), Slg. 1980, S. 3393.

176 EuGH Rs. 13/83 (Parlament/Rat), Slg. 1985, S. 1556.

177 EuGH Rs. 270/84 (Assunta Licata/Wirtschafts- und Sozialausschuß), Slg. 1986, S. 2305.

178 EuGH Rs. 20/85 (Roviello/Landesversicherungsanstalt Schwaben), Slg. 1988, S. 2805.

179 EuGH Rs. 294/83 (Les Verts/Europäisches Parlament), Slg. 1986, S. 1339; Rs. 34/86 (Rat/Europäisches Parlament), Slg. 1986, S. 2155 (2201 ff.).

180 Generalanwalt Darmon, in: EuGH Rs. 302/87 (Comitologie), Slg. 1988, S. 5615 (5628 f.).

181 Generalanwalt Darmon, in: EuGH Rs. 302/87 (Comitologie), Slg. 1988, S. 5615 (5629 f.).

182 Generalanwalt Darmon, in: EuGH Rs. 302/87 (Comitologie), Slg. 1988, S. 5615 (5633).

zweite hebt auf die institutionelle Stellung des Europäischen Parlaments im Gefüge der Gemeinschaft ab, der dritte betont den Grundsatz eines wirksamen Rechtsschutzes.

Es sei - so der Generalanwalt - nicht einzusehen, warum dem Europäischen Parlament ohne weiteres die Erhebung einer Untätigkeitsklage gemäß Art. 175 EWGV a.F. gestattet werde, ihm aber andererseits die Erhebung einer Nichtigkeitsklage gemäß Art. 173 EWGV a.F. versagt bleiben solle. Eine derartige Situation hätte zur Folge, daß das Europäische Parlament zwar die Untätigkeit eines zum Tätigwerden aufgeforderten Organs im Wege der Untätigkeitsklage durch den Gerichtshof feststellen lassen könne. Dieser Rechtsbehelf gehe jedoch ins Leere, sobald das zum Tätigwerden aufgeforderte Organ eine ausdrückliche negative Stellungnahme zu dieser Aufforderung abgebe und dadurch jede weitere gerichtliche Nachprüfung verhindere. Dies sei mit der Kohärenz der vom Vertrag geschaffenen Klagearten nicht zu vereinbaren[183].

Zudem müsse sich die Entwicklung der Aufgaben und Befugnisse des Europäischen Parlaments in der Geschichte der Gemeinschaft auch auf seine verfahrensrechtliche Stellung auswirken. Während es in der Anfangsphase weitgehend vom Entscheidungsprozeß in der Gemeinschaft abgeschnitten gewesen sei, seien seine Befugnisse mittlerweile durch eine Reihe von Reformen gestärkt und erweitert worden. Notwendige Folge der zunehmenden Einbeziehung des Europäischen Parlaments in den gemeinschaftlichen Rechtssetzungsprozeß sei die Anerkennung seiner Passivlegitimation für Nichtigkeitsklagen gewesen. Dagegen ergebe sich aus dieser "allein" noch nicht die Aktivlegitimation des Europäischen Parlaments[184].

Entscheidend sei vielmehr das Erfordernis eines wirksamen gerichtlichen Rechtsschutzes. Als Beteiligter am Rechtssetzungsprozeß der Gemeinschaft müsse das Europäische Parlament in der Lage sein, die Wahrung seiner eigenen Prärogativen sicherzustellen. Zwar könne eine Rechtmäßigkeitskontrolle durch den Gerichtshof von jedem privilegierten Kläger ausgelöst werden. Der Schutz der Befugnisse des Europäischen Parlaments dürfe aber nicht davon abhängen, daß ein privilegierter Kläger im Sinne des Art. 173 Abs. 1 EWGV a.F. die gerichtliche Kontrolle der Rechtmäßigkeit des in Rede stehenden Aktes durch

---

183 Generalanwalt Darmon, in: EuGH Rs. 302/87 (Comitologie), Slg. 1988, S. 5615 (5631).

184 Generalanwalt Darmon, in: EuGH Rs. 302/87 (Comitologie), Slg. 1988, S. 5615 (5635).

die Erhebung einer Klage herbeiführe, die dem Hauptbetroffenen selbst verwehrt sei[185].

Im Ergebnis plädierte der Generalanwalt dafür, die Klage des Europäischen Parlaments zuzulassen.

(3) Urteil des Europäischen Gerichtshofs

Der Gerichtshof stellte zunächst fest, daß eine Klage des Europäischen Parlaments nach Art. 173 Abs. 2 EWGV a.F. schon daran scheitere, daß es keine juristische Person, sondern ein Gemeinschaftsorgan sei. Im übrigen sei das System des Art. 173 Abs. 2 EWGV a.F. aufgrund des Erfordernisses eines unmittelbaren und individuellen Betroffenseins durch den Inhalt der angefochtenen Handlung ohnehin nicht für eine Nichtigkeitsklage des Europäischen Parlaments geeignet. Dieses könne nicht durch den Inhalt der Handlung, sondern nur durch die Nichteinhaltung der Verfahrensregeln, die seine Mitwirkung vorschrieben, beschwert werden. Darüber hinaus betreffe Art. 173 Abs. 2 EWGV a.F. nur Handlungen mit individueller Geltung. Das Europäische Parlament strebe indes ein Klagerecht gegen Handlungen mit allgemeiner Wirkung an. Folglich komme nur ein Klagerecht nach Art. 173 Abs. 1 EWGV a.F. in Frage[186].

Abweichend von den Schlußanträgen des Generalanwalts verneinte der Gerichtshof einen notwendigen Zusammenhang zwischen dem Recht zur Erhebung von Untätigkeitsklagen und der Aktivlegitimation für Nichtigkeitsklagen. Eine Untätigkeitsklage scheide nämlich nicht schon dann aus, wenn das zum Tätigwerden aufgeforderte Organ ein Tätigwerden ausdrücklich abgelehnt habe, da eine derartige Weigerung die Untätigkeit nicht beende[187].

Aus der Anerkennung der Passivlegitimation des Europäischen Parlaments in Nichtigkeitsklagen folge nicht notwendig dessen Aktivlegitimation. Die Passivlegitimation beruhe nämlich auf dem Erfordernis eines umfassenden Rechtsschutzes gegen Handlungen der Gemeinschaftsorgane, die Rechtswirkungen gegenüber Dritten entfalten. Auch zeige der Vergleich zwischen Art. 38 und Art. 33 EGKSV a.F., daß das Europäische Parlament im System der Verträge auch dann, wenn seine eigenen Handlungen einer Rechtmäßigkeitskontrolle unterstellt worden seien, gleichwohl nicht ermächtigt worden sei, von sich aus

[185] Generalanwalt Darmon, in: EuGH Rs. 302/87 (Comitologie), Slg. 1988, S. 5615 (5635 f.).

[186] EuGH Rs. 302/87 (Comitologie), Slg. 1988, S. 5615 (5640).

[187] EuGH Rs. 302/87 (Comitologie), Slg. 1988, S. 5615 (5642).

eine direkte Klage gegen die Handlungen der anderen Organe zu erheben. Nach Art. 38 EGKSV a.F. könnten zwar Handlungen des Europäischen Parlaments - etwa durch die Kommission - klageweise angefochten werden. Umgekehrt sei das Parlament gemäß Art. 33 EGKSV a.F. aber nicht zur Anfechtung von Rechtsakten der Kommission berechtigt. Folglich gebe es keinen Parallelismus zwischen Passiv- und Aktivbeteiligung in Rechtsstreitigkeiten über die Rechtmäßigkeit[188].

Schließlich wies der Gerichtshof die Auffassung zurück, dem Europäischen Parlament müsse die Aktivlegitimation für Nichtigkeitsklagen zuerkannt werden, damit es seine Prärogativen gegenüber den anderen Organen verteidigen könne. Gegen Rechtsakte, die unter Mißachtung dieser Prärogativen ergangen seien, könnten vielmehr die in Art. 173 Abs. 1 EWGV a.F. genannten privilegierten Klageberechtigten ebenso wie die in Art. 173 Abs. 2 EWGV a.F. genannten natürlichen oder juristischen Personen mit der Nichtigkeitsklage vorgehen. Zudem könne eine Verletzung der Prärogativen des Europäischen Parlaments im Wege der Inzidentrüge gemäß Art. 184 EWGV geltend gemacht und im Vorabentscheidungsverfahren nach Art. 177 EWGV überprüft werden.

Art. 155 EWGV übertrage insbesondere der Kommission die Aufgabe, über die Beachtung der Befugnisse des Parlaments zu wachen und hierzu die gegebenenfalls erforderlichen Nichtigkeitsklagen zu erheben[189].

Im Ergebnis wies der Gerichtshof in der Rs. "Comitologie" die Klage des Europäischen Parlaments als unzulässig ab.

bb) Rs. "Tschernobyl"

(1) Sachverhalt

Mit der Nichtigkeitsklage in der Rs. "Tschernobyl"[190] wandte sich das Europäische Parlament gegen die Verordnung 3954/87/EAG, welche die Festlegung von Höchstwerten an Radioaktivität in Nahrungs- und Futtermitteln im Falle eines nuklearen Unfalls oder einer anderen radiologischen Notfallsituation betraf[191]. Das Europäische Parlament machte geltend, die Verordnung sei zu Unrecht auf Art. 31 EAGV statt auf Art. 100a EWGV gestützt worden. Durch

---

188 EuGH Rs. 302/87 (Comitologie), Slg. 1988, S. 5615 (5642).

189 EuGH Rs. 302/87 (Comitologie), Slg. 1988, S. 5615 (5643 f.).

190 EuGH Rs. C-70/88 (Tschernobyl), Slg. 1990 I, S. 2041 ff.

191 Verordnung (Euratom) Nr. 3954/87, ABl. 1987 Nr. L 371/11.

die unzutreffende Wahl der Rechtsgrundlage sei es um seine Mitentscheidungsbefugnisse im Verfahren nach Art. 100a EWGV gebracht worden[192].

Der Rat erhob wiederum die Einrede der Unzulässigkeit und beantragte, darüber gemäß Art. 91 § 1 VerfO vorab zu entscheiden. Zur Begründung stützte er sich im wesentlichen auf diejenigen Gesichtspunkte, die er bereits in der Rs. "Comitologie" vorgetragen hatte. Nachdem der Gerichtshof in dieser Rechtssache die Klageberechtigung des Europäischen Parlaments abgelehnt hatte, berief sich der Rat zusätzlich darauf, der Gerichtshof habe über die Frage der Klageberechtigung des Europäischen Parlaments für Nichtigkeitsklagen nunmehr eindeutig entschieden. Folglich müsse auch die neue Klage als unzulässig abgewiesen werden[193].

Nach Auffassung des Europäischen Parlaments wies die Rs. "Tschernobyl" gegenüber der Rs. "Comitologie" einen entscheidenden Unterschied auf, der eine Überprüfung der durch den Gerichtshof in der erstgenannten Entscheidung eingenommenen Haltung erfordere. Die Kommission könne nämlich jedenfalls dann nicht als geeignete Wächterin über die Befugnisse des Europäischen Parlaments im Sinne der Argumentation des Gerichtshofs angesehen werden, wenn sie selbst einen anderen Standpunkt als das Europäische Parlament einnehme. Die in der Rs. "Tschernobyl" in Rede stehende Verordnung sei aber gerade auf Vorschlag der Kommission auf Art. 31 EAGV statt auf Art. 100a EWGV gestützt worden. Folglich könne das Europäische Parlament nicht in jedem Fall auf eine Verteidigung seiner Befugnisse durch die Kommission vertrauen.

Auch komme in einem derartigen Fall keine Untätigkeitsklage gemäß Art. 175 EWGV in Betracht. Die Erhebung einer Nichtigkeitsklage zum Schutz der Interessen des Europäischen Parlaments durch Einzelpersonen schließlich sei vom Zufall abhängig und damit wirkungslos. Aus diesen Gründen bestehe eine rechtliche Lücke, die der Gerichtshof dadurch schließen müsse, daß er dem Europäischen Parlament die Befugnis zur Erhebung einer Nichtigkeitsklage zumindest soweit zuerkenne, als dies zum Schutz seiner eigenen Rechte erforderlich sei[194].

---

192 EuGH Rs. C-70/88 (Tschernobyl), Slg. 1990 I, S. 2041 (2045).

193 EuGH Rs. C-70/88 (Tschernobyl), Slg. 1990 I, S. 2041 (2069 f.).

194 EuGH Rs. C-70/88 (Tschernobyl), Slg. 1990 I, S. 2041 (2070).

(2) Schlußanträge des Generalanwalts van Gerven

Auch Generalanwalt van Gerven unterstrich in seinen Schlußanträgen[195] die Unterschiede zwischen den Rs. "Comitologie" und "Tschernobyl". Im erstgenannten Verfahren sei es dem Europäischen Parlament vor allem darum gegangen, das in den Verträgen vorgesehene institutionelle Gleichgewicht - insbesondere die durch die Einheitliche Europäische Akte angestrebte Stärkung der Kommission gegenüber dem Rat - zu verteidigen. Demgegenüber stehe im Vordergrund des letztgenannten Verfahrens die Verteidigung der eigenen Befugnisse des Parlaments[196].

Im übrigen könne das Europäische Parlament nicht auf die Unterstützung der Kommission zählen, da diese - anders als in der Rs. "Comitologie" - den entgegengesetzten Standpunkt vertrete. Es sei daher mit den Erfordernissen eines angemessenen und kohärenten Rechtsschutzes unvereinbar, das Europäische Parlament gleichsam unter die Vormundschaft der Kommission zu stellen. Vielmehr müsse in einer Rechtsgemeinschaft derjenige, der handlungsbefugt sei, auch in der Lage sein, seine eigenen Rechte, Befugnisse und Prärogativen selbst und nach eigenem Gutdünken geltend zu machen[197]. Dabei schließe der Wortlaut des Art. 173 Abs. 1 EWGV a.F. eine Einbeziehung des Europäischen Parlaments nicht aus, da der Gerichtshof den "insoweit stummen Text" bereits in der Rs. "Les Verts"[198] durch die Bejahung der Passivlegitimation des Europäischen Parlaments im Einklang mit dem Gebot eines möglichst angemessenen Rechtsschutzes ausgelegt habe[199].

Aus diesen Gründen plädierte der Generalanwalt dafür, Art. 173 EWGV a.F. rechtsschutzkonform auszulegen und dem Europäischen Parlament immer dann die Berechtigung zur Erhebung einer Nichtigkeitsklage einzuräumen, wenn es um die Verteidigung seiner eigenen Befugnisse gehe[200].

Besondere Beachtung mit Blick auf die Bundesländer verdienen die Ausführungen des Generalanwalts zu der Frage, ob das von ihm verfochtene Klagerecht des Europäischen Parlaments auf den ersten oder auf den zweiten Absatz des Art. 173 EWGV a.F. zu stützen sei. Konstruktiv könne dem Anliegen einer

---

[195] In: EuGH Rs. C-70/88 (Tschernobyl), Slg. 1990 I, S. 2041 (2052 ff.).

[196] In: EuGH Rs. C-70/88 (Tschernobyl), Slg. 1990 I, S. 2041 (2052).

[197] In: EuGH Rs. C-70/88 (Tschernobyl), Slg. 1990 I, S. 2041 (2057 f.).

[198] EuGH Rs. 294/83 (Les Verts/Europäisches Parlament), Slg. 1986, S. 1339.

[199] In: EuGH Rs. C-70/88 (Tschernobyl), Slg. 1990 I, S. 2041 (2060 f.).

[200] In: EuGH Rs. C-70/88 (Tschernobyl), Slg. 1990 I, S. 2041 (2062 f.).

auf die Verteidigung eigener Befugnisse des Europäischen Parlaments beschränkten Klageberechtigung sowohl durch eine erweiternde Auslegung des zweiten Absatzes als auch durch eine einschränkende Auslegung des ersten Absatzes Rechnung getragen werden[201].

Nach Auffassung des Generalanwalts mußte eine Klageberechtigung nach dem zweiten Absatz nicht schon daran scheitern, daß das Europäische Parlament keine juristische Person darstellte. Vielmehr könne die Auslegung des Begriffs "Person" auch funktional erfolgen, indem der Richter aus der positivrechtlichen Strukturierung der Rechtssphäre einer Organisation oder Einrichtung ableite, daß dieser Organisation oder Einrichtung in einem bestimmten Rechtsverhältnis Rechtspersönlichkeit zukomme[202].

Problematischer für die Heranziehung des zweiten Absatzes sei das Erfordernis eines unmittelbaren und individuellen Betroffenseins[203]. Allerdings hielt es der Generalanwalt für möglich, durch dieses Erfordernis der von ihm angestrebten Beschränkung des Klagerechts des Europäischen Parlaments auf die Wahrung seiner eigenen Rechte und Befugnisse Rechnung zu tragen. Dabei bezog er sich auf die Rechtsprechung des Gerichtshofs im Bereich des Antidumping-[204], Wettbewerbs- und Beihilferechts[205], wonach Verordnungen zwar aufgrund ihrer Rechtsnatur und ihrer Tragweite normativen Charakter haben, zugleich aber für den Einzelnen eine Entscheidung darstellen können, die ihn unmittelbar und individuell betreffen, und zwar wegen der Rolle, die der Kläger beim Zustandekommen der Verordnung gespielt hat[206]. Diese Überlegungen seien auf die Rolle des Europäischen Parlaments übertragbar.

Dennoch gab der Generalanwalt dem ersten Absatz des Art. 173 EWGV a.F. den Vorzug vor dem zweiten Absatz. Dort sei nämlich das Klagerecht von Einrichtungen des öffentlichen Rechts geregelt. Diese zeichneten sich dadurch aus, daß sie auch dann, wenn sie ein eigenes Interesse verteidigten, in Wahrnehmung eines bestimmten Aspekts des Allgemeininteresses handelten. Zu dieser Gruppe gehöre das Europäische Parlament ebenso wie die in Art. 173

---

201 In: EuGH Rs. C-70/88 (Tschernobyl), Slg. 1990 I, S. 2041 (2063).

202 In: EuGH Rs. C-70/88 (Tschernobyl), Slg. 1990 I, S. 2041 (2063).

203 In: EuGH Rs. C-70/88 (Tschernobyl), Slg. 1990 I, S. 2041 (2064).

204 EuGH Rs. 264/82 (Timex/Rat und Kommission), Slg. 1985, S. 849.

205 EuGH Rs. 169/84 (Cofaz/Kommission), Slg. 1986, S. 391.

206 Vgl. oben S. 57 f.

Abs. 1 EWGV a.F. ausdrücklich genannten Mitgliedstaaten, der Rat und die Kommission[207].

(3) Urteil des Europäischen Gerichtshofs

Der Gerichtshof setzte sich zunächst kritisch mit den von ihm selbst in der Rs. "Comitologie" zusammengetragenen Argumenten gegen eine Berechtigung des Europäischen Parlaments zur Erhebung der Nichtigkeitsklage auseinander. Er befand, die verschiedenen Rechtsbehelfe des geschriebenen Gemeinschaftsrechts zur Wahrung der Befugnisse des Europäischen Parlaments könnten sich als unwirksam oder ungewiß erweisen. So sei die Vorlage eines Ersuchens um Vorabentscheidung über die Gültigkeit einer Handlung eine bloße Eventualität, auf deren Eintritt das Europäische Parlament nicht zählen könne. Entsprechendes gelte für die Anrufung des Gerichtshofs durch einen Mitgliedstaat oder einen einzelnen mit dem Ziel, die in Rede stehende Handlung für nichtig erklären zu lassen[208].

Vor allem aber könne die Kommission trotz ihrer Aufgabe, über die Beachtung der Befugnisse des Europäischen Parlaments zu wachen, nicht gezwungen werden, sich dessen Standpunkt zu eigen zu machen und eine Nichtigkeitsklage zu erheben, die sie selbst für unbegründet halte[209].

Aus seinem Auftrag, das Recht bei der Auslegung und Anwendung der Verträge zu sichern, folgerte der Gerichtshof, daß er das institutionelle Gleichgewicht zu gewährleisten habe. Daher müsse er die richterliche Kontrolle der Befugnisse des Parlaments durch einen Rechtsbehelf ermöglichen, wenn es ihn zu diesem Zweck anrufe.

Das Fehlen einer Bestimmung im EWGV, die dem Europäischen Parlament das Recht zur Erhebung einer Nichtigkeitsklage zugesteht, könne eine verfahrensrechtliche Lücke darstellen. Diese überwiege indes nicht das grundlegende Interesse an der Aufrechterhaltung und Wahrung des von den Verträgen festgelegten institutionellen Gleichgewichts[210].

Anders als der Generalanwalt legte sich der Gerichtshof nicht ausdrücklich fest, ob die Klageberechtigung des Europäischen Parlaments in der Rs.

207 In: EuGH Rs. C-70/88 (Tschernobyl), Slg. 1990 I, S. 2041 (2065).

208 EuGH Rs. C-70/88 (Tschernobyl), Slg. 1990 I, S. 2041 (2071 f.).

209 EuGH Rs. C-70/88 (Tschernobyl), Slg. 1990 I, S. 2041 (2072).

210 EuGH Rs. C-70/88 (Tschernobyl), Slg. 1990 I, S. 2041 (2073).

"Tschernobyl" eher aus dem ersten oder aus dem zweiten Absatz des Art. 173 EWGV a.F. herzuleiten sei. Sein Argument, er dürfe das Europäische Parlament nicht zu den Organen rechnen, die eine Klage nach Art. 173 EWGV a.F. ohne Darlegung eines Rechtsschutzinteresses erheben dürfen, deutet auf den ersten Absatz[211].

Für die Heranziehung des ersten Absatzes spricht vor allem auch, daß der Gerichtshof seine in der Rs. "Comitologie" getroffenen Feststellungen zur mangelnden Rechtspersönlichkeit des Europäischen Parlaments in der Rs. "Tschernobyl" nicht revidierte. Dasselbe gilt für die in der Rs. "Comitologie" aufgestellte These, Art. 173 Abs. 2 EWGV a.F. sei für Klagen des Europäischen Parlaments ohnehin "ungeeignet"[212]. Außerdem verzichtete der Gerichtshof auf die Prüfung eines unmittelbaren und individuellen Betroffenseins des Europäischen Parlaments. Er beschränkte sich vielmehr auf die Feststellung, das Europäische Parlament mache eine Beeinträchtigung seiner Befugnisse infolge der Wahl der Rechtsgrundlage der angefochtenen Handlung geltend[213].

Im Ergebnis wies der Gerichtshof die vom Rat erhobene Einrede der Unzulässigkeit zurück.

cc) Bestätigung der in der Rs. "Tschernobyl" aufgestellten Grundsätze

In nachfolgenden Entscheidungen bekräftigte der Gerichtshof seine in der Rs. "Tschernobyl" zur Klageberechtigung des Europäischen Parlaments aufgestellten Grundsätze[214]. Dabei verzichtete er auf die Prüfung, ob die Interessen des Parlaments jeweils durch Klagerechte Dritter gewährleistet waren[215] und schloß sich damit stillschweigend der Auffassung des Generalanwalts van Gerven an, der Inhaber eines Rechts müsse dieses auch selbst gerichtlich zur Geltung bringen können[216].

---

211 EuGH Rs. C-70/88 (Tschernobyl), Slg. 1990 I, S. 2041 (2073).

212 EuGH Rs. 302/87 (Comitologie), Slg. 1988, S. 5615 (5640)

213 EuGH Rs. C-70/88 (Tschernobyl), Slg. 1990 I, S. 2041 (2074).

214 EuGH Verb. Rs. C-181/91 und C-248/91, Slg. 1993 I, S. 3685 (3715 ff.); Rs. C-316/91 (Europäisches Parlament/Rat und Kommission), Slg. 1994, S. 625 ff.; Rs. C-187/93 (Parlament/Rat), Slg. 1994 I, S. 2857 ff.

215 EuGH Rs. C-187/93 (Parlament/Rat), Slg. 1994 I, S. 2857 (2879 f.).

216 In: EuGH Rs. C-70/88 (Tschernobyl), Slg. 1990 I, S. 2041 (2058).

Außerdem bestätigte der Gerichtshof, daß sich die beschränkt privilegierte Klageberechtigung aus einer entsprechenden Anwendung des ersten, nicht des zweiten Absatzes von Art. 173 EWGV a.F. ergebe[217].

dd) Ratio der Klageberechtigung des Europäischen Parlaments

Zusammenfassend basiert die in der Rs. "Tschernobyl" festgestellte Berechtigung des Europäischen Parlaments zur Erhebung einer auf die Verteidigung seiner Befugnisse beschränkten Nichtigkeitsklage auf drei Gesichtspunkten:

Erstens fehlte im geschriebenen Gemeinschaftsverfahrensrecht eine ausdrückliche Regelung der Aktivlegitimation des Europäischen Parlaments für Nichtigkeitsklagen. Insoweit lag eine verfahrensrechtliche Lücke vor[218]. Diese Lücke hat der Gerichtshof durch seine Entscheidung in der Rs. "Tschernobyl" zunächst geschlossen. Der EUV hat sie auch positivrechtlich beseitigt, indem er dem Europäischen Parlament im dritten Absatz des neugefaßten Art. 173 EGV gemeinsam mit der Europäischen Zentralbank eine beschränkt privilegierte Klageberechtigung verleiht. Damit fanden die durch den Gerichtshof in der Rs. "Tschernobyl" aufgestellten Grundsätze Eingang ins geschriebene Gemeinschaftsrecht[219].

Zweitens genügten die nach dem geschriebenen Gemeinschaftsprozeßrecht im übrigen bestehenden Rechtsschutzmöglichkeiten nicht dem Erfordernis eines wirksamen gerichtlichen Schutzes der Befugnisse des Europäischen Parlaments[220]. Dabei berücksichtigte der Gerichtshof nicht nur die dem Europäischen Parlament selbst zustehenden Rechtsbehelfe - etwa die Untätigkeitsklage nach Art. 175 EWGV a.F. -, sondern auch prozessuale Möglichkeiten Dritter, insbesondere die privilegierte Klageberechtigung der Kommission nach Art. 173 Abs. 1 EWGV a.F.

Drittens - und entscheidend - erforderte es der Grundsatz des institutionellen Gleichgewichts zwingend, dem Europäischen Parlament jedenfalls zur Verteidigung seiner eigenen Befugnisse eine Klageberechtigung einzuräumen[221].

---

217 EuGH Rs. C-187/93 (Parlament/Rat), Slg. 1994 I, S. 2857 (2875 f.).

218 Schoo, EuGRZ 1990, S. 525 (532).

219 Lenz-Borchardt, Art. 173, Rn. 26; Bleckmann, DVBl. 1992, S. 335 (338).

220 Faber, DVBl. 1990, S. 1095 (1099 f.); vgl. Everling, ZfRV 1992, S. 241 (251).

221 Hilf, EuR 1990, S. 273 (277); Nicolaysen, S. 182.

Zu prüfen ist, ob diese tragenden Gesichtspunkte auf die gemeinschaftsprozessuale Stellung der Länder übertragbar sind. Nur bei einem positiven Ergebnis dieser Prüfung kommt ihre Einbeziehung in den Anwendungsbereich des Art. 173 Abs. 3 EGV als beschränkt privilegiert Klageberechtigte in Betracht.

Zunächst ist festzustellen, ob das Gemeinschaftsrecht auch hinsichtlich der Berechtigung der Länder zur Erhebung von Nichtigkeitsklagen eine Regelungslücke aufweist.

Als zweiter Schritt schließt sich die Untersuchung der Frage an, ob bereits die im übrigen bestehenden, ausdrücklich geregelten prozessualen Möglichkeiten der Länder bzw. Dritter einen wirksamen Rechtsschutz ihrer Zuständigkeiten durch den Gerichtshof gewährleisten. Obwohl der Gerichtshof bei späteren Klagen des Europäischen Parlaments nicht mehr auf Rechtsschutzmöglichkeiten Dritter abstellte[222], ist eine entsprechende Prüfung für die Bundesländer im Hinblick auf die privilegierte Klageberechtigung der Bundesrepublik Deutschland nicht entbehrlich.

Ausschlaggebende Bedeutung kommt schließlich der Frage zu, welche Stellung die Bundesländer und andere Regionalkörperschaften im institutionellen Gefüge der Europäischen Union einnehmen.

c) Verfahrensrechtliche Lücke

Ob die gemeinschaftsprozessuale Regelung der Nichtigkeitsklage aus der Sicht der Bundesländer oder anderer regionaler Gebietskörperschaften lückenhaft ist, erscheint insbesondere deshalb fraglich, weil es sich bei ihnen um juristische Personen des öffentlichen Rechts im Sinne des Art. 173 Abs. 4 EGV handelt. Ihre Klageberechtigung nach dieser Vorschrift - bzw. ihrer Vorgängerin Art. 173 Abs. 2 EWGV a.F. - wurde vom Gerichtshof in der Rs. "Exécutif régional wallon" bereits bejaht[223].

Im Unterschied zum Europäischen Parlament, das nach Auffassung des Gerichtshofs in der Rs. "Comitologie" schon mangels eigener Rechtspersönlichkeit aus dem Anwendungsbereich des Art. 173 Abs. 2 EWGV a.F. ausschied, steht den Bundesländern und anderen regionalen Gebietskörperschaften

---

[222] EuGH Rs. C-187/93 (Parlament/Rat), Slg. 1994 I, S. 2857 (2879 f.).

[223] EuGH Verb. Rs. 62 und 72/87 (Exécutif régional wallon und SA Glaverbel/Kommission), Slg. 1988, S. 1573 ff.

also grundsätzlich die Möglichkeit der Erhebung einer Nichtigkeitsklage nach Art. 173 Abs. 4 EGV offen[224].

Eine auf diese Vorschrift gestützte Klage der Bundesländer gegen Richtlinien und echte Verordnungen scheidet aber - wie gezeigt - mangels unmittelbaren und individuellen Betroffenseins in aller Regel aus, sofern man die durch den Gerichtshof zur Feststellung dieses Betroffenseins entwickelten Kriterien anlegt und mit guten Gründen die bloße Möglichkeit einer Kompetenzverletzung nicht genügen läßt[225]. Damit könnte eine abschließende Regelung getroffen worden sein, die keinen Raum für die Annahme einer verfahrensrechtlichen Lücke ließe.

Eine derartige Argumentation griffe indes aus mehreren Gründen zu kurz:

Zum einen würde sie der Frage der Einordnung einer Einrichtung oder Organisation als juristische Person unangemessenes Gewicht verleihen. Wie Generalanwalt van Gerven in der Rs. "Tschernobyl" überzeugend ausgeführt hat, hätte der Gerichtshof nämlich im Wege einer funktionalen Begriffsbestimmung auch dem Europäischen Parlament juristische Persönlichkeit für die Zwecke der Nichtigkeitsklage nach Art. 173 Abs. 2 EWGV a.F. zuerkennnen können[226]. Diese Auffassung wird durch die Rechtsprechung des Gerichtshofs gestützt, der aus funktionalen Gesichtspunkten bereits mehrfach Einrichtungen und Organisationen die Berechtigung zur Erhebung von Nichtigkeitsklagen nach Art. 173 Abs. 2 EWGV a.F. zugestanden hat, die nach nationalem Recht keine Rechtspersönlichkeit besaßen[227].

Zum anderen ist nicht ersichtlich, warum sich aus der Anerkennung der Rechtspersönlichkeit der Bundesländer im Sinne des Art. 173 Abs. 4 EGV für sie Nachteile dergestalt ergeben sollten, daß ihnen ein Rekurs auf den dritten Absatz dieser Vorschrift von vornherein verwehrt wäre.

Schließlich erscheint es aus systematischen Gründen problematisch, das Klagerecht der Bundesländer ausschließlich bei Art. 173 Abs. 4 EGV anzusiedeln. Die dort entscheidenden Kriterien des unmittelbaren und individuellen Betrof-

---

224 Grabitz/Hilf-Wenig, Art. 173, Rn. 2; Dauses, BayVBl. 1989, S. 609 (609).

225 Zuleeg, DVBl. 1992, S. 1329 (1331); Kössinger, S. 142; vgl. oben S. 58 f.

226 In: EuGH Rs. C-70/88 (Tschernobyl), Slg. 1990 I, S. 2041 (2063).

227 EuGH Rs. 175/73 (Union Syndicale/Rat), Slg. 1974, S. 917: Berufsverband von Beamten; Rs. 135/81 (Groupement des Agences de Voyages/Kommission), Slg. 1982, S. 3799: Gesellschaft im Gründungsstadium; Rs. 191/82 (FEDIOL/Kommission), Slg. 1983, S. 2913 (2929 ff.): Berufsverband der Öhlmühlenindustrie.

fenseins sind nämlich in der Ausformung, die ihnen der Gerichtshof gegeben hat, auf natürliche und juristische Personen des Privatrechts zugeschnitten, nicht aber auf juristische Personen des öffentlichen Rechts im Bereich ihres hoheitlichen Handelns. Dies wird an den Begriffen "Privater"[228], "Marktbeteiligter"[229], "Privatperson"[230] und "Wirtschaftsteilnehmer"[231] deutlich, die der Gerichtshof und die Literatur als Synonyme für die in Art. 173 Abs. 4 EGV genannten Personen verwenden. Zur Stützung dieser Auffassung lassen sich sowohl die Ausführungen des Gerichtshofs in der Rs. "Comitologie" als auch die Schlußanträge des Generalanwalts van Gerven in der Rs. "Tschernobyl" heranziehen:

Der Gerichtshof verneinte die Eignung einer Klage des Europäischen Parlaments nach Art. 173 Abs. 2 EWGV a.F. zur Verteidigung seiner Befugnisse mit dem Hinweis, das Parlament könne nicht durch den Inhalt der angefochtenen Regelung unmittelbar und individuell betroffen sein. Vielmehr könne es nur duch die Nichteinhaltung der Verfahrensregeln beschwert werden, die seine Mitwirkung vorschrieben. Im übrigen betreffe Art. 173 Abs. 2 EWGV a.F. nur Handlungen mit individueller Geltung, während das Europäische Parlament gegen eine Handlung mit allgemeiner Geltung vorgehen wolle[232].

Ähnlich verhält es sich mit den Bundesländern: Diese werden regelmäßig nicht selbst durch den materiellen Gehalt einer Richtlinie oder Verordnung - etwa auf die Marktbürger abzielende Ge- oder Verbote - unmittelbar und individuell betroffen, sondern in ihrer Rolle als Gesetzgeber oder Verwaltungsträger bei der Umsetzung und Ausführung des Gemeinschaftsrechts kompetentiell beschwert.

Generalanwalt van Gerven trug - wenn auch in allgemeinerer Formulierung als der Gerichtshof - ähnliche Gesichtspunkte vor, um seine Präferenz für den ersten Absatz gegenüber dem zweiten Absatz des Art. 173 EWGV a.F. als Rechtsgrundlage für eine Klageberechtigung des Europäischen Parlaments zu begründen. Im ersten Absatz sei das Klagerecht der Einrichtungen des öffentlichen Rechts geregelt, die stets in Wahrnehmung des Allgemeininteresses handelten, auch wenn sie zugleich ein eigenes Interesse verteidigten. Bei dieser

---

228 Von Danwitz, NJW 1993, S. 1108 (1110).

229 EuGH Verb. Rs. 10 und 18/68 (Eridania u.a./Kommission), Slg. 1969, S. 459 (482).

230 EuGH Rs. 25/62 (Plaumann/Kommission), Slg. 1963, S. 211 (237).

231 EuGH Rs. 282/85 (DEFI/Kommission), Slg. 1986, S. 2469 (2480).

232 EuGH Rs. 302/87 (Comitologie), Slg. 1988, S. 5615 (5640).

Gruppe sei das Europäische Parlament anzusiedeln, nicht dagegen bei den sonstigen, im zweiten Absatz genannten Personen[233]. Diese Erwägungen treffen gleichermaßen auch auf die Bundesländer zu: Auch sie handeln im Bereich ihrer hoheitlichen Tätigkeit der Gesetzgebung und Verwaltung stets in Wahrnehmung des Allgemeininteresses. Zu Wirtschaftsteilnehmern im Sinne des Art. 173 Abs. 4 EGV werden sie nur ausnahmsweise im Bereich der Fiskalverwaltung.

Aus diesen Gründen kann in Art. 173 Abs. 4 EGV keine abschließende Regelung der Berechtigung der Bundesländer zur Erhebung von Nichtigkeitsklagen gesehen werden, die eine Sperrwirkung hinsichtlich des Rückgriffs auf Art. 173 Abs. 3 EGV entfalten könnte. Vielmehr ist jedenfalls für diejenigen, praktisch besonders bedeutsamen, Fälle von einer verfahrensrechtlichen Lücke auszugehen, in denen eine Klage der Bundesländer nach Art. 173 Abs. 4 EGV aufgrund des normativen Charakters der angefochtenen Handlung - wie bei Richtlinien oder echten Verordnungen - mangels unmittelbaren und individuellen Betroffenseins ausscheidet[234]. Damit ist die Rechtsprechung des Gerichtshofs zur beschränkt privilegierten Klageberechtigung des Europäischen Parlaments in diesem Punkt auf die Situation der Bundesländer übertragbar.

d) Rechtsschutzmöglichkeiten der Bundesländer nach dem geschriebenen Gemeinschaftsverfahrensrecht

Die Übertragbarkeit dieser Rechtsprechung setzt weiterhin voraus, daß das geschriebene Gemeinschaftsprozeßrecht keine Rechtsbehelfe zur Verfügung stellt, die bereits einen wirksamen gerichtlichen Rechtsschutz der Länderkompetenzen gewährleisten. Dabei ist entsprechend der durch den Gerichtshof vorgenommenen Differenzierung zwischen eigenen Rechtsschutzmöglichkeiten der Bundesländer und Rechtsschutzmöglichkeiten Dritter, die sich zur Verteidigung der Länderkompetenzen instrumentalisieren lassen, zu unterscheiden.

aa) Eigene Rechtsschutzmöglichkeiten der Bundesländer

Die eigenen Rechtsschutzmöglichkeiten der Bundesländer im geschriebenen Gemeinschaftsverfahrensrecht sind fast durchgehend schwächer ausgeprägt, als

---

233 In: EuGH Rs. C-70/88 (Tschernobyl), Slg. 1990 I, S. 2041 (2063).

234 G/T/E-Wenig, Art. 173, Rn. 2, bezeichnete schon unter der Geltung des EWGV a.F. die Verweigerung eines Klagerechts der Gebietskörperschaften gegen Normativakte als "nicht unproblematisch".

es die Rechtsschutzmöglichkeiten des Europäischen Parlaments unter der Geltung des - für die Entscheidung in der Rs. "Tschernobyl" maßgeblichen - EWGV waren:

Die Untätigkeitsklage gemäß Art. 175 Abs. 3 EGV steht ihnen nur unter der einschränkenden Voraussetzung zu, daß ein Organ der Gemeinschaft es rechtswidrig unterlassen hat, einen Rechtsakt "an sie zu richten"[235]. Demgegenüber konnte - und kann - das Europäische Parlament als "anderes Organ" im Sinne des Art. 175 Abs. 1 EGV auch ohne Darlegung eines besonderen Rechtsschutzbedürfnisses die Untätigkeitsklage privilegiert erheben[236].

Ein Streitbeitritt eines Bundeslandes zu einem bei dem Gerichtshof anhängigen Verfahren kommt nach Art. 37 Abs. 2 Satzung nur bei Darlegung eines berechtigten Interesses in Frage, während das Europäische Parlament nach Art. 37 Abs. 1 Satzung als Gemeinschaftsorgan privilegiert beitrittsberechtigt ist[237]. Darüber hinaus scheidet nach dem Wortlaut des Art. 37 Abs. 2 a. E. Satzung der Beitritt eines Bundeslandes zu Rechtsstreitigkeiten zwischen Mitgliedstaaten, zwischen Organen der Gemeinschaft oder zwischen Mitgliedstaaten und Organen der Gemeinschaft durchweg aus[238]. Das Europäische Parlament hingegen ist nach Art. 37 Abs. 1 Satzung auch bei derartigen Rechtsstreitigkeiten ohne weiteres beitrittsbefugt[239].

Eigene Rechtsschutzmöglichkeiten der Bundesländer, die im vorliegenden Zusammenhang beachtlich wären, können sich auch nicht aus dem deutschen Verfassungsrecht ergeben. Dessen Rechtsschutzsystem beruht nämlich nicht auf dem Gemeinschaftsprozeßrecht, sondern steht grundsätzlich unabhängig neben diesem[240]. Zudem ist der Gerichtshof lediglich für die Auslegung des Gemeinschaftsrechts zuständig, nicht für Auslegungs- und Gültigkeitsfragen

---

235 Lenz-Borchardt, Art. 175, Rn. 5.

236 Schoo, EuGRZ 1990, S. 525 (530); Geiger, Art. 175, Rn. 7.

237 Faber, DVBl. 1990, S. 1095 (1097); G/T/E-Wolf, Art. 37 Satzung, Rn. 4.

238 Rengeling/Middeke/Gellermann, S. 360 f.

239 EuGH Verb. Rs. 281, 283, 284, 285 und 287/85 (Deutschland u.a./ Kommission), Slg. 1987, S. 3203.

240 BVerfGE 37, S. 271 (20); zum "judiziellen Dialog" zwischen nationaler und gemeinschaftsrechtlicher Gerichtsbarkeit aufgrund des Art. 177 EGV vgl. Grabitz/Hilf-Pernice, Art. 164, Rn. 17 f.; G/T/E-Krück, Art. 177, Rn. 7 f.; das BVerfG spricht in seiner Maastricht-Entscheidung, BVerfGE 89, S. 155 (175), von einem Kooperationsverhältnis zum Gerichtshof; dazu Bleckmann/Pieper, RIW 1993, S. 969 (972); Lenz, NJW 1993, S. 3038 (3038 f.); Frowein, ZaöRV 54 (1994), S. 1 (2 ff.); Heintzen, AöR 119 (1994), S. 564 (583 ff.); kritisch Ipsen, EuR 1994, S. 1 (3).

zum innerstaatlichen Recht[241]. Folglich besitzt er keine Kompetenz für die Beurteilung der Frage, welche Rechtsbehelfe das deutsche Verfassungsrecht den Bundesländern zur Abwehr von kompetenzwidrigen Gemeinschaftsrichtlinien und Verordnungen einräumt. Aus diesem Grunde können die Bundesländer durch den Gerichtshof nicht auf die Möglichkeit verwiesen werden, vor dem Bundesverfassungsgericht die Verfassungswidrigkeit von gemeinschaftsrechtlichen Rechtsakten geltend zu machen.

Eine geringfügige Besserstellung der Bundesländer im Vergleich zum Europäischen Parlament läßt sich allenfalls im Hinblick auf ihre nichtprivilegierte Klageberechtigung als "juristische Person" nach Art. 173 Abs. 2 EWGV a.F.[242] bzw. Art. 173 Abs. 4 EGV konstatieren. Diese Rechtsschutzmöglichkeit muß hier aber außer Betracht bleiben, weil sie zur Abwehr von Beeinträchtigungen der Länderkompetenzen durch Richtlinien und echte Verordnungen gerade versagt[243].

Festzuhalten bleibt, daß das geschriebene Gemeinschaftsrecht den Bundesländern und den regionalen Gebietskörperschaften anderer Mitgliedstaaten im Vergleich zur prozessualen Stellung des Europäischen Parlaments nach dem EWGV keine wirksameren eigenen Rechtsschutzmöglichkeiten bietet.

bb) Beachtlichkeit einer möglichen innerstaatlichen Teilhabe der Bundesländer an gemeinschaftsprozessualen Rechten der Bundesrepublik Deutschland

Möglicherweise müssen die Bundesländer jedoch auf die der Bundesrepublik Deutschland als Mitgliedstaat zustehenden gemeinschaftsprozessualen Rechte nach Art. 173 Abs. 2 EGV verwiesen werden. Sie könnten gehalten sein, mittels etwaiger verfassungsprozessualer Mechanismen ihre unmittelbare oder mittelbare Teilhabe an diesen Rechten zu erzwingen. An dieser Stelle kann indes offenbleiben, ob derartige Mechanismen im deutschen Verfassungsrecht überhaupt existieren[244]. Dabei würde es sich nämlich nicht um gemeinschaftsrechtliche Rechtsbehelfe im Sinne der Argumentation des Gerichtshofs in den Rs. "Comitologie" und "Tschernobyl" handeln, sondern um solche des natio-

241 EuGH Rs. 20/64 (Albatros), Slg. 1965, S. 46; Rs. 180/83 (Moser), Slg. 1984, S. 2539; Rs. 296/84 (Sinatra), Slg. 1986, S. 1047 (1060); Grabitz/Hilf-Pernice, Art. 164, Rn. 20.

242 EuGH Verb. Rs. 62 und 72/87 (Exécutif régional wallon und SA Glaverbel/Kommission), Slg. 1988, S. 1573 (1592).

243 Dauses, Gutachten, S. D 113 f.

244 S. unten S. 207 ff.

nalen Rechts. Dies erhellt schon daraus, daß die Mitgliedstaaten gemeinschaftsrechtlich nicht dazu verpflichtet werden könnten, entsprechende innerstaatliche Beteiligungsmechanismen zu schaffen, weil die Ausgestaltung der innerstaatlichen Verfassungsstruktur "domaine réservé" der Mitgliedstaaten ist[245]. Das Gemeinschaftsrecht kann aber den Bundesländern eigene Rechtsschutzmöglichkeiten vor dem Gerichtshof gegen sie verpflichtende Gemeinschaftsrechtsakte nicht unter Verweis auf innerstaatliche Rechtsbehelfe verweigern, auf deren Schaffung bzw. Ausformung es überhaupt keinen Einfluß hat.

An dieser Bewertung ändert sich auch im Hinblick darauf nichts, daß derartige nationale Rechtsbehelfe Auswirkungen auf den Gebrauch von gemeinschaftsrechtlichen Rechtsbehelfen - wie die privilegierte Klageberechtigung der Bundesrepublik Deutschland nach Art. 173 Abs. 2 EGV - zeitigen können. Vielmehr kann es für die hier in Rede stehende Frage, ob das Gemeinschaftsprozeßrecht durch Rechtsschutzmöglichkeiten Dritter einen ausreichenden Schutz der Länderkompetenzen gewährleistet, nur auf unmittelbar durch das Gemeinschaftsrecht begründete Rechtsbehelfe ankommen. Dagegen müssen innerstaatliche Rechtsbehelfe außer Betracht bleiben, die sich nur auf gemeinschaftsrechtliche Rechtsbehelfe auswirken. Anderenfalls würden die Grenzen zwischen nationalem und gemeinschaftsrechtlichem Rechtsschutzsystem verwischt und die durch den Gerichtshof betonte grundsätzliche Unabhängigkeit beider Rechtssysteme[246] voneinander mißachtet[247].

cc) Rechtsschutzmöglichkeiten Dritter

Möglicherweise stellt das Gemeinschaftsprozeßrecht jedoch ausreichende Rechtsschutzmöglichkeiten Dritter zur Verfügung, welche die Wahrung der Länderkompetenzen im Integrationsprozeß in ausreichender Weise im Sinne

---

245 Kössinger, S. 31 ff.; Dietlein, NWVBl. 1990, S. 253 (258).

246 Der Gerichtshof betonte bereits in der Rs. 6/60 (Humblet/Belgien), Slg. 1960, S. 1163 (1184), den "Grundsatz einer strengen Scheidung zwischen den Kompetenzen der Organe der Gemeinschaft und denjenigen der Organe der Mitgliedstaaten", daran ändert auch das Vorabentscheidungsverfahren gemäß Art. 177 EGV nichts, da dieses lediglich die Einheitlichkeit und Kohärenz der Gemeinschaftsrechtsordnung sicherstellen soll: Vgl. Grabitz/Hilf-Wohlfahrt, Art. 177, Rn. 7.

247 Zum grundsätzlichen "Nebeneinander" der beiden Gerichtsbarkeiten Basse, S. 84 f.; Riegel, NJW 1975, S. 1049 (1049); Oppermann, S. 232; zur Selbständigkeit der Gemeinschaftsrechtsordnung Nicolaysen, S. 29 ff.

der Argumentation des Gerichtshofs in den Rs. "Comitologie"[248] und "Tschernobyl"[249] schützen.

Gegen rechtswidrig erlassene Gemeinschaftsrechtsakte steht den privilegiert Klageberechtigten gemäß Art. 173 Abs. 2 EGV die Nichtigkeitsklage zur Verfügung[250]. Entsprechendes gilt gemäß Art. 173 Abs. 3 EGV für das Europäische Parlament und die Europäische Zentralbank, sofern sie zur Wahrung ihrer Rechte Klage erheben[251]. Sonstigen Personen steht die Nichtigkeitsklage gemäß Art. 173 Abs. 4 EGV offen, wenn sie ein unmittelbares und individuelles Betroffensein geltend machen können[252]. Darüber hinaus können rechtswidrige Handlungen der Gemeinschaftsorgane Gegenstand von Vorabentscheidungsverfahren gemäß Art. 177 EGV sein[253] und nach Art. 184 EGV im Wege der Inzidentrüge in sonstigen Verfahren vor dem Gerichtshof geltend gemacht werden[254]. Alle genannten Rechtsbehelfe kommen den Bundesländern stets dann zugute, wenn der gerügte Rechtsakt - insbesondere mangels ausreichender gemeinschaftsrechtlicher Ermächtigungsgrundlage - in ihre Kompetenzen eingreift. Fraglich ist aber, ob damit bereits ein wirksamer Rechtsschutz der Länderzuständigkeiten im Gemeinschaftsprozeßrecht gewährleistet ist.

Klammert man die der Bundesrepublik Deutschland als Mitgliedstaat zustehenden prozessualen Rechte zunächst einmal aus, so drängt sich bei formaler Betrachtung ein Vergleich der Position der Bundesländer mit derjenigen des Europäischen Parlaments unter der Geltung des EWGV a.F. auf: Der Gerichtshof hat in der Rs. "Tschernobyl" die Zufälligkeit hervorgehoben, mit der aus der Sicht des Europäischen Parlaments Rechtsschutzmöglichkeiten Dritter behaftet sind[255]. Auch aus der Sicht der Länder bleibt es dem Zufall überlassen, ob die Kompetenzwidrigkeit eines Gemeinschaftsrechtsakts durch einen klageberechtigten Dritten im Wege der Nichtigkeitsklage vor dem Gerichtshof angefochten, zum Gegenstand eines Vorabentscheidungsverfahrens gemacht oder als Inzidentrüge vorgetragen wird.

---

248 EuGH Rs. 302/87 (Comitologie), Slg. 1988, S. 5615 (5644).

249 EuGH Rs. C-70/88 (Tschernobyl), Slg. 1990 I, S. 2041 (2071).

250 Geiger, Art. 173, Rn. 13 f.

251 Lenz-Borchardt, Art. 173, Rn. 26.

252 Lenz-Borchardt, Art. 173, Rn. 27 ff.

253 G/T/E-Krück, Art. 177, Rn. 21 ff.

254 Brealey/Hoskins, S. 206 f.; Grabitz/Hilf-Grabitz, Art. 184, Rn. 1.

255 EuGH Rs. C-70/88 (Tschernobyl), Slg. 1990 I, S. 2041 (2072).

Was die prozessualen Rechte der Bundesrepublik Deutschland - vor allem ihre privilegierte Klageberechtigung nach Art. 173 Abs. 2 EGV - im Verhältnis zu den Bundesländern angeht, so läßt sich möglicherweise mit Blick auf die Rechtssachen "Comitologie" und "Tschernobyl" eine Parallele zu den prozessualen Rechten der Kommission im Verhältnis zum Europäischen Parlament herstellen. In der Rs. "Comitologie" ließ der Gerichtshof die Klageberechtigung des Europäischen Parlaments mit dem Argument scheitern, es sei Sache der Kommission als Hüterin der Verträge, die Befugnisse des Europäischen Parlaments zu schützen[256]. Möglicherweise hat die Kommission wegen dieser Wächterfunktion ebenfalls die Länderkompetenzen zu verteidigen. Vor allem aber könnte man aus gemeinschaftsrechtlicher Sicht argumentieren, die Wahrung der Länderkompetenzen obliege der Bundesrepublik Deutschland als Mitgliedstaat, der als privilegierter Klageberechtigter auch über die für einen wirksamen Schutz erforderlichen prozessualen Rechte verfüge[257].

Abgesehen davon, daß nur der Kommission die besondere Rolle der Hüterin der Verträge[258] zusteht, nicht hingegen den Mitgliedstaaten, würde diese Argumentation einen wesentlichen Unterschied zwischen der Stellung des Europäischen Parlaments und derjenigen der Länder übersehen. Der Gerichtshof konnte nämlich in der Rs. "Comitologie" die Pflicht der Kommission, die Prärogativen des Europäischen Parlaments zu schützen und zu diesem Zweck erforderlichenfalls Klage vor dem Gerichtshof zu erheben, unmittelbar aus Art. 155 EWGV a.F. herleiten[259]. Damit war der Schutz dieser Prärogativen über das privilegierte Klagerecht der Kommission gemeinschaftsrechtlich verbürgt. Demgegenüber trifft aber - wie gezeigt - die Mitgliedstaaten im domaine réservé-Bereich keine gemeinschaftsrechtliche Verpflichtung, innerstaatliche Beteiligungsmechanismen zu schaffen, die erst zu einem wirksamen und durchsetzbaren Rechtsschutz einer regionalen Gebietskörperschaft durch die Teilhabe an der privilegierten Klageberechtigung des jeweiligen Mitgliedstaats vor dem Gerichtshof führen könnten. Damit ist gemeinschaftsrechtlich kein wirksamer Rechtsschutz der regionalen Gebietskörperschaft gewährleistet.

Selbst wenn man entgegen diesen Bedenken den Grundgedanken aus der Rs. "Comitologie" auf die Situation der Bundesländer übertrüge und dem Mitgliedstaat Bundesrepublik Deutschland die Aufgabe der Wahrung von Län-

---

256 EuGH Rs. 302/87 (Comitologie), Slg. 1988, S. 5615 (5644).

257 In diesem Sinne Grabitz/Hilf-Wenig, Art. 173, Rn. 2.

258 Steiner, S. 17 f.

259 EuGH Rs. 302/87 (Comitologie), Slg. 1988, S. 5615 (5644).

derkompetenzen grundsätzlich zuwiese, so müßte auch die gegenläufige Argumentation des Gerichtshofs in der Rs. "Tschernobyl" auf die Bundesländer Anwendung finden. Danach scheidet die Kommission jedenfalls dann als Hüterin der Rechte des Europäischen Parlaments aus, wenn sie dessen Standpunkt nicht teilt[260]. Entsprechend können den Bundesländern jedenfalls dann eigene Rechtsschutzmöglichkeiten nicht unter Hinweis auf die dem Mitgliedstaat Bundesrepublik Deutschland zustehenden prozessualen Rechte verwehrt werden, wenn die Bundesrepublik eine andere Ansicht als das jeweilige Land vertritt und ihr nicht zugemutet werden kann, sich die Auffassung des Landes zu eigen zu machen.

Schließlich ist zu berücksichtigen, daß der Gerichtshof in späteren Entscheidungen zur beschränkt privilegierten Klageberechtigung des Europäischen Prlaments nach Art. 173 EWGV a.F. ohnehin von der Prüfung abgesehen hat, ob dessen Rechte jeweils ausreichend durch eine mögliche Klage der Kommission geschützt worden wären[261]. Damit ist der Gerichtshof zumindest konkludent der durch den Generalanwalt van Gerven in der Rs. "Tschernobyl" geäußerten Auffassung gefolgt, der Inhaber eines Rechts müsse dieses auch aus eigener Initiative bzw. nach eigenem Gutdünken gerichtlich zur Geltung bringen können[262]. Übertragen auf die Länder bedeutet das folgendes: Soweit sie selbst unmittelbar gemeinschaftsrechtlichen Pflichten unterworfen sind[263], kann es für die Beurteilung ihres eigenen Klagerechts vor dem Gerichtshof nicht auf die der Bundesrepublik Deutschland zustehenden prozessualen Möglichkeiten ankommen.

Im Ergebnis sind die gemeinschaftsrechtlichen Rechtsschutzmöglichkeiten Dritter, welche für die Wahrung von Länderkompetenzen im Integrationsprozeß fruchtbar gemacht werden können, unter keinem Gesichtspunkt stärker ausgeprägt als dies nach der Analyse des Gerichtshofs in den Rs. "Comitologie" und "Tschernobyl" hinsichtlich der Prärogativen des Europäischen Parlaments der Fall war.

---

260 EuGH Rs. C-70/88 (Tschernobyl), Slg. 1990 I, S. 2041 (2072).

261 Vgl. etwa EuGH Rs. C-187/93 (Parlament/Rat), Slg. 1994 I, S. 2857 (2879 f.).

262 In: EuGH Rs. C-70/88 (Tschernobyl), Slg. 1990 I, S. 2041 (2058).

263 Zur unmittelbaren Verpflichtung Zuleeg, in: Blomeyer/Schachtschneider, S. 9 (14); s. unten S. 108 ff.

dd) Zwischenergebnis

Die verfahrensrechtliche Lücke, die sich aus der restriktiven Ausgestaltung der nichtprivilegierten Klageberechtigung in Art. 173 Abs. 4 EGV im Hinblick auf Verordnungen und Richtlinien ergibt, wird im geschriebenen Gemeinschaftsrecht weder durch eigene Rechtsschutzmöglichkeiten der Bundesländer noch durch Rechtsschutzmöglichkeiten Dritter geschlossen. Folglich ist die Argumentation des Gerichtshofs zur Begründung des beschränkt privilegierten Klagerechts des Europäischen Parlaments nach Art. 173 EWGV a.F. in der Rs. "Tschernobyl" auch in diesem Punkt auf die prozessuale Situation der Bundesländer übertragbar.

e) Stellung der Bundesländer im institutionellen Gefüge der Europäischen Union

Aus der Ermittlung einer verfahrensrechtlichen Lücke im Bereich des Nichtigkeitsverfahrens und der Erkenntnis, daß diese nicht durch anderweitige Rechtsschutzmöglichkeiten der Bundesländer geschlossen bzw. kompensiert wird, kann noch nicht die Einbeziehung der Bundesländer in den Anwendungsbereich des Art. 173 Abs. 3 EGV hergeleitet werden. Entscheidende Bedeutung für die Beantwortung der Frage, ob diese Vorschrift eine ausreichende Rechtsgrundlage für ein beschränkt privilegiertes Klagerecht der Bundesländer und Gebietskörperschaften anderer Mitgliedstaaten darstellt, kommt unter Berücksichtigung der Argumentation des Gerichtshofs in der Rs. "Tschernobyl" vielmehr ihrer Stellung im institutionellen Gefüge der Europäischen Union zu. Diese Stellung muß ein eigenes Klagerecht der Länder und anderer Gebietskörperschaften nicht nur wünschenswert, sondern zur Wahrung des institutionellen Gleichgewichts in der Union unter Rechtsschutzgesichtspunkten zwingend notwendig erscheinen lassen.

Sollte das materielle Gemeinschaftsrecht von den Bundesländern und Gebietskörperschaften anderer Mitgliedstaaten keine Kenntnis nehmen, so läge eine "Landesblindheit" auch des Gemeinschaftsprozeßrechts nahe[264]. In diesem Falle wäre kein Grund ersichtlich, die Gebietskörperschaften im Vergleich zu natürlichen Personen oder juristischen Personen des Privatrechts im Sinne des Art. 173 Abs. 4 EGV gemeinschaftsprozessual besser zu stellen. Sollte ihnen das materielle Gemeinschaftsrecht dagegen eine eigenständige Position im institutionellen Gefüge der Union zuweisen, so wäre weiter zu prüfen, ob die

264 So für die Rechtslage unter dem EWGV a.F. Kössinger, S. 139.

Ausformung dieser Position es rechtfertigt, ihre prozessuale Stellung für den Bereich des Nichtigkeitsverfahrens derjenigen des Europäischen Parlaments anzunähern.

aa) Entwicklung der gemeinschaftsrechtlichen Stellung der Bundesländer

(1) Rechtslage nach den Gründungsverträgen

Von den drei Gründungsverträgen erwähnte lediglich der Vertrag zur Gründung der Europäischen Wirtschaftsgemeinschaft die "Gebietskörperschaften" unterhalb der Ebene der Nationalstaaten in der devisenrechtlichen Vorschrift des Art. 68 Abs. 3 S. 1 EWGV. Die Bestimmung war nach ihrem eindeutigen Wortlaut ausschließlich an die in Art. 227 EWGV genannten Mitgliedstaaten adressiert[265]. Sie stellte lediglich klar, daß auch die Auflage und Unterbringung von Anleihen durch Gebietskörperschaften eines Mitgliedstaates in anderen Mitgliedstaaten der vorherigen Abstimmung durch die beteiligten Mitgliedstaaten bedurfte.

Folglich begründete Art. 68 Abs. 3 S. 1 EWGV keine irgendwie geartete Sonderstellung von föderativen Untergliederungen[266]. Eine derartige Sonderstellung lag mit Blick auf die zentralistische Struktur der meisten Gründerstaaten auch fern. Die ursprüngliche Rechtslage ist daher mit dem Begriff der Landesblindheit des Gemeinschaftsrechts in der Literatur treffend gekennzeichnet worden[267].

(2) Die Einheitliche Europäische Akte

Die Einheitliche Europäische Akte fügte einen Art. 130a in den EWGV ein. Danach setzt sich die Gemeinschaft zum Ziel, "den Abstand zwischen den Regionen und den Rückstand der am wenigsten berücksichtigten Gebiete zu verringern"[268]. Diese Neuerung wies den Regionen aber keine aktive Rolle im Integrationsprozeß zu. Vielmehr oblag die Verwirklichung des in Art. 130a

265 Ress, EuGRZ 1986, S. 549 (550).

266 Ress, EuGRZ 1986, S. 549 (550).

267 Ipsen, in: Festschrift Hallstein, S. 248 (256); ders., in: Festschrift Börner, S. 163 (175 f.); Knemeyer, DVBl. 1990, S. 449 (449); vgl. auch Schweitzer, ZG 7 (1992), S. 128 (140 f.).

268 G/T/E-Beschel, Art. 130a.

EWGV umschriebenen Ziels gemäß Art. 130b EWGV auschließlich den Mitgliedstaaten und den Gemeinschaftsorganen[269].

In Art. 130r Abs. 4 EWGV legte die Einheitliche Europäische Akte die Geltung des Subsidiaritätsprinzips für die gemeinschaftliche Umweltpolitik fest[270]. Danach durfte die Gemeinschaft nur insoweit tätig werden, als die jeweils verfolgten umweltpolitischen Ziele besser auf Gemeinschaftsebene erreicht werden konnten als auf der Ebene der einzelnen Mitgliedstaaten[271]. Zwar verstärkte diese Vorschrift die Stellung der Bundesländer und anderer Gebietskörperschaften im materiellen Gemeinschaftsrecht nicht unmittelbar, da sie lediglich zweistufig formuliert war und die "dritte" Ebene unterhalb der Nationalstaaten nicht einbezog[272]. Immerhin deutete sich aber mit der - wenn auch sachlich noch eng begrenzten - Einführung des Subsidiaritätsprinzips erstmals eine vorsichtige Berücksichtigung föderativer Grundsätze im Gemeinschaftsrecht an[273].

Eigenständige Bedeutung auf der Ebene des sekundären Gemeinschaftsrechts erlangten die Gebietskörperschaften erstmals im Jahre 1988 durch die Entscheidung der Kommission, einen "Beirat der regionalen und lokalen Körperschaften" einzurichten[274]. Das Gremium nimmt ausschließlich auf dem Gebiet der Regionalpolitik der Gemeinschaft beratende Funktionen wahr und spielt bislang eine eher untergeordnete Rolle[275]. Schon im Hinblick auf die Vielzahl der von der Kommission geschaffenen Beratungsorgane zu sämtlichen Politikbereichen der Gemeinschaft läßt sich allein aus der Einrichtung dieses Beirates noch keine Sonderstellung der Gebietskörperschaften begründen[276].

Unberücksichtigt bleiben muß im vorliegenden Zusammenhang auch die unter der Geltung der Einheitlichen Europäischen Akte zunehmende Lobbytätigkeit der Länder und anderer regionaler Gebietskörperschaften durch die Öff-

---

269 Kleffner-Riedel, S. 20.

270 Stewing, DVBl. 1992, S. 1516 (1517); Wolfgang Kahl, AöR 118 (1993), S. 414 (416); Dietlein, NWVBl. 1990, S. 253 (257); Kraußer, S. 167 ff.

271 G/T/E-Krämer, Art. 130r, Rn. 56 ff.

272 Ress, EuGRZ 1987, S. 361 (362).

273 Ähnlich Grabitz/Hilf-Grabitz/Nettesheim Art. 130r, Rn. 83; Kleffner-Riedel, S. 60 ff.

274 Kommissionsbeschluß 88/487 vom 24.6.1988, ABl. 1988 Nr. L 247/23 ff.; dazu Knemeyer, DVBl. 1990, S. 449 (449).

275 Benz, VerwArch 84 (1993), S. 328 (334 f.); Petersen, DÖV 1991, S. 278 (281); Kleffner-Riedel, S. 141; Oppermann, S. 327.

276 Ähnlich Wuermeling, EuR 1993, S. 196 (197).

nung sogenannter Länderbüros in Brüssel[277]. Zwar suchen die Regionen auf diese Weise Einfluß auf den gemeinschaftlichen Rechtssetzungsprozeß gewinnen. Diese informelle Art der Einflußnahme entbehrt jedoch jeglicher Grundlage im Gemeinschaftsrecht und vermag daher den Ländern und anderen regionalen Gebietskörperschaften keine eigenständige Position im institutionellen Gefüge der Union zu verschaffen.

Entsprechendes gilt für innerstaatliche Verfahren, durch welche den Ländern die Möglichkeit einer mittelbaren Einflußnahme auf den Integrationsprozeß eröffnet wurde[278]. Sie finden ihre rechtliche Grundlage nicht im Gemeinschaftsrecht, sondern im nationalen Verfassungsrecht.

(3) Der Vertrag über die Europäische Union

Auf der Ebene des primären Gemeinschaftsrechts setzte der in Maastricht unterzeichnete, am 1. November 1993 in Kraft getretene EUV vorsichtige Akzente im Sinne einer Föderalisierung der Gemeinschaftsrechtsordnung[279], obwohl sich Deutschland mit seiner Forderung nach der Verankerung des föderativen Prinzips im Vorspruch des Vertrages nicht durchsetzen konnte[280]. Mit diesen Akzenten sollte die drohende Entwicklung einer bürgerfernen, zentralistisch ausgerichteten "Gemeinschaft der Eurokraten"[281] vermieden werden[282].

(a) Regionalausschuß

Eine deutliche Aufwertung ihrer gemeinschaftsrechtlichen Stellung haben die Bundesländer und übrigen Gebietskörperschaften durch die Einrichtung eines

---

277 Strohmeier, DÖV 1988, S. 633 (635 ff.); Westerwelle, ZRP 1989, S. 121 ff.; Borchmann, AöR 112 (1987), S. 586 (596 ff.).

278 Dazu Borchmann, AöR 112 (1987), S. 587 (588 ff.); Neßler, EuR 1994, S. 216 (218 ff.).

279 Hilf, VVDStRL 53 (1994), S. 7 (9 f.) spricht von der "föderalen Tonlage" des EUV; nach Auffassung von Badura, in: Festschrift Lerche, S. 369 (383) bestehen seit dem EUV Anklänge an die "Vorstellung eines dreistufigen Aufbaus der europäischen Integration".

280 Hrbek, in: Festschrift Börner, S. 125 (137); Pernice, DVBl. 1993, S. 909 (910).

281 Entsprechende Befürchtungen finden sich etwa bei Millgramm, DVBl. 1990, S. 740 (745 f.); Dietlein, NWVBl. 1990, S. 253 (256 f.); Streinz, DVBl. 1990, S. 949 (961 f.), spricht von "Entföderalisierung".

282 Nicolaysen, in: Weidenfeld, S. 156 (162); Hilf, in: Gedächtnisschrift Grabitz, S. 157 (161); Baetge, BayVBl. 1992, S. 711 (711 f.); Wiethoff, in: Festschrift Bleckmann, S. 319 ff.; Dästner, NWVBl. 1994, S. 1 (9); Haneklaus, DVBl. 1991, S. 295 (295 f.); Strohmeier, BayVBl. 1993, S. 417 (417 f.); Oschatz, ZG 5 (1990), S. 14 (14 f.) betont: "Small is beautiful".

Ausschusses der Regionen in Art. 198a ff. EGV erfahren[283]. Dieses Gremium zählt freilich nicht zu den in Art. 4 Abs. 1 EGV abschließend aufgeführten Organen der Gemeinschaft[284]. Auch kommt ihm nur beratende Funktion zu[285]: Gemäß Art. 198c Abs. 1 EGV wird der Ausschuß vom Rat oder von der Kommission in den im EGV ausdrücklich vorgesehenen und in allen anderen Fällen gehört, in denen eines dieser beiden Organe dies für zweckmäßig erachtet[286]. Der Ausschuß der Regionen ist jedoch gemäß Art. 198c Abs. 4 EGV mit einem unbegrenzten Selbstbefassungsrecht ausgestattet[287]. Dieses erlaubt ihm, in sämtlichen Politikbereichen der Gemeinschaft eigenständige Standpunkte aus der Perspektive der Gebietskörperschaften zu formulieren und so erheblichen Einfluß auf den gemeinschaftlichen Rechtssetzungsprozeß zu gewinnen[288].

Ein ausdrückliches eigenes Klagerecht räumen die Art. 198a ff EGV dem Regionalausschuß nicht ein[289]. Dennoch wird ihm ein derartiges Recht in der Literatur zugestanden, sofern seine vertraglichen Mitwirkungsrechte in Rede stehen[290].

(b) Öffnung des Rates für Landesminister

Eine weitere, von den Bundesländern nachdrücklich begrüßte institutionelle Neuerung stellt Art. 146 EGV dar: Danach besteht der Rat aus "je einem Vertreter jedes Mitgliedstaates auf Ministerebene, der befugt ist, für die Regierung des Mitgliedstaates verbindlich zu handeln"[291]. Anders als die bisher geltende Regelung in Art. 2 Abs. 1 des Vertrages zur Einsetzung eines gemeinsamen Rates und einer gemeinsamen Kommission der Europäischen Gemeinschaf-

---

283 Wuermeling, EuR 1993, S. 196 ff.; Kleffner-Riedel, S. 136 ff.; vgl. BT-Drs. 12/3334, S. 81 (107).

284 Lenz-Lenz, Art. 4, Rn. 2.

285 Vgl. Schambeck, ÖJZ 1993, S. 826 (832).

286 Mathijsen, S. 117.

287 Beutler/Bieber/Pipkorn/Streil, S. 155.

288 Hilf, VVDStRL 53 (1994), S. 7 (16); Kleffner-Riedel, S. 198; Zbinden, in: Freiburghaus, S. 91 (109).

289 Wuermeling, EuR 1993, S. 196 (204).

290 Lenz-Kaufmann-Bühler, Art. 198 d, Rn. 8 - gemeint ist wohl eine beschränkt privilegierte Klageberechtigung entsprechend Art. 173 Abs. 3 EGV; a.A. Hrbek, in: Festschrift Börner, S. 125 (144), der für ein Klagerecht des Regionalausschusses eine positivrechtliche Regelung erforderlich hält.

291 Pernice, DVBl. 1993, S. 909 (917).

ten[292] ermöglicht Art. 146 EGV künftig die Vertretung der Bundesrepublik Deutschland im Rat auch durch Landesminister[293].

Die Entscheidung, ob und in welchem Umfang von dieser Möglichkeit Gebrauch gemacht werden soll, bleibt der innerstaatlichen Rechtsordnung überlassen[294]. Fällt sie positiv aus, so handelt aus gemeinschaftsrechtlicher Sicht der jeweilige Mitgliedstaat, nicht hingegen die entsendende regionale Gebietskörperschaft.

(c) Art. 3b EGV

Den Forderungen der Bundesländer nach einer deutlicheren Umschreibung der Grenzen gemeinschaftlicher Handlungs- und Rechtssetzungsbefugnisse trägt Art. 3b EGV durch die Verankerung dreier Prinzipien Rechnung:

Das im ersten Absatz der Vorschrift niedergelegte Prinzip der begrenzten Einzelermächtigung[295] macht deutlich, daß der Gemeinschaft auch künftig keine Kompetenz-Kompetenz zusteht[296]. Im Einklang hiermit steht die bundesverfassungsgerichtliche Auslegung des mißverständlich formulierten Art. F Abs. 3 EUV, demzufolge sich die Union mit den Mitteln ausstattet, "die zum Erreichen ihrer Ziele und zur Durchführung ihrer Politiken erforderlich sind"[297].

Art. 3b Abs. 2 EGV dehnt das bisher auf die Umweltpolitik beschränkte Subsidiaritätsprinzip auf sämtliche Politikbereiche der Gemeinschaft aus[298]. Zwar ist das Prinzip wiederum zweistufig formuliert und erwähnt die Ebene der Gebietskörperschaften nicht[299]. Die Zusammenschau mit dem Vorspruch des EUV, wonach die Entscheidungen in der Union "entsprechend dem Sub-

---

292 Dazu Maunz/Dürig-Randelzhofer, Art. 24, Rn. 209.

293 Kleffner-Riedel, S. 221.

294 Kleffner-Riedel, BayVBl. 1995, S. 104 (106).

295 Möschel, NJW 1993, S. 3025 (3025); Rabe, NJW 1993, S. 1 (2); Mögele, BayVBl. 1989, S. 577 (583 ff.); Schoch, JZ 1995, S. 109 (115 f.), sieht dieses Prinzip durch die finale Ausrichtung der gemeinschaftlichen Kompetenznormen praktisch konterkariert.

296 Hilf, VVDStRL 53 (1994), S. 7 (11); Geiger, Art. 3b, Rn. 2; Kleffner-Riedel, S. 72 f.

297 BVerfGE 89, S. 155 (195 ff.).

298 Klein/Haratsch, DÖV 1993, S. 785 (790); Konow, DÖV 1993, S. 405 (407); Lambers, EuR 1993, S. 229 (234 ff.); Möschel, NJW 1993, S. 3025 (3026 ff.); Schmidhuber, DVBl. 1993, S. 417 (418 ff.).

299 Wolf, JZ 1993, S. 594 (597); Schambeck, ÖJZ 1993, S. 826 (832); Heberlein, DVBl. 1994, S. 1213 (1215).

sidiaritätsprinzip möglichst bürgernah getroffen werden", zeigt aber, daß Gebietskörperschaften wie die Bundesländer nicht vom Geltungsbereich des Prinzips ausgenommen werden können[300]. Sie ermöglichen nämlich eine noch größere Bürgernähe als die Ebene des jeweiligen Nationalstaates[301]. Darüber hinaus muß die maßgebliche Rolle, welche die deutschen Länder bei der Verankerung des Subsidiaritätsprinzips in Art. 3b Abs. 2 EGV gespielt haben[302], bei der Auslegung dieser Vorschrift berücksichtigt werden.

Die Ausübung von Gemeinschaftskompetenzen wird schließlich durch Art. 3b Abs. 3 EGV begrenzt. Danach dürfen die Maßnahmen der Gemeinschaft nicht über das zur Erreichung der Ziele des Vertrages erforderliche Maß hinausgehen[303]. Nach ihrem Wortlaut verlangt die Vorschrift freilich nur die Beachtung der Erforderlichkeit als eines Elements des Verhältnismäßigkeitsgrundsatzes. Nach der gefestigten Rechtsprechung des Europäischen Gerichtshofs wird die Gemeinschaft durch diesen Grundsatz aber auch dazu verpflichtet, auf die Geeignetheit und Angemessenheit ihrer Maßnahmen zu achten[304].

(d) Neue Regelungstechnik: Ausschluß der Harmonisierung

Neben den in Art. 3b EGV verankerten allgemeinen Prinzipien dient auch eine innerhalb der einzelnen Kompetenztitel angewandte neue Regelungstechnik dazu, den Tätigkeitsdrang der Gemeinschaft zu begrenzen. Insbesondere in den aus der Sicht der Bundesländer besonders sensiblen Bereichen der allgemeinen und beruflichen Bildung und Jugend (Art. 126 und 127 EGV) und der Kultur (Art. 128 EGV) schließt der EGV jegliche Harmonisierung der Rechts- und Verwaltungsvorschriften der Mitgliedstaaten aus[305]. Gleiches gilt gemäß Art. 129 Abs. 4 EGV für den Bereich des Gesundheitswesens. Diese Regelungstechnik stellt eine konkrete Ausformung des Subsidiaritätsprinzips dar: Für die genannten Politikbereiche gehen die Schöpfer des EGV davon aus,

---

300 Vgl. Rengeling, ZG 9 (1994), S. 277 (288; 290).

301 Vgl. Nicolaysen, in: Weidenfeld, S. 156 (158); Bleckmann, DVBl. 1992, S. 335 (336); Pernice, DVBl. 1993, S. 909 (915 f.); Wolfgang Kahl, AöR 118 (1993), S. 414 (419).

302 Palacio González, ELRev. 1995, S. 355 (356).

303 Lenz-Langgutz, Art. 3b, Rn. 24 f.

304 EuGH Rs. 265/87 (Schräder), Slg. 1989, S. 2237 (2269); vgl. Rawlinson/Cornwell-Kelly, S. 27 f.

305 Hilf, VVDStRL 53 (1994), S. 7 (11); Graf Stauffenberg/Langenfeld, ZRP 1992, S. 252 (254); Pernice, DVBl. 1993, S. 909 (912 f.).

daß die jeweiligen Ziele ausreichend und bürgernah ohne gemeinschaftliche Harmonisierungsvorschriften auch unterhalb der Gemeinschaftsebene erreicht werden können[306].

(e) Ergebnis

Die aufgezeigten institutionellen und materiellen Änderungen der Rechtslage durch den EUV - insbesondere die Einrichtung des Regionalausschusses - lassen die These von der durchgehenden Landesblindheit des Gemeinschaftsrechts als überholt erscheinen[307]. Nach wie vor ist zwar den Bundesländern und anderen regionalen Gebietskörperschaften nicht der Status von Mitgliedstaaten im gemeinschaftsrechtlichen Sinne zuerkannt worden. Insoweit hat der EUV weder terminologisch noch inhaltlich eine Änderung des status quo bewirkt.

Die Stellung der Bundesländer und regionaler Untergliederungen anderer Mitgliedstaaten im institutionellen Gefüge der Union hat aber eine erhebliche Aufwertung erfahren. Zunächst wirken sie durch den Regionalausschuß beratend am gemeinschaftlichen Rechtssetzungsverfahren mit. Mittelbare Mitentscheidungsbefugnisse ergeben sich, sobald die Mitgliedstaaten von der Möglichkeit des Art. 146 EGV Gebrauch machen, Ländervertreter im Ministerrang in den Rat zu entsenden. Eine weitere, vorsichtige Hinwendung zu föderativen Strukturen im Gemeinschaftsrecht liegt schließlich in den in Art. 3b EGV verankerten Grundsätzen, vor allem im Subsidiaritätsprinzip. Einen bedeutsamen Anwendungsfall dieses Prinzips enthält der EGV selbst, indem er in mehreren Politikbereichen jegliche Harmonisierung mitgliedstaatlicher Rechtsvorschriften ausschließt[308].

Festzuhalten bleibt, daß das Gemeinschaftsrecht von der Existenz regionaler Gebietskörperschaften unterhalb der Ebene der Nationalstaaten im vorstehend skizzierten Umfang Kenntnis genommen und ihren Bedürfnissen Rechnung

---

306 Hilf, Staatsrechtslehrertagung 1993, zitiert bei Stettner, AöR 119 (1994), S. 321 (322), sieht darin eine "magna charta" zugunsten der Länder; vgl. auch Kleffner-Riedel, S. 99 ff.

307 Wuermeling, EuR 1993, S. 196 (196).

308 Zu ersten Auswirkungen des Prinzips auf die Rechtsprechung des Gerichtshofs zum Binnenmarkt Jickeli, JZ 1995, S. 57 ff.; zu möglichen Auswirkungen auf das europäische Kartellrecht Möschel, NJW 1995, S. 281 (281 ff.).

getragen hat[309]. Insoweit ist das Gemeinschaftsrecht nicht länger landesblind, sondern "landesbewußt". Für die prozessuale Stellung der Länder vor dem Gerichtshof bedeutet dies, daß sie zwar nicht als "Mitgliedstaaten" in die Gruppe der privilegierten Klage- und Äußerungsberechtigten im Sinne des Art. 173 Abs. 2 EGV eingereiht werden können[310]. Andererseits können sie aber prozessual auch nicht ohne weiteres beliebigen natürlichen oder juristischen Personen des Privatrechts im Sinne des Art. 173 Abs. 4 EGV gleichgestellt werden[311].

bb) Vergleich mit der Stellung des Europäischen Parlaments

Zu prüfen bleibt, ob die geschilderte Stellung der Länder im institutionellen Gemeinschaftsgefüge es rechtfertigt, sie in den Anwendungsbereich des Art. 173 Abs. 3 EGV einzubeziehen und ihnen ein beschränkt privilegiertes Klagerecht zur Wahrung ihrer Kompetenzen einzuräumen.

Zur Klärung dieser Frage ist ein Vergleich ihrer Stellung mit derjenigen des Europäischen Parlaments angezeigt, für welches der Gerichtshof in der Rs. "Tschernobyl" über den Wortlaut des Art. 173 EWGV a.F. hinausgehend ein Recht zur Erhebung der Nichtigkeitsklage bejaht hat. Drei Unterschiede sind zu verzeichnen:

Erstens suchte das Europäische Parlament mit seiner Nichtigkeitsklage in der Rs. "Tschernobyl" die Wahrung seiner formellen Beteiligungsrechte im gemeinschaftlichen Rechtssetzungsverfahren sicherzustellen[312]. Demgegenüber kommt eine Nichtigkeitsklage eines Bundeslandes in Betracht, wenn kompetenzwidrige Gemeinschaftsrechtsakte in Zuständigkeiten des betroffenen Landes einzugreifen drohen[313]. In derartigen Fällen geht es nicht um die Sicherstellung von Beteiligungsrechten der Bundesländer am gemeinschaftlichen

309 Von einer "partiellen Durchbrechung der Mediatisierung der Regionen" spricht Wolfgang Kahl, AöR 18 (1993), S. 414 (445); Wuermeling, EuR 1993, S. 196 ff. faßt die Änderungen unter der Überschrift "Das Ende der "Länderblindheit" zusammen; Gebauer, in: Festschrift Benda, S. 67 (71 f.) hält die Landesblindheit für "zumindest der Form nach überwunden"; vgl. auch Freiburghaus, in: Ders., S. 21 (36 ff.); Vaucher, RTDE 30 (1994), S. 525 ff.

310 Wolfgang Kahl, AöR 118 (1993), S. 414 (443); a.A. Bleckmann, DVBl. 1992, S. 335 (338).

311 Vgl. Dauses, Gutachten, S. D 113 f.

312 EuGH Rs. C-70/88 (Tschernobyl), Slg. 1990 I, S. 2041 (2073); Hilf, EuR 1990, S. 273 (275).

313 Jooss/Scheurle, EuR 1989, S. 226 (231 ff.); Kössinger, S. 142.

Rechtssetzungsverfahren, etwa ihre Mitwirkung im Regionalausschuß, sondern um die Abwehr von Rechtsakten der Gemeinschaft.

Zweitens zählt das Europäische Parlament gemäß Art. 4 Abs. 1 EGV zu den Organen der Europäischen Union[314]. Diese Eigenschaft kommt weder dem Regionalausschuß noch den in ihm vertretenen Ländern und anderen regionalen Gebietskörperschaften zu. Vielmehr gehört der Regionalausschuß ebenso wie der Wirtschafts- und Sozialausschuß gemäß Art. 4 Abs. 2 EGV zu den Kommission und Rat unterstützenden Nebenorganen[315] mit "beratender Aufgabe"[316]. Die Länder stellen hingegen aus gemeinschaftsrechtlicher Sicht regionale Gebietskörperschaften des Mitgliedstaates Bundesrepublik Deutschland gemäß Art. 198a EGV dar[317].

Drittens ist das Europäische Parlament erheblich stärker am gemeinschaftlichen Rechtssetzungsverfahren beteiligt als die Länder und anderen Gebietskörperschaften. Letztere wirken durch den Regionalausschuß ausschließlich beratend mit[318]. Demgegenüber kommen dem Europäischen Parlament nicht nur Beratungs-, sondern auch Entscheidungsbefugnisse zu[319].

Allerdings waren diese Befugnisse im Zeitpunkt des Urteils in der Rs. "Tschernobyl" noch schwächer ausgeprägt, als dies unter der Geltung des EGV der Fall ist[320]. Entscheidungsbefugnisse standen dem Europäischen Parlament damals nur im Bereich des Haushaltsrechts, bei der Aufnahme neuer Mitgliedstaaten und bei der Assoziierung mit Drittstaaten und Organisationen zu. Durch das neue Mitentscheidungsverfahren gemäß Art. 189b EGV besitzt das Europäische Parlament nunmehr Entscheidungsbefugnisse in zahlreichen Politikbereichen der Union[321].

Die aufgezeigten Unterschiede verdeutlichen, daß die Stellung der Länder und anderer regionaler Gebietskörperschaften im institutionellen Gemein-

---

314 Geiger, Art. 4, Rn. 5.

315 Zum Begriff Hilf, Organisationsstruktur, S. 17 ff.

316 Lenz-Lenz, Art. 4, Rn. 2.

317 Lenz-Kaufmann-Bühler, Art. 198a, Rn. 4 f.; Kleffner-Riedel, S. 178 ff.

318 Lenz-Kaufmann-Bühler, Art. 198a, Rn. 2 ff.

319 Zu dem durch den EUV neu eingeführten Mitentscheidungsverfahren gemäß Art. 189b EGV Glaesner, EuR 1994, Beiheft 1, S. 25 (30 ff.).

320 Zur Entwicklung der Parlamentsbefugnisse G/T/E-Bieber, Vorb. zu den Art.137 bis 144, Rn. 7 ff.; zur "prozessualen Emanzipation" des Europäischen Parlaments Faber, DVBl. 1990, S. 1095 (1096 ff.).

321 Bleckmann, DVBl. 1992, S. 335 (337).

schaftsgefüge erheblich von der Position des Europäischen Parlaments als Gemeinschaftsorgan abweicht.

Der Umstand, daß die Länder im Wege der Nichtigkeitsklage mit der Abwehr kompetenzwidriger Gemeinschaftsrechtsakte ein anderes Ziel verfolgen als das Europäische Parlament mit der Durchsetzung vertraglicher Mitwirkungsrechte, schmälert ihr Rechtsschutzinteresse im Vergleich zu demjenigen des Parlaments nicht, sondern verleiht diesem Interesse nur eine andere Ausrichtung. Gegen kompetenzwidrige Rechtsakte muß dem Adressaten - angeblicher - gemeinschaftsrechtlicher Pflichten nämlich in einer Rechtsgemeinschaft ebenso ein Rechtsbehelf zur Verfügung stehen wie demjenigen, der die Vorenthaltung seiner vertraglich verbürgten Mitwirkungsrechte geltend macht.

Die fehlende Organeigenschaft der Länder und anderer Gebietskörperschaften schließt sie nicht von einer Teilhabe am Grundsatz des institutionellen Gleichgewichts in der Union aus. Auch die Mitgliedstaaten zählen nämlich nicht zu den in Art. 4 Abs. 1 EGV aufgezählten Organen. Aufgrund ihrer Mitwirkungsrechte im Rechtssetzungsbereich - vor allem durch den Rat - und ihrer privilegierten prozessualen Stellung vor dem Gerichtshof[322] nehmen sie dennoch im institutionellen Gefüge der Union eine herausragende Stellung ein[323].

Stärker als durch die mangelnde Organeigenschaft der Länder wird ihre Stellung im institutionellen Gefüge der Union durch ihre im Vergleich zum Europäischen Parlament schwächer ausgeprägte formelle Beteiligung am gemeinschaftlichen Rechtssetzungsverfahren geprägt[324].

cc) Kompensationslinien

Es wäre voreilig, den Ländern bereits im Hinblick auf ihre geringen formellen Beteiligungsrechte am gemeinschaftlichen Rechtssetzungsverfahren ein beschränkt privilegiertes Klagerecht zur Verteidigung ihrer Kompetenzen entsprechend Art. 173 Abs. 3 EGV abzusprechen. Vielmehr ist zu prüfen, ob dieses Minus durch ein Plus an auf ihnen lastenden Pflichten bei der Umsetzung und Ausführung des Gemeinschaftsrechts ausgeglichen wird (dazu unten (1)). Zudem könnte eine Pflicht der Union zur Rücksichtnahme auf föderative

322 Schede, S. 160 f.

323 Carstens, ZaöRV 21 (1961), S. 1 (13); vgl. auch Oppermann, S. 84.

324 Zur Mitwirkung der Länder im Regionalausschuß Kleffner-Riedel, S. 136 ff.

Strukturen in den Mitgliedstaaten dafür sprechen, diesen Strukturen auch im gemeinschaftlichen Prozeßrecht zur Geltung zu verhelfen (unten (2)).

(1) Kongruenz von gemeinschaftsrechtlichen Pflichten und Rechtsschutzmöglichkeiten der Gebietskörperschaften

Ausgangspunkt für eine Kompensation der begrenzten Mitwirkungsrechte der Länder am gemeinschaftlichen Rechtssetzungsprozeß auf der Ebene der Union ist der Grundsatz der Kongruenz von gemeinschaftsrechtlichen Pflichten und Rechtsschutzmöglichkeiten der Gebietskörperschaften[325]. Danach darf sich die Union zwar der Gebietskörperschaften zur Umsetzung und Vollziehung des Gemeinschaftsrechts bedienen. Als Rechtsgemeinschaft muß sie ihnen jedoch umgekehrt die Möglichkeit eröffnen, sich gegen kompetenzwidrige Rechtsakte vor dem gemäß Art. 164 EGV zur Wahrung der Gemeinschaftsrechtsordnung aufgerufenen Gerichtshof zur Wehr zu setzen[326].

Dieser Grundsatz trägt dem besonderen System der Vollziehung des Gemeinschaftsrechts Rechnung, welches nur ausnahmsweise - etwa im Wettbewerbsbereich nach der Verordnung Nr. 17[327] - von der Kommission als Exekutivorgan der Gemeinschaft ausgeführt wird. Im allgemeinen obliegt die Vollziehung des Gemeinschaftsrechts hingegen den Mitgliedstaaten und den nach der jeweiligen innerstaatlichen Rechtsordnung zuständigen Gebietskörperschaften[328].

Für die Bundesrepublik Deutschland enthält das Grundgesetz keine besondere Kompetenzverteilungsregelung für unionsbezogene Ausführungsgesetzgebung und den verwaltungsmäßigen Vollzug von Gemeinschaftsrecht[329]. Folglich steht weder dem Bund noch den Ländern eine ausschließliche Kompetenz für diese Bereiche zu. Vielmehr bleibt es bei den allgemeinen Regelungen der Art. 70 ff. GG für die Gesetzgebung und der Art. 30, 83 ff. GG für den Verwaltungsvollzug[330]. Dabei ist aber zu beachten, daß gemeinschafts-

---

325 In diesem Sinne Geiger, in: Kremer, S. 51 (68 ff.); Bauer, S. 7.

326 Vgl. Dauses, BayVBl. 1989, S. 609 (609); Zuleeg, NJW 1994, S. 545 (545).

327 G/T/E-Schröter, Vorb. zu Art. 85 bis 89, Rn. 142.

328 Oppermann, S. 202 ff.

329 Kössinger, S. 46 f.; demgegenüber sieht etwa Art. 16 Abs. 6 des österreichischen Bundes-Verfassungsgesetzes die ausdrückliche Verpflichtung der Länder vor, Maßnahmen zu treffen, die in ihrem selbständigen Wirkungsbereich zur Durchführung von Rechtsakten im Rahmen der europäischen Integration erforderlich werden; vgl. dazu Staudigl, AJPIL 45-46 (1993-94), S. 41 (51).

330 Rudolf, in: Festschrift Schlochauer, S. 117 (128).

rechtliche Pflichten die Länder in ihrem Zuständigkeitsbereich unmittelbar treffen, nicht erst auf dem Umweg über das nationale Recht bzw. den Bund[331]. Die Kompetenzordnung des Grundgesetzes grenzt also lediglich den Bereich ein, in welchem eine unmittelbare gemeinschaftsrechtliche Verpflichtung der Länder erfolgen kann.

Daraus ergeben sich im einzelnen folgende unmittelbaren gemeinschaftsrechtlichen Pflichten der Länder: Als Gesetzgeber sind sie für die Ausführungsgesetzgebung zu denjenigen gemeinschaftlichen Normativakten zuständig, für deren Erlaß sie innerstaatlich nach Art. 70 ff. GG zuständig wären. Eine Zuständigkeit für den Verwaltungsvollzug von Gemeinschaftsrecht besitzen sie gemäß Art. 30 GG zum einen für den Vollzug solcher Normativakte, deren Erlaß innerstaatlich in die Kompetenz des Landesgesetzgebers fällt[332]. Zum anderen obliegt ihnen gemäß Art. 83 ff. GG der Vollzug von Gemeinschaftsrecht als eigene Aufgabe, soweit es sich nach dem Maßstab des Grundgesetzes um Materien der Bundesgesetzgebung handelt und keine Aufgabenzuweisung an den Bund vorgenommen ist[333].

In den Verwaltungsvollzug sind die Länder in der bisherigen Praxis der europäischen Integration stärker eingebunden als in den Erlaß von Ausführungsgesetzen[334]. Der Grund hierfür ist, daß die Schwerpunkte der Tätigkeit der Europäischen Union auf Gebieten liegen, für welche der Bund innerstaatlich die - zumindest konkurrierende - Gesetzgebungskompetenz besitzt. Insbesondere gilt dies für das Recht der Wirtschaft gemäß Art. 74 Nr. 11 GG[335].

Dennoch dürfen die legislativen Kompetenzen der Länder unter Rechtsschutzgesichtspunkten nicht unberücksichtigt bleiben. Zum einen ist der den Ländern insgesamt verbleibende Bestand an Gesetzgebungszuständigkeiten nämlich ohnehin gering und folglich durch kompetenzwidrige Übergriffe seitens der Europäischen Union besonders gefährdet[336]. Zum anderen kann der Bund seit der restriktiveren Fassung der Voraussetzungen für Bundesgesetze auf dem Gebiet der konkurrierenden Gesetzgebung gemäß Art. 72 Abs. 2 GG

---

331 EuGH Rs. C-8/88 (Deutschland/Kommission), Slg. 1990 I, S. 2321 (2359); Zuleeg, in: Blomeyer/Schachtschneider, S. 9 (14); Dauses, BayVBl. 1989, S. 609 (609); G/T/E-Krück, Art. 171, Rn. 1.

332 Starck, in: Festschrift Lerche, S. 561 (571).

333 Kössinger, S. 47 ff.; vgl. auch Kruis, in: Festschrift Lerche, S. 475 (483).

334 Oppermann, S. 204 ff.; Schede, S. 15 f.

335 Schede, S. 12; Streinz, in: Heckmann/Meßerschmidt, S. 15 (21).

336 Oschatz, ZG 5 (1990), S. 14 (17 f.); Kössinger, S. 52.

n.F. im Zuge der jüngsten Verfassungsreform[337] nicht mehr im bisherigen Umfang tätig werden[338]. Damit kommt der Gesetzgebung der Länder größere Bedeutung zu.

Außerdem erstreckt sich die Aktivität der Europäischen Union zunehmend auch auf klassische Bereiche der Gesetzgebungszuständigkeit der Länder, etwa Bildung, Kultur[339] und polizeiliche Zusammenarbeit[340]. Diese Entwicklung wird sich im Zuge der weiter fortschreitenden Integration noch verstärken. Schließlich ist ein wirksamer Rechtsschutz gerade gegenüber denjenigen gemeinschaftlichen Normativakten notwendig, für welche keine ausreichende gemeinschaftsrechtliche Kompetenzgrundlage besteht[341].

Die weitgehenden Pflichten der Länder und anderer Gebietskörperschaften auf den Gebieten der unionsbezogenen Gesetzgebung- und Verwaltungstätigkeit, die aus dem vorstehend skizzierten System des Vollzugs von Gemeinschaftsrecht resultieren, verstärken ihre Bedeutung im institutionellen Gefüge der Union. Diesen Pflichten müssen wirksame eigene Rechtsschutzmöglichkeiten vor dem Gerichtshof entsprechen[342]. Eine Versagung dieses Rechtsschutzes stünde im Widerspruch zu dem vom Gerichtshof in ständiger Rechtsprechung postulierten Bild der Union als einer Rechtsgemeinschaft[343]. In einer solchen muß der Pflichtunterworfene auch die Möglichkeit haben, Meinungsverschiedenheiten über Art und Umfang einer Plicht gerichtlich klären zu lassen[344]. Für die Länder ist somit ein wirksamer Rechtsschutz vor dem Gerichtshof in den Bereichen ihrer Zuständigkeiten für Gesetzgebung und Verwaltung erforderlich, soweit sie zur Umsetzung und Ausführung des Gemeinschaftsrechts unmittelbar verpflichtet und diesem Recht damit unterworfen sind.

Vor den durch den EUV bewirkten Änderungen des Gemeinschaftsrechts mußte sich die Landesblindheit der Verträge auch auf das gemeinschaftliche

---

337 BGBl. 1994 I S. 3146.

338 Sannwald, DÖV 1994, S. 629 (632 ff.); Rybak/Hofmann, NVwZ 1995, S. 230 ff.

339 Bohr/Albert, ZRP 1993, S. 61 (61 f.).

340 Schede, S. 12 ff.

341 Geiger, in: Kremer, S. 51 (68 ff.).

342 Vgl. die insoweit parallel gelagerten Ausführungen des Generanwalts van Gerven in EuGH Rs. C-70/88 (Tschernobyl), Slg. 1990 I, S. 2041 (2061).

343 EuGH Rs. 294/83 (Les Verts/Europäisches Parlament), Slg. 1986, S. 1339 (Rn. 23); Grabitz/Hilf-Pernice, Art. 164, Rn. 8.

344 Dies betonen mit Blick auf die Bundesländer zutreffend Schweitzer/Hummer, S. 119.

Prozeßrecht auswirken[345]. Folglich konnten den Ländern und anderen regionalen Gebietskörperschaften eigene Klagerechte nur unter den engen Voraussetzungen des Art. 173 Abs. 2 EWGV a.F. zugestanden werden[346]. Damit waren sie selbst nicht in der Lage, vor dem Gerichtshof gegen Verordnungen und Richtlinien als gemeinschaftliche Normativakte vorzugehen[347]. Vielmehr waren sie insoweit darauf angewiesen, daß der jeweilige Mitgliedstaat von seinem privilegierten Klagerecht gemäß Art. 173 Abs. 1 EWGV a.F. Gebrauch machte[348]. Im übrigen blieb ihnen nur die Hoffnung, daß der in Rede stehende Normativakt zufällig auf andere Weise - etwa in einem Vorabentscheidungsverfahren nach Art. 177 EWGV a.F. - einer Überprüfung durch den Gerichtshof zugeführt werde.

Nach der durch den Vertrag über die Europäische Union geschaffenen Rechtslage kann - wie gezeigt - von einer Landesblindheit des Gemeinschaftsrecht keine Rede mehr sein[349]. Folglich kann dieser Begriff auch nicht mehr gegen eigene Klagemöglichkeiten der Länder und anderer regionaler Gebietskörperschaften ins Feld geführt werden. Vielmehr spricht die Anerkennung ihrer eigenständigen Rolle im institutionellen Gefüge der Union durch die Schaffung eines Regionalausschusses dafür, ihrer Existenz und Bedeutung auch auf prozessualem Gebiet Rechnung zu tragen. War die Versagung eigener Klagemöglichkeiten der Länder unter dem stereotypen Hinweis auf die Landesblindheit schon nach altem Recht unter Rechtsschutzerfordernissen und unter der Berücksichtigung des gemeinschaftsrechtlichen Vollzugssystems problematisch[350], so ist dieser Argumentation nunmehr jedenfalls der Boden entzogen.

Die im Vergleich zum Europäischen Parlament schwächer ausgeprägten formellen Beteiligungsrechte der Länder und anderer Gebietskörperschaften am gemeinschaftlichen Rechtssetzungsprozeß werden durch ihre intensive Einbindung in den Vollzug des Gemeinschaftsrechts kompensiert. Aus diesem Grunde kommt ihnen insgesamt eine Position im institutionellen Gefüge der

---

345 Kössinger, S. 139.

346 Jooss/Scheurle, EuR 1989, S. 226 (232 f.); Dauses, BayVBl. 1989, S. 609 (609 f.); Zuleeg, DVBl. 1992, S. 1329 (1331).

347 Dauses, Gutachten, S. D 113.

348 Grabitz/Hilf-Wenig, Art. 173, Rn. 2.

349 Wuermeling, EuR 1993, S. 196 (196 ff.); Neßler, EuR 1994, S. 216 (229); vgl. auch Epiney, EuR 1994, S. 301 (323).

350 Grabitz/Hilf-Wenig, Art. 173, Rn. 2; Dauses, BayVBl. 1989, S. 609 (609).

Union zu, die ihre Einbeziehung in den Anwendungsbereich des Art. 173 Abs. 3 EGV rechtfertigt, sofern sie kompetenzwidrige gemeinschaftliche Normativakte im Bereich ihrer Zuständigkeiten abwehren wollen.

(2) Gebot der Rücksichtnahme auf föderale Verfassungsstrukturen der Mitgliedstaaten

Möglicherweise spricht auch eine Pflicht der Unionsorgane zur Rücksichtnahme auf mitgliedstaatliche Verfassungsstrukturen dafür, den Ländern und anderen Gebietskörperschaften entsprechend Art. 173 Abs. 3 EGV ein beschränkt privilegiertes Klagerecht einzuräumen. In der Literatur ist eine derartige Pflicht zum Schutz der föderativen Struktur der Bundesrepublik Deutschland und zur Wahrung der Länderkompetenzen wiederholt erörtert worden[351]. Sie könnte sich auf die Auslegung der gemeinschaftsprozessualen Vorschriften zugunsten der Bundesländer auswirken.

Konstruktiv kommen für die Herleitung einer gemeinschaftsrechtlichen Pflicht zur Rücksichtnahme auf mitgliedstaatliche Verfassungsstrukturen drei Ansatzpunkte in Frage: Erstens könnte sie einen allgemeinen Rechtsgrundsatz des Gemeinschaftsrechts darstellen[352]. Zweitens läßt sie sich möglicherweise aus Art. 5 EGV begründen[353]. Drittens könnte sie aus der in Art. F Abs. 1 EUV niedergelegten Pflicht zur Wahrung der nationalen Identität der Mitgliedstaaten folgen[354].

(a) Allgemeiner Rechtsgrundsatz des Gemeinschaftsrechts

Der Begriff der allgemeinen Rechtsgrundsätze wird im geschriebenen Gemeinschaftsrecht lediglich in Art. 215 Abs. 2 EGV im Hinblick auf die außervertragliche Haftung der Gemeinschaft verwendet[355]. Darüber hinaus hat

---

[351] Ress, EuGRZ 1986, S. 549 (551); Hilf, VVDStRL 53 (1994), S. 7 (10); Epiney, EuR 1994, S. 301 (306 ff.).

[352] Ress, EuGRZ 1986, S. 549 (550 f.).

[353] Pernice, DVBl. 1993, S. 909 (916).

[354] Epiney, EuR 1994, S. 301 (308 f.) nennt als zusätzlichen Ansatzpunkt die Pflicht der Gemeinschaft zur Förderung der Verwirklichung gemeinschaftlicher Ziele.

[355] Grabitz/Hilf-Grabitz, Art. 215, Rn. 10 ff.

der Gerichtshof die Figur der allgemeinen Rechtsgrundsätze zur Begründung der Grundrechtsbindung der Gemeinschaftsorgane herangezogen[356].

Das Vorliegen eines allgemeinen Rechtsgrundsatzes setzt voraus, daß dieser den Rechtsordnungen der Mitgliedstaaten gemeinsam ist[357]. Folglich könnte das Gemeinschaftsrecht zur Wahrung föderativer Strukturen innerhalb der Mitgliedstaaten nur dann verpflichtet sein, wenn derartige Strukturen die Verfassungssysteme sämtlicher Mitgliedstaaten oder jedenfalls einer Mehrheit von ihnen prägen würden.

Ungeachtet gewisser Dezentralisierungstendenzen in jüngerer Zeit in einzelnen Mitgliedstaaten und der Aufnahme der Bundesrepublik Österreich als eines weiteren föderativen Staates in die Union[358] besteht diese nach wie vor überwiegend aus zentralistisch strukturierten Staaten, in denen der Regionalebene höchstens administrative Aufgaben zustehen[359]. Eine Qualifizierung der verfassungsrechtlichen Strukturen der Mitgliedstaaten als überwiegend föderal mag daher zwar den Wunschvorstellungen der Länder für eine künftige Struktur der Europäischen Union entsprechen - der Realität entspricht sie nicht. Folglich läßt sich aus einem Vergleich der mitgliedstaatlichen Verfassungssysteme kein allgemeiner Grundsatz des Föderalismus herleiten, der die Gemeinschaftsorgane zur Rücksichtnahme auf föderale Verfassungsstrukturen verpflichten könnte[360].

(b) Art. 5 EGV

Nach Art. 5 EGV haben die Mitgliedstaaten alle sich aus dem primären und dem sekundären Gemeinschaftsrecht ergebenden Pflichten durch geeignete Maßnahmen zu erfüllen[361]. Seinem Wortlaut nach begründet die Vorschrift

---

356 EuGH Rs. 29/69 (Stauder), Slg. 1969, S. 419 (425); Rs. 4/73 (Nold), Slg. 1974, S. 491 (Rz. 13).

357 G/T/E-Gilsdorf/Oliver, Art. 215, Rn. 12.

358 Schäffer, DÖV 1994, S. 181 (194 f.).

359 Ress, EuGRZ 1986, S. 549 (550 f.); Ossenbühl, DVBl. 1992, S. 468 (474); Vlad Constantinesco, EuZW 1991, S. 561 (562); Ipsen, in: Festschrift Bömer, S. 163 (175); Lothar Müller, BayVBl. 1993, S. 513 (516 f.); Leidinger, NWVBl. 1991, S. 325 (325); Epiney, in: Freiburghaus, S. 69 (75); Rudolf, in: Festschrift Partsch, S. 357 (357 f.).

360 Epiney, EuR 1994, S. 301 (307 f.); aus ähnlichen Erwägungen lehnen Heberlein, DVBl. 1994, S. 1213 (1219 f.) und Rengeling, DVBl. 1990, S. 893 (898 f.), auch einen allgemeinen "Rechtsgrundsatz der kommunalen Selbstverwaltung" im Gemeinschaftsrecht ab.

361 G/T/E-Zuleeg, Art. 5, Rn. 1.

dagegen keine Pflicht der Gemeinschaftsorgane, auf verfassungsrechtliche oder sonstige Interessen der Mitgliedstaaten Rücksicht zu nehmen[362].

Dennoch hat der Gerichtshof Art. 5 EGV als Ausdruck der allgemeinen Regel verstanden, daß Mitgliedstaaten und Gemeinschaftsorgane gegenseitigen Pflichten zu loyaler Zusammenarbeit und Unterstützung unterliegen[363]. Demnach müssen auch die Gemeinschaftsorgane auf die berechtigten Interessen der Mitgliedstaaten Rücksicht nehmen[364]. Folglich stellt Art. 5 EGV keine Einbahnstraße dar: Sein Regelungsgehalt ähnelt dem aus dem deutschen Verfassungsrecht bekannten Prinzip der Bundestreue, wonach Bund und Länder zur gegenseitigen Rücksichtnahme verpflichtet sind[365].

Der Gerichtshof hat bislang allerdings zugunsten der Mitgliedstaaten nur äußerst vorsichtige Schlußfolgerungen aus Art. 5 EGV gezogen: So sollen etwa im Falle von unerwarteten Schwierigkeiten eines Mitgliedstaates bei der Durchführung von Gemeinschaftsrecht der betreffende Mitgliedstaat und die Gemeinschaftsorgane gehalten sein, zur Überwindung der Schwierigkeiten redlich zusammenzuwirken[366]. Keinesfalls kann ein Mitgliedstaat aber im Vertragsverletzungsverfahren gemäß Art. 169 EGV eine Nichtbefolgung von gemeinschaftsrechtlichen Pflichten mit innerstaatlichen - auch verfassungsrechtlichen - Schwierigkeiten rechtfertigen[367]. Das gilt selbst dann, wenn die gerügte Gemeinschaftsrechtsverletzung von innerstaatlich unabhängigen Organen - etwa Gerichten[368] - ausgeht.

---

362 Epiney, EuR 1994, S. 301 (309).

363 EuGH Rs. 230/81 (Luxemburg/Parlament), Slg. 1983, S. 255 (287); Rs. 52/84 (Kommission/Belgien), Slg. 1986, S. 89 (105); vgl. Lück, S. 25 ff.; von Welck, S. 25 f.

364 G/T/E-Zuleeg, Art. 5, Rn. 12; Wolfgang Kahl, AöR 118 (1993), S. 414 (431); Streinz, DVBl. 1990, S. 949 (962); a.A. ohne nähere Begründung Kössinger, S. 89.

365 Vgl. schon Hilf, ZaöRV 35 (1975), S. 51 (58 f.); Maunz/Dürig-Herzog, Art. 20 GG, IV, Rn. 61 ff.

366 EuGH Rs. 52/84 (Kommission/Belgien), Slg. 1986, S. 89 (105); Rs. 94/87 (Kommission/Deutschland), Slg. 1989, S. 175 (192).

367 Ständige Rechtsprechung: EuGH Rs. 77/69 (Kommission/Belgien), Slg. 1970, S. 237 (243); Rs. 8/70 (Kommission/Italien), Slg. 1970, S. 961 (966 f.); Rs. 52/75 (Kommission/Italien), Slg. 1976, S. 277 (285); Rs. 301/81 (Kommission/Belgien), Slg. 1983, S. 467 (477); Rs. 42/80 (Kommission/Italien), Slg. 1980, S. 3635 (3640).

368 G/T/E-Krück, Art. 169, Rn. 64.

Die dieser Rechtsprechung zugrundeliegende Ratio wird mit Blick auf die Grundsätze des Vorrangs[369], der einheitlichen Geltung[370] und der vollen Wirksamkeit[371] des Gemeinschaftsrechts deutlich. Ließe der Gerichtshof auf Art. 5 EGV gestützte Exkulpierungen der Mitgliedstaaten zu, so würde er diese Grundsätze gleichsam durch die Hintertür aushebeln: Könnte sich jeder Mitgliedstaat unter Berufung auf sein Verfassungssystem gemeinschaftsrechtlichen Pflichten entziehen, so käme dies - zumindest faktisch - einem Vorrang der jeweiligen nationalen Verfassung gleich. Zudem wären die einheitliche Geltung des Gemeinschaftsrechts und sein "effet utile" auf dem Gebiet des betreffenden Mitgliedstaates vorübergehend oder sogar dauerhaft beeinträchtigt[372].

Hieraus folgt: Es wäre voreilig, aus Art. 5 EGV zu folgern, die verfassungsrechtliche Stellung der Länder nach dem Grundgesetz könne unbesehen auf die Ebene des Gemeinschaftsrechts übertragen werden. Daher läßt sich auch ihre Stellung im Gemeinschaftsprozeßrecht nicht nach den Bedürfnissen des deutschen Verfassungsrechts bestimmen. Immerhin erscheint aber eine auf Art. 5 EGV gestützte Rücksichtnahme der Gemeinschaftsorgane geboten, solange dadurch nicht Vorrang, einheitliche Geltung oder volle Wirksamkeit des Gemeinschaftsrechts gefährdet werden[373].

(c) Art. F Abs. 1 EUV

Eine im Vergleich zum vorstehend erörterten Art. 5 EGV weitergehende Verpflichtung der Gemeinschaftsorgane zur Berücksichtigung mitgliedstaatlicher Verfassungsstrukturen könnte sich aus Art. F Abs. 1 EUV ergeben. Nach dieser Vorschrift achtet die Europäische Union die nationale Identität ihrer Mitgliedstaaten[374]. Zur Identität des Mitgliedstaates Bundesrepublik Deutschland zählt deren in Art. 20 Abs. 1 GG verankerte bundesstaatliche Gliederung

---

369 EuGH Rs. 26/62 (Van Gend & Loos), Slg. 1963, S. 1; Rs. 6/64 (Costa/ENEL), Slg. 1964, S. 1251; Rs. 106/77 (Simmenthal II), Slg. 1978, S. 629 ff.; Rs. 232/78 (Schaffleisch), Slg. 1979, S. 2729.

370 EuGH Rs. 11/70 (Internationale Handelsgesellschaft), Slg. 1970, S. 1125.

371 EuGH Rs. C-213/89 (Factortame), Slg. 1990 I, S. 2433 (2473 f.).

372 Ähnlich Baumhof, S. 47 f.

373 Wie hier Badura, in: Festschrift Lerche, S. 369 (382); vgl. auch Epiney, in: Freiburghaus, S. 69 (83).

374 Hilf, in: Gedächtnisschrift Grabitz, S. 157 (167 f.); Heintzen, AöR 119 (1994), S. 564 (584).

in Bund und Länder[375], die sogar den Schutz der Ewigkeitsgarantie des Art. 79 Abs. 3 GG genießt und damit zum "europafesten" Bestand des Grundgesetzes zählt[376]. Folglich unterfällt die Stellung der Länder im deutschen Verfassungsrecht grundsätzlich der in Art. F Abs. 1 EUV statuierten Pficht zur Rücksichtnahme[377].

Der Gerichtshof ist daher in den Grenzen seiner Rechtsprechungskompetenz gehalten, den Ländern einen angemessenen Rechtsschutz gegen Gemeinschaftsrechtsakte zu gewähren, die ihre Zuständigkeiten nach dem Grundgesetz beeinträchtigen können[378]. Auf diese Weise kann der Gerichtshof dazu beitragen, Justizkonflikte zwischen nationalem Verfassungsrecht und Gemeinschaftsrecht[379] mit unabsehbaren Folgen für die Union zu vermeiden.

Allerdings können auch aus der Rücksichtnahmepflicht gemäß Art. F Abs. 1 EUV nur behutsame Schlüsse hinsichtlich der Stellung der Länder im gemeinschaftlichen Prozeßrecht gezogen werden: Zum einen stellt nämlich Art. L EUV ausdrücklich klar, daß der Gerichtshof nicht für die Auslegung des Art. F Abs. 1 EUV zuständig ist[380]. Obwohl die Vorschrift dem Wortlaut nach ein verbindliches Gebot der Achtung der nationalen Identität der Mitgliedstaaten aufstellt[381], ist es dem Gerichtshof daher verwehrt, daraus unmittelbar Rechte zugunsten der Mitgliedstaaten oder der Gebietskörperschaften herzuleiten.

Zum anderen muß auch die Pflicht aus Art. F Abs. 1 EUV ihre Grenzen in den Grundsätzen des Vorrangs, der einheitlichen Geltung und der vollen Wirksamkeit des Gemeinschaftsrechts finden. Eine weitergehende Auslegung stünde im Widerspruch zu Art. B und zu Art. C Abs. 1 EUV: Nach diesen Vorschriften stellt die Union die Wahrung des gemeinschaftlichen Besitzstandes sicher[382]. Die durch den Europäischen Gerichtshof erarbeiteten und in ständiger

---

[375] Epiney, EuR 1994, S. 301 (307); Hilf, VVDStRL 53 (1994), S. 7 (9); Everling, DVBl. 1993, S. 936 (940); Lautenschlager, EuR 1994, Beiheft 1, S. 127 (134).

[376] Oschatz/Risse, EA 1988, S. 9 (14); Rengeling, DVBl. 1990, S. 893 (897 f.); Jarass/Pieroth-Pieroth, Art. 79 GG, Rn. 7; Streinz, S. 47.

[377] Neßler, DVBl. 1993, S. 1240 (1245); Pieper, DVBl. 1993, S. 705 (710); Oppermann/Classen, NJW 1993, S. 5 (8); Wolfgang Kahl, AöR 118 (1993), S. 414 (431).

[378] Vgl. Wolfgang Kahl, AöR 118 (1993), S. 414 (441 f.): Der Gerichtshof solle "einen Ausgleich zwischen den zentralisierenden Tendenzen auf Gemeinschaftsebene und den pluralistischen Interessen auf regionaler Ebene" anstreben.

[379] Vgl. Schneider, AöR 119 (1994), S. 294 (299 ff.).

[380] Middeke/Szczekalla, JZ 1993, S. 284 (291); Everling, DVBl. 1993, S. 936 (940 f.).

[381] Hilf, in: Gedächtnisschrift Grabitz, S. 157 (165).

[382] Hochbaum, DÖV 1992, S. 285 (291).

Rechtsprechung bestätigten Grundsätze des Vorrangs, der einheitlichen Geltung und der vollen Wirksamkeit des Gemeinschaftsrechts rechnen zum Kern des gemeinschaftlichen Besitzstandes - des sogenannten acquis communautaire[383] - und genießen somit den Bestandsschutz der Art. B und C Abs. 1 EUV.

Ungeachtet dieser bei der Auslegung des Art. F Abs. 1 EUV zu respektierenden Grenzen kündigt sich mit dieser Vorschrift eine deutlich veränderte Tonlage des Unionsrechts gegenüber berechtigten Anliegen verfassungsrechtlicher und politischer Natur der Mitgliedstaaten an: Derartige Anliegen sollen künftig nach Möglichkeit berücksichtigt werden, sofern dadurch der vorrangige, einheitliche und umfassende Geltungsanspruch des Gemeinschaftsrechts nicht in Frage gestellt wird[384].

Die systematische Zusammenschau des Art. F Abs. 1 EUV mit einigen durch den EUV in den EGV eingeführten Vorschriften unterstreicht die These von der veränderten Tonlage des Unionsrechts. So bekräftigt das in der Präambel des EUV ebenso wie in Art. 3b Abs. 2 EGV verankerte Subsidiaritätsprinzip den Willen der Schöpfer des Vertrages von Maastricht, die Tätigkeit der Gemeinschaft im Bereich der konkurrierenden Kompetenzen auf diejenigen Fälle zu beschränken, in denen die jeweils verfolgten Ziele auf der Ebene der Mitgliedstaaten nicht ausreichend bewältigt werden können und daher besser auf Gemeinschaftsebene erreicht werden können[385]. Auch das in Art. 3b Abs. 1 EGV deutlicher als im alten EWGV niedergelegte Prinzip der begrenzten Einzelermächtigung dient dem Ziel, der Gemeinschaft die Grenzen ihrer Rechtssetzungsbefugnisse vor Augen zu führen und damit die den Mitgliedstaaten verbliebenen Kompetenzen zu schützen[386]. Ähnliches gilt für das in Art. 3b Abs. 3 EGV statuierte Verhältnismäßigkeitsprinzip, welches nach seiner Formulierung nicht nur dem Schutz des Einzelnen dient, sondern auch den Schutz der Mitgliedstaaten vor unverhältnismäßigen Gemeinschaftsmaßnahmen bezweckt[387].

Zusammenfassend läßt sich die durch die beschriebenen Neuerungen hervorgebrachte Tonlage des Gemeinschaftsrechts nach Maastricht insoweit als

---

383 Zum Begriff Oppermann, S. 692.

384 Badura, in : Festschrift Lerche, S. 369 (382 f.); Pieper, DVBl. 1993, S. 705 (710).

385 Von Borries, EuR 1994, S. 263 (271).

386 Schmidhuber/Hitzler, NVwZ 1992, S. 720 (721 f.); Lenz-Langguth, Art. 3b, Rn. 4 ff.

387 Bleckmann, DVBl. 1992, S. 335 (336).

föderal bezeichnen, als sie eine ausgewogene Kompetenzabgrenzung zwischen Union und Mitgliedstaaten anstrebt. Auf die "dritte Ebene" der Bundesländer strahlen diese Neuerungen insbesondere durch die Einrichtung des Regionalausschusses aus, der diese Ebene in das institutionelle Gefüge der Europäischen Union einbezieht. Vor diesem Hintergrund verpflichtet Art. F Abs. 1 EUV die Gemeinschaftsorgane, verfassungsrechtlichen Eigenheiten - etwa dem deutschen Föderalismus - als Teil der nationalen Identität der Mitgliedstaaten in den aufgezeigten Grenzen auch auf der Ebene des Gemeinschaftsrechts Rechnung zu tragen. Über die Brücke des Art. F Abs. 1 EUV gewinnt somit die herausgehobene Stellung der Länder nach der bundesstaatlichen Verfassungsstruktur des Grundgesetzes auch für das Gemeinschaftsrecht Bedeutung. Mit Blick auf den Ausschluß der Gerichtsbarkeit für Art. F Abs. 1 EUV durch Art. L EUV sind diese Grundsätze in den - durch den Gerichtshof uneingeschränkt anzuwendenden - Art. 5 EGV hineinzulesen.

dd) Zwischenergebnis

Im Hinblick auf die prozessuale Stellung der Länder im Nichtigkeitsverfahren gemäß Art. 173 EGV bleibt festzuhalten:

Ungeachtet der durch den EUV bewirkten föderativen Geneigtheit des Gemeinschaftsrechts ist ihre Stellung im institutionellen Gemeinschaftsgefüge im Vergleich mit derjenigen des Europäischen Parlaments insoweit schwächer ausgeprägt, als den Ländern nur geringe Mitwirkungsrechte im gemeinschaftlichen Rechtssetzungsverfahren zustehen. Dieses Minus an formellen Beteiligungsrechten wird aber durch zwei Kompensationslinien ausgeglichen:

Zum einen sind die Länder im Rahmen ihrer innerstaatlichen Verwaltungs- und Gesetzgebungszuständigkeiten als "Vollstrecker des Gemeinschaftsrechts" unmittelbar gemeinschaftsrechtlichen Pflichten unterworfen. Nach dem für eine Rechtsgemeinschaft selbstverständlichen Grundsatz der Kongruenz von gemeinschaftsrechtlichen Pflichten und Rechtsschutzmöglichkeiten der Länder müssen ihnen auch entsprechende eigene Klagerechte vor dem Gerichtshof eingeräumt werden.

Aus Art. 5 EGV und Art. F Abs. 1 EUV ergibt sich zudem eine Pflicht der Gemeinschaftsorgane, bei der Auslegung und Anwendung des Gemeinschaftsrechts auf die Besonderheiten föderaler Verfassungsstrukturen der Mitgliedstaaten Rücksicht zu nehmen. Diese Pflicht trifft auch den Europäischen Gerichtshof, sofern die Auslegung der gemeinschaftlichen Rechtsschutzvorschriften in Rede steht.

Zwar könnte eine Einbeziehung der Länder und vergleichbarer regionaler Gebietskörperschaften in den Anwendungsbereich des Art. 173 Abs. 3 EGV nicht ausschließlich aus der in ihren Konturen eher unscharfen Rücksichtnahmepflicht hergeleitet werden. Zur Unterstützung eines auf der Stellung der Gebietskörperschaften im institutionellen Gefüge der Union und dem Erfordernis eines angemessenen Rechtsschutzes beruhenden beschränkt privilegierten Klagerechts läßt sich diese Pflicht jedoch fruchtbar machen.

Grenzen findet die Rücksichtnahmepflicht allerdings in den Grundsätzen des Vorrangs, der einheitlichen Geltung und der vollen Wirksamkeit des Gemeinschaftsrechts. Es bleibt daher zu prüfen, ob diese Grundsätze durch ein eigenständiges Klagerecht der Bundesländer und anderer regionaler Gebietskörperschaften gegen gemeinschaftliche Normativakte verletzt werden. Diese Fragen sind im Zusammenhang mit anderen möglichen Einwänden gegen ein auf Art. 173 Abs. 3 EGV gestütztes beschränkt privilegiertes Klagerecht der Länder zu erörtern.

4. Mögliche Einwände gegen ein beschränkt privilegiertes Klagerecht der Bundesländer entsprechend Art. 173 Abs. 3 EGV

Die vorstehende Untersuchung hat ergeben, daß einem beschränkt privilegierten Klagerecht der Länder weder der Wortlaut der Vorschrift noch das überholte Schlagwort von der Landesblindheit des Gemeinschaftsrechts entgegengehalten werden kann. Gegen die hier vertretene Auffassung, nach der den Ländern zur Wahrung ihrer Kompetenzen ein Klagerecht entsprechend Art. 173 Abs. 3 EGV auch gegen gemeinschaftliche Normativakte zusteht, sind darüber hinaus aber vier weitere Einwände denkbar:

Erstens könnte argumentiert werden, ein derartiges Klagerecht würde föderativ strukturierte Mitgliedstaaten im Vergleich zu zentralistisch verfaßten prozessual begünstigen. Hierin könnte ein Verstoß gegen den Grundsatz der einheitlichen Geltung des Gemeinschaftsrechts liegen[388].

Zweitens ließe sich einwenden, der Gerichtshof besitze keine Kompetenz zur Anwendung und Auslegung nationalen Verfassungsrechts. Genau diese Aufgabe werde ihm jedoch bei der Prüfung der Zulässigkeitsvoraussetzungen auf-

---

388 Vgl. Ress, EuGRZ 1986, S. 549 (551); Kössinger, S. 33.

erlegt, wenn er ermitteln müsse, ob Länderkompetenzen durch den angefochtenen Gemeinschaftsrechtsakt überhaupt tangiert werden[389].

Drittens könnte die Rechtssicherheit in der Europäischen Union gefährdet sein, wenn die Anfechtbarkeit gemeinschaftlicher Normativakte durch eine Erweiterung des Kreises der Klageberechtigten ausgedehnt werde[390]. Auch in den meisten Mitgliedstaaten der Union seien Normativakte nur ausnahmsweise anfechtbar.

Viertens könnte geltend gemacht werden, ein Klagerecht der Länder gegen gemeinschaftsrechtliche Normativakte sei nicht beim dritten, sondern beim vierten Absatz des Art. 173 EGV anzusiedeln. Für diese Lösung spreche, daß der Gerichtshof Klagen von Gebietskörperschaften nach Art. 173 Abs. 4 EGV bzw. Art. 173 Abs. 2 EWGV a.F. gegen Entscheidungen bereits zugelassen habe, während er ihre Klageberechtigung nach Art. 173 Abs. 1 EWGV a.F. abgelehnt habe[391].

a) Ungerechtfertigte Begünstigung föderativ strukturierter Mitgliedstaaten

Ein beschränkt privilegiertes Klagerecht der Länder und anderer regionaler Gebietskörperschaften könnte föderativ verfaßte Mitgliedstaaten prozessual begünstigen. Diesen stünden quantitativ insgesamt mehr Rechtsschutzmöglichkeiten zur Verfügung als zentralistisch verfaßten Mitgliedstaaten. Darüber hinaus läge es in der Hand der jeweiligen Mitgliedstaaten, durch entsprechende Änderungen der innerstaatlichen Kompetenzverteilung die Zahl der klageberechtigten Gebietskörperschaften zu erhöhen oder zu vermindern. Dies könnte den Grundsatz der einheitlichen Geltung des Gemeinschaftsrechts im prozessualen Bereich in Frage stellen.

Eine derartige Argumentation würde freilich verkennen, daß bereits in der bisherigen Gemeinschaftsrechtspraxis die Berechtigung von Gebietskörperschaften zur Erhebung der Nichtigkeitsklage von der jeweils maßgeblichen innerstaatlichen Kompetenzstruktur abhing. Nur wo das nationale Recht überhaupt Gebietskörperschaften eingerichtet und ihnen bestimmte Kompetenzen

---

389 Classen, ZRP 1993, S. 57 (58, Fn. 17); Kleffner-Riedel, S. 242 f.

390 So der Rat, in: EuGH Rs. 123/77 (Unicme/Rat), Slg. 1978, S. 845 (849); bezogen auf Klagen der Länder Hrbek, in: Festschrift Börner, S. 125 (144).

391 Eine Klageberechtigung der Bundesländer aus Art. 173 Abs. 2 EWGV a.F. bzw. Art. 173 Abs. 4 EGV auch gegen Normativakte bejahen Kleffner-Riedel, S. 238 ff., Streinz, S. 51, Schweitzer/Hummer, S. 119, und Geiger, in: Kremer, S. 51 (69).

übertragen hatte, konnten diese eine Nichtigkeitsklage nach Art. 173 Abs. 2 EWGV a.F. anstrengen. So folgte etwa die Klageberechtigung des Exécutif régional wallon gegen eine an den Mitgliedstaat Belgien adressierte Entscheidung daraus, daß er nach dem belgischen Recht für die Vergabe der umstrittenen Beihilfe zuständig war[392]. Wäre die belgische Zentralregierung für die Entscheidung über die Beihilfegewährung kompetent gewesen, so wäre eine Klageberechtigung des Exécutif régional wallon nicht in Betracht gekommen. Umgekehrt wären zusätzliche Klageberechtigte auf den gemeinschaftsrechtlichen Plan getreten, wenn das belgische Recht weitere Gebietskörperschaften in den Vergabeprozeß eingeschaltet hätte, etwa eine gemeinsame Entscheidung der wallonischen und der flämischen Regierung vorgesehen hätte.

Die Zahl der potentiellen gemeinschaftsprozessualen Akteure variiert ohnehin bei sämtlichen Verfahrensarten von Mitgliedstaat zu Mitgliedstaat. So liegt auf der Hand, daß große Mitgliedstaaten eine höhere Zahl von vorlageberechtigten Gerichten im Sinne des Art. 177 EGV aufweisen als etwa Luxemburg. Ähnlich wirken sich die unterschiedlichen Bevölkerungszahlen auf die Menge der im jeweiligen Mitgliedstaat potentiell zur Erhebung von Nichtigkeits- und Untätigkeitsklagen berechtigten Marktbürger aus. Aus diesen Unterschieden kann indes keine ungerechtfertigte Ungleichbehandlung der Mitgliedstaaten abgeleitet werden.

Diese Überlegungen verdeutlichen, daß die unterschiedliche Ausgestaltung der Kompetenzstruktur in den Mitgliedstaaten zwar Auswirkungen auf den Umfang der Inanspruchnahme des gemeinschaftlichen Rechtsschutzsystems zeitigen kann. Eine Beeinträchtigung des Grundsatzes der einheitlichen Geltung des Gemeinschaftsrechts liegt hierin jedoch nicht. Vielmehr nimmt das Gemeinschaftsrecht derartige Auswirkungen bewußt und notwendig in Kauf, indem es den Mitgliedstaaten die innerstaatliche Ausgestaltung ihrer Staatsstruktur als domaine réservé überläßt[393].

Außerdem dürfte die Zahl der tatsächlichen Nichtigkeitsklagen auch bei einer entsprechenden Anwendung des Art. 173 Abs. 3 EGV auf die Bundesländer und vergleichbare regionale Gebietskörperschaften in anderen Mitgliedstaaten nicht steigen. Die Gebietskörperschaften würden in ihrem Zuständigkeitsbereich nämlich nicht neben dem jeweiligen Mitgliedstaat, sondern an seiner

392 EuGH Verb. Rs. 62 und 72/87 (Exécutif régional wallon und SA Glaverbel/Kommission), Slg. 1988, S. 1573 (1591 f.).

393 Kössinger, S. 31 ff.; Dietlein, NWVBl. 1990, S. 253 (258).

Stelle klagen. Für den Mitgliedstaat bestünde keine Veranlassung, daneben von seinem privilegierten Klagerecht gemäß Art. 173 Abs. 2 EGV zugunsten der betreffenden Gebietskörperschaft Gebrauch zu machen. Täte er es trotzdem, so könnte der Gerichtshof die Verfahren ohne weiteres gemäß Art. 43 VerfO verbinden.

Darüber hinaus wird der Geltungsanspruch des Gemeinschaftsrecht nicht dadurch geschmälert, daß Gebietskörperschaften zur Wahrung ihrer Kompetenzen eine Überprüfung gemeinschaftlicher Rechtsakte vor dem Gerichtshof beanspruchen können. Zum einen sind durchaus Fälle denkbar, in denen die von einem Land vertretene Rechtsposition im wohlverstandenen Interesse der Gemeinschaft liegt. Vor allem aber dient die Gewährung von Rechtsschutz für die Gebietskörperschaften durch den Gerichtshof gerade dazu, die gemeinschaftliche Rechtsordnung zu festigen und ihren Geltungsanspruch zu bekräftigen. Bei einer Verweigerung dieses Rechtsschutzes bleibt den betroffenen Gebietskörperschaften nämlich als ultima ratio nur der Gang vor das jeweilige nationale Verfassungsgericht[394]. Erst wenn dieses die Unvereinbarkeit eines Gemeinschaftsrechtsaktes mit der in Rede stehenden Verfassung feststellt, wird der Geltungsanspruch der Gemeinschaftsrechtsordnung nachhaltig in Frage gestellt.

Daß diese Gefahr nicht nur akademischer Natur ist, haben mehrere deutsche Bundesländer durch ihre Klage gegen die sogenannte Rundfunkrichtlinie der Union vor dem Bundesverfassungsgericht unter Beweis gestellt[395]. Solange der Europäische Gerichtshof den Ländern keinen angemessenen Rechtsschutz gegen kompetenzwidrige Gemeinschaftsrechtsakte gewährt, ist dem Bundesverfassungsgericht der Rückgriff auf die in der Rs. "Solange II"[396] zur Vermeidung eines Justizkonflikts mit dem Europäischen Gerichtshof im Grundrechtsbereich entwickelten Grundsätze verbaut und deren entsprechende Anwendung auf den Föderalismusbereich nicht möglich[397].

Schließlich steht auch nicht zu befürchten, daß die Gewährung eines beschränkt privilegierten Klagerechts für Bundesländer und andere regionale Gebietskörperschaften zu einer den Gerichtshof überfordernden Flut von Nichtigkeitsklagen gegen jeden gemeinschaftlichen Normativakt führen würde.

---

394 Kewenig, JZ 1990, S. 458 (459 ff.); Scholz, NJW 1990, S. 941 (944 ff.).

395 Vgl. dazu Memminger, DÖV 1989, S. 846 (848 f.); Tomuschat, EuR 1990, S. 340 (343; 360 f.); Pechstein, DÖV 1991, S. 535 (535); s. unten S. 144 ff.

396 BVerfGE 73, S. 339; dazu Maunz, BayVBl. 1990, S. 545 (548).

397 Vgl. Gersdorf, DVBl. 1994, S. 674 (678 f.); Schneider, AöR 119 (1994), S. 294 (314 f.).

Diese Klagen sind nämlich gemäß Art. 173 Abs. 5 EGV binnen einer Ausschlußfrist von zwei Monaten nach der Bekanntgabe des anzufechtenden Rechtsaktes zu erheben[398]. Es steht dem Gerichtshof frei, sie gemäß Art. 43 VerfO zu einem Verfahren zu verbinden.

Im Ergebnis bleibt festzuhalten, daß ein auf Art. 173 Abs. 3 EGV gestütztes beschränkt privilegiertes Klagerecht der Länder und anderer regionaler Gebietskörperschaften gegen gemeinschaftsrechtliche Normativakte nicht gegen den Grundsatz der einheitlichen Geltung des Gemeinschaftsrechts verstößt. Unterschiede hinsichtlich der Zahl der klageberechtigten Gebietskörperschaften in den einzelnen Mitgliedstaaten existieren schon in der bisherigen Gemeinschaftsrechtspraxis. Sie beruhen auf der Freiheit der Mitgliedstaaten, ihre staatliche Binnenstruktur selbst zu bestimmen und sind gemeinschaftsrechtlich unbedenklich. Möglichen Justizkonflikten zwischen nationaler Verfassungsgerichtsbarkeit und Europäischem Gerichtshof[399] muß durch die Gewährung eines angemessenen Rechtsschutzes für die Länder und andere regionale Gebietskörperschaften auf gemeinschaftsrechtlicher Ebene vorgebeugt werden.

b) Mangelnde Kompetenz des Europäischen Gerichtshofs zur Prüfung nationalen Verfassungsrechts

Zu prüfen ist, ob die Grenzen der Rechtsprechungskompetenz des Gerichtshofs durch ein beschränkt privilegiertes Klagerecht der Länder und anderer regionaler Gebietskörperschaften gegen gemeinschaftliche Normativakte überschritten werden. Diese Klagen können nämlich nur dann als zulässig erachtet werden, wenn sie im Zuständigkeitsbereich der jeweiligen Gebietskörperschaft erhoben werden. Ob dies der Fall ist, läßt sich indes nicht nach Gemeinschaftsrecht beantworten. Vielmehr ist insoweit ein Rückgriff auf die jeweilige innerstaatliche Kompetenzordnung erforderlich. Kann dem Gerichtshof, der nach Art. 164 EGV für die Auslegung und Anwendung des primären und sekundären Gemeinschaftsrechts zuständig ist, nicht aber für die Auslegung nationalen Verfassungsrechts, eine derartige Aufgabe überhaupt übertragen werden?

---

398 Lenz-Borchardt, Art. 173, Rn. 51 ff.

399 Zu dieser Gefahr König, ZaöRV 54 (1994), S. 17 (45 f.).

Auch bei dieser Frage ist zunächst ein Blick auf die bisherige Gemeinschaftsrechtspraxis, insbesondere die Rs. "Exécutif régional wallon"[400], angezeigt. Die wallonische Regionalregierung leitete hier ein unmittelbares und individuelles Betroffensein im Sinne des Art. 173 Abs. 2 EWGV a.F. aus ihrer innerstaatlichen Zuständigkeit für die Entscheidung über die Vergabe der umstrittenen Beihilfe ab[401]. Weder der Gerichtshof noch die Kommission haben dieses Vorgehen beanstandet. Auch die Besprechungen zu diesem Urteil[402] bezichtigten den Gerichtshof nicht etwa der Kompetenzanmaßung.

Der Vorwurf der Kompetenzanmaßung wurde zu Recht nicht erhoben. Art. 173 Abs. 2 EWGV a.F. eröffnete nach seinem Wortlaut Gebietskörperschaften als juristischen Personen des öffentlichen Rechts die Möglichkeit, gegen drittadressierte Entscheidungen im Wege der Nichtigkeitsklage vorzugehen. Dieser Klageberechtigung konnte der Gerichtshof in der Rs. "Exécutif régional wallon" nur dadurch zur Geltung verhelfen, daß er der wallonischen Regionalregierung die Berufung auf ihre innerstaatliche Zuständigkeit gestattete. Die an den Mitgliedstaat Belgien gerichtete Entscheidung der Kommission konnte die wallonische Regierung nur deshalb unmittelbar und individuell betreffen, weil sie aufgrund des belgischen Rechts existierte und mit bestimmten Entscheidungsbefugnissen ausgestattet war.

Anders gewendet bedeutet dies: Die Notwendigkeit eines begrenzten Rückgriffs auf die innerstaatliche Kompetenzordnung ist bereits in der Entscheidung des Gemeinschaftsrechts angelegt, Gebietskörperschaften als juristischen Personen des öffentlichen Rechts und damit Kreationen der innerstaatlichen Rechtsordnung unter bestimmten Voraussetzungen Klagerechte einzuräumen. Derartige Rückgriffe werden, sofern sie für die Prüfung der Zulässigkeit gemeinschaftsrechtlicher Rechtsbehelfe erheblich sind, gleichsam zu Fragen der Anwendung und Auslegung des Gemeinschaftsrechts im Sinne des Art. 164 EGV. Folglich erstreckt sich die Kompetenz des Gerichtshofs darauf[403].

Ähnlich ist der Gerichtshof auch in anderen Bereichen des gemeinschaftlichen Prozeßrechts auf eine begrenzte Prüfung innerstaatlichen Rechts ange-

400 EuGH Verb. Rs. 62 und 72/87 (Exécutif régional wallon und SA Glaverbel/Kommission), Slg. 1988, S. 1573 ff.

401 EuGH Verb. Rs. 62 und 72/87 (Exécutif régional wallon und SA Glaverbel/Kommission), Slg. 1988, S. 1573 (1577).

402 Joos/Scheurle, EuR 1989, S. 226; Tomuschat, EuR 1990, S. 340; Scholz, NJW 1990, S. 941.

403 Ähnlich Dauses, Gutachten, S. D 115 f.

wiesen. So hat er zwar den Begriff "Gericht" für den Bereich des Vorabentscheidungsverfahrens gemäß Art. 177 EGV nach gemeinschaftsrechtlichen Kriterien bestimmt[404]. Ob eine Einrichtung eines Mitgliedstaates diesen Kriterien entspricht, etwa die erforderliche Unabhängigkeit aufweist, vermag der Gerichtshof indes nur unter Rückgriff auf die jeweilige innerstaatliche Rechtsordnung festzustellen[405]. Eine Überschreitung der Rechtsprechungskompetenz des Gerichtshofs kann hierin nicht gesehen werden.

Regelmäßig ist der Gerichtshof im Vertragsverletzungsverfahren darauf angewiesen, sich Gewißheit über die jeweilige innerstaatliche Rechtslage zu verschaffen. Erst infolge dieser Prüfung vermag er nämlich zu beurteilen, ob diese Rechtslage im Widerspruch zum Gemeinschaftsrecht steht und die Aufsichtsklage der Kommission daher begründet ist. So widmet der Gerichtshof etwa in seinem Urteil zum deutschen Reinheitsgebot der ausführlichen Darstellung des deutschen Biersteuerrechts einen eigenen Abschnitt[406]. Daran schließt sich die gemeinschaftsrechtliche Würdigung an[407]. In diesem Vorgehen des Gerichtshofs ist wiederum keine Überschreitung seiner Rechtsprechungskompetenz zu sehen. Vielmehr kann er seine Wächterfunktion nur dann ausüben, wenn er die maßgeblichen innerstaatlichen Vorschriften ermittelt und ihren Regelungsgehalt im Lichte des Gemeinschaftsrechts überprüft. Hierdurch sichert er die Wahrung des Rechts bei der Auslegung und Anwendung des Gemeinschaftsrechts im Sinne des Art. 164 EGV.

Die am Beispiel der Rs. "Exécutif régional wallon", bei der eine drittadressierte Kommissionsentscheidung angefochten wurde, aufgezeigten Überlegungen lassen sich ohne weiteres auf Klagen von regionalen Gebietskörperschaften gegen gemeinschaftliche Normativakte übertragen. Wenn man diese Klagen mit der hier vertretenen Auffassung entsprechend Art. 173 Abs. 3 EGV auf den Zuständigkeitsbereich der Gebietskörperschaften beschränkt, so ergibt sich hieraus die gemeinschaftsrechtliche Notwendigkeit, im Rahmen der Zulässigkeitsprüfung diesen Zuständigkeitsbereich zu ermitteln. Ein qualitativ neues Problem liegt hierin im Vergleich zur Rs. "Exécutif régional wallon" nicht. Vielmehr wird auch hier die innerstaatliche Kompetenzverteilung durch deren

---

404 EuGH Rs. 61/65 (Vaassen-Goebbels/Beamtenfonds), Slg. 1966, S. 583 (601 f.).

405 G/T/E-Krück, Art. 177, Rn. 46.

406 Unter der Überschrift "Zum anwendbaren Recht": EuGH Rs. 178/84 (Kommission/Deutschland), Slg. 1987, S. 1227 (1263 ff.).

407 EuGH Rs. 178/84 (Kommission/Deutschland), Slg. 1987, S. 1227 (1268 ff.).

Relevanz für die gemeinschaftsrechtliche Zulässigkeitsprüfung zu einer Frage der Anwendung und Auslegung des Gemeinschaftsrechts gemäß Art. 164 EGV.

Schließlich besteht auch kein Anlaß, praktische Schwierigkeiten bei der Ermittlung der Zuständigkeitsbereiche der Länder und anderer regionaler Gebietskörperschaften zu befürchten. Neben den Vorträgen der Parteien und eventueller Streithelfer stehen dem Gerichtshof als Erkenntnisquellen u.a. die Einholung von Gutachten und die Erlangung von Auskünften von dem der klagenden Gebietskörperschaft übergeordneten Mitgliedstaat zu Gebote[408]. Letztere Möglichkeit besteht gemäß Art. 21 Abs. 2 Satzung auch dann, wenn der Mitgliedstaat selbst nicht am Verfahren beteiligt ist. Sollte trotz Ausschöpfung sämtlicher Erkenntnisquellen im Einzelfall keine Klärung erzielt werden können, so finden die allgemeinen Beweisregeln Anwendung. Danach hat die klagende Gebietskörperschaft darzulegen, daß der angefochtene Gemeinschaftsrechtsakt möglicherweise in ihren Zuständigkeitsbereich eingreift. Gelingt ihr dies nicht, so ist die Klage als unzulässig abzuweisen[409].

Aus den genannten Gründen kann aus der Notwendigkeit, im Rahmen der Zulässigkeitsprüfung den Zuständigkeitsbereich der klagenden Gebietskörperschaften nach der jeweils maßgeblichen innerstaatlichen Kompetenzordnung zu ermitteln, kein durchgreifendes Argument gegen ihre Klageberechtigung entsprechend Art. 173 Abs. 3 EGV hergeleitet werden.

c) Gefährdung der Rechtssicherheit in der Union

Jede Erweiterung der Anfechtungsmöglichkeiten gegenüber gemeinschaftsrechtlichen Rechtsakten nach Art. 173 EGV erhöht die Wahrscheinlichkeit, daß diese einer Überprüfung durch den Gerichtshof unterzogen und - sofern dieser zum Ergebnis der Gemeinschaftsrechtswidrigkeit gelangt - gemäß Art. 174 EGV für nichtig erklärt werden. Während die Konsequenzen einer Nichtigerklärung bei Entscheidungen gemäß Art. 189 Abs. 4 EGV in aller Regel überschaubar sind, kann die Nichtigerklärung einer Verordnung oder Richtlinie als gemeinschaftlicher Normativakte wirtschaftliche und politische Folgen in erheblichem Umfang zeitigen. Zudem entsteht während der teils langwierigen Verfahren ein Zustand der Rechtsunsicherheit[410]. Es ist daher fraglich, ob ein Klagerecht der Länder und anderer regionaler Gebietskörperschaften gegen

408 G/T/E-Wolf, Art. 21 Satzung, Rn. 1 ff.

409 Dauses, Gutachten, S. D 116.

410 So der Rat, in: EuGH Rs. 123/77 (Unicme/Rat), Slg. 1978, S. 845 (849).

gemeinschaftsrechtliche Normativakte die Rechtssicherheit in der Union in unvertretbarer Weise beeinträchtigt[411].

aa) Weitgehende Überprüfbarkeit normativer Gemeinschaftsrechtsakte

Die Beantwortung dieser Frage muß bei der Ausgestaltung des gemeinschaftsrechtlichen Rechtsschutzsystems ansetzen. Sollte dieses der Bestandskraft von Normativakten überragende Bedeutung einräumen und ihre gerichtliche Überprüfung nur in eng begrenzten Ausnahmefällen zulassen, so spräche dies gegen eine Einbeziehung der Länder in den Anwendungsbereich des Art. 173 Abs. 3 EGV.

Das gemeinschaftliche Prozeßrecht geht indes von einer weitgehenden Überprüfbarkeit gemeinschaftlicher Rechtsakte jeder normativen Rangstufe durch den Gerichtshof aus. Dabei ist die Nichtigkeitsklage gemäß Art. 173 EGV zwar der direkteste, aber nicht der einzige Weg zur Auslösung einer derartigen Überprüfung. Vielmehr kann eine Überprüfung auch durch die Erhebung der Inzidentrüge gemäß Art. 184 EGV und durch die Einleitung eines Vorabentscheidungsverfahrens gemäß Art. 177 EGV erreicht werden. Dabei eröffnet Art. 184 EGV keinen selbständigen Klageweg, sondern setzt ein bereits vor dem Gerichtshof anhängiges Klageverfahren voraus[412]. Demgegenüber ermöglicht Art. 177 EGV nationalen Gerichten, den Gerichtshof zur Gültigkeit von Gemeinschaftsrechtsakten zu befragen, die für einen bei ihnen anhängigen Rechtsstreit entscheidungserheblich sind[413].

Auch Verordnungen und Richtlinien als gemeinschaftliche Normativakte können durch Inzidentrügen oder Vorabentscheidungsverfahren einer Überprüfung durch den Gerichtshof unterzogen werden. Zwar erwähnt Art. 184 EGV ausdrücklich nur Verordnungen. Der Gerichtshof hat jedoch entschieden, daß die Inzidentrüge gegenüber allen Rechtshandlungen geltend gemacht werden kann, welche zwar nicht in Form einer Verordnung ergangen sind, aber gleichartige Wirkungen wie eine solche entfalten[414]. Unter diesen Voraussetzungen kann eine Inzidentrüge daher auch gegen Richtlinien erhoben

---

411 In diesem Sinne Hrbek, in: Festschrift Börner, S. 125 (144): Bei einer Klageberechtigung der Regionen seien eine sprunghafte Erhöhung der Zahl der Klageberechtigten und eine nicht mehr durch den EuGH zu bewältigende Antragsflut zu befürchten.

412 Grabitz/Hilf-Grabitz, Art. 184, Rn. 5.

413 Lenz-Borchardt, Art. 177, Rn. 17 ff.

414 EuGH Rs. 92/78 (Simmenthal/Kommission), Slg. 1979, S. 777 (800).

werden[415]. Für das Vorabentscheidungsverfahren verdeutlicht bereits der Wortlaut des Art. 177 Abs. 1 lit. b) durch die Formulierung "Handlungen der Organe", daß sämtliche gemeinschaftliche Rechtsakte erfaßt werden[416].

Im Unterschied zur Nichtigkeitsklage gemäß Art. 173 EGV ermöglichen Inzidentrüge und Vorabentscheidungsverfahren eine Überprüfung gemeinschaftlicher Normativakte sogar ohne zeitliche Beschränkung. Eine der Zweimonatsfrist nach Art. 173 Abs. 5 EGV entsprechende Begrenzung weisen weder Art. 184[417] noch Art. 177 EGV auf. Unterschiede bestehen auch hinsichtlich der Rechtsfolgen, die mit einer die Gemeinschaftsrechtswidrigkeit des in Frage stehenden Rechtsakts feststellenden Entscheidung des Gerichtshofs verbunden sind. Im Nichtigkeitsverfahren erklärt er den angefochtenen Rechtsakt gemäß Art. 174 Abs. 1 EGV grundsätzlich mit Wirkung erga omnes für nichtig[418]. Demgegenüber stellt er im Vorabentscheidungsverfahren die Ungültigkeit lediglich mit Wirkung intra partes fest[419]. Folge der begründeten Inzidentrüge schließlich ist die Unanwendbarkeit des Rechtsaktes, wiederum mit bloßer Wirkung intra partes[420].

Ungeachtet der aufgezeigten Unterschiede zwischen Nichtigkeitsklage, Inzidentrüge und Vorabentscheidungsverfahren schafft das Gemeinschaftsprozeßrecht ein umfassendes System gerichtlicher Kontrolle von gemeinschaftlichen Rechtsakten[421]. Dieses System ermöglicht es, die Rechtmäßigkeit von Verordnungen und Richtlinien auch nach Ablauf der Zweimonatsfrist des Art. 173 Abs. 5 EGV noch vor dem Gerichtshof in Frage zu stellen. Folglich räumt das Gemeinschaftsrecht insgesamt dem Grundsatz der Rechtmäßigkeit gemeinschaftlicher Rechtsakte einen höheren Stellenwert ein als dem Grundsatz der Rechtssicherheit. Aus diesem Grunde wäre es systemwidrig und damit verfehlt, gegen ein beschränkt privilegiertes Klagerecht der Länder und anderer Gebietskörperschaften den Grundsatz der Rechtssicherheit anzuführen.

---

415 Lenz-Borchardt, Art. 184, Rn. 7.

416 G/T/E-Krück, Art. 177, Rn. 21.

417 Grabitz/Hilf-Grabitz, Art. 184, Rn. 3; Rengeling/Middeke/Gellermann, S. 228.

418 Lenz-Borchardt, Art. 174, Rn. 3.

419 Zu faktischen Auswirkungen auf andere Verfahren Grabitz/Hilf-Grabitz, Art. 177, Rn. 88 ff.

420 Rengeling/Middeke/Gellermann, S. 228 f.

421 G/T/E-Krück, Art. 164, Rn. 2.

bb) Beschränkungsmöglichkeit nach Art. 174 Abs. 2 EGV

Außerdem ermächtigt Art. 174 Abs. 2 EGV den Gerichtshof, die Wirkungen eines Nichtigkeitsurteils ausnahmsweise zu beschränken und diejenigen Wirkungen der angefochtenen Handlung zu bezeichnen, die als fortgeltend zu betrachten sind. Damit kann der Gerichtshof den Grundsätzen der Rechtssicherheit und des Vertrauensschutzes sowie überragenden öffentlichen Interessen erforderlichenfalls Rechnung tragen[422]. Abhängig von den Umständen des jeweiligen Einzelfalls hat der Gerichtshof die Wirkungen seiner Urteile sowohl in zeitlicher[423] als auch in persönlicher Hinsicht[424] begrenzt. Die Beschränkungsmöglichkeit gemäß Art. 174 Abs. 2 EGV läßt Raum für differenzierende Lösungen, sofern Nichtigkeitsklagen von Bundesländern oder anderen Gebietskörperschaften ausnahmsweise mit den genannten Grundsätzen kollidieren sollten.

cc) Keine generelle Angreifbarkeit gemeinschaftlicher Normativakte durch Nichtigkeitsklagen

Darüber hinaus ist zu berücksichtigen, daß ein Klagerecht der Bundesländer und anderer vergleichbarer Gebietskörperschaften entsprechend Art. 173 Abs. 3 EGV nicht zu einer generellen Angreifbarkeit von gemeinschaftlichen Normativakten im Wege der Nichtigkeitsklage führen würde. Für "Marktbürger"[425] bzw. "Wirtschaftsteilnehmer"[426], also natürliche Personen und juristische Personen des Privatrechts, bliebe es bei der Regelung des Art. 173 Abs. 4 EGV[427]. Aufgrund der besonderen Funktion, die den Ländern und anderen regionalen Gebietskörperschaften im institutionellen Gefüge der Union und bei der Ausführung des Gemeinschaftsrechts als Trägern staatlicher Aufgaben zukommt, müssen ihnen angemessene eigene Rechtsschutzmöglichkeiten zugestanden werden, auch wenn sich hierdurch der Kreis der zur Anfechtung von Normativakten Berechtigten vergrößert.

---

422 Lenz-Borchardt, Art. 173, Rn. 6.

423 EuGH Rs. 264/82 (Timex/Rat und Kommission), Slg. 1985, S. 849 (870).

424 EuGH Rs. 33/84 (Fragd/Italien), Slg. 1985, S. 1605.

425 Zum Begriff Nicolaysen, S. 33.

426 Begriff aus EuGH Rs. 282/85 (DEFI/Kommission), Slg. 1986, S. 2469 (2480); vgl. auch Rs. T-99/94 (Asocarne/Rat), Slg. 1994 II, S. 871 (881).

427 Dauses, Gutachten, S. D 109.

dd) Beschränkt privilegiertes Klagerecht auch für kommunale Gebietskörperschaften

Problematisch ist in diesem Zusammenhang, ob die beschränkt privilegierte Klageberechtigung auf diejenigen - regionalen - Gebietskörperschaften zu begrenzen ist, die wie die Bundesländer nach der jeweiligen Verfassungsstruktur unmittelbar unterhalb der Ebene des Mitgliedstaates angesiedelt sind:

Zwar wird der Aufgabenbereich kommunaler Gebietskörperschaften - etwa der Gemeinden - nicht unerheblich durch das Gemeinschaftsrecht tangiert[428]. Darüber hinaus finden sie auf der Ebene des primären Gemeinschaftsrechts ähnlich wie die Bundesländer durch eigene Vertreter im Regionalausschuß Berücksichtigung[429]. Allerdings ist es den Gemeinden verwehrt, durch die Entsendung von "Ministern" gemäß Art. 146 EGV im Rat mitzuwirken. Wie die Bundesländer erfüllen sie öffentliche Aufgaben, weshalb ihre Gleichstellung mit "Marktbürgern" im Sinne des Art. 173 Abs. 4 EGV unbefriedigend ist und die Kriterien des unmittelbaren und individuellen Betroffenseins für sie unpassend erscheinen. Auch wirkt das Subsidiaritätsprinzip zu ihren Gunsten, da größere Bürgernähe als auf der kommunalen Ebene nicht möglich ist. Schließlich lassen sich zu der nach Art. F Abs. 1 EGV geschützten Identität der Mitgliedstaaten auch nationale Eigenheiten wie das kommunale Selbstverwaltungsrecht nach Art. 28 Abs. 2 GG zählen[430].

Die verfassungsrechtliche Stellung der Gemeinden nach dem Grundgesetz weicht aber erheblich von derjenigen der Bundesländer ab: Im Unterschied zu den Bundesländern[431] kommt den Gemeinden keine originäre Staatlichkeit zu, welche sie von anderen Einrichtungen des Staates qualitativ unterscheiden würde. Vielmehr unterstehen sie selbst der staatlichen Hoheit[432]. Das Grundgesetz weist Bund und Ländern, nicht aber den Gemeinden eigene Gesetzgebungskompetenzen zu[433]. Während Art. 50 GG den Ländern durch den Bundesrat auch über den eigentlichen Landesbereich hinaus Einfluß auf die Bundes- und über Art. 23 GG n.F. auf die Gemeinschaftsebene eröffnet, fehlt

---

428 Beispiele bei Rengeling, ZG 9 (1994), S. 277 (279 ff.); ders., DVBl. 1990, S. 893 (895 f.).

429 Lenz-Kaufmann-Bühler, Art. 198a, Rn. 4 f.; Heberlein, DVBl. 1994, S. 1213 (1214 f.).

430 Heberlein, DVBl. 1994, S. 1213 (1220 f.).

431 BVerfGE 1, S. 14 (34); 36, S. 342 (360 f.); 64, S. 301 (317); Blanke, in: Heckmann/Meßerschmidt, S. 53 (54); Jarass/Pieroth-Pieroth, Art. 20 GG, Rn. 10.

432 Maunz/Dürig-Herzog, Art. 20 GG, Rn. 14.

433 Jarass/Pieroth-Pieroth, Art. 70 GG, Rn. 1.

ein entsprechender Kompetenztitel für die kommunale Ebene[434]. Erst recht sind die Gemeinden anders als die Bundesländer gemäß Art. 24 Abs. 1a GG n.F.[435] und Art. 32 Abs. 3 GG[436] nicht dazu autorisiert, mit Zustimmung der Bundesregierung völkerrechtsförmliche Außenbeziehungen anzuknüpfen. Darüber hinaus unterfällt die Garantie der kommunalen Selbstverwaltung gemäß Art. 28 Abs. 2 GG - anders als das in Art. 20 Abs. 1 GG verankerte Bundesstaatsprinzip[437] - nach ganz überwiegender Auffassung nicht der sogenannten Ewigkeitsgarantie des Art. 79 Abs. 3 GG[438]. Daher zählt sie auch nicht zum "europafesten", unaufgebbaren Bestand des Grundgesetzes[439].

Wegen dieser Unterschiede läßt sich aus der gemeinschaftsrechtlichen Pflicht zur Rücksichtnahme auf mitgliedstaatliche Verfassungsstrukturen gemäß Art. F Abs. 1 EUV bzw. Art. 5 EGV keine Gleichstellung der kommunalen Gebietskörperschaften mit den Bundesländern im Nichtigkeitsverfahren herleiten. Vielmehr würde ihre Einbeziehung in den Kreis der beschränkt privilegiert Klageberechtigten entsprechend Art. 173 Abs. 3 EGV zu einer flutartigen Erweiterung des Kreises der potentiellen Kläger führen, die nicht mehr durch zwingende Rechtsschutzerfordernisse gerechtfertigt würde[440].

Ein beschränkt privilegiertes Klagerecht entsprechend Art. 173 Abs. 3 EGV für Gemeinden und andere kommunale Gebietskörperschaften scheidet somit de lege lata aus[441]. Im Anschluß an die Rs. "Differdange"[442] steht ihnen aber die nichtprivilegierte Nichtigkeitsklage gemäß Art. 173 Abs. 4 EGV gegen Entscheidungen offen, sofern sie ein unmittelbares und individuelles Betroffensein darlegen können.

---

434 Dästner, NWVBl. 1994, S. 1 (9).

435 Dazu Grotefels, DVBl. 1994, S. 785 ff.

436 Fastenrath, S. 140 ff.; Waitz von Eschen, BayVBl. 1991, S. 321 (327); AK-Zuleeg, Art. 32 GG, Rn. 13.

437 Jarass/Pieroth-Pieroth, Art. 79 GG, Rn. 7; Streinz, S. 47.

438 Heberlein, DVBl. 1994, S. 1213 (1220) m.w.N.

439 Heberlein, DVBl. 1994, S. 1213 (1220).

440 Dauses, Gutachten, S. D 115.

441 De lege ferenda forderte der 60. DJT mehrheitlich ein beschränkt privilegiertes Klagerecht nur für Gebietskörperschaften "auf der Ebene unterhalb des Zentralstaates": Verhandlungen des 60. DJT, Bd. II/1, S. N 59.

442 EuGH Rs. 222/83 (Gemeinde Differdange/Kommission), Slg. 1984, S. 2889 (2896).

ee) *Stärkung der Rechtssicherheit durch angemessenen Rechtsschutz der Bundesländer und anderer regionaler Gebietskörperschaften*

Im Ergebnis dient ein angemessener Rechtsschutz der Länder sogar dem Grundsatz der Rechtssicherheit im Gemeinschaftsrecht. Dieser Grundsatz würde nämlich erst durch einen Justizkonflikt zwischen nationaler Verfassungsgerichtsbarkeit und Europäischem Gerichtshof in der Frage der Achtung der Länderkompetenzen nachhaltig gefährdet[443].

Ein solcher Konflikt droht insbesondere dann, wenn das Bundesverfassungsgericht unter Verweis auf mangelhafte Rechtsschutzmöglichkeiten der Länder vor dem Europäischen Gerichtshof eine allgemeine Prüfungskompetenz für sich in Anspruch nähme, sobald die Kompetenzmäßigkeit eines Gemeinschaftsrechtsaktes fraglich ist und der Akt innerstaatlich in den Zuständigkeitsbereich der Länder fiele[444]. Ein derartiger Konflikt könnte durch die Gewährung eines beschränkt privilegierten Klagerechts der Länder auch gegen gemeinschaftliche Normativakte entsprechend Art. 173 Abs. 3 EGV vermieden werden, da das Bundesverfassungsgericht die Länder dann auf ihre gemeinschaftsrechtlichen Rechtsschutzmöglichkeiten verweisen könnte[445].

Festzuhalten bleibt, daß der gemeinschaftsrechtliche Grundsatz der Rechtssicherheit durch ein beschränkt privilegiertes Klagerecht der Bundesländer entsprechend Art. 173 Abs. 3 EGV nicht beeinträchtigt, sondern gestärkt würde.

d) Art. 173 Abs. 4 EGV als geeigneter Anknüpfungspunkt für ein beschränkt privilegiertes Klagerecht der Bundesländer

Zu klären bleibt, ob ein beschränkt privilegiertes Klagerecht der Bundesländer auch gegen gemeinschaftliche Normativakte beim vierten statt beim dritten Absatz des Art. 173 EGV angesiedelt werden sollte[446]. Dafür spricht auf den

---

443 Vgl. Winkelmann, S. 56 f.; Scholz, NJW 1990, S. 941 (946).

444 Eine derartige Prüfungskompetenz bejaht Gersdorf, DVBl. 1994, S. 674 (679); ähnlich Hess, AfP 1990, S. 95 (97); Kirchhof, JZ 1989, S. 453 (454).

445 Vgl. Gersdorf, DVBl. 1994, S. 674 (679), der die Prüfungskompetenz des Bundesverfassungsgerichts mit dem bisher "fehlenden gemeinschaftsrechtlichen Rechtsschutz" der Länder vor dem Gerichtshof begründet.

446 In diesem Sinne Kleffner-Riedel, S. 238 ff.; Schweitzer/Hummer, S. 119; Geiger, in: Kremer, S. 51 (69); Streinz, S. 51.

ersten Blick, daß der Gerichtshof bereits Klagen von Gebietskörperschaften nach Art. 173 Abs. 2 EWGV a.F. als dem Vorgänger des Art. 173 Abs. 4 EGV zugelassen hat[447]. Zwar blieb den Gebietskörperschaften nach dieser Rechtsprechung eine Anfechtung gemeinschaftlicher Normativakte versagt[448]. Dem Gerichtshof könnte die Entscheidung zugunsten eines derart erweiterten Anfechtungsrechts aber erleichtert werden, wenn er sie durch eine bloße Weiterentwicklung seiner Rechtsprechung zu der bisher bereits herangezogenen gemeinschaftsprozessualen Rechtsgrundlage begründen könnte[449].

So verführerisch diese Argumentation unter dem Gesichtspunkt der Kontinuität der Rechtsprechung erscheinen mag, so wenig kann sie dogmatisch überzeugen. Sie würde negieren, daß die Kriterien des unmittelbaren und individuellen Betroffenseins gemäß Art. 173 Abs. 4 EGV in ihrer Ausformung durch die Rechtsprechung des Gerichtshofs auf den "Wirtschaftsteilnehmer"[450], nicht hingegen auf regionale Gebietskörperschaften wie die Bundesländer in ihren hoheitlichen Funktionen der Gesetzgebung und der Verwaltung zugeschnitten sind. Der Gerichtshof hat die in dieser Hinsicht tragenden Gesichtspunkte in bezug auf das Europäische Parlament in der Rs. "Comitologie" selbst erkannt, daraus jedoch bisher keine Konsequenzen für die Behandlung der Gebietskörperschaften gezogen. Er stellte fest, Art. 173 Abs. 2 EWGV a.F. sei für Klagen des Europäischen Parlaments nicht geeignet, weil dieses nicht selbst durch den Inhalt gemeinschaftlicher Rechtsakte unmittelbar und individuell beschwert werde. Vielmehr gehe es ihm um die Wahrung seiner Mitwirkungsrechte im gemeinschaftlichen Rechtssetzungsverfahren[451].

Ähnlich ist die Zielsetzung von Nichtigkeitsklagen der Bundesländer und anderer regionaler Gebietskörperschaften gegen Gemeinschaftsrechtsakte zu bewerten: Auch sie werden durch den Inhalt dieser Rechtsakte regelmäßig

---

447 EuGH Verb. Rs. 62 und 72/87 (Exécutif régional wallon und SA Glaverbel/Kommission), Slg. 1988, S. 1573 (1591 f.); vgl. auch Rs. 222/83 (Gemeinde Differdange/Kommission), Slg. 1984, S. 2889 (2896).

448 EuGH Rs. C-298/89 (Gibraltar/Rat), Slg. 1993 I, S. 3605 (3653 ff.).

449 Auf einen verbesserten Rechtsschutz "Privater" im Wege einer erweiterten Auslegung des Art. 173 Abs. 2 EWGV bzw. 173 Abs. 4 EGV durch den Gerichtshof drängt von Danwitz, NJW 1993, S. 1108 (1114 f.); dagegen wendet sich Everling, DRiZ 1993, S. 5 (9).

450 EuGH Rs. 282/85 (DEFI/Kommission), Slg. 1986, S. 2469 (2480).

451 EuGH Rs. 302/87 (Comitologie), Slg. 1988, S. 5615 (5640).

nicht selbst unmittelbar und individuell beschwert. Vielmehr machen sie - unabhängig von der inhaltlichen Bewertung des in Rede stehenden Rechtsakts - eine Beeinträchtigung ihrer Kompetenzen auf den Gebieten der Gesetzgebung und der Verwaltung durch die bloße Tatsache gemeinschaftlichen Tätigwerdens geltend[452].

Die Gewährung eines Klagerechts für Länder und andere regionale Gebietskörperschaften gegen echte Verordnungen und Richtlinien aufgrund von Art. 173 Abs. 4 EGV wäre nur möglich, wenn man für die Klageberechtigung bereits ein kompetentielles Betroffensein ausreichen ließe. Dagegen spricht jedoch, daß ein kompetenzwidriger Gemeinschaftsrechtsakt sämtliche Mitgliedstaaten und die nach der jeweiligen innerstaatlichen Kompetenzverteilung zuständigen Gebietskörperschaften gleichermaßen "betrifft". Folglich ist das Kriterium des kompetentiellen Betroffenseins nicht geeignet, eine besonders qualifizierte Beschwer gerade der klagewilligen Gebietskörperschaft darzutun[453]. Aus diesem Grunde ist eine erweiterte Auslegung des Art. 173 Abs. 4 EGV als Ansatzpunkt für ein beschränkt privilegiertes Klagerecht der Länder gegen gemeinschaftliche Normativakte abzulehnen[454].

Auch der systematische Aufbau des Art. 173 EGV spricht für den dritten Absatz als Ansatzpunkt. Während im zweiten und im dritten Absatz der Vorschrift nämlich die Klageberechtigung derjenigen Institutionen geregelt ist, die im institutionellen Gefüge der Union eine besondere Rolle spielen, erfaßt der vierte Absatz "sonstige" natürliche und juristische Personen[455]. Bereits vor den durch den EUV bewirkten Änderungen des primären Gemeinschaftsrechts war es mit Blick auf die weitgehende Einbindung der Länder in das gemeinschaftsrechtliche Vollzugssystem bedenklich, sie beliebigen sonstigen Personen prozessual gleichzustellen[456]. Jedenfalls unter der Geltung des EGV, welcher nicht mehr landesblind ist, sondern den regionalen Gebietskörperschaften durch den Regionalausschuß eine besondere Einrichtung zur Artikulierung ihrer Interes-

---

452 Ähnlich Dauses, Gutachten, S. D 114; Zuleeg, DVBl. 1992, S. 1329 (1331); Kössinger, S. 142.

453 Kössinger, S. 142; Zuleeg, DVBl. 1992, S. 1329 (1331); Dauses, Gutachten, S. D 114.

454 Kössinger, S. 142; Zuleeg, DVBl. 1992, S. 1329 (1331); Dauses, Gutachten, S. D 114, bezweifelt ebenfalls, ob "das Kriterium des unmittelbaren und individuellen Betroffenseins den faktischen Besonderheiten der Klagen von Gebietskörperschaften angepaßt werden könnte".

455 Vgl. die Ausführungen des Generalanwalts van Gerven zu Art. 173 EWGV a.F. in EuGH Rs. C-70/88 (Tschernobyl), Slg. 1990 I, S. 2041 (2063 ff.).

456 Grabitz/Hilf-Wenig, Art. 173, Rn. 2.

sen auf Gemeinschaftsebene zur Verfügung stellt[457] und die Mitwirkung ihrer Vertreter im Rat ermöglicht[458], verbietet sich eine derartige Gleichstellung[459].

Bezogen auf Art. 173 EWGV a.F. hat Generalanwalt van Gerven in der Rs. "Tschernobyl" mit Blick auf das Europäische Parlament die Auffassung geäußert, juristische Personen des öffentlichen Rechts, die stets auch Interessen der Allgemeinheit wahrnähmen, sollten nicht in die Gruppe der sonstigen Klageberechtigten eingeordnet werden[460]. Diese Überlegung läßt sich auf die Situation der Bundesländer übertragen. Auch sie nehmen Interessen der Allgemeinheit wahr, wenn sie zur Wahrung ihrer Gesetzgebungs- und Verwaltungskompetenzen Klage vor dem Gerichtshof erheben.

Schließlich regelt Art. 173 Abs. 3 EGV durch die Aufnahme der durch den Gerichtshof zur Klageberechtigung des Europäischen Parlaments entwickelten Grundsätze nunmehr ausdrücklich Fälle beschränkt privilegierter Klageberechtigung[461]. Auch dies spricht dafür, ein Klagerecht der Gebietskörperschaften zur Wahrung ihrer Kompetenzen hier anzusiedeln.

Mit gutem Grunde setzen Vorschläge in der Literatur, ein beschränkt privilegiertes Klagerecht der Gebietskörperschaften durch eine Ergänzung des Art. 173 EGV im gemeinschaftlichen Prozeßrecht ausdrücklich zu verankern, nicht beim vierten Absatz dieser Vorschrift an. Die Kriterien des unmittelbaren und individuellen Betroffenseins stünden nämlich einer Gewährung wirksamen Rechtsschutzes für Gebietskörperschaften entgegen. Auch ließe sich ihre Auslegung nicht entsprechend modifizieren. Unter Bezugnahme auf die Ausgestaltung der beschränkt privilegierten Klagerechte des Europäischen Parlaments und der Europäischen Zentralbank wird die Aufnahme eines parallel zum dritten Absatz formulierten Absatzes in Art. 173 EGV vorgeschlagen, der sich ausschließlich dem Klagerecht der Gebietskörperschaften in deren Zuständigkeitsbereich widmet[462].

Die vorstehenden Gesichtspunkte überwiegen den Hinweis auf die bisherige Rechtsprechung des Gerichtshofs, welche die Klageberechtigung der Gebiets-

---

457 Neßler, EuR 1994, S. 216 (225 ff.); Wuermeling, EuR 1993, S. 196 (199 ff.).

458 Kleffner-Riedel, S. 221 ff.; Dauses, Gutachten, S. D 115.

459 Dauses, Gutachten, S. D 115.

460 In EuGH Rs. C-70/88 (Tschernobyl), Slg. 1990 I, S. 2041 (2063).

461 Nenstiel, JR 1993, S. 485 (487).

462 Dauses, Gutachten, S. D 116; erörtert wurde als weitere Möglichkeit auch eine Einbeziehung der Gebietskörperschaften in Art. 173 Abs. 1 EWGV a.F.: Borchmann, EA 1991, S. 340 (342).

körperschaften ausschließlich im Rahmen des Art. 173 Abs. 2 EWGV a.F. behandelte[463]. Jener Hinweis geht zudem ins Leere, weil sich die genannte Rechtsprechung stets auf die alte, weitgehend landesblinde Gemeinschaftsrechtslage bezog. Die durch den EUV bewirkten Änderungen geben dem Gerichtshof Anlaß, seine Haltung zur Klageberechtigung der Gebietskörperschaften zu überprüfen und zu korrigieren. Dabei kann er auf die in der Rs. "Tschernobyl"[464] erarbeiteten Grundsätze zur Aktivlegitimation des Europäischen Parlaments für Nichtigkeitsklagen nach Art. 173 EWGV a.F. zurückgreifen.

e) Zwischenergebnis

Ein auf Art. 173 Abs. 3 EGV gestütztes Klagerecht der Bundesländer und vergleichbarer regionaler Gebietskörperschaften führt nicht zu einer ungerechtfertigten Begünstigung föderativ strukturierter Mitgliedstaaten. Das Gemeinschaftsrecht überläßt den Mitgliedstaaten nämlich die Ausgestaltung ihrer Verfassungsordnung. Damit nimmt es zugleich Unterschiede hinsichtlich des Umfangs der Inanspruchnahme von Rechtsschutz vor dem Gerichtshof in Kauf, die sich notwendig aus der Verschiedenheit der nationalen Verfassungsordnungen ergeben.

Der Gerichtshof würde auch die Grenzen seiner Rechtsprechungskompetenz nicht überschreiten, wenn er bei der Prüfung der Zulässigkeit einer beschränkt privilegierten Nichtigkeitsklage eines Bundeslandes auf die innerstaatliche Zuständigkeitsverteilung zwischen Bund und Ländern zurückgreifen müßte. Vielmehr war der Gerichtshof auf begrenzte Rückgriffe auf das nationale Recht bereits in der bisherigen Gemeinschaftsrechtspraxis in verschiedenen Bereichen angewiesen, um seine in Art. 164 EGV festgelegte Aufgabe der Wahrung der Gemeinschaftsrechtsordnung erfüllen zu können.

Ein Klagerecht der Bundesländer und anderer regionaler Gebietskörperschaften entsprechend Art. 173 Abs. 3 EGV stellt zudem keine Gefährdung für die Rechtssicherheit in der Gemeinschaft dar. Vielmehr dient es dazu, Konflikten zwischen der Gemeinschaftsrechtsordnung und nationalen Verfas-

---

463 EuGH Rs. 222/83 (Gemeinde Differdange/Kommission), Slg. 1984, S. 2889 (2896); Verb. Rs. 62 und 72/87 (Exécutif régional wallon und SA Glaverbel/Kommission), Slg. 1988, S. 1573 (1591 f.); Rs. C-298/89 (Gibraltar/Rat), Slg. 1993 I, S. 3605 (3653 ff.).

464 EuGH Rs. C-70/88 (Tschernobyl), Slg. 1990 I, S. 2041 (2069 ff.).

sungsrechtsordnungen vorzubeugen und damit den Geltungsanspruch des Gemeinschaftsrechts insgesamt zu bekräftigen.

Schließlich bietet der dritte Absatz des Art. 173 EGV im Vergleich zu dem vierten Absatz der Vorschrift den angemesseneren prozessualen Anknüpfungspunkt für ein derartiges Klagerecht. Zum einen erscheint es im Lichte der bisherigen Rechtsprechung des Gerichtshofs ausgeschlossen, ein bloß kompetentielles Betroffensein der Länder bereits als unmittelbares und individuelles Betroffensein im Sinne des Art. 173 Abs. 4 EGV zu werten. Zum anderen regelt der vierte Absatz der Vorschrift die prozessuale Stellung der Marktbürger, während der dritte neben dem zweiten Absatz Verfahrensbeteiligte betrifft, denen - wie den Ländern jedenfalls nach den durch den EUV bewirkten Änderungen - im institutionellen Gefüge der Union eine besondere Rolle gebührt und die in Verfahren vor dem Gerichtshof stets auch in Wahrnehmung des öffentlichen Interesses handeln.

Im Ergebnis greift somit keiner der gegen ein beschränkt privilegiertes Klagerecht der Bundesländer entsprechend Art. 173 Abs. 3 EGV ins Feld geführten Einwände durch.

5. Umfang der beschränkt privilegierten Klageberechtigung der Bundesländer entsprechend Art. 173 Abs. 3 EGV

Zu klären bleibt der Umfang des beschränkt privilegierten Klagerechts der Bundesländer entsprechend Art. 173 Abs. 3 EGV[465]. Zunächst ist zu erörtern, welche Gesetzgebungskompetenzen der Länder ein solches Klagerecht auslösen können. Zum anderen ist zu fragen, ob dieses Recht auf die Wahrung von Gesetzgebungskompetenzen der Länder zu beschränken ist[466], oder auch zur Verteidigung ihrer hoheitlichen Verwaltungszuständigkeiten in Betracht kommt[467].

Darüber hinaus muß untersucht werden, welche prozessuale Stellung den Ländern für Nichtigkeitsklagen im Bereich der Fiskalverwaltung zukommt.

---

465 In der wissenschaftlichen Diskussion ist häufig nur von einem "Klagerecht der Länder" die Rede, ohne daß dieses Recht näher umschrieben wird: Vgl. z.B. Knemeyer, DVBl. 1990, S. 449 (454); Zbinden, in: Freiburghaus, S. 91 (95).

466 In diesem Sinne de lege ferenda Rengeling, in: Festschrift Thieme, S. 445 (454 f.); eine innerstaatliche Beteiligung der Länder durch den Bundesrat an der privilegierten Klageberechtigung der Bundesrepublik Deutschland gemäß Art. 173 Abs. 2 EGV ist nur im Bereich ihrer Gesetzgebungskompetenzen vorgesehen; vgl. unten S. 215.

467 So wohl de lege ferenda Dauses, Gutachten, S. D 115 f.

Schließlich soll geklärt werden, ob künftig mit der entsprechenden Anwendung des Art. 173 Abs. 3 EGV eine einheitliche Rechtsgrundlage für sämtliche Nichtigkeitsklagen der Bundesländer heranzuziehen ist, oder ob für einzelne Bereiche daneben noch ein Rückgriff auf Art. 173 Abs. 4 EGV erforderlich bleibt.

a) Grenzen eines beschränkt privilegierten Klagerechts der Bundesländer

Bei der Lösung dieser Fragen ist von folgenden Gesichtspunkten auszugehen:

Die Bundesländer sind gemeinschaftsrechtlichen Pflichten - wie dargelegt - nach Maßgabe der Kompetenzordnung des Grundgesetzes sowohl im Bereich der Gesetzgebung als auch im Bereich der Verwaltung unmittelbar unterworfen[468]. Nach dem Grundsatz der Kongruenz von gemeinschaftsrechtlichen Pflichten und Rechtsschutzmöglichkeiten der Länder kann ihre Klageberechtigung nur so weit gehen, wie sie von gemeinschaftlichen Rechtsakten - berechtigt oder unberechtigt - in die Pflicht genommen werden.

Damit werden zwar auch diejenigen Fälle erfaßt, in welchen der angefochtene Gemeinschaftsrechtsakt einer Kompetenzgrundlage entbehrt und eine "Verpflichtung" der Länder deshalb nur in gemeinschaftsrechtswidriger Weise bewirken könnte. Durch die Hintertür einer Nichtigkeitsklage dürfen die Länder aber keinen Einfluß auf gemeinschaftliche Politikbereiche gewinnen, für deren legislative Ausgestaltung sie innerstaatlich nicht zuständig sind. Hieraus ergibt sich folgendes Bild:

b) Gesetzgebungskompetenzen der Bundesländer

Im Bereich ihrer Gesetzgebungskompetenzen können die Länder mittels einer beschränkt privilegierten Nichtigkeitsklage eine umfassende rechtliche Prüfung des angefochtenen Gemeinschaftsrechtsaktes durch den Gerichtshof beanspruchen. Voraussetzung ist allerdings, daß ihnen nach der innerstaatlichen Kompetenzordnung des Grundgesetzes gemäß Art. 70 ff. GG auf dem fraglichen Gebiet tatsächlich (noch) eine Gesetzgebungskompetenz zusteht.

Folglich kommen Nichtigkeitsklagen der Länder zunächst in den wenigen Gesetzgebungsbereichen in Betracht, in denen das Grundgesetz überhaupt keine Kompetenzzuweisung an den Bund enthält. Auf den Gebieten der kon-

468 Vgl. Kössinger, S. 24 ff. und oben S. 108 ff.; zur unmittelbaren Verpflichtung Zuleeg, in: Blomeyer/Schachtschneider, S. 9 (14).

kurrierenden und der Rahmengesetzgebungskompetenzen sind sie dagegen nur zulässig, sofern der Bund nicht unter den Voraussetzungen des Art. 72 GG legislativ tätig geworden ist. Anderenfalls würden die Länder über die Nichtigkeitsklage inhaltlichen Einfluß auf gemeinschaftliche Rechtsgebiete gewinnen, die ihrer innerstaatlichen Zuständigkeit mit der Folge entzogen worden sind, daß dort auch keine gemeinschaftsrechtliche Verpflichtung der Länder mehr möglich ist.

c) Verwaltungszuständigkeiten der Bundesländer

Die intensive Einbindung der Länder in den Verwaltungsvollzug des Gemeinschaftsrechts spricht dagegen, ihnen ein Recht zur Erhebung von Nichtigkeitsklagen zum Schutz ihrer Verwaltungszuständigkeiten schlechthin abzusprechen. Hinzu kommt, daß der Gerichtshof bereits in seiner bisherigen Rechtsprechung die Aktivlegitimation regionaler Gebietskörperschaften in Fällen bejaht hat, in welchen für die Zulässigkeit der Klage gerade eine sich aus der nationalen Kompetenzordnung ergebende Verwaltungszuständigkeit der jeweiligen Gebietskörperschaft angeführt wurde[469]. Es besteht kein Anlaß, die Bundesländer künftig prozessual schlechter zu stellen.

Andererseits dürfen sie über den Umweg einer auf die angebliche Beeinträchtigung von Verwaltungszuständigkeiten gestützten Nichtigkeitsklage keinen materiellen Einfluß auf Bereiche der gemeinschaftlichen Rechtssetzung gewinnen, für welche sie innerstaatlich keine Gesetzgebungskompetenzen besitzen. Dies wäre der Fall, wenn sie einen gemeinschaftlichen Rechtsakt vor dem Gerichtshof schon deshalb umfassend auch inhaltlich anfechten dürften, weil sie nach der Kompetenzordnung des Grundgesetzes gemäß Art. 30, 83 ff. GG für dessen Verwaltungsvollzug zuständig sind.

Vermieden werden können solche Konsequenzen nur durch eine differenzierende Lösung. Danach sind beschränkt privilegierte Nichtigkeitsklagen der Bundesländer im Bereich ihrer hoheitlichen Verwaltungszuständigkeiten gegen gemeinschaftliche Normativakte nur insoweit zulässig, als damit die Gemeinschaftsrechtswidrigkeit von verwaltungsspezifischen Regelungen der angefochtenen Rechtsakte geltend gemacht wird. Das ist namentlich der Fall, wenn der in Rede stehende Rechtsakt selbst ausdrückliche und für die Länder ver-

---

469 EuGH Verb. Rs. 62 und 72/87 (Exécutif régional wallon und SA Glaverbel/Kommission), Slg. 1988, S. 1573 (1592); vgl. auch EuGH Rs. 222/83 (Gemeinde Differdange/ Kommission), Slg. 1984, S. 2889 ff.

bindliche Regelungen zum Ablauf des Verwaltungsverfahrens vorsieht[470]. Darüber hinaus kommt eine auf die Beeinträchtigung von Verwaltungszuständigkeiten der Länder gestützte Anfechtung gemeinschaftlicher Normativakte nur ausnahmsweise in Betracht, wenn der umstrittene Rechtsakt zwar selbst keine ausdrücklichen Regelungen zum Verwaltungsverfahren enthält, die Länder aber bei seiner Vollziehung faktisch zu erheblichen Umstellungen bzw. Modifizierungen ihres Verwaltungsaufbaus bzw. -vollzugs gezwungen sind.

d) Fiskalverwaltung der Bundesländer

Soweit die Länder fiskalisch tätig werden, etwa durch den Betrieb eines erwerbswirtschaftlichen Unternehmens, werden sie durch gemeinschaftsrechtliche Rechte und Pflichten nicht in ihren hoheitlichen Aufgaben der Gesetzgebung und Verwaltung als Vollstrecker des Gemeinschaftsrechts betroffen, sondern wie sonstige "Marktbürger". In diesem Bereich haben sie deshalb nicht am institutionellen Gleichgewicht in der Union teil. Auch läßt sich hier die gemeinschaftsrechtliche Pflicht zur Rücksichtnahme auf mitgliedstaatliche Verfassungsstrukturen nicht zugunsten der Länder heranziehen, weil ihre fiskalische Tätigkeit nicht Ausfluß der bundesstaatlichen Verfassungsordnung des Grundgesetzes ist und auch nicht zur Identität der Bundesrepublik Deutschland im Sinne des Art. F Abs. 1 EUV zählt.

Aus diesen Gründen besteht kein Anlaß, die Bundesländer im Bereich der Fiskalverwaltung gegenüber sonstigen Martkbürgern prozessual zu begünstigen. Vielmehr kommen in diesem Bereich Nichtigkeitsklagen der Länder trotz des mittlerweile erzielten, begrenzten Landesbewußtseins des Gemeinschaftsrechts nur unter den Voraussetzungen eines unmittelbaren und individuellen Betroffenseins im Sinne des Art. 173 Abs. 4 EGV in Betracht.

Zwar stehen die Länder damit schlechter als die Bundesrepublik Deutschland als Mitgliedstaat, die von ihrem privilegierten Klagerecht gemäß Art. 173 Abs. 2 EGV auch dann Gebrauch machen kann, wenn sie von einem Gemeinschaftsrechtsakt ausnahmsweise nur im Bereich ihrer fiskalischen Tätigkeit betroffen wird. Dieses Klagerecht ergibt sich aber zweifelsfrei aus dem Vertragstext[471] und bedarf keiner besonderen Rechtfertigung über die Grundsätze des institutionellen Gleichgewichts, der Kongruenz von gemeinschafts-

---

470 Vgl. zu derartigen Fällen Schede, S. 15 f.

471 Zum Umfang der privilegierten Klageberechtigung vgl. Grabitz/Hilf-Wenig, Art. 173, Rn. 2.

rechtlichen Pflichten und Rechtsschutzmöglichkeiten und der Rücksichtnahme auf mitgliedstaatliche Verfassungsstrukturen.

Demgegenüber kommt eine erweiterte Auslegung des Art. 173 Abs. 3 EGV zugunsten der Länder über den Wortlaut der Vorschrift hinaus nur insoweit in Betracht, als sie im Lichte der genannten Grundsätze und der Rechtsprechung des Gerichtshofs zur Aktivlegitimation des Europäischen Parlaments[472] zur Gewährleistung eines angemessenen Rechtsschutzes zwingend erforderlich erscheint. Das ist im Bereich der Fiskalverwaltung aus den genannten Gründen nicht der Fall.

e) Art. 173 Abs. 3 EGV als einheitliche Rechtsgrundlage für sämtliche Nichtigkeitsklagen der Bundesländer

Für eine prozessuale Zweigleisigkeit von künftigen Nichtigkeitsklagen der Länder in Form einer jeweils partiellen Anwendung von Art. 173 Abs. 4 und Abs. 3 EGV spricht auf den ersten Blick zweierlei:

Zum einen hat der Gerichtshof bereits Klagen von Gebietskörperschaften nach Art. 173 Abs. 2 EWGV a.F. zugelassen[473], dessen Formulierung Art. 173 Abs. 4 EGV entspricht. Allerdings waren nach dieser Rechtsprechung nur Klagen gegen Entscheidungen, nicht aber gegen gemeinschaftliche Normativakte zulässig. Dies könnte dazu führen, künftig bei der Wahl der prozessualen Grundlage für Nichtigkeitsklagen der Länder nach der Natur des angefochtenen Rechtsaktes zu differenzieren.

Eine derartige Aufspaltung würde aber verkennen, daß die Länder im Bereich ihrer hoheitlichen Gesetzgebungs- und Verwaltungskompetenzen auch dann nicht wie beliebige Marktbürger behandelt werden dürfen, wenn sie sich - etwa auf dem Gebiet des Beihilferechts[474] - gegen Entscheidungen als Gemeinschaftsrechtsakte mit individueller Geltung[475] wenden. Die für eine beschränkt privilegierte Klageberechtigung der Länder entsprechend Art. 173 Abs. 3 EGV erarbeiteten Grundsätze finden daher unabhängig von der Rechtsnatur des angefochtenen Rechtsaktes Anwendung. Dies spricht dafür, künftig auch für

---

472 EuGH Rs. C-70/88 (Tschernobyl), Slg. 1990 I, S. 2041 ff.

473 EuGH Verb. Rs. 62 und 72/87 (Exécutif régional wallon und SA Glaverbel/Kommission), Slg. 1988, S. 1573 (1591 f.).

474 Vgl. EuGH Verb. Rs. 62 und 72/87 (Exécutif régional wallon und SA Glaverbel/Kommission), Slg. 1988, S. 1573 (1589 ff.).

475 Geiger, Art. 189, Rn. 19.

Länderklagen im Bereich ihrer hoheitlichen Gesetzgebungs- und Verwaltungskompetenzen gegen Entscheidungen im Sinne des Art. 189 Abs. 4 EGV von den Kriterien eines unmittelbaren und individuellen Betroffenseins abzusehen und solche Klagen prozessual bei Art. 173 Abs. 3 EGV anzusiedeln.

Problematischer sind hingegen Länderklagen im Bereich der Fiskalverwaltung, da hier - wie ausgeführt - kein Grund besteht, gegenüber sonstigen Marktbürgern erleichterte Klagevoraussetzungen anzunehmen. Auch dies gilt unabhängig von der Natur des angefochtenen Gemeinschaftsrechtsakts.

Allerdings erscheint es wenig praktikabel, nur für diese praktisch kaum relevante Fallgruppe auf Art. 173 Abs. 4 EGV zurückzugreifen. Dies gilt umso mehr, als sich hieraus auch eine jeweils partielle Zuständigkeit von Gerichtshof und Gericht erster Instanz für Nichtigkeitsklagen der Länder ergeben würde. Während der Gerichtshof nämlich für beschränkt privilegierte Klagen nach dem dritten Absatz des Art. 173 EGV kompetent ist, entscheidet das Gericht erster Instanz über nichtprivilegierte Nichtigkeitsklagen nach dem vierten Absatz der Vorschrift[476].

Zur Vermeidung einer derart künstlichen und komplizierten Aufspaltung sollte auf sämtliche Nichtigkeitsklagen der Länder künftig Art. 173 Abs. 3 EGV entsprechend angewendet werden[477]. Hieraus würde die durchgehende Zuständigkeit des Gerichtshofs resultieren. Eine teilweise Zuständigkeit des Gerichts erster Instanz käme daneben nicht in Betracht. Sofern die Länder ausnahmsweise im Bereich ihrer fiskalischen Tätigkeit klagen sollten, hätte der Gerichtshof allerdings die einschränkenden Kriterien des unmittelbaren und individuellen Betroffenseins im Rahmen der Zulässigkeitsprüfung zu berücksichtigen.

III. Ergebnis und Ausblick

1. Ergebnis

Den Bundesländern steht in ihrem Zuständigkeitsbereich ein auf die Wahrung ihrer Gesetzgebungs- und Verwaltungskompetenzen beschränktes Recht zur Erhebung von Nichtigkeitsklagen auch gegen gemeinschaftliche Normativakte entsprechend Art. 173 Abs. 3 EGV im vorstehend beschriebenen

476 Lenz-Borchardt, Art. 168a, Rn. 9.

477 Für eine einheitliche Rechtsgrundlage für Länderklagen plädiert de lege ferenda auch Dauses, Gutachten, S. D 115 f.

Umfang zu, soweit sie unmittelbar gemeinschaftsrechtlichen Pflichten unterworfen sind[478].

Dieses Recht stellt das zur Gewährung eines wirksamen Rechtsschutzes zwingend erforderliche prozessuale Gegenstück zur Stellung der Gebietskörperschaften im institutionellen Gefüge der Europäischen Union und zu ihren umfangreichen Pflichten beim Vollzug des Gemeinschaftsrechts dar. Untermauert wird es durch die aus Art. 5 EGV und Art. F Abs. 1 EUV folgende Pflicht des Gerichtshofs, bei der Ausgestaltung des gemeinschaftlichen Rechtsschutzsystems auf die verfassungsrechtlichen Strukturen der Mitgliedstaaten unter Einschluß föderativer Elemente Rücksicht zu nehmen und dadurch Justizkonflikten innerhalb der Union vorzubeugen[479].

Diese Gesichtspunkte gebieten es, die verfahrensrechtliche Lücke zu schließen, welche das geschriebene Gemeinschaftsrecht bezüglich der Anfechtung normativer Gemeinschaftsrechtsakte durch die regionalen Gebietskörperschaften aufweist[480].

Durch die Zuerkennung eines derartigen Rechts wird die Rechtsprechungskompetenz des Gerichtshofs nicht in unzulässiger Weise erweitert[481]. Vielmehr zeigt die sinngemäße Anwendung der durch den Gerichtshof zur Aktivlegitimation des Europäischen Parlaments für Nichtigkeitsklagen entwickelten Grundsätze auf die Situation der Bundesländer, daß Art. 173 Abs. 3 EGV auch für deren Klagen eine ausreichende Rechtsgrundlage bietet.

2. Ausblick

Eine ausdrückliche Verankerung eines Klagerechts der Länder und anderer Regionen in ihrem Zuständigkeitsbereich durch eine entsprechende Ergänzung des Art. 173 EGV im Sinne der in der Literatur geäußerten Vorschläge[482] hätte

---

478 De lege ferenda ähnlich Dauses, Gutachten, S. D 115; aus Art. 173 Abs. 4 EGV wollen Kleffner-Riedel, S. 238 ff., Geiger, in: Kremer, S. 51 (69) und Wolfgang Kahl, AöR 118 (1993), S. 414 (444) ein Klagerecht der Bundesländer auch gegen Normativakte unter dem Gesichtspunkt des kompetentiellen Betroffenseins ableiten.

479 Vgl. König, ZaöRV 54 (1994), S. 17 (45 f.).

480 Dauses, Gutachten, S. D 115, regt an, autonomen Gebietskörperschaften ein Klagerecht einzuräumen, "das ihrer neuen Rolle in der Union entspricht".

481 Sedemund, in: Verhandlungen des 60. DJT, S. N 41 (N 47; N 51), plädiert im Interesse eines umfassenden Rechtsschutzes ebenfalls für nicht am Wortlaut haftende, weite Auslegung der Verfahrensvorschriften.

482 Dauses, Gutachten, S. D 116.

nach hier vertretener Auffassung nur klarstellende Funktion. Sinnvoll wäre eine derartige Klarstellung dennoch, um der prozessualen Stellung der Länder und anderer Gebietskörperschaften auch im Vertragstext unmißverständlich Ausdruck zu verleihen. Außerdem könnte durch die Formulierung deutlich gemacht werden, welchen Gebietskörperschaften in den unterschiedlich verfaßten Mitgliedstaaten - Bundesländer, Comunidades Autónomas, Départements etc.[483] - jeweils ein beschränkt privilegiertes Klagerecht zusteht und welchen Anwendungsbereich es hat.

IV. Exkurs: Der Bund-Länder-Streit um die gemeinschaftliche Fernsehrichtlinie

Welche Auswirkungen sich in prozessualer Hinsicht aus der hier vertretenen Anerkennung einer beschränkt privilegierten Berechtigung der Bundesländer zur Erhebung von Nichtigkeitsklagen entsprechend Art. 173 Abs. 3 EGV ergeben könnten, soll am Beispiel des Streits um die gemeinschaftliche Fernsehrichtlinie[484] veranschaulicht werden.

1. Das Verfahren vor dem Bundesverfassungsgericht

Die Fernsehrichtlinie enthält neben zahlreichen anderen Vorschriften auch Quotenregelungen, denen zufolge ein bestimmter Prozentsatz der Sendezeit europäischen Produktionen vorbehalten werden muß[485]. Das Land Bayern versuchte zunächst vergeblich, die Bundesregierung durch eine einstweilige Anordnung des Bundesverfassungsgerichts an der Zustimmung zu der Richtlinie im Rat zu hindern[486]. Im Hauptverfahren machte es - unterstützt durch 7 weitere Bundesländer als Streithelfer - in einem Bund-Länder-Streit gemäß Art. 93 I Nr. 3 GG zum einen geltend, die Bundesregierung habe durch ihre Zustimmung zur Richtlinie gegen Art. 30 GG verstoßen. Zum anderen beantragte es die Feststellung der Unanwendbarkeit der Richtlinie im Bereich der Bundesrepublik Deutschland, da ihr eine gemeinschaftsrechtliche Kompetenz-

---

483 Dauses, Gutachten, S. D 116, schlägt folgende Formulierung vor: "Der Gerichtshof ist (unter den Voraussetzungen der Absätze 1 und 2) auch zuständig für Klagen, die von Ländern, Regionen und autonomen Gemeinschaften eines Mitgliedstaates in ihrem Zuständigkeitsbereich erhoben werden."

484 Richtlinie 89/552/EWG, ABl. 1989 Nr. L 298/23 f.

485 2 BvG 1/89, Urteil vom 22.03.1995, EuZW 1995, S. 277 ff. m. Anm. Häde; Abdruck ebenfalls in JZ 1995, S. 669 ff. m. Anm. Zuleeg.

486 BVerfGE 80, S. 74.

grundlage fehle und sie daher mit Art. 30 GG in Verbindung mit den föderalen Schranken des Art. 24 Abs. 1 GG a.F. unvereinbar sei.

Das Bundesverfassungsgericht hat sich auf die Feststellung beschränkt, die Bundesregierung habe durch die Art und Weise ihrer Zustimmung zu der Richtlinie prozedurale Pflichten zu bundesstaatlicher Zusammenarbeit und Rücksichtnahme auf die Länder verletzt[487]. Zur Kompetenzmäßigkeit der in der Richtlinie enthaltenen Quotenregelungen bezieht es dagegen nicht ausdrücklich Stellung. Allerdings klingen in der vorliegenden Entscheidung Zweifel an der Kompetenzmäßigkeit der Quotenregelungen an[488]: Hinsichtlich anderer in der Richtlinie geregelter Materien, welche den Kernbereich der Landeskompetenz zur Regelung des Rundfunkwesens nicht berührten, etwa der Rechtsangleichung nationaler Vorschriften über Werbung, Sponsoring, Jugendschutz und das Recht der Gegendarstellung, verweist das Bundesverfassungsgericht ausdrücklich auf die Rechtsprechung des Europäischen Gerichtshofs. Danach stelle die Verbreitung eine Dienstleistung im Sinne der Art. 59, 60 EWGV dar. Folglich habe die Bundesregierung davon ausgehen können, daß für die genannten Bereiche eine Gemeinschaftskompetenz bestehe[489]. Die Quotenregelung schließt das Bundesverfassungsgericht in diese Aufzählung nicht ein. Vielmehr betont es, daß Bundesregierung und Länder die beabsichtigte Quotenregelung stets übereinstimmend für kompetenzwidrig hielten[490].

Einem Justizkonflikt mit dem Europäischen Gerichtshof ist das Bundesverfassungsgericht - zumindest vorerst - dadurch aus dem Wege gegangen, daß es den Antrag auf Feststellung der Unanwendbarkeit der Richtlinie für unzulässig erklärte. Bisher seien Maßnahmen der Bundesregierung mit dem Ziel, das Land Bayern zur Umsetzung der Richtlinie zu veranlassen, weder getroffen noch überhaupt absehbar. Das Land könne daher nicht schlüssig darlegen, insoweit durch eine getroffene Maßnahme oder durch ein aktuelles Unterlassen bereits im Sinne der §§ 69, 64 BVerfGG in seinen Rechten oder Pflichten unmittelbar gefährdet zu sein[491].

---

487 EuZW 1995, S. 277 (284) = JZ 1995, S. 669 (673).

488 Ähnlich Häde, EuZW 1995, S. 284 (285).

489 EuZW 1995, S. 277 (283) = JZ 1995, S. 669 (672).

490 EuZW 1995, S. 277 (284) = JZ 1995, S. 669 (673).

491 EuZW 1995, S. 277 (279 f.) = JZ 1995, S. 669 (670).

2. Fortbestehende Gefahr eines Justizkonflikts

Die Gefahr eines Justizkonflikts ist damit noch nicht endgültig gebannt. Sobald die Bundesregierung aufgrund gemeinschaftsrechtlicher Verpflichtungen, deren Beachtung die Kommission im Wege des Vertragsverletzungsverfahrens gemäß Art. 169 EGV erzwingen könnte, Maßnahmen zur Umsetzung der Richtlinie bei den Bundesländern anmahnt oder notfalls im Wege des Bundeszwangs gemäß Art. 37 GG erzwingt, könnte das Bundesverfassungsgericht eine unmittelbare Gefährdung der Länderrechte nicht mehr verneinen[492]. Dann müßte es hinsichtlich der Anwendbarkeit der Richtlinie Farbe bekennen und prüfen, ob sie kompetenzgerecht erlassen wurde und damit von den Schranken des Art. 24 Abs. 1 GG bzw. - soweit es um eine nach dem Inkrafttreten des EUV erlassenene neue Quotenregelung gehen sollte - des gegenüber Art. 24 GG spezielleren Art. 23 Abs. 1 GG n.F. gedeckt ist[493].

Zuspitzen könnte sich der Konflikt, wenn die Kommissionsbestrebungen zur Verschärfung der Quotenregelungen umgesetzt werden sollten[494]. Vor seiner Entscheidung müßte das Bundesverfassungsgericht gemäß Art. 177 Abs. 3 EGV eine Vorabentscheidung des Europäischen Gerichtshofs zu der Frage einholen, ob die Fernsehrichtlinie durch eine gemeinschaftsrechtliche Kompetenzgrundlage gedeckt ist. Bejaht der Europäische Gerichtshof diese Frage und vertritt das Bundesverfassungsgericht eine andere Auffassung, so ist ein offener Konflikt unausweichlich[495].

3. Gewährung angemessenen Rechtsschutzes durch den Europäischen Gerichtshof

Vermieden werden könnte ein Konflikt zwischen dem Bundesverfassungsgericht und dem Europäischen Gerichtshof indes, wenn der Europäische Gerichtshof selbst den Bundesländern angemessenen Rechtsschutz gewähren würde, sofern sie eine Beeinträchtigung ihres Zuständigkeitsbereiches durch einen kompetenzwidrigen Gemeinschaftsrechtsakt geltend machen.

---

492 Häde, EuZW 1995, S. 284 (285); in diesem Falle läge eine innerstaatliche Maßnahme vor, die dem Bund zuzurechnen wäre - folglich könnte es auf diesem Wege im Bund-Länder-Streit zumindest inzident zu einer Überprüfung der Richtlinie als möglicher Rechtfertigung für die Anwendung von Bundeszwang kommen; dies übersieht Zuleeg, JZ 1995, S. 669 (674).

493 Zur Spezialität des neuen Art. 23 GG gegenüber Art. 24 Abs. 1 GG Sommermann, DÖV 1994, S. 596 (603).

494 Häde, EuZW 1995, S. 284 (285).

495 Vgl. bereits Maunz, BayVBl. 1990, S. 545 (548).

Eröffnet würde ein derartiger Rechtsschutz im Fall der Fernsehrichtlinie durch eine Nichtigkeitsklage der Bundesländer. Aufgrund des normativen Charakters der umstrittenen Quotenregelungen in der Fernsehrichtlinie schiede zwar eine nichtprivilegierte Nichtigkeitsklage gemäß Art. 173 Abs. 4 EGV mangels individuellen und unmittelbaren Betroffenseins der Bundesländer aus. Nach den vorstehend erarbeiteten Grundsätzen käme aber entsprechend Art. 173 Abs. 3 EGV eine beschränkt privilegierte Nichtigkeitsklage in Betracht. Sofern der Gerichtshof sich diese Grundsätze zu eigen machte und eine Nichtigkeitsklage der Bundesländer gegen die umstrittenen Vorschriften der Fernsehrichtlinie zuließe, könnte das Bundesverfassungsgericht seine Rechtsprechungskompetenz in sinngemäßer Anwendung der "Solange II"-Rechtsprechung[496] zurücknehmen: Sobald der Gerichtshof den Bundesländern angemessenen Rechtsschutz zur Verteidigung gegen kompetenzwidrige Gemeinschaftsrechtsakte gewährt, wird eine parallele Kontrolle durch das Bundesverfassungsgericht am Maßstab des Grundgesetzes entbehrlich. Verfassungsgerichtliche Klagen der Bundesländer gegen kompetenzwidrige Gemeinschaftsrechtsakte könnte das Bundesverfassungsgericht dann als unzulässig abweisen und die betroffenen Länder auf den Gerichtshof als gesetzlichen Richter im Sinne des Art. 101 Abs. 1 GG verweisen. Hierdurch würden die Gefahr eines Justizkonflikts anläßlich der Länderkompetenzen gebannt und der Geltungsanspruch des Gemeinschaftsrechts einschließlich des Auslegungsmonopols des Europäischen Gerichtshofs für dieses Recht gestärkt.

Fortbestehen oder wiederaufleben würde die Kontrollkompetenz des Bundesverfassungsgerichts und damit die Gefahr eines Justizkonflikts allenfalls dann, wenn der Europäische Gerichtshof den Bundesländern der Sache nach offensichtlich keinen angemessenen Rechtsschutz gewähren würde[497]. Diese angesichts der bisher stets gemeinschaftsfreundlichen Rechtsprechung des Gerichtshofs[498] nicht von der Hand zu weisende Gefahr bestünde insbesondere dann, wenn er zwar eine Klage der Bundesländer entsprechend Art. 173 Abs. 3 EGV

496 BVerfGE 73, S. 339 ff.

497 Entsprechend formulierte das BVerfG, EuR 1989, S. 270 (273), anläßlich des Streits um die "Tabaketikettierungsrichtlinie" für den Grundrechtsbereich: "Soweit die Richtlinie den Grundrechtsstandard des Gemeinschaftsrechts verletzen sollte, gewährt der Europäische Gerichtshof Rechtsschutz. Wenn auf diesem Wege der vom Grundgesetz als unabdingbar gebotene Grundrechtsstandard nicht verwirklicht werden sollte, kann das Bundesverfassungsgericht angerufen werden."

498 Kritisch dazu Streinz, S. 50 f.; Wolfgang Kahl, AöR 118 (1993), S. 414 (442); Maunz, BayVBl. 1990, S. 545 (549); Zuleeg, JZ 1995, S. 673 (676), bezeichnet die angebliche Nichteinhaltung von Kompetenzgrenzen durch den EuGH als bloße "Legende".

zuließe, die bestrittene Gemeinschaftskompetenz aber nach dem zweifelhaften Auslegungsgrundsatz "in dubio pro comunitate" ohne nähere Prüfung bejahen und die Klage als unbegründet abweisen würde. Das Bundesverfassungsgericht hat in seiner Maastricht-Entscheidung unmißverständlich damit gedroht, Gemeinschaftsrechtsakten, die nicht mehr durch vertragliche Kompetenzgrundlagen gedeckt sind, für den Bereich der Bundesrepublik Deutschland jegliche Wirkung abzusprechen[499]. Es steht daher zu hoffen, daß der Gerichtshof erste Ansätze in seiner Rechtsprechung zu einer sorgfältigen und ausgewogenen Abgrenzung der gemeinschaftlichen Kompetenztitel[500] fortentwickelt und den Mut aufbringt, kompetenzwidrige Gemeinschaftsrechtsakte auch als solche zu enttarnen[501]. Damit würde er auch für die Bundesländer zu einer zuverlässigen Rechtsschutzinstanz.

B. Untätigkeitsklage gemäß Art. 175 EGV

I. Gebietskörperschaften in Untätigkeitsverfahren

In der bisherigen Gemeinschaftsrechtspraxis waren Gebietskörperschaften an keinem Untätigkeitsverfahren beteiligt.

---

499 BVerfGE 89, S. 155 (188): "Würden etwa europäische Einrichtungen oder Organe den Unions-Vertrag in einer Weise handhaben oder fortbilden, die von dem Vertrag, wie er dem deutschen Zustimmungsgesetz zugrunde liegt, nicht mehr gedeckt ist, so wären die daraus hervorgehenden Rechtsakte im deutschen Hoheitsbereich nicht verbindlich. Die deutschen Staatsorgane wären aus verfassungsrechtlichen Gründen gehindert, diese Rechtsakte in Deutschland anzuwenden;" vgl. dazu Schröder, DVBl. 1994, S. 316 (323 f.); Winkelmann, S. 56.

500 Vgl. etwa EuGH Rs. C-300/89 (Kommission und Europäisches Parlament/Rat), Slg. 1991 I, S. 2867 (2898 ff.); Rs. C-70/88 (Europäisches Parlament/Rat), Slg. 1991 I, S. 4529 ff.; Rs. C-316/91 (Europäisches Parlament/Rat), Slg. 1994 I, S. 625 (643 ff.); vgl. Hilf, in: Weidenfeld, S. 223 (225); Voß/Wenner, NVwZ 1994, S. 332 ff.; zutreffend weist aber Schroeder, ZfRV 1994, S. 143 (155), darauf hin, daß der Gerichtshof sich bisher vornehmlich mit Problemen der horizontalen Kompetenzabgrenzung zwischen den am Rechtssetzungsverfahren beteiligten Gemeinschaftsorganen Rat, Kommission und Parlament befaßt hat - die Verbandskompetenz der EG hat er dagegen nur in einem Fall teilweise verneint: EuGH Verb. Rs. 281, 283 bis 285 und 287/85 (Deutschland u.a./Kommission), Slg. 1987, S. 3203 (3253 f.; 3255); vgl. Nettesheim, EuR 1993, S. 243 ff.

501 Everling, in: Festschrift Doehring, S. 179 (196), empfiehlt dem Gerichtshof als allgemeine Orientierungen "föderales Prinzip, Subsidiaritätsprinzip und Gemeinschaftstreue".

II. Ausgestaltung der Untätigkeitsklage

1. Konzeption als Feststellungsklage

Mit der Untätigkeitsklage gemäß Art. 175 EGV kann die gerichtliche Feststellung erreicht werden, daß das Europäische Parlament, der Rat oder die Kommission es vertragswidrig unterlassen haben, einen Beschluß zu fassen. Vor der Erhebung der Klage ist gemäß Art. 175 Abs. 2 EGV die Durchführung eines Vorverfahrens erforderlich, in welchem das betreffende Organ zum Tätigwerden aufgefordert worden ist. Hat das Organ dieser Aufforderung nicht innerhalb von zwei Monaten Folge geleistet, so ist die Klage innerhalb einer weiteren Zweimonatsfrist zu erheben[502].

Im Unterschied zur Nichtigkeitsklage, die als Gestaltungsklage auf die Beseitigung des angefochtenen Rechtsakts abzielt, ist die Untätigkeitsklage auf die Feststellung der Vertragsverletzung gerichtet[503]. Gegenüber der Nichtigkeitsklage ist die Untätigkeitsklage insoweit subsidiär, als sie bereits dann unzulässig ist, wenn das Organ, dem die Untätigkeit zur Last gelegt wird, gehandelt hat, sei es auch in rechtswidriger Weise[504].

2. Klageberechtigung

Art. 175 EGV unterscheidet ähnlich wie Art. 173 EGV zwischen drei abgestuften Kategorien der Klageberechtigung. Privilegiert klageberechtigt sind nach dem ersten Absatz die Mitgliedstaaten und - mit Ausnahme des Gerichtshofs - die Organe der Gemeinschaft. Eine beschränkt privilegierte Klageberechtigung steht der Europäischen Zentralbank zu, die nach dem vierten Absatz innerhalb ihres Zuständigkeitsbereichs klagen darf.

Nichtprivilegierte natürliche und juristische Personen können dagegen nur unter den Voraussetzungen des dritten Absatzes eine Nichtigkeitsklage erhe-

---

502 Lenz-Borchardt, Art. 175, Rn. 9 ff.

503 G/T/E-Krück, Art. 175, Rn. 2.

504 EuGH Rs. 48/65 (Lütticke/Kommission), Slg. 1966, S. 27 (40); Verb. Rs. 10 und 18/68 (Eridania u.a./Kommission), Slg. 1969, S. 459 (484); Rs. 42/71 (Nordgetreide/Kommission), Slg. 1972, S. 105 (110).

ben. Danach muß ein Organ es vertragswidrig unterlassen haben, "einen anderen Akt als eine Empfehlung oder eine Stellungnahme an sie zu richten". Diese gewundene Formulierung legt die überwiegende Auffassung im Schrifttum parallel zu Art. 173 Abs. 4 EGV aus und läßt eine nichtprivilegierte Untätigkeitsklage zu, wenn der unterlassene Rechtsakt den Kläger unmittelbar und individuell betreffen würde[505]. Nach dieser Auffassung kommt eine Untätigkeitsklage auch dann in Betracht, wenn die unterlassene Maßnahme gegenüber einem Dritten zu treffen wäre[506]. Die restriktivere Gegenmeinung verweist auf den Wortlaut des Art. 175 EGV und bejaht eine Klageberechtigung Privater nur dann, wenn der unterlassene Rechtsakt seiner Natur und Bestimmung nach gerade an den Kläger zu adressieren gewesen wäre[507]. Eine abschließende Klärung dieser Frage durch den Gerichtshof ist noch nicht erfolgt. Mit Recht scheint der Gerichtshof jedoch einer auf möglichst umfassenden Rechtsschutz abzielenden Auslegung den Vorzug einzuräumen[508].

3. Gegenstand der Untätigkeitsklage

Auch hinsichtlich des Klagegegenstandes differenziert Art. 175 EGV. Der für privilegierte und beschränkt privilegierte Klagen maßgebliche Begriff "Beschluß" hat durch den Gerichtshof eine weite Auslegung erfahren[509]. Er umfaßt sämtliche Maßnahmen, zu deren Vornahme das jeweilige Organ aufgrund des primären oder des sekundären Gemeinschaftsrechts verpflichtet ist[510]. Folglich kommen zunächst alle in Art. 189 EGV aufgeführten Standardhandlungen unter Einschluß der unverbindlichen Empfehlungen und Stellungnahmen als Klagegegenstand in Betracht[511]. Darüber hinaus kann auch die

505 Generanlanwalt Dutheillet de Lamothe, in: EuGH Rs. 15/71 (Mackprang/Kommission), Slg. 1971, S. 797 (808); Lenz-Borchardt, Art. 175, Rn. 8; G/T/E-Krück, Art. 175, Rn. 16 f.; Daig, S. 241.

506 Daig, S. 241.

507 Generanwalt Roemer, in: EuGH Rs. 103/63 (Rhenania u.a./Kommission), Slg. 1964, S. 913 (934); Generalanwalt Capotorti, in: Rs. 125/78 (GEMA/Kommission), Slg. 1979, S. 3173 (3199); Generananwalt Slynn, in: Rs. 246/81 (Lord Bethell/Kommission), Slg. 1982, S. 2277 (2295 f.).

508 Vgl. EuGH Rs. 247/87 (Star Fruit/Kommission), Slg. 1989, S. 291 (301) und Rs. 118/83 (CMC/Kommission), Slg. 1985, S. 2325 (2345).

509 EuGH Rs. 13/83 (Parlament/Rat), Slg. 1985, S. 1556 (1592 f.).

510 Lenz-Borchardt, Art. 175, Rn. 7.

511 Daig, S. 236 ff.

Unterlassung einer atypischen Maßnahme geltend gemacht werden, sofern sie so genau im Klageantrag bezeichnet ist, daß ein stattgebendes Urteil nach Art. 176 EGV vollziehbar ist[512].

Gegenstand nichtprivilegierter Untätigkeitsklagen können hingegen nach Art. 175 Abs. 3 EGV stets nur rechtlich verbindliche Maßnahmen sein. Dies verdeutlicht Art. 175 Abs. 3 EGV durch den Ausschluß von "Empfehlungen und Stellungnahmen"[513]. Insoweit besteht Einigkeit. Umstritten ist hingegen, ob als Klagegegenstand nur die Unterlassung von Entscheidungen gemäß Art. 189 Abs. 4 EGV in Betracht kommt. Mit dem Argument, lediglich Entscheidungen seien im Sinne der Formulierung des Art. 175 Abs. 3 EGV an einen bestimmten Adressaten "zu richten", wird dies teilweise vertreten[514].

Demgegenüber spricht sich das überwiegende Schrifttum auch in Ansehung des Klagegegenstandes nichtprivilegierter Untätigkeitsklagen für eine zu Art. 173 Abs. 4 EGV parallele Auslegung aus[515]. Danach kommt es ausschließlich auf die Kriterien des unmittelbaren und individuellen Betroffenseins an. Nach dieser Auffassung ist eine Untätigkeitsklage etwa auch gegen die Unterlassung unechter Verordnungen zulässig, obwohl diese ihrer Natur und Bestimmung nach nicht an den Kläger zu richten wären. Dem ist zuzustimmen, weil nur so die Kohärenz des gemeinschaftlichen Klagesystems gewährleistet und Rechtsschutzdefizite im Bereich der Untätigkeitsklage vermieden werden.

III. Aktivlegitimation der Bundesländer für Untätigkeitsklagen

Fraglich ist, an welche Voraussetzungen die Aktivlegitimation der Bundesländer und anderer Gebietskörperschaften für Untätigkeitsklagen gebunden ist. Ebenso wie bei der Nichtigkeitsklage bestehen grundsätzlich drei Möglichkeiten. Zum einen könnten die Bundesländer als nichtprivilegierte natürliche oder juristische Personen nach dem dritten Absatz zu behandeln sein. Zum

512 EuGH Rs. 13/83 (Parlament/Rat), Slg. 1985, S. 1556 (1592 f.).

513 EuGH Rs. 15/70 (Chevalley/Kommission), Slg. 1970, S. 975; Verb. Rs. 83 und 84/84 (N.M./Kommission), Slg. 1984, S. 3571 (3575); Lenz-Borchardt, Art. 175, Rn. 8; G/T/E-Krück, Art. 175, Rn. 14.

514 Generanwalt Roemer, in: EuGH Rs. 103/63 (Rhenania u.a./Kommission), Slg. 1964, S. 913 (934); Generalanwalt Capotorti, in: Rs. 125/78 (GEMA/Kommission), Slg. 1979, S. 3173 (3199); Generananwalt Slynn, in: Rs. 246/81 (Lord Bethell/Kommission), Slg. 1982, S. 2277 (2295 f.).

515 Generanlanwalt Dutheillet de Lamothe, in: EuGH Rs. 15/71 (Mackprang/Kommission), Slg. 1971, S. 797 (808); Grabitz/Hilf-Grabitz, Art. 175, Rn. 20; Lenz-Borchardt, Art. 175, Rn. 8; G/T/E-Krück, Art. 175, Rn. 16 f.

anderen könnten sie zur Gruppe der privilegierten Klageberechtigten nach dem ersten Absatz zu zählen sein. Schließlich könnten sie in entsprechender Anwendung des vierten Absatzes auf Klagen innerhalb ihres Zuständigkeitsbereichs zu beschränken sein.

1. Klageberechtigung nach Art. 175 Abs. 1 EGV

Aus ähnlichen Erwägungen wie bei der Nichtigkeitsklage ist eine unbeschränkt privilegierte Klageberechtigung der Bundesländer nach dem ersten Absatz des Art. 175 EGV abzulehnen. Sie stellen weder Mitgliedstaaten im gemeinschaftsrechtlichen Sinne noch Organe der Gemeinschaft dar[516].

Für eine Gleichstellung der Bundesländer mit den ausdrücklich genannten privilegiert Klageberechtigten über den Wortlaut des Art. 175 Abs. 1 EGV hinaus ist auch unter Berücksichtigung ihrer Stellung im institutionellen Gefüge der Union kein Raum. Zwar folgt aus dieser Stellung in Verbindung mit einer Pflicht der Unionsorgane zur Rücksichtnahme auf mitgliedstaatliche Verfassungsstrukturen zwingend das Erfordernis eines angemessenen eigenen Rechtsschutzes für Gebietskörperschaften auf gemeinschaftsrechtlicher Ebene. Damit werden indes zugleich die Grenzen des erforderlichen Rechtsschutzes aufgezeigt. Ein Recht zur Erhebung der Untätigkeitsklage kommt für Gebietskörperschaften hiernach jedenfalls auf denjenigen Gebieten nicht in Betracht, auf denen sie schon nach der jeweils maßgeblichen innerstaatlichen Kompetenzverteilung keine Zuständigkeiten besitzen.

Mangels Zuständigkeit können sie auf solchen Gebieten nämlich weder am Grundsatz des institutionellen Gleichgewichts innerhalb der Union teilhaben, noch kann sich die Rücksichtnahmepflicht der Gemeinschaftsorgane auf diese Bereiche erstrecken. Folglich würden sie durch die Zuerkennung einer unbeschränkt privilegierten Klageberechtigung auf gemeinschaftsrechtlicher Ebene ungerechtfertigten Einfluß auf Politikbereiche gewinnen, für die sie selbst nach innerstaatlichem Recht keine Zuständigkeit besitzen.

Allerdings steht das Gemeinschaftsprozeßrecht auch im Bereich der Untätigkeitsklage einer innerstaatlichen Regelung nicht entgegen, durch welche die Ausübung der dem Mitgliedstaat zustehenden Rechte auf einen von einer Gebietskörperschaft benannten Bevollmächtigten übertragen wird[517]. Aus gemeinschaftsrechtlicher Sicht nimmt dann aber nur der jeweilige Mitgliedstaat

---

516 Vgl. oben S. 66 ff.

517 Dauses, BayVBl. 1989, S. 609 (609); Schede, S. 185.

am Verfahren teil, nicht etwa die benennende Gebietskörperschaft. Folglich führt eine derartige Delegation nicht zu einer eigenen Klageberechtigung der Gebietskörperschaft im Sinne von Art. 175 Abs. 1 EGV. Vielmehr handelt es sich dabei um eine mittelbare Teilhabe der Gebietskörperschaft an den gemeinschaftsprozessualen Rechten des jeweiligen Mitgliedstaates. Vermittelt wird diese Teilhabe durch die jeweilige innerstaatliche Rechtsordnung[518].

2. *Klageberechtigung nach Art. 175 Abs. 3 oder Abs. 4 EGV*

Zu prüfen bleibt, ob die Klageberechtigung der Länder sich nach dem dritten oder nach dem vierten Absatz des Art. 175 EGV richtet.

a) Regionale Gebietskörperschaften als "juristische Personen" im Sinne des Art. 175 Abs. 3 EGV

Unter der Geltung des EWGV hatte der Gerichtshof zwar keine Gelegenheit, die Klageberechtigung von regionalen Gebietskörperschaften im Rahmen des Untätigkeitsverfahrens nach Art. 175 EWGV a.F. zu beurteilen. Es kann jedoch davon ausgegangen werden, daß er in einem derartigen Fall nach Art. 175 Abs. 3 EWGV a.F. als dem inhaltsgleichen Vorgänger des Art. 175 Abs. 3 EGV vorgegangen wäre. Für diese Einschätzung spricht die in den Rs. "Exécutif régional wallon"[519], "Differdange"[520] und "Gibraltar"[521] durch den Gerichtshof vorgenommene Einordnung der Gebietskörperschaften in die Gruppe der nichtprivilegierten Klageberechtigten im Nichtigkeitsverfahren. Da die für diese Einordnung maßgebliche Formulierung "jede natürliche oder juristische Person" in Art. 173 Abs. 2 EWGV a.F. mit der entsprechenden Passage in Art. 175 Abs. 3 EWGV a.F. wortgleich war, wäre der Gerichtshof insoweit zu parallelen Ergebnissen gekommen[522]. Die weitgehende Landesblindheit des Gemeinschaftsrechts unter der Geltung des EWGV hätte zudem einer - wenn auch nur beschränkten - Privilegierung der Gebietskörperschaften entgegengestanden.

---

518 Zur mittelbaren Teilhabe der Bundesländer an der privilegierten Klageberechtigung der Bundesrepublik Deutschland in Untätigkeitsverfahren gemäß Art. 23 Abs. 7 GG n.F. i.V.m. § 7 EUZBLG s. unten S. 207 ff.

519 EuGH Verb. Rs. 62 und 72/87 (Exécutif régional wallon und SA Glaverbel/Kommission), Slg. 1988, S. 1573 (1591 f.).

520 EuGH Rs. 222/83 (Gemeinde Differdange/Kommission), Slg. 1984, S. 2889 (2896).

521 EuGH Rs. C-298/89 (Gibraltar/Rat), Slg. 1993 I, S. 3605 (3653 ff.).

522 Vgl. Rengeling/Middeke/Gellermann, S. 111.

Nach beiden im Schrifttum zur Auslegung des Art. 175 Abs. 3 EGV vertretenen Auffassungen reicht dessen Anwendungsbereich jedenfalls nicht weiter als derjenige des Art. 173 Abs. 4 EGV[523]. Folglich scheiden nichtprivilegierte Untätigkeitsklagen aus, wenn die geltend gemachte vertragswidrige Unterlassung eines Gemeinschaftsorgans sich auf den Erlaß einer "echten" Verordnung oder einer Richtlinie als gemeinschaftlicher Normativakte bezieht[524]. Danach wäre es den Ländern oder anderen regionalen Gebietskörperschaften auch in denjenigen Bereichen, für welche sie nach der innerstaatlichen Kompetenzordnung zuständig sind, verwehrt, eine vertragswidrige Untätigkeit des gemeinschaftlichen Normgebers geltend zu machen. Zulässig wären nur Klagen, bei denen sich die gerügte Untätigkeit der Gemeinschaftsorgane auf Rechtsakte ohne normativen Charakter bezieht. Es erscheint zweifelhaft, ob nach den durch den EUV bewirkten Änderungen an einer Einordnung der Gebietskörperschaften bei den nichtprivilegierten Klageberechtigten gemäß Art. 175 Abs. 3 EGV festgehalten werden kann.

b) Mangelndes Rechtsschutzbedürfnis für beschränkt privilegierte Untätigkeitsklagen

Bei vordergründiger Betrachtungsweise erscheint die Einordnung bei Art. 175 Abs. 3 EGV unbedenklich. Schließlich, so könnte eingewendet werden, komme es den Ländern auf die Wahrung ihrer Zuständigkeiten durch die Abwehr kompetenzwidriger Übergriffe der Gemeinschaftsorgane an[525]. Zu diesem Zwecke könne die Untätigkeitsklage ohnehin nicht instrumentalisiert werden. Vielmehr bedürfe es dazu einer entsprechenden Ausgestaltung der Nichtigkeitsklage. Die Untätigkeitsklage ziele im Gegenteil gerade nicht auf eine Begrenzung gemeinschaftlicher Aktivitäten, sondern auf deren Verstärkung. Folglich würde die Erhebung einer auf den Erlaß eines gemeinschaftlichen Normativaktes gerichteten Untätigkeitsklage einem interessengerechten Rechtsschutz seitens der Länder diametral entgegenstehen. Daher bedürfe es auch keiner entsprechenden Klagemöglichkeit.

---

523 Lenz-Borchardt, Art. 175, Rn. 8.

524 EuGH Rs. 15/71 (Mackprang/Kommission), Slg. 1971, S. 797 (804 f.); Rs. 134/73 (Holtz & Willemsen/Rat), Slg. 1974, S. 1 (10); Rs. 90/78 (Granaria/Rat und Kommission), Slg. 1979, S. 1081 (1093); Rs. 60/79 (Fédération Nationale des Producteurs de Vins de Table/Kommission), Slg. 1979, S. 2429 (2433).

525 In diesem Sinne Joos/Scheurle, EuR 1989, S. 226 (232 f.).

Diesem Einwand ist zuzugeben, daß in der bisherigen wissenschaftlichen Diskussion der gemeinschaftsrechtlichen Rechtsschutzmöglichkeiten der Länder die Abwehr von kompetenzwidrigen Rechtsakten der Gemeinschaftsorgane stets im Vordergrund stand[526]. Damit wurde der tatsächlichen Entwicklung des gemeinschaftlichen Rechtssetzungsprozesses Rechnung getragen, die sich durch eine dynamische, integrationsfreundliche Anwendung der vertraglichen Ermächtigungsnormen durch die Organe auszeichnete. So wurde die Gemeinschaft zunehmend auch auf Gebieten tätig, für welche ihr "als solche" keine Kompetenz zustand[527]. Angesichts dieser Entwicklung drohte eine Beeinträchtigung von Länderinteressen in erster Linie durch Kompetenzüberschreitungen der Gemeinschaftsorgane[528].

c) Gemeinschaftskompetenzen im Bereich des Hausguts der Bundesländer

Trotzdem greift eine solche Argumentation zu kurz. Zu berücksichtigen ist nämlich, daß der Gemeinschaft im Zuge der fortschreitenden europäischen Integration zunehmend Kompetenzen auch in Bereichen übertragen werden, die nach dem Grundgesetz zum "Hausgut der Länder"[529] zählen[530]. Parallel zu dieser Entwicklung wächst die Bedeutung, welche die Untätigkeitsklage aus der Sicht der Länder hat. So fügte etwa der EUV in den Art. 126 - 128 Kompetenztitel für Bildung und Kultur in den EGV ein[531]. Zwar ist jegliche Harmonisierung der Rechts- und Verwaltungsvorschriften der Mitgliedstaaten in diesen Bereichen ausdrücklich ausgeschlossen[532]. Möglich sind indes gemeinschaftliche "Fördermaßnahmen" unter Einschluß normativer Gemeinschaftsakte. Dazu zählen insbesondere Förderprogramme, die nicht im Katalog des

526 Grabitz/Hilf-Wenig, Art. 173, Rn. 2; Joos/Scheurle, EuR 1989, S. 226 (232); Wolfgang Kahl, AöR 118 (1993), S. 414 (443 f.); Kössinger, S. 140 ff.; lediglich gestreift wird die Untätigkeitsklage bei Dauses, BayVBl. 1989, S. 609 (609); Zuleeg, DVBl. 1992, S. 1329 (1331); Kleffner-Riedel, S. 240; Biancarelli, AJDA 1991, S. 835 (840).

527 Formulierung des EuGH in der Rs. 293/83 (Gravier/Stadt Lüttich), Slg. 1985, S. 593 (612), bezüglich der Organisation des Bildungswesens und der Bildungspolitik; dazu Hochbaum, BayVBl. 1987, S. 481 (485 f.).

528 Schede, S. 4 ff.; Hailbronner, JZ 1990, S. 149 (149 f.).

529 Zum Begriff BVerfGE 34, S. 9 (20); vgl. Maunz, BayVBl. 1990, S. 545 (547).

530 Bohley, Aus Politik und Zeitgeschichte 1993, S. 34 (37); Schede, S. 17 ff.; Bohr/Albert, ZRP 1993, S. 61 (64).

531 Kritisch dazu Bohr/Albert, ZRP 1993, S. 61 (64 f.).

532 Bleckmann, DVBl. 1992, S. 335 (338).

Art. 189 EGV verzeichnet sind, sondern zu den ungekennzeichneten Rechtshandlungen der Gemeinschaft zählen[533].

Sofern die Gemeinschaftsorgane derartige Maßnahmen ergreifen und dabei die Grenzen der jeweiligen Kompetenzgrundlage[534] beachten, besteht - im wörtlichen Sinne - kein Grund zur Klage. Insbesondere ist kein Anlaß für eine Nichtigkeitsklage gegeben. Sofern die Gemeinschaftsorgane aber keine Maßnahmen zur Verwirklichung der vertraglich gesetzten Ziele auf den Gebieten der Bildung und Kultur treffen, können die für diese Bereiche innerstaatlich zuständigen Bundesländer durchaus ein berechtigtes Interesse daran haben, die Verwirklichung der vertraglichen Ziele klageweise anzumahnen[535]. Statthafter Rechtsbehelf für diese Fälle ist die Untätigkeitsklage.

Mit der Einrichtung einer ausdrücklichen Gemeinschaftskompetenz auf Gebieten, für welche die Bundesländer nach der Kompetenzordnung des Grundgesetzes[536] innerstaatlich zuständig sind, wandelt sich ihr Rechtsschutzinteresse gleichsam dem Blickwinkel nach. Vor der Übertragung der jeweiligen Kompetenz ist dieses Interesse darauf gerichtet, gemeinschaftliches Handeln auf dem betreffenden Gebiet als kompetenzwidrig abzuwehren. Danach zielt es im Bereich ausschließlicher Gemeinschaftskompetenzen darauf ab, daß die Gemeinschaftsorgane die Kompetenz im Sinne der Vertragsziele ausschöpfen. Im Bereich konkurrierender Gemeinschaftskompetenzen können die Länder zum einen ein Interesse an einer Harmonisierung bestimmter Rechtsgebiete haben. Ihnen kann ferner daran gelegen sein, daß eine Rechtsunsicherheit beseitigt wird, welche besteht, solange der Erlaß eines normativen Gemeinschaftsakts möglich aber nicht realisiert ist. Folglich besteht auch im Bereich der Untätigkeitsklage ein Rechtsschutzbedürfnis für beschränkt privilegierte Klagen der Bundesländer.

---

533 Lenz-Engelhard, Art. 128, Rn. 7; Bohr/Albert, ZRP 1993, S. 61 (65) befürchten, daß sich die Fördermaßnahmen als "Goldener Zügel" auf die Kulturpolitiken der Mitgliedstaaten auswirken werden.

534 Zur Reichweite der Gemeinschaftskompetenzen im Bildungs- und Kulturbereich Pernice, DVBl. 1993, S. 909 (913), der einen Rückgriff auf die allgemeine Kompetenzgrundlage des Art. 235 EGV für unzulässig hält. Art. 57, 100 und 100a EGV blieben dagegen unberührt.

535 Grabitz/Hilf-Wohlfahrt, Art. 175, Rn. 10 ff.

536 Zur Stärkung der Ländergesetzgebungskompetenzen durch die jüngste Verfassungsreform Hofmann, NVwZ 1995, S. 134 (135 ff.); Meyer-Teschendorf, DÖV 1994, S. 766 (776 f.); Rennert, Der Staat 32 (1993), S. 269 (281 f.); Sannwald, NJW 1994, S. 3313 (3315 ff.).

d) Notwendigkeit eines angemessenen Rechtsschutzes

Die im Rahmen der Nichtigkeitsklage dargelegte Stellung der Bundesländer und anderer regionaler Gebietskörperschaften im institutionellen Gefüge der Union, ihre massive Einbeziehung in das gemeinschaftsrechtliche Vollzugssystem und die Notwendigkeit eines dieser Einbindung angemessenen Rechtsschutzes sprechen dafür, ihnen auch im Bereich der Untätigkeitsklage eine auf ihren Zuständigkeitsbereich beschränkte Klageberechtigung einzuräumen[537]. Zur Bekräftigung kann wiederum auf die aus Art. 5 EGV und Art. F Abs. 1 EGV resultierende Pflicht der Gemeinschaftsorgane zur Rücksichtnahme auf die nationale Identität der Mitgliedstaaten verwiesen werden.

Folglich können die Bundesländer in ihrem Zuständigkeitsbereich ein vertragswidriges Unterlassen der Gemeinschaftsorgane auch dann geltend machen, wenn sich dieses auf den Erlaß eines gemeinschaftsrechtlichen Normativaktes bezieht. Hierdurch werden die Länder prozessual in die Lage versetzt, sich nicht nur "destruktiv" durch die Anfechtung von Gemeinschaftsrechtsakten zu betätigen, sondern auch "konstruktiv" auf die Erfüllung der Vertragsziele hinzuwirken.

e) Art. 175 Abs. 3 oder Abs. 4 EGV als Anknüpfungspunkt

Zu klären bleibt, ob ein beschränkt privilegiertes Recht der Bundesländer und anderer regionaler Gebietskörperschaften in ihrem Zuständigkeitsbereich zur Erhebung der Untätigkeitsklage bei dem dritten oder bei dem vierten Absatz des Art. 175 EGV anzusiedeln ist.

Die durch Generalanwalt van Gerven in der Rs. "Tschernobyl" entwickelte Argumentation, juristische Personen des öffentlichen Rechts nähmen stets auch Interessen der Allgemeinheit wahr und könnten deshalb nicht mit natürlichen und juristischen Personen des Privatrechts gleichgestellt werden[538], spricht für eine Einbeziehung der Bundesländer in den Anwendungsbereich des Art. 175 Abs. 4 EGV.

Eine erweiterte Auslegung des Art. 175 Abs. 3 EGV, welche den Ländern die gerichtliche Rüge eines auf Normativakte bezogenen Unterlassens der Gemeinschaftsorgane ermöglichen würde, könnte lediglich dann erzielt werden, wenn man ein kompetentielles Betroffensein durch den fraglichen Akt für ein unmit-

---

537 Dauses, Gutachten, S. D 115 f.

538 In: EuGH Rs. C-70/88 (Tschernobyl), Slg. 1990 I, S. 2041 (2063).

telbares und individuelles Betroffensein genügen ließe. Diesem Ansatz stehen jedoch ähnliche Bedenken entgegen wie bei der Klageberechtigung nichtprivilegierter Personen im Rahmen der Nichtigkeitsklage nach Art. 173 Abs. 4 EGV[539]. Die Länder und andere Gebietskörperschaften würden nämlich nicht selbst durch den nach der Rechtsprechung des Gerichtshofs maßgeblichen materiellen Inhalt des geforderten Gemeinschaftsrechtsakts wie Marktbürger betroffen, denen - etwa in einer Verordnung - bestimmte Rechte zuerkannt und Pflichten auferlegt werden. Vielmehr würden die Kompetenzen der Länder durch die bloße Tatsache des gemeinschaftlichen Tätigwerdens in dem jeweiligen Politikbereich "betroffen". Hier zeigt sich wiederum, daß die Kriterien des unmittelbaren und individuellen Betroffenseins durch den materiellrechtlichen Inhalt des in Frage stehenden Rechtsakts strukturell auf natürliche und juristische Personen des Privatrechts als Marktbürger zugeschnitten und daher nicht auf die prozessuale Stellung von regionalen Gebietskörperschaften übertragbar sind.

Zudem berührt eine vertragswidrige Untätigkeit der Gemeinschaftsorgane unter kompetentiellen Gesichtspunkten sämtliche Mitgliedstaaten bzw. die nach der jeweiligen innerstaatlichen Kompetenzordnung zuständigen Gebietskörperschaften gleichermaßen, so daß eine "Individualisierung" innerhalb dieser Gruppe nicht gelingen kann[540].

Folgerichtig sprechen sich daher auch Vorschläge, den Ländern und anderen Gebietskörperschaften im geschriebenen Gemeinschaftsprozeßrecht eine beschränkt privilegierte Klageberechtigung im Untätigkeitsverfahren einzuräumen, für die Aufnahme eines neuen Absatzes in Art. 175 EGV aus[541]. Der Versuch, dieses Ziel durch eine modifizierte Auslegung des Art. 175 Abs. 3 EGV zu erreichen, wird dagegen mit Recht zurückgewiesen. Die für nichtprivilegierte "Wirtschaftsteilnehmer" nach dem dritten Absatz geltenden Kriterien des unmittelbaren und individuellen Betroffenseins können nämlich nicht an die Besonderheiten der Stellung der Gebietskörperschaften angepaßt werden[542].

Aus diesen Gründen ist eine entprechende Anwendung des vierten Absatzes, der den Fall einer beschränkten Privilegierung normiert, auf die Länder und

539 Zuleeg, DVBl. 1992, S. 1329 (1331).

540 Vgl. Kössinger, S. 142.

541 Dauses, Gutachten, S. D 116.

542 Dauses, Gutachten, S. D 114.

andere regionale Gebietskörperschaften gegenüber einer erweiterten Auslegung des dritten Absatzes des Art. 175 EGV vorzugswürdig.

IV. Ergebnis und Ausblick

1. Ergebnis

Den Bundesländern steht parallel zu ihrer beschränkt privilegierten Berechtigung zur Erhebung von Nichtigkeitsklagen entsprechend Art. 173 Abs. 3 EGV die Aktivlegitimation für Untätigkeitsklagen in ihrem Zuständigkeitsbereich entsprechend Art. 175 Abs. 4 EGV zu. Derartige Klagen können sich auch auf das Unterlassen gemeinschaftlicher Normativakte beziehen. Zum Umfang der Klageberechtigung kann auf die entsprechenden Ausführungen im Rahmen der Nichtigkeitsklage verwiesen werden[543].

2. Ausblick

Eine ausdrückliche Ergänzung des Art. 175 EGV um ein beschränkt privilegiertes Klagerecht der Bundesländer und anderer regionaler Gebietskörperschaften hätte nach hier vertretener Auffassung nur klarstellende Funktion. Ebenso wie bei der Nichtigkeitsklage wäre eine derartige Klarstellung aber auch bei der Untätigkeitsklage zu begrüßen. Damit könnte der Stellung der regionalen Gebietskörperschaften im institutionellen Gefüge der Union auch im geschriebenen Gemeinschaftsprozeßrecht Rechnung getragen werden[544]. Auch wäre eine genaue Bestimmung der in den Mitgliedstaaten jeweils klageberechtigten Gebietskörperschaften möglich[545]. Die für eine beschränkt privilegierte Klageberechtigung der Länder schon nach geltendem Gemeinschaftsrecht vorgetragenen Gesichtpunkte lassen sich erst recht für eine entsprechende Klarstellung heranziehen.

C. Vertragsverletzungsverfahren gemäß Art. 169 EGV

Mit dem Vertragsverletzungsverfahren macht die Kommission Vertragsverstöße der Mitgliedstaaten vor dem Gerichtshof geltend. Allgemein sind derartige Aufsichtsklagen in Art. 169 EGV geregelt. Spezielle Fälle der Aufsichts-

---

543 S. oben S. 137 ff.

544 Dauses, Gutachten, S. D 116.

545 Vgl. den Formulierungsvorschlag von Dauses, Gutachten, S. D 116.

klage mit gegenüber Art. 169 EGV erleichterten Klagevoraussetzungen sieht das Gemeinschaftsrecht für die Bereiche der Beihilfeaufsicht in Art. 93 Abs. 2 EGV, der Rechtsangleichung in Art. 100a Abs. 4 EGV und nationaler Schutzmaßnahmen in Art. 225 EGV vor[546].

I. Gebietskörperschaften in Vertragsverletzungsverfahren

In der bisherigen Gemeinschaftsrechtspraxis bezogen sich mehrere Vertragsverletzungsverfahren auf Maßnahmen, die von Gebietskörperschaften der Mitgliedstaaten getroffen worden waren. In diesen Maßnahmen sah die Kommission Verletzungen des Gemeinschaftsrechts, welche sie im Wege einer Aufsichtsklage gegen den der betreffenden Gebietskörperschaft übergeordneten Mitgliedstaat gerichtlich verfolgte.

So betraf etwa die von der Kommission gemäß Art. 169 EWGV a.F. eingeleitete Aufsichtsklage in der Rs. "Wallonien" eine Verordnung der wallonischen Regionalverwaltung, welche das Ablagern von Abfall aus anderen Mitgliedstaaten in der Region Wallonien untersagte[547]. In der Rs. "Vogelschutzrichtlinie" machte die Kommission, ebenfalls gemäß Art. 169 EWGV a.F., die Gemeinschaftsrechtswidrigkeit einer Verordnung des Landes Niedersachsen geltend[548]. Eine weitere allgemeine Aufsichtsklage betraf die Frage, ob die innerstaatlich zuständigen deutschen Bundesländer eine Richtlinie zur Trinkwasserqualität richtig umgesetzt hatten[549].

Beispielhaft für eine spezielle Aufsichtsklage nach Art. 93 Abs. 2 EWGV a.F. seien zwei beihilferechtliche Verfahren genannt. Hier sah die Kommission Vertragsverletzungen der Bundesrepubik Deutschland in Beihilfen, welche die Länder Rheinland-Pfalz[550] bzw. Baden-Württemberg[551] an Unternehmen gewährt hatten.

In sämtlichen Fällen waren die Gebietskörperschaften, deren Maßnahmen den Gegenstand der durch die Kommission erhobenen Aufsichtsklagen dar-

---

546 Dauses-Borchardt, Handbuch, P I Rn. 6; Rengeling/Middeke/Gellermann, S. 47, lehnen die Klassifizierung als spezielle Vertragsverletzungsverfahren ab; es handele sich nur um eine Modifizierung der Zulässigkeitsvoraussetzungen.

547 EuGH Rs. C-2/90 (Kommission/Belgien), Slg. 1992 I, S. 4431 (4471 ff.).

548 EuGH Rs. C-57/89 (Kommission/Deutschland), Slg. 1991 I, S. 883 (924 ff.).

549 EuGH Rs. C-58/89 (Kommission/Deutschland), Slg. 1991 I, S. 4983 (5019 ff.).

550 Rs. 94/87 (Kommission/Deutschland), Slg. 1989, S. 175 (189 ff.).

551 Rs. C-5/89 (Kommission/Deutschland), Slg. 1990 I, S. 3437 (3453 ff.).

stellten, an den Verfahren vor dem Gerichtshof auf gemeinschaftsprozessualer Ebene gänzlich unbeteiligt. Die Gründe für diese fehlende Beteiligung liegen in der Ausgestaltung des Vertragsverletzungsverfahrens.

II. Ausgestaltung des Vertragsverletzungsverfahrens

1. Verfahrensgegenstand

Mit Hilfe des Vertragsverletzungsverfahrens vermag die Kommission die ihr nach Art. 155 EGV obliegende Aufgabe zu erfüllen, für die Beachtung und Durchsetzung des Gemeinschaftsrechts Sorge zu tragen. Durch die Erhebung einer Aufsichtsklage geht sie gegen Verletzungen des Gemeinschaftsrechts durch die Mitgliedstaaten vor und dringt auf die Herstellung eines vertragskonformen Zustandes[552].

Gegenstand des Vertragsverletzungsverfahrens ist nach Art. 169 EGV die Klärung der Frage, ob ein Mitgliedstaat gegen "eine Verpflichtung aus diesem Vertrag" verstoßen hat. Derartige Verpflichtungen können sich nach ständiger Rechtsprechung des Gerichtshofs nicht nur aus dem gemeinschaftsrechtlichen Primärrecht, sondern aus dem Sekundärrecht ergeben[553]. Daher sind auch Verordnungen, Richtlinien, Entscheidungen und ungeschriebenes Gemeinschaftsrecht tauglicher Prüfungsmaßstab im Vertragsverletzungsverfahren[554]. Als Urheber der Vertragsverletzung kommen sämtliche Einrichtungen des betreffenden Mitgliedstaates in Betracht, die an der Ausübung staatlicher Gewalt beteiligt sind[555]. Folglich kann der Vertragsverstoß auch von einer regionalen Gebietskörperschaft ausgehen[556].

2. Zweistufiges Vorverfahren

Zulässigkeitsvoraussetzung für die Erhebung einer Aufsichtsklage gemäß Art. 169 EGV ist die Durchführung eines zweistufigen vorprozessualen Verfahrens. In einer ersten Stufe gibt die Kommission dem betreffenden Mitgliedstaat im Wege eines "Mahnschreibens" Gelegenheit zur Äußerung zu den

---

552 Rengeling/Middeke/Gellermann, S. 33 f.

553 EuGH Rs. 52/75 (Kommission/Italien), Slg. 1976, S. 277 (285); Rs. 95/77 (Kommission/ Niederlande), Slg. 1978, S. 863 (871).

554 G/T/E-Krück, Art. 169, Rn. 54.

555 Grabitz/Hilf-Karpenstein, Art. 169, Rn. 12.

556 EuGH Rs. C-2/90 (Kommission/Belgien), Slg. 1992 I, S. 4431 (4471 ff.).

gegen ihn erhobenen Vorwürfen[557]. Hierbei handelt es sich um eine positivrechtliche Ausformung der Verfahrensgarantie auf Gewährung rechtlichen Gehörs[558]. Ob der betreffende Mitgliedstaat sich tatsächlich zu den gegen ihn gerichteten Vorwürfen äußert, ist unerheblich[559].

Anschließend gibt die Kommission eine begründete Stellungnahme ab, in der sie den Mitgliedstaat unter Setzung einer Frist zur Beseitigung des Vertragsverstoßes auffordert[560]. Kommt der Mitgliedstaat dieser Aufforderung nicht innerhalb dieser Frist nach, so kann die Kommission den Gerichtshof anrufen. Das Vorverfahren entfällt bei speziellen Aufsichtsklagen gemäß Art. 100a Abs. 4 EGV, Art. 225 EGV und Art. 93 Abs. 2 EGV, weil die Kommission in diesen Fällen ihre Auffassung schon im jeweiligen Kontrollverfahren dargelegt hat[561].

In der Gemeinschaftsrechtspraxis ist dem förmlichen Vorverfahren häufig ein informelles Verfahren vorgeschaltet, das auf die einvernehmliche Beilegung der Streitigkeit gerichtet ist[562]. Diesem Ziel dient auch eine unmittelbare Verbindungsaufnahme der Kommission zu Untergliederungen von Mitgliedstaaten, die mit der Umsetzung und Ausführung von Gemeinschaftsrecht befaßt sind. Zur Vermeidung des langwierigen Verfahrens nach Art. 169 EGV wird ein derartiges Vorgehen der Kommission - auch im Vorfeld einer Aufsichtsklage - für zulässig gehalten[563]. Allerdings vermag es das formalisierte Vorverfahren nach Art. 169 Abs. 1 EGV, an welchem ausschließlich die Parteien des Vertragsverletzungsverfahrens beteiligt sind, nicht zu ersetzen.

3. Parteien

Als Parteien des Vertragsverletzungsverfahren kommen nur die Kommission und die Mitgliedstaaten in Betracht[564]. Zwar hat die Kommission in einem Fall

---

557 Lenz-Borchardt, Art. 169, Rn. 16.

558 EuGH Rs. 211/81 (Kommission/Dänemark), Slg. 1982, S. 4547 ff.; Rs. 176/84 (Kommission/Griechenland), Slg. 1987, S. 1193 (1218); Rs. 178/84 (Kommission/Deutschland), Slg. 1987, S. 1227 (1268).

559 EuGH Rs. 31/69 (Kommission/Italien), Slg. 1970, S. 25 (34); Rs. C-270/91 (Kommission/Italien), Slg. 1992 I, S. 4421 (4428).

560 Grabitz/Hilf-Karpenstein, Art. 169, Rn. 46 ff.

561 Rengeling/Middeke/Gellermann, S. 47.

562 Lenz-Borchardt, Art. 169, Rn. 15.

563 Grabitz/Hilf-Karpenstein, Art. 169, Rn. 33; Dauses-Borchardt, Handbuch, P I Rn. 22.

564 Léontin-Jean Constantinesco, S. 881.

- ohne Angabe von Gründen - eine Aufsichtsklage nach Art. 169 EWGV a.F. gegen die Regierung eines Mitgliedstaates, nicht gegen den Mitgliedstaat selbst gerichtet[565]. Dabei dürfte der Kommission jedoch lediglich ein Versehen unterlaufen sein[566]. Dementsprechend behandelten Gerichtshof und Generalanwalt den betreffenden Mitgliedstaat ohne weiteres als Beklagte[567].

4. Keine Exkulpation bei innerstaatlichen Schwierigkeiten

Im Rahmen der Begründetheit ist zu beachten, daß sich der verklagte Mitgliedstaat in keinem Fall unter Hinweis auf innerstaatliche Schwierigkeiten politischer oder verfassungsrechtlicher Natur exkulpieren kann[568]. Vielmehr trägt er die gemeinschaftsrechtliche Verantwortung sogar für Vertragsverstöße, die auf Handlungen innerstaatlich unabhängiger Organe - insbesondere Gerichte[569] - beruhen.

5. Folgen des Urteils

Stellt der Gerichtshof eine Vertragsverletzung fest, so hat der betreffende Mitgliedstaat gemäß Art. 171 EGV die Maßnahmen zu ergreifen, die sich aus dem Urteil ergeben. Dabei trifft die Pflicht zur Beseitigung des vertragswidrigen Zustandes nicht nur die am Verfahren beteiligte Regierung des jeweiligen Mitgliedstaates, sondern sämtliche innerstaatlichen Träger staatlicher Gewalt, die in ihrem jeweiligen Zuständigkeitsbereich die Durchführung des Urteils zu gewährleisten haben[570]. Geht der Vertragsverstoß etwa von der Maßnahme einer Gebietskörperschaft aus, so wird diese durch das Urteil des Gerichtshofs

---

565 EuGH Rs. 16/69 (Kommission/Italien), Slg. 1969, S. 377.

566 Schermers/Waelbroeck, S. 305.

567 EuGH Rs. 16/69 (Kommission/Italien), Slg. 1969, S. 377 (382 ff.); Generalanwalt Roemer, ibid., S. 385 ff.

568 Ständige Rechtsprechung: EuGH Rs. 77/69 (Kommission/Belgien), Slg. 1970, S. 237 (243); Rs. 8/70 (Kommission/Italien), Slg. 1970, S. 961 (966 f.); Rs. 52/75 (Kommission/Italien), Slg. 1976, S. 277 (285); Rs. 301/81 (Kommission/Belgien), Slg. 1983, S. 467 (477); Rs. 42/80 (Kommission/Italien), Slg. 1980, S. 3635 (3640); Rs. 215/83 (Kommission/Belgien), Slg. 1985, S. 1039 (1054).

569 Dauses-Borchardt, Handbuch, P I Rn. 14; G/T/E-Krück, Art. 169, Rn. 64.

570 EuGH Verb. Rs. 314 bis 316/81, 83/82 (Waterkeyn), Slg. 1982, S. 4337 (4360 f.); Zuleeg, in: Blomeyer/Schachtschneider, S. 9 (14).

unmittelbar - ohne Vermittlung durch das nationale Recht - zur Herstellung eines gemeinschaftsrechtskonformen Zustandes verpflichtet[571].

Seit den durch den EUV bewirkten Änderungen des gemeinschaftlichen Prozeßrechts ist die Verpflichtung zur Beseitigung des Vertragsverstoßes sanktionsbewehrt. Nach Art. 171 Abs. 2 kann die Kommission mit einer weiteren, dem Verfahren nach Art. 169 EGV nachgebildeten Klage vor dem Gerichtshof die Verhängung eines Pauschalbetrags oder Zwangsgeldes gegen den säumigen Mitgliedstaat erwirken[572].

III. Stellung der Bundesländer in Vertragsverletzungsverfahren

Die ausschließlich mitgliedstaatlich orientierte Ausgestaltung des Vertragsverletzungsverfahrens hat dazu geführt, daß den Ländern und anderen regionalen Gebietskörperschaften in der bisherigen Gemeinschaftsrechtspraxis jegliche Beteiligung am Vertragsverletzungsverfahren versagt war. Dies ist im Hinblick auf den Grundsatz des rechtlichen Gehörs nicht unbedenklich. Neben diesem Grundsatz gibt die durch den EUV geschaffene föderale Geneigtheit des Gemeinschaftsrechts Anlaß zu einer kritischen Überprüfung der geschilderten Gemeinschaftsrechtspraxis im Bereich des Vertragsverletzungsverfahrens, soweit es dabei um Maßnahmen der Bundesländer und anderer regionaler Gebietskörperschaften geht.

1. Grundsatz des rechtlichen Gehörs

Der Gerichtshof bezeichnet die Gewährung rechtlichen Gehörs in sämtlichen Verfahren, die zu einer den Betroffenen beschwerenden Maßnahme führen können, als einen fundamentalen Grundsatz des Gemeinschaftsrechts. Rechtliches Gehör muß folglich sowohl in Verwaltungs-[573] als auch in Gerichtsverfah-

---

[571] Zuleeg, in: Blomeyer/Schachtschneider, S. 9 (14); Dauses, BayVBl. 1989, S. 609 (609); G/T/E-Krück, Art. 171, Rn. 4; vgl. zur unmittelbaren Verpflichtung der Länder auch EuGH Rs. C-8/88 (Deutschland/Kommission), Slg. 1990 I, S. 2321 (2359); Art. 23d Abs. 5 des österreichischen Bundesverfassungs-Gesetzes ermächtigt den Bund zur "Ersatzvornahme", wenn die österreichischen Länder gemeinschaftsrechtlichen Verpflichtungen nicht nachkommen und diese Vertragsverletzung durch den Europäischen Gerichtshof festgestellt wurde: Vgl. Seidl-Hohenveldern, CMLRev. 1995, S. 727 (738); Schäffer, DÖV 1994, S. 181 (192); in Deutschland kommt eine Ersatzvornahme durch den Bund in derartigen Fällen nur gestützt auf Bundeszwang gemäß Art. 37 GG als ultima ratio in Betracht: Vgl. Kössinger, S. 154 f.

[572] Middeke/Szczekalla, JZ 1993, S. 284 (286); Nenstiel, JR 1993, S. 485 (487); Lenz, NJW 1994, S. 2063 (2067).

[573] EuGH Rs. 85/76 (Hoffmann-La Roche/Kommission), Slg. 1979, S. 461 (511).

ren[574] gewährleistet werden, selbst wenn im geschriebenen Gemeinschaftsrecht keine einschlägigen Verfahrensregeln bestehen.

Bei unbefangener Betrachtungsweise scheint dieser Grundsatz durch die fehlende Beteiligung der Gebietskörperschaften am Vertragsverletzungsverfahren in zweifacher Hinsicht beeinträchtigt zu sein. Zum einen können nämlich - wie gezeigt - auch Maßnahmen der Gebietskörperschaften Gegenstand einer Aufsichtsklage sein[575]. Zum anderen werden diese durch ein dem Klageantrag der Kommission stattgebendes Urteil des Gerichtshofs zur Herstellung eines gemeinschaftsrechtskonformen Zustandes verpflichtet[576]. Hierin könnte eine sie beschwerende Maßnahme im Sinne der Rechtsprechung des Gerichtshofs zum rechtlichen Gehör zu sehen sein.

a) Mitgliedstaatsorientierte Ausgestaltung der Aufsichtsklage

Diese Argumentation trägt indes der mitgliedstaatsorientierten Ausgestaltung der Aufsichtklage[577] keine Rechnung, welche zur Folge hat, daß aus gemeinschaftsrechtlicher Sicht lediglich der verklagte Mitgliedstaat durch das Vertragsverletzungsverfahren "betroffen" ist. Nur ihm muß also rechtliches Gehör gewährt werden, selbst wenn die geltend gemachte Verletzungshandlung von einer Gebietskörperschaft ausgeht. Ähnlich führt auch die Feststellung einer Vertragsverletzung durch den Gerichtshof nur zu einer "Beschwer" des jeweiligen Mitgliedstaates, selbst wenn die Herstellung eines gemeinschaftsrechtskonformen Zustandes im Sinne des Urteils nach der innerstaatlichen Kompetenzordnung einer Gebietskörperschaft obliegt.

Dieser Logik folgend ist dem Grundsatz des rechtlichen Gehörs im Vertragsverletzungsverfahren aus gemeinschaftsrechtlicher Sicht selbst dann Genüge getan, wenn ein wegen der vertragswidrigen Maßnahme einer Gebietskörperschaft verklagter Mitgliedstaat in der Sache den Standpunkt der Kommission teilt und daher davon absicht, die umstrittene Maßnahme vor dem Gerichtshof zu verteidigen.

---

574 EuGH Rs. 136/79 (National Panasonic/Kommission), Slg. 1980, S. 2033 (2058).

575 EuGH Rs. C-2/90 (Kommission/Belgien), Slg. 1992 I, S. 4431 (4471 ff.).

576 Zuleeg, in: Blomeyer/Schachtschneider, S. 9 (14); Dauses, BayVBl. 1989, S. 609 (609); G/T/E-Krück, Art. 171, Rn. 4.

577 Grabitz/Hilf-Karpenstein, Art. 169, Rn. 12.

b) Unstimmigkeiten im Rechtsschutzsystem

Eine solche Sichtweise wirkt formalistisch und ist in sich nicht frei von Widersprüchen. So ist schwer nachzuvollziehen, warum sich gemeinschaftsrechtliche Verpflichtungen aus dem Urteil neben dem jeweiligen Mitgliedstaat auch unmittelbar auf die regionalen Gebietskörperschaften als die innerstaatlich zur Umsetzung zuständigen Stellen erstrecken sollen[578], die hierdurch bewirkte Beschwer hingegen auf den Mitgliedstaat als solchen beschränkt sein soll. Zudem überrascht, daß eine unmittelbare Kontaktaufnahme der Kommission zu einer Gebietskörperschaft als Urheber einer Vertragsverletzung im Rahmen des informellen Vorverfahrens als gemeinschaftsrechtlich unbedenklich und sogar sachdienlich erachtet wird[579], ihre Beteiligung am formalisierten Vorverfahren und am streitigen Verfahren vor dem Gerichtshof dagegen nicht in Betracht gezogen wird.

Unstimmigkeiten im gemeinschaftsrechtlichen Rechtsschutzsystem fördert ein Vergleich der prozessualen Stellung von regionalen Gebietskörperschaften in Nichtigkeitsverfahren einerseits und Vertragsverletzungsverfahren andererseits nach der bisherigen Rechtsprechung des Gerichtshofs zutage. So hätte etwa die in der Rs. "Exécutif régional wallon"[580] umstrittene Beihilfentscheidung der Kommission auch auf andere Weise als durch die von der wallonischen Regionalregierung erhobene Nichtigkeitsklage zur rechtlichen Überprüfung durch den Gerichtshof gelangen können: Hätte Wallonien die Kommissionsentscheidung schlicht nicht befolgt, statt sie im Wege einer Klage anzugreifen, hätte die Kommission wegen dieser Vertragsverletzung eine Aufsichtsklage gegen den Mitgliedstaat Belgien erhoben. Bei dieser prozessualen Variante wäre Wallonien jegliche Verfahrensbeteiligung versagt geblieben, obwohl auch hier materiellrechtlich die gemeinschaftsrechtliche Beurteilung "seiner" Beihilfe Verfahrensgenstand gewesen wäre. Folglich war Wallonien zur Erhebung der Nichtigkeitsklage "gezwungen", wollte es nicht riskieren, von einem zu dieser Klage gleichsam alternativen bzw. spiegelbildlichen Vertragsverletzungsverfahren später ausgeschlossen zu bleiben. Sinn macht ein

[578] Vgl. EuGH Verb. Rs. 314 bis 316/81, 83/82 (Waterkeyn), Slg. 1982, S. 4337 (4360 f); Zuleeg, in: Blomeyer/Schachtschneider, S. 9 (14); Dauses, BayVBl. 1989, S. 609 (609); G/T/E-Krück, Art. 171, Rn. 4.

[579] Grabitz/Hilf-Karpenstein, Art. 169, Rn. 33; Dauses-Borchardt, Handbuch, P I Rn. 22.

[580] EuGH Verb. Rs. 62 und 72/87 (Exécutif régional wallon und SA Glaverbel/Kommission), Slg. 1988, S. 1573 ff.

derartiger Zwang nicht, weil er die Chance einer gütlichen Einigung und damit der Vermeidung eines streitigen Verfahrens vor dem Gerichtshof verringert.

Ihre tiefere Begründung findet die bisherige Ausgestaltung des Vertragsverletzungsverfahrens in der unter der Geltung des EWGV vorherrschenden Landesblindheit des Gemeinschaftsrechts[581]. Fraglich ist, ob diese Sichtweise auch im Bereich der Aufsichtsklage einer Modifizierung aufgrund der durch den EUV bewirkten Änderungen des Gemeinschaftsrechts bedarf.

2. *Modifizierung durch föderale Tonlage des Gemeinschaftsrechts*

Bezüglich der prozessualen Stellung der Länder und anderer Gebietskörperschaften im Nichtigkeitsverfahren nach Art. 173 EGV wurde aufgezeigt, daß die herkömmliche Kennzeichnung des Gemeinschaftsrechts als landesblind überholt ist. Durch die Einrichtung des Regionalausschusses in Art. 198a ff EGV wurde der Existenz von Gebietskörperschaften auf der Ebene des primären Gemeinschaftsrechts Kenntnis getragen[582]. Die neue Fassung des Art. 146 EGV ermöglicht Vertretern der regionalen Gebietskörperschaften im Ministerrang nach Maßgabe des innerstaatlichen Rechts die Vertretung des jeweiligen Mitgliedstaates im Rat[583]. Darüber hinaus zielen eine Reihe von allgemeinen Prinzipien, insbesondere der Subsidiaritätsgrundsatz, und eine neue Regelungstechnik in mehreren Bereichen gemeinschaftlicher Politik auf mehr Bürgernähe und dezentrale Kompetenzausübung[584].

Aus der Summe der Neuerungen und aus der beträchtlichen Einbindung der regionalen Gebietskörperschaften in den Vollzug des Gemeinschaftsrechts konnte geschlossen werden, daß diese auch in prozessualer Hinsicht am Grundsatz des institutionellen Gleichgewichts in der Gemeinschaft teilhaben müssen. Das so gefundene Ergebnis wurde untermauert durch die Pflicht der Gemeinschaftsorgane, auf die Verfassungsstrukturen der Mitgliedstaaten Rücksicht zu nehmen, sofern die einheitliche Geltung des Gemeinschaftsrechts dadurch nicht beeinträchtigt wird. Entscheidend für die Gewährung eines beschränkt privilegierten Klagerechts der Länder in Nichtigkeits- und Untätigkeitsverfahren ist aber, daß die gemeinschaftsprozessualen Regelungen in den Art. 173 Abs. 3 und 175 Abs. 4 EGV ausreichende Ansatzpunkte für ein derartiges Recht bie-

---

581 Kössinger, S. 139.

582 Wuermeling, EuR 1993, S. 196 (199 ff.).

583 Kleffner-Riedel, S. 331 ff.; Dauses, Gutachten, S. D 115.

584 Zum Ganzen Hilf, VVDStRL 53 (1994), S. 7 (9 ff.).

ten. Außerdem konnte insoweit auf die durch den Gerichtshof zur Aktivlegitimation des Europäischen Parlaments für Nichtigkeitsklagen entwickelten Grundsätze zurückgegriffen werden[585]. Auf das Vertragsverletzungsverfahren trifft beides nicht zu.

Zwar beansprucht der Grundsatz des institutionellen Gleichgewichts innerhalb der Gemeinschaft Geltung auch im Bereich des Vertragsverletzungsverfahrens. Danach müßte eine Gebietskörperschaft jedenfalls dann an einem derartigen Verfahren unmittelbar beteiligt werden, wenn es um eine von ihr getroffene Maßnahme geht. Auch der durch den EUV erfolgte Übergang von der Landesblindheit zur vorsichtig föderalen Ausrichtung des Gemeinschaftsrechts spricht für eine Beteiligung der regionalen Gebietskörperschaften in diesen Fällen. Dies gilt umso mehr, als bereits in der bisherigen Gemeinschaftsrechtspraxis unter der Geltung des EWGV a.F. eine unmittelbare Kontaktaufnahme der Kommission zu Gebietskörperschaften im Rahmen des informellen Vorverfahrens als zulässig erachtet wurde.

Zudem könnte eine Beteiligung der Bundesländer und anderer regionaler Gebietskörperschaften am Vertragsverletzungsverfahren zur Gewährleistung eines wirksamen Rechtsschutzes gleichsam als prozessuales Gegenstück zu ihrer beschränkt privilegierten Aktivlegitimation für Nichtigkeits- und Untätigkeitsklagen gefordert werden. Wenn die Länder innerhalb ihres Zuständigkeitsbereiches gegen gemeinschaftliche Rechtsakte vorgehen können, so müßten sie auch in die Lage versetzt werden, sich gegen den Vorwurf eines vertragswidrigen Verhaltens durch die Verletzung gemeinschaftlicher Rechtsakte zur Wehr zu setzen. Anderenfalls drohen Wertungswidersprüche im gemeinschaftsrechtlichen Rechtsschutzsystem. Es erschiene inkonsequent, einem Land zwar eine Nichtigkeitsklage gegen eine ohne ausreichende Kompetenzgrundlage erlassene Gemeinschaftsverordnung zu gestatten, ihm aber umgekehrt die Verteidigung in einem Vertragsverletzungsverfahren zu versagen, in welchem die Kommission die Verletzung derselben Verordnung durch ein Landesgesetz rügt.

Das Vertragsverletzungsverfahren weist jedoch gegenüber der Nichtigkeitsklage und der Untätigkeitsklage einige Besonderheiten auf, welche eine Beteiligung der Bundesländer und anderer regionaler Gebietskörperschaften nach geltendem Recht fraglich erscheinen lassen. Zudem ist zweifelhaft, ob Art. 169

---

585 EuGH Rs. C-70/88 (Tschernobyl), Slg. 1990 I, S. 2041 (2072 ff.).

EGV in Verbindung mit der Satzung und der Verfahrensordnung des Gerichtshofs prozessuale Ansatzpunkte für eine derartige Beteiligung aufweist.

3. Besonderheiten des Vertragsverletzungsverfahrens im Vergleich zum Nichtigkeits- und Untätigkeitsverfahren

a) Begrenzter Kreis der Parteien

Der im vorliegenden Zusammenhang wichtigste Unterschied des Vertragsverletzungsverfahrens im Vergleich zu Nichtigkeits- und Untätigkeitsklagen besteht im eng begrenzten Kreis der Parteien. So steht die Aktivlegitimation für Aufsichtsklagen ausschließlich der Kommission zu. Folglich kennt das Vertragsverletzungsverfahren keine dem Umfang einer Privilegierung nach abgestuften Formen der Klageberechtigung. Die Passivlegitimation liegt stets bei den Mitgliedstaaten[586].

Demgegenüber ist der Kreis der zur Erhebung einer Nichtigkeits- oder Untätigkeitsklage potentiell Berechtigten praktisch unbegrenzt. Er schließt neben den Mitgliedstaaten und Organen der Union auch sämtliche natürlichen und juristischen Personen ein. Die Passivlegitimation kommt - mit Ausnahme des Gerichtshofs - sämtlichen Gemeinschaftsorganen zu[587].

b) Verfassungsrechtlicher Charakter der Aufsichtsklage

Die unterschiedliche Bestimmung des Kreises der potentiellen Parteien hängt mit der Natur des Vertragsverletzungsverfahrens eng zusammen. Ebenso wie die Staatenklage gemäß Art. 170 EGV, mit welcher ein Mitgliedstaat eine gemeinschaftsrechtswidrige Maßnahme eines anderen Mitgliedstaates vor dem Gerichtshof geltend macht, ist das Vertragsverletzungsverfahren ausschließlich verfassungsrechtlicher Natur, da es nur Streitigkeiten zwischen der Kommission als einem Gemeinschaftsorgan und den Mitgliedstaaten zum Gegenstand hat[588]. Demgegenüber weisen das Nichtigkeits- und das Untätigkeitsverfahren eine Doppelnatur auf. Verfassungsrechtlicher Charakter kommt ihnen nur zu, soweit auf der Klägerseite ein privilegierter oder beschränkt privilegierter Kla-

---

586 Léontin-Jean Constantinesco, S. 881.

587 Lenz-Borchardt, Art. 173, Rn. 5.

588 Lenz-Borchardt, Art. 164, Rn. 2.

geberechtigter steht. Verwaltungsrechtlichen Charakter besitzen sie, wenn nichtprivilegierte natürliche oder juristische Personen klagen[589].

Der verfassungsrechtliche Charakter der Aufsichtsklage steht einer Erweiterung des Kreises der Beteiligten und damit einer Einbeziehung der Gebietskörperschaften grundsätzlich entgegen. Dabei darf allerdings nicht übersehen werden, daß die Gebietskörperschaften im institutionellen Gefüge der Gemeinschaft eine Sonderrolle einnehmen. Sie dürfen daher nicht beliebigen nichtprivilegierten natürlichen oder juristischen Personen gleichgestellt werden. Folglich wurden sie im Rahmen der Nichtigkeits- und Untätigkeitsklage auch in den Kreis der beschränkt privilegierten Klageberechtigten gemäß Art. 173 Abs. 3 bzw. 175 Abs. 4 EGV einbezogen und nicht wie "Wirtschaftsteilnehmer" behandelt. Auch in diesen Verfahren nehmen sie also eher als verfassungsrechtliche, denn als verwaltungsrechtliche Kläger teil. Daher kann auch ihre Beteiligung am Vertragsverletzungsverfahren nicht allein mit dem Hinweis auf dessen verfassungsrechtliche Natur ausgeschlossen werden. Ausschlaggebendes Gewicht kommt vielmehr der Frage zu, ob das gemeinschaftsrechtliche Verfahrensrecht überhaupt prozessuale Ansatzpunkte für eine derartige Beteiligung bietet.

4. Prozessuale Ansatzpunkte für eine Länderbeteiligung

Eine unmittelbare Beteiligung der Länder und anderer regionaler Gebietskörperschaften an Vertragsverletzungsverfahren über von ihnen getroffene Maßnahmen kommt in vierfacher Hinsicht in Frage. Erstens könnte in derartigen Fällen die Passivlegitimation ausnahmsweise bei den Gebietskörperschaften liegen. Dabei könnten sie entweder ausschließlich oder neben dem jeweiligen Mitgliedstaat passivlegitimiert sein. Zweitens könnte ihnen ein Recht zum Streitbeitritt gemäß Art. 37 Satzung zustehen. Drittens steht ihnen möglicherweise der Rechtsbehelf der Drittwiderspruchsklage gemäß Art. 39 Satzung zu Gebote, um ihre Rechte zu wahren. Viertens könnte schließlich eine Beteiligung im Wege einer Benennung von Zeugen gemäß Art. 23 Satzung oder von Sachverständigen gemäß Art. 22 Satzung oder im Wege einer Auskunftserteilung gemäß Art. 21 Satzung durch das betreffende Bundesland in Betracht kommen.

---

589 Schweitzer/Hummer, S. 119.

a) Passivlegitimation der Bundesländer für Aufsichtsklagen

aa) Bundesländer als Mitgliedstaaten

Die Passivlegitimation in Vertragsverletzungsverfahren steht den Bundesländern jedenfalls nicht als "Mitgliedstaaten" zu. Es ist nicht ersichtlich, daß der Begriff des Mitgliedstaates für den Anwendungsbereich des Art. 169 EGV anders zu bestimmen ist als im übrigen Gemeinschaftsprozeßrecht. Danach sind Mitgliedstaaten im gemeinschaftsrechtlichen Sinne lediglich die in Art. 227 EGV genannten und die der Union mittlerweile neu beigetretenen Nationalstaaten. Zur Begründung kann auf die diesbezüglichen Ausführungen im Rahmen der Nichtigkeitsklage verwiesen werden[590].

Auch im Bereich des Vertragsverletzungsverfahrens überläßt das Gemeinschaftsprozeßrecht allerdings dem jeweiligen Mitgliedstaat die Regelung der Vertretung vor dem Gerichtshof. Somit wäre eine innerstaatliche Lösung statthaft, welche die Verhandlungsführung vor dem Gerichtshof auf einen Ländervertreter überträgt, sofern dieser nur befugt ist, für die Bundesrepublik Deutschland verbindlich zu handeln[591]. Aus gemeinschaftsrechtlicher Sicht liegt allerdings in einem derartigen Fall wiederum keine Beteiligung des betreffenden Landes vor. Vielmehr ist lediglich der Mitgliedstaat beteiligt. Diese Konstellation bleibt daher in dem Kapitel über die mittelbare Beteiligung der Bundesländer an Verfahren vor dem Gerichtshof zu erörtern[592].

bb) Automatischer Übergang der Passivlegitimation

Möglicherweise geht aber die Passivlegitimation für das Vertragsverletzungsverfahren von der Bundesrepublik Deutschland als Mitgliedstaat auf ein Bundesland über, sofern eine Maßnahme dieses Landes vor dem Gerichtshof auf dem gemeinschaftsrechtlichen Prüfstand steht. Der Übergang könnte die notwendige prozessuale Folge der Teilhabe der Länder am Grundsatz des institutionellen Gleichgewichts in der Gemeinschaft sein. Im Bereich des Vertragsverletzungsverfahrens kommt hinzu, daß sich die Verpflichtungswirkung eines dem Klageantrag der Kommission folgenden Urteils des Gerichtshofs

---

590 S. oben S. 66 ff.

591 Dauses, BayVBl. 1989, S. 609 (609).

592 S. unten S. 207 ff.

gemäß Art. 171 EGV unmittelbar auf das betreffende Land erstreckt[593]. Hieraus könnte zu folgern sein, daß die Aufsichtsklage im prozessualen Sinne auch gegen dieses Land zu richten ist.

Einem gleichsam automatischen Übergang der Passivlegitimation von einem Mitgliedstaat auf eine regionale Gebietskörperschaft in solchen Fällen stehen jedoch erhebliche Bedenken entgegen:

Zum einen ist ein Übergang der Passivlegitimation qua lege dem Gemeinschaftsprozeßrecht nicht nur im Bereich des Vertragsverletzungsverfahrens, sondern allgemein unbekannt. Anders als im Bereich der Nichtigkeits- und Untätigkeitsklage, wo Art. 173 Abs. 3 und Art. 175 Abs. 4 EGV taugliche Ansatzpunkte für eine rechtsschutzfreundliche Auslegung bieten, fehlt ein solcher Ansatzpunkt im Bereich der Aufsichtsklage. Damit stellt sich die Frage, ob der Gerichtshof durch eine derartige Konstruktion nicht die Grenzen seiner Zuständigkeiten in unzulässiger Weise erweitern würde.

Des weiteren könnte sich die Kommission bei einem Übergang der Passivlegitimation nicht auf die Feststellung beschränken, daß in einem Mitgliedstaat in einem bestimmten Bereich ein gemeinschaftsrechtswidriger Zustand herrscht. Vielmehr müßte sie ermitteln, ob nach der jeweiligen innerstaatlichen Kompetenzordnung der Bund oder die Länder für diesen Zustand verantwortlich sind. Bei unzutreffender Beurteilung der innerstaatlichen Kompetenzordnung liefe die Kommission gar Gefahr, mit ihrer Aufsichtklage wegen mangelnder Passivlegitimation der Beklagten abgewiesen zu werden.

Hieran wird zugleich deutlich, daß das Problem anders gelagert ist als bei einem beschränkt privilegierten Nichtigkeits- und Untätigkeitsklagerecht der Bundesländer in ihrem Zuständigkeitsbereich. Zwar spielt auch dort die innerstaatliche Kompetenzordnung insofern eine Rolle, als das klagende Land im Rahmen der Zulässigkeitsvoraussetzungen eine mögliche Beeinträchtigung seiner Kompetenzen durch den angefochtenen bzw. unterlassenen Gemeinschaftsrechtsakt dartun muß. Im Zweifelsfall liegt die Beweislast jedoch bei dem Rechtsschutz begehrenden Land[594]. Dagegen würde die Beweislast für die Wahl des richtigen Klagegegners im Vertragsverletzungsverfahren die Kommission treffen. Dieser würde damit in Abweichung von der Ausgestaltung dieses Verfahrens im geschriebenen Gemeinschaftsprozeß in bedenklicher Weise

[593] Vgl. EuGH Verb. Rs. 314 bis 316/81, 83/82 (Waterkeyn), Slg. 1982, S. 4337 (4360 f); Grabitz/Hilf-Karpenstein, Art. 171, Rn. 8; G/T/E-Krück, Art. 171, Rn. 4; Zuleeg, in: Blomeyer/Schachtschneider, S. 9 (14).

[594] Vgl. Dauses, Gutachten, S. D 116.

ihre auf Art. 155 EGV gründende Aufgabe der Durchsetzung des Gemeinschaftsrechts erschwert.

Schließlich bliebe zu klären, welche Folgen ein automatischer Übergang der Passivlegitimation auf ein Land im Hinblick auf die Wirkungen des Urteils des Gerichtshofs hätte. Konsequenz einer ausschließlichen Passivlegitimation des Landes wäre, daß auch nur dieses durch das Urteil verpflichtet würde, da die Bundesrepublik Deutschland als Mitgliedstaat überhaupt nicht verklagt wäre. Folglich wäre auch die Verhängung von Sanktionen gemäß Art. 171 EGV nur gegenüber dem jeweiligen Land möglich. Dieses wäre insoweit gegenüber der Ausgestaltung des Verfahrens im geschriebenen Gemeinschaftsrecht schlechter gestellt, als ihm danach unmittelbar keine Sanktionen auferlegt werden können[595]. Außerdem müßte die Kommission andere Bundesländer, denen sie die gleiche Vertragsverletzung zu einem späteren Zeitpunkt zum Vorwurf macht, einzeln verklagen. Auch hierin läge eine unzulässige Erschwerung der Durchsetzung des Gemeinschaftsrechts.

Ähnliche Probleme würden entstehen, wenn man dem betreffenden Land die Passivlegitimation nicht ausschließlich, sondern neben der Bundesrepublik Deutschland zusprechen würde. Abgesehen von der Frage, ob das ohne oder sogar gegen den Willen der Bundesregierung überhaupt zulässig wäre[596], würde der Kommission die Durchsetzung des Gemeinschaftsrechts auch hier abweichend von der Konzeption des Vertragsverletzungsverfahrens im geschriebenen Gemeinschaftsrecht erschwert. Im übrigen bietet das Gemeinschaftsprozeßrecht für eine derartige "notwendige Streitgenossenschaft" keinen prozessualen Ansatzpunkt, der einer rechtsschutzkonformen erweiterten Auslegung durch den Gerichtshof zugänglich wäre[597].

Im Ergebnis ist daher nach dem derzeitigen Stand des Gemeinschaftsrechts eine - entweder ausschließliche oder konkurrierende - Passivlegitimation der Bundesländer und anderer regionaler Gebietskörperschaften im Vertragsverletzungsverfahren auch in denjenigen Fällen abzulehnen, in denen der von der Kommission gerügte Vertragsverstoß von ihnen ausgeht.

---

595 Der Vorschlag des Bundes, die Kostentragung zwischen Bund und Ländern bei der Verhängung von Pauschalbeträgen bzw. Zwangsgeldern nach Art. 171 Abs. 2 EGV im Hinblick auf Art. 104a Abs. 1 GG zu regeln, ist bisher am Widerstand der Länder gescheitert: Vgl. Morawitz/Kaiser, S. 118.

596 Vgl. unten S. 198 ff.

597 Vgl. Rengeling/Middeke/Gellermann, S. 357.

b) Streitbeitritt gemäß Art. 37 Satzung i.V.m. Art. 93 VerfO als Beteiligungsmöglichkeit

Art. 37 Abs. 1 Satzung i.V.m. Art. 93 VerfO eröffnet den Mitgliedstaaten und den Organen der Gemeinschaft die Möglichkeit, einem bei dem Gerichtshof anhängigen Rechtsstreit als Streithelfer beizutreten. Dasselbe gilt nach Art. 37 Abs. 2 Satzung grundsätzlich für alle anderen Personen, die ein berechtigtes Interesse am Ausgang eines Verfahrens geltend machen[598]. Es ist zu prüfen, ob durch einen Streitbeitritt eine Beteiligung der Bundesländer und anderer Gebietskörperschaften an Vertragsverletzungsverfahren gewährleistet werden kann, welche von ihnen getroffene Maßnahmen betreffen.

aa) Streitbeitritt gemäß Art. 37 Abs. 2 Satzung

In Betracht kommt zunächst ein Beitritt gemäß Art. 37 Abs. 2 Satzung. Danach sind nichtprivilegierte "sonstige Personen" beitrittsfähig. Als juristische Personen des öffentlichen Rechts sind die Bundesländer interventionsfähig[599].

Außerdem müßten sie ein "berechtigtes Interesse" im Sinne des Art. 37 Abs. 2 Satzung geltend machen. Dieser Begriff wird durch den Gerichtshof[600] und im Schrifttum[601] weit ausgelegt. Ein rechtliches Interesse ist nicht erforderlich. Vielmehr genügt ein Interesse wirtschaftlicher[602] oder substantieller politischer[603] Natur. Für die Glaubhaftmachung genügt die Begründung einer hohen Wahrscheinlichkeit[604].

Im Falle eines Obsiegens der Kommission trifft - wie gezeigt - nicht nur den jeweiligen Mitgliedstaat eine Pflicht zur Beseitigung der durch den Gerichtshof festgestellten Vertragsverletzung. Die Rechtswirkungen des Urteils erstrecken

---

598 G/T/E-Wolf, Art. 37 Satzung, Rn. 4.

599 Vgl. schon EuGH Verb. Rs. 3 bis 18, 25 und 26/58 (Barbara Erzbergbau u.a./Hohe Behörde), Slg. 1960, S. 373 ff.

600 EuGH Verb. Rs. 16 und 17/62 (Confédération nationale des producteurs de fruits et légumes u.a./Rat), Slg. 1962, S. 961 (1000); Verb. Rs. 103 bis 109/78 (Société des Usines de Beauport u.a./Rat), Slg. 1979, S. 17.

601 Rengeling/Middeke/Gellermann, S. 361 ff.

602 EuGH Rs. 113/77 (NTN u.a./Rat), Slg. 1979, S. 1185: Intervention eines Unternehmensverbandes in einem Antidumpingverfahren.

603 EuGH Rs. 13/60 (Gleitling u.a./Hohe Behörde), Slg. 1962, S. 177 (285 ff.).

604 G/T/E-Wolf, Art. 37 Satzung, Rn. 5.

sich vielmehr auch auf die nach innerstaatlichem Recht zuständigen Instanzen. Diese sind zur Herstellung eines gemeinschaftsrechtskonformen Zustandes verpflichtet. Schon hieraus ergibt sich für die jeweilige innerstaatliche Instanz - etwa ein Bundesland - ein rechtliches und politisches Interesse am Ausgang des Verfahrens im Sinne des Art. 37 Abs. 2 Satzung.

Gemäß Art. 37 Abs. 2, 2. Hs. Satzung besteht jedoch für "andere Personen" keine Interventionsmöglichkeit in Verfahren zwischen Mitgliedstaaten und Organen der Gemeinschaft[605]. Danach kommt ein Streitbeitritt im Vertragsverletzungsverfahren nach dem Wortlaut dieser Vorschrift nicht in Frage. Ein Streitbeitritt könnte - entsprechend Art. 37 Abs. 1 Satzung - trotzdem zulässig sein, wenn dieser Ausschluß gegen höherrangiges Gemeinschaftsrecht verstieße, eine verfahrensrechtliche Lücke vorläge oder die Kohärenz des gemeinschaftlichen Rechtsschutzsystems[606] gefährdet wäre.

bb) Streitbeitritt entsprechend Art. 37 Abs. 1 Satzung

(1) Verstoß gegen höherrangiges Gemeinschaftsrecht

Ein Verstoß der in Art. 37 Abs. 2, 2. Hs. Satzung getroffenen Regelung gegen höherrangiges Gemeinschaftsrecht kommt schon begrifflich nicht in Frage. Gemäß Art. 239 EGV ist das Protokoll über die Satzung des Gerichtshofs Teil des Vertrages und steht daher als primäres Gemeinschaftsrecht mit ihm auf gleicher Rangstufe. Widersprüche sind somit im Wege der Interpretation auszuräumen[607].

(2) Verfahrensrechtliche Lücke im Hinblick auf Art. 34 Satzung EGKSV

Eine verfahrensrechtliche Lücke könnte in dem Interventionsausschluß in Art. 37 Abs. 2, 2. Hs. Satzung zunächst im Hinblick auf die abweichende Regelung in Art. 34 Satzung EGKS vorliegen. Diese Vorschrift läßt einen Streitbeitritt ohne Differenzierung zwischen privilegierten und nichtprivilegierten Interventionsberechtigten in allen Verfahrensarten zu[608]. Danach besteht ein Interventionsrecht für natürliche und juristische Personen - ein

605 Rengeling/Middeke/Gellermann, S. 358.

606 Dazu Schmidt-Aßmann, JZ 1994, S. 832 (836).

607 G/T/E-Krück, Art. 188, Rn. 2.

608 Dazu Ule, Verhandlungen des 46. DJT, S. 89.

berechtigtes Interesse am Verfahrensausgang stets vorausgesetzt - auch in Verfahren zwischen Mitgliedstaaten und Kommission[609].

Die von Art. 37 Abs. 2, 2. Hs. Satzung abweichende Regelung des Art. 34 Satzung EGKS zeigt aber allenfalls, daß keine zwingenden Gründe für ein Interventionsverbot zu Lasten sonstiger Personen und Einrichtungen in verfassungsrechtlichen Verfahren zwischen Gemeinschaftsorganen und Mitgliedstaaten bestehen[610]. Der Vergleich zwischen beiden Vorschriften zwingt indes nicht zu der Folgerung, Art. 37 Abs. 2, 2. Hs. weise eine verfahrensrechtliche Lücke auf. Vielmehr weicht die Vorschrift bewußt von der sechs Jahre zuvor erlassenen Regelung Satzung EGKS ab, so daß sich die Annahme einer ungewollten Regelungslücke verbietet. Die Systematik der Verträge legt daher eher im Wege eines argumentum e contrario nahe, einen Streitbeitritt von Bundesländern in Verfahren nach Art. 169 EGV entsprechend dem Wortlaut des Art. 37 Abs. 2, 2. Hs. Satzung auszuschließen.

(3) Kohärenz des gemeinschaftlichen Rechtsschutzsystems

Möglicherweise kommt ein Streitbeitritt der Bundesländer oder anderer Gebietskörperschaften entsprechend Art. 37 Abs. 1 Satzung aber im Hinblick auf ihre besondere Stellung im institutionellen Gefüge der Gemeinschaft in Frage. Es wurde ausgeführt, daß sie aufgrund dieser Stellung prozessual nicht mit beliebigen Marktbürgern gleichgestellt werden können. Daher erscheint es - auch unter Berücksichtigung der Pflicht der Gemeinschaftsorgane zur Rücksichtnahme auf mitgliedstaatliche Verfassungsstrukturen - schon nach geltendem Recht möglich und notwendig, ihnen im Nichtigkeits- und Untätigkeitsverfahren eine beschränkt privilegierte Klageberechtigung einzuräumen. Es ist auch deutlich geworden, daß die Länder ein berechtigtes Interesse daran haben, auf Vertragsverletzungsverfahren, die von ihnen getroffene Maßnahmen zum Gegenstand haben, durch eigene gemeinschaftsprozessuale Rechte Einfluß zu nehmen.

Außerdem entfällt hinsichtlich einer Länderbeteiligung im Wege eines Streitbeitritts ein wesentliches Argument, welches gegen eine Verlagerung der vertraglich geregelten Passivlegitimation für Aufsichtsklagen angeführt wurde. Wie aufgezeigt würde eine derartige Verlagerung der Kommission ihre Auf-

---

609 Vgl. beispielsweise EuGH Rs. 25/59 (Niederlande/Hohe Behörde), Slg. 1960, S. 743 (811 ff.).

610 In diesem Sinne auch Rengeling/Middeke/Gellermann, S. 358.

gabe, das Gemeinschaftsrecht durchzusetzen, erheblich erschweren, weil der nach der innerstaatlichen Kompetenzordnung richtige Klagegegner von Fall zu Fall zu bestimmen wäre. Bei einem Streitbeitritt eines Landes obläge es hingegen diesem, eine mögliche Beeinträchtigung seiner innerstaatlichen Zuständigkeiten durch den Ausgang des Vertragsverletzungsverfahrens darzutun. Die Beweislast träfe also das Land. Folglich würde die Wirksamkeit der Aufsichtsklage aus der Sicht der Kommission - anders als bei einer Verlagerung der Passivlegitimation - nicht beeinträchtigt.

Hinzu kommt, daß durch die Möglichkeit eines Streitbeitritts zum Vertragsverletzungsverfahren Wertungswidersprüche zum Nichtigkeitsverfahren vermieden werden könnten. Am Beispiel der Rs. "Exécutif régional wallon"[611] ist deutlich geworden, daß regionale Gebietskörperschaften in der bisherigen Gemeinschaftsrechtspraxis zwar unter den Voraussetzungen des Art. 173 Abs. 2 EWGV a.F. gegen an Mitgliedstaaten adressierte Beihilfeentscheidungen der Kommission Nichtigkeitsklage erheben konnten, als Beteiligte an Vertragsverletzungsverfahren hinsichtlich derselben Beihilfe aber ausschieden. Es erscheint inkonsequent und widersprüchlich, regionalen Gebietskörperschaften in einem derartigen Vertragsverletzungsverfahren noch nicht einmal einen Streitbeitritt zu gestatten, obwohl ein solches Verfahren die prozessuale Kehrseite einer Nichtigkeitsklage hinsichtlich derselben Kommissionsentscheidung darstellt und obwohl der betreffenden Gebietskörperschaft die Aktivlegitimation für diese Nichtigkeitsklage zusteht. Zur Vermeidung derartiger Widersprüche müßte ihr, so könnte im Wege eines argumentums a maiore ad minus gefolgert werden, wenigstens ein Interventionsrecht im Vertragsverletzungsverfahren eingeräumt werden.

Es liegt also nahe, den Bundesländern und anderen regionalen Gebietskörperschaften in der Ausgestaltung des Streitbeitritts eine an Art. 39 Abs. 1 Satzung angelehnte beschränkt privilegierte Stellung zu gewähren. Danach wäre ihre Interventionsberechtigung zwar auf Fälle zu begrenzen, die von ihnen getroffene Maßnahmen betreffen. In Abweichung von Art. 39 Abs. 2, 2. Hs. Satzung wäre ein Streitbeitritt aber auch im verfassungsrechtlichen Vertragsverletzungsverfahren möglich.

---

611 EuGH Verb. Rs. 62 und 72/87 (Exécutif régional wallon und SA Glaverbel/Kommission), Slg. 1988, S. 1573 ff.

(4) Besonderheiten des Streitbeitritts

Zu prüfen bleibt, ob die Übertragung der im Rahmen von Art. 173 und 175 EGV entwickelten Konstruktion einer beschränkt privilegierten prozessualen Stellung der Bundesländer mit den Besonderheiten des Streitbeitritts im Gemeinschaftsrecht zu vereinbaren ist.

(a) Rechtstechnische Bedenken

Dagegen spricht zunächst, daß eine Beteiligung der Länder an Vertragsverletzungsverfahren im Wege des Streitbeitritts nur durch eine dreifache Modifizierung der im geschriebenen Gemeinschaftsprozeßrecht niedergelegten Regelung zu erreichen wäre.

Zum einen müßte ihnen ein Streitbeitritt entgegen dem Ausschluß in Art. 37 Abs. 2, 2. Hs. Satzung auch in einem Verfahren zwischen Mitgliedstaaten und Gemeinschaftsorganen gestattet werden. Anders als Nichtigkeits- und Untätigkeitsklagen, die - abhängig vom jeweiligen Kläger - sowohl in einer verfassungsrechtlichen als auch in einer verwaltungsrechtlichen Variante vorgesehen sind, ist das Vertragsverletzungsverfahren - wie gezeigt - ausschließlich verfassungsrechtlicher Natur[612]. Aus diesem Grunde erschiene ein Streitbeitritt eines Bundeslandes zu diesem Verfahrenstyp als eine qualititativ stärkere Verschiebung der durch das geschriebene Gemeinschaftsprozeßrecht getroffenen Wertungen als die Gewährung einer beschränkt privilegierten Klageberechtigung eines Landes im Nichtigkeitsverfahren.

Ferner wäre ein Interventionsrecht der Bundesländer und anderer regionaler Gebietskörperschaften auf diejenigen Fälle zu beschränken, welche von ihnen getroffene Maßnahmen zum Gegenstand haben. Im Unterschied zu Art. 173 Abs. 3 und Art. 175 Abs. 4 EGV, wo bestimmten Institutionen ausdrücklich eine beschränkt privilegierte Klageberechtigung gewährt wird, ist die Kategorie der beschränkt privilegierten Interventionsberechtigung der Norm des Art. 37 Satzung fremd. Auch fehlen Beispiele in der Rechtsprechung des Gerichtshofs, in welchen er eine beschränkt privilegierte Interventionsberechtigung in ähnlicher Weise wie die beschränkt privilegierte Klageberechtigung des Europäischen Parlaments schon unter der Geltung des EWGV a.F. bejaht hätte. Folglich könnte ein beschränkt privilegiertes Interventionsrecht der Bundesländer im Unterschied zu ihrer Klageberechtigung für Nichtigkeits- und Untätigkeits-

---

612 Lenz-Borchardt, Art. 164, Rn. 2.

klagen weder an eine im geschriebenen Gemeinschaftsprozeßrecht bereits vorgesehene Regelung noch an die Rechtsprechung des Gerichtshofs anknüpfen.

Schließlich müßten zur Gewährleistung wirksamer eigener Beteiligungsrechte der Bundesländer auch die Rechtsfolgen eines erfolgten Streitbeitritts anders ausgestaltet werden als in Art. 93 § 1 lit. e) VerfO seit der Neufassung der Verfahrensordnung im Jahre 1991[613] vorgesehen. Während der Intervenient sich vor dieser Änderung auch auf die Bekämpfung von Anträgen einer Partei beschränken konnte[614], können nunmehr mit den aufgrund des Streitbeitritts gestellten Anträgen nur die Anträge einer Partei unterstützt werden[615]. Danach würde ein Bundesland durch Streitbeitritt zu einem Vertragsverletzungsverfahren jedenfalls dann keine Möglichkeit zur Verteidigung "seiner" Maßnahme gewinnen, wenn die Bundesrepublik Deutschland - insbesondere wegen inhaltlicher Übereinstimmung mit der Kommission - davon absieht, die Klagabweisung zu beantragen[616]. In derartigen Fällen müßte dem intervenierenden Land das Recht gewährt werden, abweichend von den Parteien eigenständige Anträge zu stellen. Anderenfalls wäre sein Streitbeitritt sinnlos. Ein eigenständiges Antragsrecht des intervenierenden Bundeslandes würde indes die in diesem Punkt ausdrücklich erfolgte Änderung des Art. 37 Satzung bewußt mißachten, indem es die alte Rechtslage wieder aufleben ließe. Die Grenzen der Zuständigkeit des Gerichtshofs würden damit in unzulässiger Weise überschritten.

(b) Streitbeitritt als eigenständiger Rechtsbehelf

Neben den vorstehenden, eher rechtstechnischen Gesichtspunkten spricht auch die Ausgestaltung des Streitbeitritts als eigenständiger Rechtsbehelf gegen eine beschränkt privilegierte Interventionsberechtigung der Länder gerade im Vertragsverletzungsverfahren. Ein Streitbeitritt kommt nicht nur in diesem Verfahren in Betracht, sondern in jedem vor dem Gerichtshof anhängigen streitigen Verfahren[617]. Folglich wäre es systemwidrig, den Bundesländern und

---

613 ABl. 1991 Nr. L 176/7.

614 Dazu G/T/E-Wolf, Art. 37 Satzung, Rn. 9.

615 EuGH Rs. C-155/91 (Kommission/Rat), Slg. 1993 I, S. 939 (969); Rengeling/Middeke/Gellermann, S. 366 f.

616 Vgl. das Vertragsverletzungsverfahren EuGH Rs. C-77/91 (Kommission/Italien), Slg. 1992 I, S. 557 (559): Hier verzichtete Italien angesichts der klaren Sach- und Rechtslage darauf, sich zu verteidigen und eigene Anträge zu stellen.

617 Im Vorabentscheidungsverfahren tritt an die Stelle der Interventionsmöglichkeit die Äußerungsberechtigung nach Art. 20 Satzung; Rengeling/Middeke/Gellermann, S. 360 f.

anderen regionalen Gebietskörperschaften eine beschränkt privilegierte Interventionsberechtigung nur im Vertragsverletzungsverfahren zuzusprechen, aber in anderen - etwa bei der Staatenklage gemäß Art. 170 EGV - zu verwehren.

Aus den genannten Gründen ist ein Streitbeitritt der Bundesländer oder anderer Gebietskörperschaften zu Vertragsverletzungsverfahren nach geltendem Recht auch dann ausgeschlossen, wenn sich das Verfahren auf eine Maßnahme des Landes bezieht. Aufgrund der prozessualen Besonderheiten der Regelungen über das Vertragsverletzungsverfahren und den Streitbeitritt im geschriebenen Gemeinschaftsverfahrensrecht lassen sich die im Rahmen des Nichtigkeits- und des Untätigkeitsverfahrens zugunsten der Länder entwickelten Grundsätze nicht auf diese Verfahrensarten übertragen[618].

c) Drittwiderspruchsklage gemäß Art. 39 Satzung

Eine Beteiligung der Bundesländer am Vertragsverletzungsverfahren im weiteren Sinne könnte aber durch die Erhebung einer Drittwiderspruchsklage gemäß Art. 39 Satzung ermöglicht werden. Die in dieser Vorschrift bezeichneten Klageberechtigten können nach näherer Maßgabe der Verfahrensordnung gegen ein Urteil Drittwiderspruch erheben, "wenn dieses Urteil ihre Rechte beeinträchtigt und in einem Rechtsstreit erlassen worden ist, an dem sie nicht teilgenommen haben"[619].

Die Drittwiderspruchsklage eines Bundeslandes würde freilich nicht zu einer Beteiligung an einem durch die Kommission gegen die Bundesrepublik Deutschland eingeleiteten Vertragsverletzungsverfahren während der gesamten Verfahrensdauer und von Anfang an führen. Ein zulässiger Drittwiderspruch würde jedoch eine Fortsetzung des ursprünglichen Verfahrens bewirken[620]. Auf diese Weise würde dem Anliegen Rechnung getragen, eine Einflußnahme der Bundesländer auf Aufsichtsklagen zu gewährleisten, die von ihnen getroffene Maßnahmen zum Gegenstand haben.

Bei unbefangener Lektüre des Art. 39 Satzung scheint sich die Drittwiderspruchsklage zunächst als idealer Rechtsbehelf zur Lösung der Länderproble-

---

618 Daher spricht sich auch Dauses, Gutachten, S. D 113 ff., nicht für eine Stärkung der prozessualen Stellung von regionalen Gebietskörperschaften im Vertragsverletzungsverfahren aus, wohl aber in Nichtigkeits- und Untätigkeitsklagen.

619 Rengeling/Middeke/Gellermann, S. 402 ff.

620 G/T/E-Wolf, Art. 39 Satzung, Rn. 5.

matik im Bereich der Aufsichtsklage anzubieten: Die Drittwiderspruchsfähigkeit kommt den Bundesländern als juristischen Personen ohne weiteres zu[621]. Auch können sie eine "rechtliche Beeinträchtigung"[622] durch ein dem Klageantrag der Kommission stattgebendes Urteil geltend machen, welches die Vertragswidrigkeit einer von ihnen getroffenen Maßnahme feststellt und sie zur Herstellung eines gemeinschaftsrechtskonformen Zustandes verpflichtet. Der Gerichtshof hat bereits anklingen lassen, daß eine zur Gesetzgebung zuständige Körperschaft durch ein Urteil rechtlich beeinträchtigt werden kann, das die Unvereinbarkeit einer in dieser Zuständigkeit erlassenen Norm mit dem Gemeinschaftsrecht feststellt[623].

Schließlich scheint auch das durch Art. 39 Satzung aufgestellte Erfordernis einer fehlenden Beteiligung am Hauptverfahren vorzuliegen. Die Bundesländer sind an Vertragsverletzungsverfahren weder als Partei noch als Streithelfer beteiligt. Ihre Beteiligung an diesen Verfahren ist - wie gezeigt - aus rechtlichen Gründen ausgeschlossen. Zu klären bleibt aber, ob der Interventionsausschluß durch Art. 37 Abs. 2, 2. Hs. Satzung einen tauglichen Grund für die fehlende Beteiligung am Hauptverfahren darstellt.

aa) Interventionsausschluß durch Art. 37 Abs. 2, 2. Hs. Satzung als tauglicher Grund für die fehlende Beteiligung am Hauptverfahren

Gemäß Art. 97 § 1 S. 2 lit. c) VerfO muß der Drittwiderspruchsantrag die Gründe enthalten, "aus denen der Dritte nicht in der Lage war, sich am Hauptverfahren zu beteiligen". Der Wortlaut dieser Vorschrift legt nahe, daß eine Unmöglichkeit der Teilnahme aus tatsächlichen oder aus rechtlichen Gründen gemeint ist. Demgemäß sehen Teile des Schrifttums einen wichtigen Anwendungsbereich der Drittwiderspruchsklage gerade in denjenigen Fällen, in denen eine Intervention im Hauptverfahren wegen Art. 37 Abs. 2, 2. Hs. Satzung - also aus rechtlichen Gründen - ausgeschlossen war[624].

621 Rengeling/Middeke/Gellermann, S. 404 f.

622 Dazu Gleiß/Kleinmann, NJW 1966, S. 278 (279 f.).

623 EuGH Verb. Rs. 9 und 12/60 (Belgien/Vloberghs und Hohe Behörde), Slg. 1962, S. 347 (374).

624 Gleiß/Kleinmann, NJW 1966, S. 278 (280); Däubler, AWD (BB) 1966, S. 172 (174); Brändel, AWD (BB) 1965, S. 301 (304); Matthies, Verhandlungen des 46. DJT, Bd. II, S. G 53 (G 88); Ehle, Art. 39 Satzung, Rn. 11; so wohl auch G/T/E-Wolf, Art. 39 Satzung, Rn. 2, der allerdings die neuere Rechtsprechung des Gerichtshofs nicht berücksichtigt.

Nach dieser Auffassung ist die Voraussetzung der fehlenden Beteiligung im Falle der Bundesländer erfüllt, da sie aufgrund der Ausschlußklausel des Art. 37 Abs. 2, 2. Hs. Satzung nicht zum Streitbeitritt im Vertragsverletzungsverfahren berechtigt sind. Demnach könnten sie gemäß Art. 39 Satzung i.V.m. Art. 97 VerfO Drittwiderspruch einlegen. Dieser wäre gemäß Art. 97 § 1 VerfO gegen "sämtliche Parteien des Hauptverfahrens" - also die Kommission und die Bundesrepublik Deutschland - zu richten.

Die Rechtsprechung des Gerichtshofs schien eine solche Auslegung des Art. 97 § 1 S. 2 lit. c) VerfO zunächst zu stützen: Eine Drittwiderspruchsklage stehe zum einen denjenigen Dritten offen, "die zwar an sich zur Teilnahme am Hauptprozeß berufen waren, jedoch aus stichhaltigen Gründen nicht teilnehmen konnten", zum anderen denjenigen Dritten, "die nicht in der Lage waren, dem Hauptprozeß (...) als Streithelfer beizutreten"[625]. Diese Formulierung läßt darauf schließen, daß sowohl tatsächliche als auch rechtliche Verhinderungsgründe in Frage kommen.

bb) Auswirkung des Interventionsausschlusses gemäß Art. 37 Abs. 2, 2. Hs. Satzung auf die Drittwiderspruchsberechtigung

In einem Beschluß aus neuerer Zeit macht der Gerichtshof hingegen unmißverständlich deutlich, daß die ratio des Ausschlusses des Art. 37 Abs. 2, 2. Hs. Satzung sich auch auf die Frage der Drittwiderspruchsberechtigung auswirken müsse[626]. Danach seien natürliche oder juristische Personen, die nicht zu einem Streitbeitritt in Verfahren nach Art. 169 oder 170 EWGV a.F. berechtigt seien, insoweit auch vom Anwendungsbereich des Art. 39 Satzung ausgenommen. Eine Drittwiderspruchsklage dieser Personen sei daher "offensichtlich unzulässig". Nach Ansicht des Gerichtshofs "wäre es widersinnig, wenn Personen, denen Art. 37 Satzung untersagt, einem Rechtsstreit beizutreten, das in diesem Rechtsstreit ergangenes Urteil im Wege des Drittwiderspruchs wieder in Frage stellen könnten"[627].

Diese Auffassung steht der vorgenannten diametral entgegen: Nach ihr führt die rechtliche Unmöglichkeit des Streitbeitritts im Hauptverfahren nicht zur Zulässigkeit, sondern zur Unzulässigkeit einer Drittwiderspruchsklage.

---

625 EuGH Verb. Rs. 42 und 49/59 (Breedband), Slg. 1962, S. 289 (318).

626 EuGH Rs. C-147/86 (POIFX u.a.), Slg. 1989, S. 4103 (4107 f.); vgl. auch Ule, Verhandlungen des 46. DJT, S. 93.

627 EuGH Rs. C-147/86 (POIFX u.a.), Slg. 1989, S. 4103 (4108).

cc) Stellungnahme

Ziel des Ausschlusses des Art. 37 Abs. 2, 2. Hs. Satzung ist es, in Verfahren zwischen Mitgliedstaaten und Gemeinschaftsorganen Einwirkungsmöglichkeiten anderer natürlicher oder juristischer Personen zu verhindern[628]. Dieses Ziel würde durch die Zulassung eines anschließenden Drittwiderspruchs der zuvor ausgeschlossenen Personen konterkariert. Unter prozeßökonomischen Gesichtspunkten ist zudem kein vernünftiger Grund dafür ersichtlich, einer Person den Streitbeitritt zu einem Verfahren zu verwehren, ihr aber anschließend die Möglichkeit einer Drittwiderspruchsklage einzuräumen[629].

Aus diesen Gründen ist die letztgenannte Auffassung des Gerichtshofs vorzugswürdig. Folglich muß die Zulässigkeit der Drittwiderspruchsklage eines Bundeslandes gegen ein in einem Vertragsverletzungsverfahren ergangene Urteil parallel zur Zulässigkeit eines Streitbeitritts in diesem Verfahren beurteilt werden. Daher verbietet sich auch die Drittwiderspruchsklage eines Bundeslandes als Beteiligung im weiteren Sinne an einem Vertragsverletzungsverfahren über eine von ihm getroffene Maßnahme.

d) Benennung von Zeugen gemäß Art. 23 Satzung oder Sachverständigen gemäß Art. 22 Satzung oder Auskunftserteilung gemäß Art. 21 Satzung durch das betreffende Bundesland

aa) Zeugen und Sachverständige gemäß Art. 23 bzw. Art. 22 Satzung

Nach den Regelungen der Satzung i.V.m. der Verfahrensordnung verfügt der Gerichtshof - auch von Amts wegen - über die Möglichkeit, natürliche Personen als Zeugen zu vernehmen (Art. 23 Satzung) oder Sachverständige mit der Erstellung von Gutachten zu beauftragen (Art. 22 Satzung).

Beiden Instituten ist gemeinsam, daß von ihnen entweder ex officio oder auf Antrag einer der Parteien Gebrauch gemacht wird[630]. Dagegen ist kein Antrag einer natürlichen oder juristischen Person vorgesehen, selbst als Zeuge oder Sachverständiger benannt zu werden. Bundesländer als an Vertragsverletzungsverfahren Nichtbeteiligte können somit keinen entsprechenden Antrag an den Gerichtshof richten. Zudem wäre in beiden Fällen ein Auftreten des betreffenden Bundeslandes als solches nicht möglich.

---

628 Vgl. Ehle/Schiller, EuR 1982, S. 48 (51).

629 Wie hier Rengeling/Middeke/Gellermann, S. 405.

630 G/T/E-Wolf, Anmerkung zu Art. 22 Satzung; Art. 23 Satzung, Rn. 1.

Zwar könnte die Bundesrepublik Deutschland als Partei des Vertragsverletzungsverfahrens gemäß Art. 23 Satzung i.V.m. Art. 47 § 1 VerfO beantragen, eine ihr zuvor von dem betreffenden Bundesland genannte Person als Zeugen zu vernehmen. Auch könnte der Gerichtshof eine Vernehmung dieser Person ex officio anordnen. Diese Vernehmung könnte sich indes gemäß Art. 47 § 1 Abs. 1 VerfO nur auf "bestimmte Tatsachen", etwa die Handhabung eines umstrittenen Landesgesetzes in der Rechtswirklichkeit, beziehen, nicht hingegen der rechtlichen Verteidigung dieses Gesetzes gegen den Vorwurf der Gemeinschaftsrechtswidrigkeit dienen.

Der Auftrag eines gemäß Art. 22 Satzung, 49 VerfO ex officio oder auf Antrag zu bestellenden Sachverständigen ist grundsätzlich ebenfalls auf tatsächliche Fragen gerichtet[631], kann sich aber ausnahmsweise auch auf Rechtsfragen beziehen[632]. In der Rechtsprechungspraxis des Gerichtshofs ist die Durchführung von Beweisaufnahmen, insbesondere die Bestellung von Gutachtern, aber äußerst selten[633]. Außerdem hat sich der Gutachter gemäß Art. 49 § 4 VerfO nur zu den Punkten zu äußern, die sein Auftrag ausdrücklich bezeichnet. Aus diesen Gründen stellt auch die Bestellung eines auf Veranlassung des betreffenden Bundesland benannten Gutachters keine taugliche Möglichkeit dar, eine umstrittene Landesmaßnahme vor dem Gerichtshof zu verteidigen.

bb) Auskunftserteilung durch das betreffende Bundesland gemäß Art. 21 Satzung

Für eine Auskunftserteilung gemäß Art. 21 Satzung können lediglich die Parteien und die am Verfahren nicht beteiligten Mitgliedstaaten und Organe der Gemeinschaft durch den Gerichtshof herangezogen werden[634]. Danach kommt ein durch ein Vertragsverletzungsverfahren betroffenes Bundesland nicht für die Erteilung von rechtlichen oder tatsächlichen Auskünften in Frage. Die Einholung einer Auskunft liegt außerdem im Ermessen des Gerichtshofs, kann also nicht durch Verfahrensbeteiligte beantragt und erzwungen werden. Im übrigen würde sich aus gemeinschaftsrechtlicher Sicht nur die Bundesrepublik Deutschland, nicht das betreffende Land äußern. Auch der Weg, für die Partei

---

631 Rengeling/Middeke/Gellermann, S. 368 ff.

632 Ehle, Kommentar VerfO, Art. 45 bis 54, Rn. 39.

633 Rengeling/Middeke/Gellermann, S. 371; Gündisch, S. 136; Klinke, S. 49, Fn. 115 a.

634 G/T/E-Wolf, Art. 21 Satzung, Rn. 1 ff.

Bundesrepublik Deutschland einen Vertreter des betroffenen Landes auftreten zu lassen, verschafft dem Land somit keine eigenen gemeinschaftsprozessualen Rechte im Vertragsverletzungsverfahren.

IV. Ergebnis und Ausblick

1. Ergebnis

Nach dem derzeitigen Stand des Gemeinschaftsprozeßrechts ist eine unmittelbare Beteiligung der Bundesländer oder anderer Gebietskörperschaften an Vertragsverletzungsverfahren vor dem Gerichtshof selbst dann unmöglich, wenn es um deren Maßnahmen - etwa ein Landesgesetz - geht. Im Bereich dieser Verfahrensart wirkt die bisherige Landesblindheit des Gemeinschaftsrechts unter der Geltung des EWGV a.F. gleichsam fort.

2. Ausblick

a) Verlagerung der Passivlegitimation

Abhilfe kann nur eine ausdrückliche Änderung des geschriebenen Gemeinschaftsprozeßrechts schaffen. Diese sollte nicht an der in Art. 169 EGV geregelten Passivlegitimation für Aufsichtsklagen ansetzen, da anderenfalls - wie gezeigt - der Kommission die Durchsetzung des Gemeinschaftsrechts in bedenklicher Weise erschwert würde. Mit diesen Bedenken dürfte auch zu erklären sein, daß Reformvorschläge im Schrifttum zwar auf eine Stärkung der prozessualen Stellung der Bundesländer in Nichtigkeits- und Untätigkeitsverfahren gemäß Art. 173 und 175 EGV drängen, Art. 169 EGV hingegen unangetastet lassen[635].

b) Streitbeitritt und Drittwiderspruchsklage

Den Bundesländern und anderen regionalen Gebietskörperschaften könnte jedoch durch eine entsprechende Ergänzung des Art. 37 Satzung ein auf ihren Zuständigkeitsbereich beschränktes Interventionsrecht im Vertragsverletzungsverfahren eingeräumt werden. Allerdings müßte den Ländern dabei auch das Recht zur Stellung eigener Anträge gewährt werden, die nicht notwendig einen der von den Parteien gestellten Anträgen unterstützen. Als Folge einer derart ausgestalteten Interventionsberechtigung wären die Länder aufgrund der

---

635 Dauses, Gutachen, S. D 104 ff.; D 113 ff.

festgestellten Parallelität zwischen Interventionsberechtigung und Drittwiderspruchsberechtigung zugleich zur Erhebung einer Drittwiderspruchsklage berechtigt, sofern sie aus tatsächlichen Gründen ausnahmsweise nicht in der Lage waren, dem Vertragsverletzungsverfahren beizutreten.

Zwar ist deutlich geworden, daß das Gemeinschaftsprozeßrecht den Streitbeitritt abgesehen vom Ausschluß des Art. 37 Abs. 2, 2. Hs. Satzung bisher als eigenständiges Institut ausgestaltet, dessen Voraussetzungen und Wirkungen grundsätzlich bei sämtlichen Verfahrensarten gleich sind. Diese Regelungstechnik ist jedoch nicht zwingend, wie ein Vergleich mit den Vorschriften über den Streitbeitritt im Bundesverfassungsgerichtsgesetz[636] zeigt. Dort wird die Interventionsberechtigung jeweils im Zusammenhang mit den einzelnen Verfahrensarten normiert[637]. Hierdurch kann den Besonderheiten und Unterschieden zwischen den Verfahren besser Rechnung getragen werden als durch eine gleichförmig für sämtliche Verfahrensarten geltende Regelung wie in Art. 39 Satzung.

Durch die Einführung eines beschränkt privilegierten Interventionsrechts der Bundesländer und anderer Gebietskörperschaften im Bereich des Vertragsverletzungsverfahrens würde dessen Wirksamkeit als Instrument zur Durchsetzung des Gemeinschaftsrechts nicht abgeschwächt, da die Beweislast für die Zulässigkeitsvoraussetzungen eines Streitbeitritts bzw. Drittwiderspruchs bei dem betreffenden Bundesland lägen.

c) Notwendige Beiladung des Bundeslandes

Alternativ zur Ergänzung der Regelungen über den Streitbeitritt kommt eine Beteiligung der Länder an Vertragsverletzungsverfahren durch die Aufnahme des Instituts der Beiladung, wie es etwa die deutsche VwGO in den §§ 65, 66 vorsieht, ins Gemeinschaftsprozeßrecht in Betracht. Die (einfache) Beiladung eines Dritten kann nach § 65 Abs. 1 VwGO auf Antrag oder von Amts wegen erfolgen, wenn dessen rechtliche Interessen durch die Entscheidung berührt werden[638]. Notwendig muß sie gemäß § 65 Abs. 2 VwGO in solchen Fällen erfolgen, in welchen Dritte an dem streitigen Rechtsverhältnis derart beteiligt sind, daß die Entscheidung auch ihnen gegenüber nur einheitlich ergehen

---

636 Im folgenden "BVerfGG".

637 Vgl. z.B. § 65 Abs. 1 BVerfGG für den Organstreit; § 82 Abs. 2 BVerfGG für die konkrete Normenkontrolle; Umbach/Clemens, BVerfGG, § 82, Rn. 6 ff.

638 Kopp, VwGO, § 65, Rn. 9.

kann[639]. Nach § 66 S. 1 VwGO kann der Beigeladene grundsätzlich - ähnlich der Regelung über den Streitbeitritt in Art. 37 Abs. 3 Satzung - nur innerhalb der Anträge eines Beteiligten selbständig Angriffs- und Verteidigungsmittel geltend machen. Abweichende Sachanträge sind ihm gemäß § 66 S. 2 VwGO nur im Falle einer notwendigen Beiladung gestattet[640].

Übertragen auf die Rechtslage bei einem Vertragsverletzungsverfahren, das eine von einem Land getroffene Maßnahme zum Gegenstand hat, ergäbe sich bei der Einführung des Instituts der Beiladung ins Gemeinschaftsrecht entsprechend §§ 65, 66 VwGO folgendes Bild: In bezug auf das zwischen der Kommission und dem Mitgliedstaat Bundesrepublik Deutschland als Beteiligten vor dem Gerichtshof anhängige Vertragsverletzungsverfahren wäre das Land Dritter. Seine rechtlichen Interessen würden durch die Entscheidung des Gerichtshofs berührt, da es durch ein dem Klageantrag der Kommission stattgebendes Urteil gemäß Art. 171 EGV neben der Bundesrepublik Deutschland zur Herstellung eines gemeinschaftsrechtskonformen Zustandes innerhalb seines innerstaatlichen Zuständigkeitsbereichs verpflichtet würde. Da die Entscheidung aufgrund dieser rechtlichen Wirkung des Urteils nur einheitlich gegenüber der Bundesrepublik und dem betreffenden Bundesland ergehen kann, läge sogar ein Fall notwendiger Beiladung vor. Folglich könnte das Bundesland in dem Verfahren vor dem Gerichtshof auch von den Anträgen der übrigen Beteiligten abweichende Sachanträge stellen. Diese Möglichkeit wäre von Vorteil, wenn die Bundesrepublik Deutschland aufgrund inhaltlicher Übereinstimmung mit der Kommission keine eigenen Anträge stellen würde.

Im Ergebnis würde die Einführung des Instituts der Beiladung dem berechtigten Anliegen einer angemessenen Länderbeteiligung an Vertragsverletzungsverfahren über von ihnen getroffene Maßnahmen am besten Rechnung tragen. Im Vergleich zu einer Lösung des Problems über den Streitbeitritt hätte sie den Vorzug, keine von der Grundstruktur des Instituts abweichende Sonderregelung zu erfordern, wie sie bei Art. 37 Satzung wegen der Besonderheiten der Länderbeteiligung im Vertragsverletzungsverfahren notwendig wäre. Vielmehr würde der Fall einer Aufsichtsklage wegen einer angeblichen Vertragsverletzung der Bundesrepublik Deutschland durch eine von einem Bundesland getroffene Maßnahme - wie gezeigt - bereits zwanglos von dem prozessualen Institut der notwendigen Beiladung entprechend §§ 65, 66 VwGO erfaßt.

---

639 Schulbeispiel: Verwaltungsakte mit Doppelwirkung, die einen Bürger begünstigen und uno actu einen anderen belasten; vgl. Redeker/von Oertzen, VwGO, § 65, Rn. 8.

640 Kopp, VwGO, § 66, Rn. 4.

D. Vorabentscheidungsverfahren gemäß Art. 177 EGV

Im Wege des Vorabentscheidungsverfahrens gemäß Art. 177 EGV holen mitgliedstaatliche Gerichte Entscheidungen des Gerichtshofs über die Auslegung und Anwendung des Gemeinschaftsrechts ein.

I. Gebietskörperschaften in Vorabentscheidungsverfahren

In der bisherigen Rechtsprechungspraxis des Gerichtshofs konnten Bundesländer und andere Gebietskörperschaften immer dann eine aktive Rolle in Vorabentscheidungsverfahren spielen, wenn sie aufgrund ihrer Beteiligung am Ausgangsverfahren vor dem nationalen Gericht gemäß Art. 20 Abs. 2 Satzung berechtigt waren, vor dem Gerichtshof schriftliche Stellungnahmen abzugeben und in der mündlichen Verhandlung aufzutreten. Zwei Beispiele seien angeführt:

In der Rs. "Lawrie-Blum"[641] hatte eine britische Staatsangehörige vor dem Verwaltungsgericht Freiburg Verpflichtungsklage gegen das Land Baden-Württemberg erhoben, um ihre Zulassung zur Referendarausbildung als Beamtin auf Widerruf zu erzwingen. Sowohl das Verwaltungsgericht als auch der in zweiter Instanz mit der Sache befaßte Verwaltungsgerichtshof Baden-Württemberg wiesen die Klage ab, weil Lawrie-Blum nicht die deutsche Staatsangehörigkeit besaß. Das Bundesverwaltungsgericht als Revisionsinstanz ersuchte den Gerichtshof um Vorabentscheidung zu der Frage, ob die gemeinschaftsrechtlichen Freizügigkeitsregeln dem Staatsangehörigen eines Mitgliedstaates das Recht gewähren, in einem anderen Mitgliedstaat unter den gleichen Voraussetzungen wie Inländer zum staatlichen Vorbereitungsdienst für ein Lehramt im Beamtenverhältnis zugelassen zu werden, obwohl die Berufung in das Beamtenverhältnis nach nationalem Recht grundsätzlich die inländische Staatsangehörigkeit voraussetzt[642]. Hier machte das Land Baden-Württemberg als Beteiligter am Ausgangsverfahren von seinen Äußerungsrechten vor dem Gerichtshof Gebrauch[643]. Die Bundesrepublik Deutschland hingegen sah - im Gegensatz zu Großbritannien - davon ab, gemäß ihrer privilegierten Äußerungsbefugnis als Mitgliedstaat nach Art. 20 Abs. 2 Satzung Erklärungen abzugeben.

---

641 EuGH Rs. 66/85 (Lawrie-Blum/Land Baden-Württemberg), Slg. 1986, S. 2121.

642 BVerwG DVBl. 1985, S. 742 m. Anm. Ule.

643 EuGH Rs. 66/85 (Lawrie-Blum/Land Baden-Württemberg), Slg. 1986, S. 2121 (2143; 2146).

Anders verhielt sich das Land Nordrhein-Westfalen in der Rs. "Von Colson und Kamann"[644]. Hier hatten die Klägerinnen das Land vor dem Arbeitsgericht Hamm auf Schadensersatz verklagt, weil sie unter Verstoß gegen den Grundsatz der Geschlechtergleichbehandlung nicht in den Justizvollzugsdienst des Landes eingestellt worden waren. Das Arbeitsgericht Hamm ersuchte den Gerichtshof um Auslegung der Richtlinie 76/207, welche die tatsächliche Chancengleichheit von Männern und Frauen beim Zugang zur Beschäftigung gewährleisten soll[645]. Das Land Nordrhein-Westfalen machte weder im schriftlichen Verfahren noch in der mündlichen Verhandlung vor dem Gerichtshof von seinen Äußerungsrechten gemäß Art. 20 Abs. 2 Satzung Gebrauch. Statt dessen nahm die Bundesregierung als Vertreterin der privilegiert äußerungsberechtigten Bundesrepublik Deutschland Stellung[646].

II. Ausgestaltung des Vorabentscheidungsverfahrens

Das Vorabentscheidungsverfahrens ist anders als die bisher erörterten Nichtigkeits-, Untätigkeits- und Vertragsverletzungsverfahren nicht als streitiges Verfahren ausgestaltet. Vielmehr stellt es ein prozessuales Zwischenverfahren dar, in welchem der Gerichtshof abstrakt-generelle Fragen nationaler Gerichte zur Auslegung des Gemeinschaftsrechts in Form eines Urteils verbindlich beantwortet[647]. Es läßt sich weder in die Kategorie der verfassungsrechtlichen noch in die Kategorie der verwaltungsrechtlichen Verfahren einordnen und wird deshalb als "sonstiges Verfahren" bezeichnet[648].

Zweck des Vorabentscheidungsverfahrens ist es in erster Linie, die Rechtseinheit innerhalb der Gemeinschaft zu wahren und das Auslegungsmonopol des Gerichtshofs für alle Fragen des Gemeinschaftsrechts zu verwirkli-

---

644 EuGH Rs. 14/83 (von Colson und Kamann/Land Nordrhein-Westfalen), Slg. 1984, S. 1891.

645 ArbG Hamm DB 1983, S. 1102 m. Anm. Bleckmann.

646 EuGH Rs. 14/83 (von Colson und Kamann/Land Nordrhein-Westfalen), Slg. 1984, S. 1891 (1905).

647 Grabitz/Hilf-Wohlfahrt, Art. 177, Rn. 2.

648 Schweitzer/Hummer, S. 109; diese Bezeichnung wird der herausragenden praktischen Bedeutung des Vorabentscheidungsverfahrens in der Gerichtspraxis des EuGH - vgl. die statistischen Daten bei Gündisch, S. 92 und Everling, Vorabentscheidungsverfahren, S. 22 ff. und S. 83 ff. - indes kaum gerecht.

chen[649]. Darüber hinaus kommt ihm Bedeutung auch für den Individualrechtsschutz zu[650].

Verfahrensgegenstand können lediglich Fragen nach der Auslegung des Gemeinschaftsrechts sein. Bestimmungen des nationalen Rechts können nicht zum Gegenstand einer Vorabentscheidung gemacht werden. Der Gerichtshof ist im Rahmen eines Vorabentscheidungsverfahrens nämlich weder befugt, nationales Recht auszulegen[651], noch dessen Vereinbarkeit mit dem Gemeinschaftsrecht zu beurteilen[652]. Folglich müssen die Vorlagefragen abstrakt und nicht auf eine konkrete innerstaatliche Norm bezogen formuliert werden[653]. Der Gerichtshof kann allerdings aus einem unvollkommen formulierten Vorabentscheidungsersuchen die Fragen zur Auslegung des Gemeinschaftsrecht "herausschälen"[654].

Voraussetzung für eine fakultative Vorlage durch ein mitgliedstaatliches Gericht ist gemäß Art. 177 Abs. 2 EGV, daß dieses die vorgelegte Frage im Ausgangsverfahren für entscheidungserheblich hält[655]. Eine obligatorische Vorlage sieht Art. 177 Abs. 3 EGV für mitgliedstaatliche Gerichte vor, deren Entscheidungen selbst nicht mehr mit Rechtsmitteln des innerstaatlichen Rechts angefochten werden können[656].

Äußerungsberechtigt sind im Vorabentscheidungsverfahren gemäß Art. 20 Abs. 2 Satzung neben den Parteien des Ausgangsverfahrens stets die Mitgliedstaaten und die Kommission. Dem Rat kommt eine Äußerungsbefugnis

---

649 Dauses-Dauses, Handbuch, P II, Rn. 5 ff.; G/T/E-Krück, Art. 177, Rn. 5.

650 Zur Doppelfunktion des Verfahrens Grabitz/Hilf-Wohlfahrt, Art. 177, Rn. 1; Lenz-Borchardt, Art. 177, Rn. 2; insbesondere zum Individualrechtsschutz Allkemper, EWS 1994, S. 253 (254 ff.); Hasselbach, MDR 1994, S. 849 (851); Pfeiffer, NJW 1994, S. 1996 (1999).

651 EuGH Rs. 175/78 (Saunders), Slg. 1979, S. 1129; Rs. 180/83 (Moser), Slg. 1984, S. 2539; Verb. Rs. 209 bis 213/84 (Asjes), Slg. 1986, S. 1425 (1461); Rs. 296/84 (Sinatra), Slg. 1986, S. 1047 (1060).

652 Ständige Rechtsprechung seit EuGH Rs.6/64 (Costa/ENEL), Slg. 1964, S. 1251; Rs. 20/64 (Albatros), Slg. 1965, S. 46; Rs. 14/86 (Pretore di Salò), Slg. 1987, S. 2545.

653 Lenz-Borchardt, Art. 177, Rn. 14 ff.

654 EuGH Rs.6/64 (Costa/ENEL), Slg. 1964, S. 1251 (1268).

655 Rengeling/Middeke/Gellermann, S. 202 f.; Mathijsen, S. 100 f.

656 Geiger, Art. 177, Rn. 14; Lenz, NJW 1993, S. 2664 (2664 f.); Mankowski, JR 1993, S. 402 (403 ff.); Rabe, in: Festschrift Redeker, S. 201 (204 ff.).

nur dann zu, wenn die Gültigkeit[657] oder Auslegung[658] einer durch ihn vorgenommenen Handlung streitig ist.

Die Vorabentscheidung des Gerichtshofs bindet zunächst das vorlegende Gericht und alle anderen Gerichte, die in demselben Rechtsstreit zu entscheiden haben[659]. Neben dieser inter-partes-Wirkung kommt einer Vorabentscheidung, welche die Ungültigkeit von Gemeinschaftsrecht feststellt, jedenfalls de facto auch eine erga-omnes Wirkung zu[660]: Eine Ungültigkeitserklärung des Gerichtshofs stellt für jedes andere Gericht eine ausreichende Grundlage dar, die betreffende Gemeinschaftsregelung bei der von ihm zu treffenden Entscheidung als ungültig und damit nicht anwendbar anzusehen[661].

III. Notwendigkeit erweiterter Länderbeteiligung

Den Ländern stehen im Vorabentscheidungsverfahren gemäß Art. 20 Abs. 2 Satzung immer dann eigene Äußerungsrechte zu, wenn sie am jeweiligen Ausgangsverfahren beteiligt sind[662]. Denkbar sind jedoch auch Fälle, in denen ein Land zwar nicht am Ausgangsverfahren beteiligt ist, sich aber dennoch in dem Verfahren vor dem Gerichtshof äußern möchte. So mag es etwa in einem zivilrechtlichen Rechtsstreit zwischen Privatpersonen vor einem mitgliedstaatlichen Gericht der ordentlichen Gerichtsbarkeit auf eine landesrechtliche Norm ankommen, die dieses Gericht für gemeinschaftsrechtswidrig hält. Ersucht es daraufhin den Gerichtshof in abstrakter Formulierung um Auslegung der gemeinschaftsrechtlichen Norm, so liegt eine Beteiligung des Landes als Gesetzgeber der fraglichen Landesnorm am Vorabentscheidungsverfahren nahe. Dies gilt besonders dann, wenn die Bundesregierung davon absieht, zugunsten des betroffenen Landes von der privilegierten Äußerungsberechtigung der Bundesrepublik vor dem Gerichtshof gemäß Art. 20 Abs. 2 Satzung Gebrauch zu machen. Solche Fälle sind denkbar, wenn die Bundesregierung das Landes-

---

657 EuGH Rs. 25/70 (Einfuhr und Vorratsstelle für Getreide Frankfurt/Firma Köster, Berodt und Co. Hamburg), Slg. 1970, S. 1161; Rs. 26/70 (Einfuhr und Vorratsstelle für Getreide Frankfurt/Günter Henck Hamburg), Slg. 1970, S. 1183.

658 EuGH Rs. 82/71 (Staatsanwaltschaft Italien/SAIL Bari), Slg. 1972, S. 119; Rs. 255/81 (R.A. Grendel GmbH/Finanzamt für Körperschaften in Hamburg), Slg. 1982, S. 2301.

659 Dauses-Dauses, Handbuch, P II, Rn. 122.

660 G/T/E-Krück, Art. 177, Rn. 88.

661 EuGH Rs. 66/80 (S. p. A. International Chemical Corporation/Amministrazione delle Finanze dello Stato), Slg. 1981, S. 1191 (1214 ff.).

662 EuGH Rs. 14/83 (von Colson und Kamann/Land Nordrhein-Westfalen), Slg. 1984, 1891; Rs. 66/85 (Lawrie-Blum/Land Baden-Württemberg), Slg. 1986, S. 2121.

gesetz selbst für gemeinschaftsrechtswidrig hält oder aus ihrer Sicht politische Gründe gegen eine Stellungnahme sprechen[663]. Daher ist festzustellen, ob das Gemeinschaftsprozeßrecht in derartigen Fällen eine Beteiligung des Landes selbst ermöglicht.

1. Streitbeitritt

Eine Beteiligung kommt nicht durch einen Streitbeitritt des betreffenden Landes gemäß Art. 37 Satzung in Betracht. Zwar steht der Ausschluß des Art. 37 Abs. 2, 2. Hs. einem Beitritt nicht entgegen, da das Vorabentscheidungsverfahren kein verfassungsrechtliches Verfahren innerhalb des Kreises der Gemeinschaftsorgane und Mitgliedstaaten darstellt. Ein Streitbeitritt ist jedoch nur in streitigen Verfahren möglich, wie bereits die Formulierung "Rechtsstreit" in Art. 37 Abs. 1 Satzung deutlich macht[664]. Beim Vorabentscheidungsverfahren hingegen kommt eine Beteiligung nur nach der Sonderregelung des Art. 20 Satzung in Betracht[665].

2. Äußerungsberechtigung der Bundesrepublik Deutschland

Das geschriebene Gemeinschaftsprozeßrecht sieht keine Äußerungsberechtigung eines Landes vor, wenn es nicht am Ausgangsverfahren beteiligt ist. Das Land zählt auch nicht zu den privilegiert äußerungsberechtigten "Mitgliedstaaten" gemäß Art. 20 Abs. 2 Satzung[666].

Obwohl das Gemeinschaftsrecht einer innerstaatlichen Regelung nicht entgegenstünde, durch welche die Ausübung des privilegierten Äußerungsrechts des Mitgliedstaates Bundesrepublik Deutschland einem Ländervertreter überlassen wird[667], wäre das aus gemeinschaftsrechtlicher Sicht nicht eine Äußerung des betreffenden Landes, sondern der Bundesrepublik. Folglich führt eine innerstaatliche Delegation der Äußerungsberechtigung nicht zu eigenen prozessualen Rechten des Landes vor dem Gerichtshof, sondern nur zu einer mittelbaren Teilhabe an prozessualen Rechten der Bundesrepublik[668].

---

663 Zu der verfassungsrechtlichen Frage, ob die Bundesregierung in derartigen Fällen nach innerstaatlichem Recht zu einer Äußerung vor dem Gerichtshof verpflichtet ist, s. unten S. 207 ff.

664 Rengeling/Middeke/Gellermann, S. 360.

665 G/T/E-Wolf, Art. 20 Satzung, Rn. 17 ff.

666 S. oben S. 66 ff.

667 Dauses, BayVBl. 1989, S. 609 (609).

668 Dazu unten S. 207 ff.

3. Eigenes beschränkt privilegiertes Äußerungsrecht des Bundeslandes

Um ein eigenes Äußerungsrecht zu erhalten, wären die Länder - allerdings mit der Beschränkung auf ihren Zuständigkeitsbereich - in den Kreis der privilegierten Äußerungsberechtigten entsprechend Art. 20 Abs. 2 Satzung einzubeziehen. Damit käme ihnen eine vergleichbare Stellung wie dem Rat zu, der nur dann äußerungsberechtigt ist, wenn die Gültigkeit oder Auslegung einer von ihm getroffenen Handlung in Rede steht.

Eine in diesem Sinne erweiterte Auslegung der Vorschrift müßte allerdings - ebenso wie das beschränkt privilegierte Klagerecht der Länder in Nichtigkeits- und Untätigkeitsverfahren - durch das Erfordernis eines wirksamen Rechtsschutzes unter Berücksichtigung des Grundsatzes des institutionellen Gleichgewichts zwingend geboten sein. Mit Blick auf die Eigenarten des Vorabentscheidungsverfahrens ist das Vorliegen dieses Erfordernisses hier fraglich.

a) Gemeinschaftsrechtsbezogenheit des Vorabentscheidungsverfahrens

Zunächst ist zu bedenken, daß im Vorabentscheidungsverfahren ausschließlich Fragen zur Auslegung und Anwendung des Gemeinschaftsrechts durch den Gerichtshof beantwortet werden[669]. Hingegen besitzt er keine Kompetenz, in diesem Verfahren über die Gültigkeit oder Gemeinschaftsrechtskonformität einer konkreten mitgliedstaatlichen Rechtsnorm zu befinden. Folglich wird auch in einem Vorabentscheidungsverfahren, welches das mitgliedstaatliche Gericht im Hinblick auf eine landesrechtliche Norm einleitet, durch den Gerichtshof nicht über deren Gültigkeit befunden. Deshalb, so ließe sich einwenden, wäre eine beschränkt privilegierte Äußerung des am Ausgangsverfahren nicht beteiligten Landes nur wegen seiner Funktion als Normgeber nicht systemkonform.

Diese Betrachtungsweise beschränkt sich auf eine formalistische Sicht. Antwortet der Gerichtshof nämlich auf die abstrakt formulierte Vorlagefrage, eine mitgliedstaatliche Norm dieses Inhalts sei mit dem Gemeinschaftsrecht unvereinbar, so ist das vorlegende Gericht daran gebunden. Es hat dann die notwendigen Schlußfolgerungen für die Anwendbarkeit der konkreten landesrechtlichen Norm im Ausgangsverfahren zu ziehen[670]. Mit Blick auf den

---

669 Everling, Vorabentscheidungsverfahren, S. 27.

670 Dauses, Vorabentscheidungsverfahren, S. 101 ff.

Grundsatz vom Vorrang des Gemeinschaftsrechts muß es die betreffende Landesnorm unangewendet lassen. Ebenso können auch andere mitgliedstaatliche Gerichte verfahren, die sich mit derselben Rechtsfrage konfrontiert sehen, ohne erneut gemäß Art. 177 EGV vorlegen zu müssen[671].

De facto wirkt sich also die Entscheidung des Gerichtshofs trotz seiner auf die Auslegung und Anwendung des Gemeinschaftsrechts beschränkten Rechtsprechungskompetenz notwendig und nachhaltig auf die Anwendbarkeit der die Vorlage auslösenden landesrechtlichen Norm aus. Allein unter dem Gesichtspunkt der Gemeinschaftsrechtsbezogenheit des Vorabentscheidungsverfahrens kann also eine Äußerung des betreffenden Landes noch nicht von der Hand gewiesen werden. Vielmehr spricht der gemeinschaftsrechtliche Grundsatz des rechtlichen Gehörs[672] für eine Länderbeteiligung, da das Vorabentscheidungsverfahren im Ergebnis zur Unanwendbarkeit einer Landesnorm und damit zu einer das betreffende Land in seiner Rolle als Gesetzgeber erheblich belastenden Maßnahme führen kann.

b) Vergleich mit der Äußerungsberechtigung des Europäischen Parlaments, des Rechnungshofs und der Europäischen Zentralbank

Schwerer wiegt ein anderer Gesichtspunkt, der sich ebenfalls aus der besonderen Ausgestaltung des Vorabentscheidungsverfahrens im geschriebenen Gemeinschaftsprozeßrecht ergibt. Dieses Verfahren kann sich nach Art. 177 Abs. 2 lit. b) EGV unter anderem auf die Gültigkeit und die Auslegung der Handlungen der Organe der Gemeinschaft und der Europäischen Zentralbank bzw. bis zu ihrer Konstituierung gemäß Art. 109f Abs. 9 EGV des Europäischen Währungsinstituts beziehen.

Eine Äußerungsberechtigung gesteht Art. 20 Abs. 2 Satzung aber nur der Kommission und - soweit eine Handlung des Rates in Rede steht - dem Rat zu[673]. Demgegenüber besitzen das Europäische Parlament, der Rechnungshof und die Europäische Zentralbank selbst dann keine Äußerungsberechtigung, wenn von ihnen vorgenommene Handlungen den Gegenstand des Vorabentscheidungsverfahrens bilden[674]. Sie können daher ihre Rechtsauffassung zu der

---

671 EuGH Verb. Rs. 28 bis 30/62 (Da Costa), Slg. 1963, S. 63 (81); Rs. 283/81 (C.I.L.F.I.T.), Slg. 1982, S. 3415 (3429).

672 EuGH Rs. 136/79 (National Panasonic/Kommission), Slg. 1980, S. 2033 (2058).

673 G/T/E-Wolf, Art. 20 Satzung, Rn. 17 ff.

674 Hinsichtlich des Ausschlusses des Europäischen Parlaments mit Recht kritisch Dauses, Gutachten, S. D 132 f.: Unter Rechtsschutzgesichtspunkten sei es zwingend geboten, dem Europäi-

umstrittenen Handlung im Verfahren vor dem Gerichtshof nicht zum Ausdruck bringen.

Folglich wären die Länder durch ein beschränkt privilegiertes Äußerungsrecht entsprechend der den Rat betreffenden Regelung in Art. 20 Satzung besser gestellt als die nicht äußerungsberechtigten Gemeinschaftsorgane und die Europäische Zentralbank. Dies wäre mit der Stellung der Länder im institutionellen Gefüge der Gemeinschaft unvereinbar. Diese Stellung ist keinesfalls stärker ausgeprägt als diejenige von Gemeinschaftsorganen. Eine Einbeziehung der Länder und anderer Gebietskörperschaften in den Kreis der privilegiert Äußerungsberechtigten würde daher den durch das geschriebene Gemeinschaftsrecht getroffenen Wertungen widersprechen. Sie muß nach dem derzeitigen Stand des Gemeinschaftsrechts abgelehnt werden.

IV. Ergebnis und Ausblick

1. Ergebnis

Eigene Äußerungsrechte stehen den Ländern und anderen Gebietskörperschaften im Vorabentscheidungsverfahren gemäß Art. 20 Abs. 2 Satzung immer dann zu, wenn sie am Ausgangsverfahren vor dem vorlegenden mitgliedstaatlichen Gericht beteiligt sind[675]. In anderen Fällen scheidet eine Äußerungsberechtigung der Länder selbst dann aus, wenn eine von ihnen erlassene Rechtsnorm den Anlaß zur Einholung einer Vorabentscheidung durch ein mitgliedstaatliches Gericht darstellt.

2. Ausblick

Rechtspolitisch ist die restriktive Regelung der Äußerungsberechtigung in Vorabentscheidungsverfahren gemäß Art. 20 Satzung - auch hinsichtlich der nicht äußerungsberechtigten Gemeinschaftsorgane und der Europäischen Zentralbank - mit Blick auf den Grundsatz des rechtlichen Gehörs nicht unbedenklich. Dies mag der Vergleich mit dem aus dem deutschen Verfassungs-

schen Parlament eine Beteiligung zumindest in denjenigen Verfahren zu erlauben, in denen es um die Wahrung seiner eigenen (institutionellen) Rechte geht. Dies gilt insbesondere im Hinblick auf das durch den EUV eingeführte Mitentscheidungsverfahren gemäß Art. 189b EGV, in welchem das Parlament gleichberechtigt neben dem Rat tätig wird; vgl. etwa den gemeinsamen Beschluß Nr. 818/95/EG vom 14.3.1995, ABl. 1995 Nr. L 87/1.

675 EuGH Rs. 14/83 (von Colson und Kamann/Land Nordrhein-Westfalen), Slg. 1984, S. 1891; Rs. 66/85 (Lawrie-Blum/Land Baden-Württemberg), Slg. 1986, S. 2121.

prozeßrecht bekannten Institut der konkreten Normenkontrolle gemäß Art. 100 GG, §§ 13 Nr. 11, 80 ff. BVerfGG verdeutlichen.

a) Vergleich mit der konkreten Normenkontrolle gemäß Art. 100 GG

Die konkrete Normenkontrolle ist ähnlich dem Vorabentscheidungsverfahren gemäß Art. 177 EGV als prozessuales Zwischenverfahren ausgestaltet. Auch ihrer Zielsetzung nach ähneln sich beide Institute: Während die konkrete Normenkontrolle eine einheitliche Auslegung des deutschen Verfassungsrechts gewährleisten soll[676] und dem Bundesverfassungsgericht zum Schutz der Autorität des parlamentarischen Gesetzgebers[677] ein Verwerfungsmonopol für nachkonstitutionelle Gesetze im formellen Sinne einräumt[678], zielt das Vorabentscheidungsverfahren auf eine einheitliche Auslegung des Gemeinschaftsrechts ab und konzentriert die Verwerfungskompetenz für Gemeinschaftsrechtsakte beim Gerichtshof[679].

Unterschiedlich ist hingegen die Beteiligung Dritter geregelt, deren Rechtsakte den Gegenstand des Verfahrens bilden. § 82 Abs. 1 i.V.m. § 77 BVerfGG sehen zunächst Äußerungsrechte des Bundestages, des Bundesrates, der Bundesregierung und - soweit das Normenkontrollverfahren eine landesrechtliche Norm betrifft - des Landtages und der Landesregierung des betreffenden Landes vor. Darüber hinaus können die genannten Verfassungsorgane gemäß § 82 Abs. 2 i.V.m. § 77 BVerfGG in jeder Lage dem Verfahren vor dem Bundesverfassungsgericht beitreten[680].

Damit geht die Beteiligungsregelung für am Ausgangsverfahren nicht beteiligte, aber durch das Normenkontrollverfahren rechtlich betroffene Dritte im BVerfGG in dreifacher Hinsicht über die entsprechenden Regelungen der Satzung für den Bereich des gemeinschaftsrechtlichen Vorabentscheidungsverfahrens hinaus. Zum einen sieht sie im Unterschied zu Art. 20 Abs. 2 Satzung eine Äußerungsberechtigung sämtlicher Organe vor, deren Rechtsakte als Gegenstand einer konkreten Normenkontrolle in Betracht kommen[681]. Zum anderen

---

676 BVerfGE 63, S. 131 (141); 54, S. 47 (51).

677 BVerfGE 1, S. 184 (189 ff.): Ständige Rechtsprechung.

678 Jarass/Pieroth-Pieroth, Art. 100, Rn. 4.

679 EuGH Rs. 66/80 (S. p. A. International Chemical Corporation/Amministrazione delle Finanze dello Stato), Slg. 1981, S. 1191; Rs. 314/85 (Foto-Frost/Hauptzollamt Lübeck-Ost), Slg. 1987, S. 4199.

680 Umbach/Clemens, BVerfGG, § 82, Rn. 6 ff.

681 Umbach/Clemens, BVerfGG, § 82, Rn. 4.

bezieht sie auch solche Institutionen ein, die - wie der Bundesrat - allenfalls konstitutionelle Mitwirkungsrechte beim Zustandekommen der Norm haben, aber nicht selbst der Gesetzgeber sind. Schließlich ermöglicht sie trotz der nicht streitigen Ausgestaltung des Verfahrens in Abweichung von Art. 37 Satzung einen Streitbeitritt dieser Organe. Sie erlangen damit den Status von Verfahrensbeteiligten[682]. Hier zeigt sich wie bereits bei der Erörterung der Länderbeteiligung am Vertragsverletzungsverfahren der Vorzug einer verfahrensabhängigen, den jeweiligen Besonderheiten Rechnung tragenden Regelung des Streitbeitritts gegenüber einer grundsätzlich für sämtliche Verfahrensarten geltenden Regelung, wie sie Art. 37 Satzung enthält.

b) Konsequenzen für das Gemeinschaftsprozeßrecht

Nach hier vertretener Auffassung könnte dem Erfordernis des rechtlichen Gehörs im Vorabentscheidungsverfahren für am Ausgangsverfahren nicht beteiligte Dritte, die durch die Entscheidung des Gerichtshofs rechtlich betroffen werden, bereits durch eine ausdrückliche Erweiterung der Äußerungsberechtigung in Art. 20 Satzung angemessen Rechnung getragen werden[683]. Einer Ausdehnung des Streitbeitritts auf das Vorabentscheidungsverfahren, die das bisherige Gemeinschaftsprozeßrecht in weiterem Umfang modifizieren würde, bedarf es hingegen nicht.

Rechtlich betroffen in diesem Sinne werden neben den bereits in Art. 20 genannten Äußerungsberechtigten zum einen das Europäische Parlament[684], der Rechnungshof und die Europäische Zentralbank, sofern ein Vorabentscheidungsverfahren die Gültigkeit oder Auslegung ihrer Handlungen betrifft. Darüber hinaus werden jedoch - wie gezeigt - de facto und ungeachtet der abstrakt zu formulierenden Vorlagefragen auch mitgliedstaatliche Normgeber auf zentralstaatlicher und gliedstaatlicher Ebene durch die Entscheidung des Gerichtshofs betroffen, sofern mitgliedstaatliche Normen den Anlaß der Vorlage bilden. Auch den Bundesländern und anderen regionalen Gebietskörperschaften sollte daher de lege ferenda unabhängig von ihrer Beteiligung am Ausgangsverfahren in denjenigen Fällen ein Äußerungsrecht vor dem Gerichtshof eingeräumt werden, in welchen die Vorabentscheidung anläßlich einer von ihnen erlassenen Norm eingeholt wird.

---

682 Umbach/Clemens, BVerfGG, § 82, Rn. 6.

683 Ähnlich Dauses, Gutachten, S. D 132 f.

684 Dauses, Gutachten, S. D 133.

E. Exkurs: Ungeschriebenes Zustimmungserfordernis für Länderauftritte vor dem Europäischen Gerichtshof

Bei der Erörterung der den Ländern und anderen Gebietskörperschaften in Verfahren vor dem Gerichtshof zustehenden eigenen prozessualen Rechte ist ein Problem ausgeklammert worden, das für sämtliche Verfahren Bedeutung erlangt: Möglicherweise ergibt sich aus dem Gemeinschaftsrecht das ungeschriebene Erfordernis einer Zustimmung der Bundesrepublik Deutschland zu dem Auftritt eines Landes in einem Verfahren vor dem Gerichtshof. Bejahendenfalls könnte die Bundesrepublik Deutschland, vertreten durch die Bundesregierung, durch die schlichte Verweigerung ihrer Zustimmung die Unzulässigkeit einer Länderbeteiligung bewirken. Aufgrund ihrer verfahrensübergreifenden Bedeutung wird diese Frage im Anschluß an die Erörterung der einzelnen Verfahrensarten untersucht. Außerdem ist zu klären, ob ein mögliches Zustimmungserfordernis für Länderauftritte vor dem Gerichtshof nach deutschem Verfassungsrecht sich auf ihre prozessuale Stellung im Gemeinschaftsverfahrensrecht auswirken kann.

I. Zustimmungserfordernis nach Gemeinschaftsrecht

1. Bisherige Gemeinschaftsrechtspraxis

Eine ungeschriebene Zulässigkeitsvoraussetzung, wonach die Zentralregierung eines Mitgliedstaates dem Auftritt einer regionalen Untergliederung dieses Staates vor dem Europäischen Gerichtshof zustimmen muß, ist vom Gerichtshof bisher noch nicht erörtert worden. Insbesondere hat der Gerichtshof in keinem der Verfahren, in welchen er prozessuale Handlungen von regionalen Gebietskörperschaften - etwa Nichtigkeitsklagen gemäß Art. 173 Abs. 2 EWGV a.F.[685], Streitbeitritte gemäß Art. 37 Satzung[686] oder Äußerungen gemäß Art. 20 Abs. 2 Satzung[687] - zuließ, die Zustimmung der jeweiligen Zentralregierung eingeholt oder auch nur problematisiert. Allerdings standen sich - soweit ersichtlich - auch noch in keinem Verfahren vor dem Gerichtshof ein Mitgliedstaat und eine seiner regionalen Untergliederungen mit kontroversen Rechtsauffassungen gegenüber.

---

685 EuGH Verb. Rs. 62 und 72/87 (Exécutif régional wallon und SA Glaverbel/Kommission), Slg. 1988, S. 1573 (1591 f.).

686 EuGH Verb. Rs. 3 bis 18, 25 und 26/58 (Barbara Erzbergbau u.a./Hohe Behörde), Slg. 1960, S. 373 ff.

687 EuGH Rs. 66/85 (Lawrie-Blum/Land Baden-Württemberg), Slg. 1986, S. 2121.

Diese Konstellation drohte indes in der Rs. "Gibraltar/Rat"[688], in welcher die Frage eines Zustimmungserfordernisses wenigstens oberflächlich angeschnitten wurde. Die Regierung von Gibraltar ging gemäß Art. 173 Abs. 2 EWGV a.F. gegen eine Richtlinie vor. Großbritannien machte als Streithelfer des Rates - wenn auch ohne nähere Begründung - geltend, die Klage sei unter anderem deshalb unzulässig, weil Gibraltar nicht gegen den Willen der Britischen Krone vor dem Gerichtshof prozessuale Schritte ergreifen dürfe[689]. Der Gerichtshof verneinte die Zulässigkeit der Klage schon mangels individuellen Betroffenseins Gibraltars durch die Richtlinie im Sinne des Art. 173 Abs. 2 EWGV a.F. und ging auf das britische Argument mit keinem Wort ein[690]. Trotzdem zeigt der Fall, welche Probleme bei unterschiedlichen Auffassungen eines Mitgliedstaates und einer "seiner" regionalen Gebietskörperschaften in Verfahren vor dem Gerichtshof auftreten können.

In der Literatur werden die Gesichtspunkte, welche für ein ungeschriebenes Zustimmungserfordernis sprechen könnten, nur ansatzweise erörtert[691].

2. Mögliche prozessuale Auswirkungen der Mediatisierung der staatlichen Gewalt der Mitgliedstaaten durch die Zentralregierung

Für das Erfordernis der Zustimmung des jeweiligen Mitgliedstaates zu prozessualen Schritten staatlicher Untergliederungen könnte der Grundsatz sprechen, daß die gesamte staatliche Gewalt eines Mitgliedstaates gegenüber der Gemeinschaft durch die Zentralregierung des jeweiligen Mitgliedstaates mediatisiert wird[692]. Besonders deutlich wird dieser Grundsatz im - aus Sicht der mitgliedstaatlichen Souveränität besonders sensiblen - Vertragsverletzungsverfahren gemäß Art. 169 EGV. Hier hat er zur Folge, daß die Mitgliedstaaten sich auch Vertragsverletzungen ihrer regionalen Gebietskörperschaften zurechnen lassen müssen[693]. Ihm entspricht es, daß Parteien im Vertragsverletzungsverfahren nur die Mitgliedstaaten, nicht aber deren regionale

---

688 EuGH Rs. C-298/89 (Gibraltar/Rat), Slg. 1993 I, S. 3605 ff.

689 EuGH Rs. C-298/89 (Gibraltar/Rat), Slg. 1993 I, S. 3605 (3609).

690 EuGH Rs. C-298/89 (Gibraltar/Rat), Slg. 1993 I, S. 3605 (3655 f.).

691 Kössinger, S. 31 ff.; Rudolf, AVR 27 (1989), S. 1 (3 ff.); vgl. auch Pieper, JA 1993, S. 42 (50 f.).

692 Ipsen, in: Festschrift Hallstein, S. 256; Kössinger, S. 141.

693 EuGH Rs. C-2/90 (Kommission/Belgien), Slg. 1992 I, S. 4431 (4471 ff.); G/T/E-Krück, Art. 169, Rn. 59.

Untergliederungen sind[694]. Wie gezeigt, stehen den Bundesländern nach geltendem Recht weder der Streitbeitritt noch die Drittwiderspruchsklage zu Gebote, um auf Vertragsverletzungsverfahren Einfluß zu nehmen, die von ihnen getroffene Maßnahmen zum Gegenstand hat.

Möglicherweise folgt als "Kehrseite" dieser Zurechnung, daß das Gemeinschaftsrecht in Ansehung der prozessualen Ausgestaltung von Verfahren vor dem Gerichtshof über den Bereich des nach wie vor landesblind ausgestalteten Vertragsverletzungsverfahrens hinaus in jeder Hinsicht die Zuständigkeit und den Willen der verantwortlichen Zentralregierung zu respektieren hat. Dies könnte bedeuten, daß regionale Gebietskörperschaften wie die Bundesländer in keinem Verfahren vor dem Gerichtshof ohne bzw. gegen den Willen der jeweiligen Zentralregierung auftreten dürfen.

Zudem ist zu berücksichtigen, daß es unstreitig domaine réservé der Mitgliedstaaten ist, in welcher Form sie sich innerstaatlich organisieren und ob sie überhaupt regionale Gebietskörperschaften kreieren, solange die Beachtung und der Vollzug des Gemeinschaftsrechts gewährleistet bleiben[695].

Der Bund, der - in den Grenzen des Grundgesetzes - die verfassungsrechtliche Kompetenz-Kompetenz für die Verteilung der staatlichen Gewalt auf Bund, Länder und Kommunen innehat[696], wird gegenüber der Gemeinschaft grundsätzlich durch das Organ Bundesregierung vertreten. Zwar vertritt gemäß Art. 59 Abs. 1 S. 1 GG der Bundespräsident die Bundesrepublik Deutschland völkerrechtlich. Es besteht indes Einigkeit darüber, daß dem Bundespräsidenten nur formale Vertretungsbefugnisse zustehen[697], während die materielle Wahrnehmung dieser Vertretung der Bundesregierung obliegt[698]. Zur Begründung wird überwiegend auf eine entsprechende gewohnheitsrechtliche bzw. stillschweigende Ermächtigung der Bundesregierung durch den Bundespräsidenten abgestellt[699] und teils von einem Tätigwerden der Bundesregie-

---

694 Ortlepp, S. 67.

695 Kössinger, S. 36 f.

696 Vgl. zur Kompetenzverteilung Isensee/Kirchhof-Isensee, Bd. III, § 59, Rn. 22 f.

697 Isensee-Kirchhof/Grewe, Bd. III, § 77, Rn. 40; Stern, Bd. II, S. 221, spricht von Repräsentation im "dekorativen" Sinne.

698 Isensee/Kirchhof-Bernhardt, Bd. VII, § 174, Rn. 9; Isensee/Kirchhof-Grewe, Bd. III, Rn. 55; Stern, Bd. II, S. 224 f.; Fastenrath, S. 215.

699 Bonner Kommentar-Menzel, Art. 59, Anm. II 1; Schmidt-Bleibtreu/Klein-Klein, Art. 59, Rn. 6; kritisch dazu von Münch-Rojahn, Art. 59, Rn. 6.

rung aus eigenem Recht gesprochen[700]. Dies spricht dafür, daß auch die Frage, in welcher Form der Mitgliedstaat Bundesrepublik Deutschland vor dem Gerichtshof rechtliche Positionen bezieht, etwa auf den Vorwurf einer Vertragsverletzung reagiert, vom Gemeinschaftsrecht nicht gegen den Willen der verantwortlichen Bundesregierung geregelt werden darf. Vielmehr bliebe es aus gemeinschaftsrechtlicher Sicht der Verfassungsordnung der Bundesrepublik Deutschland überlassen, ob und wie eine Berücksichtigung der Rechtsauffassungen der Bundesländer in Verfahren vor dem Gerichtshof durch die Bundesregierung zu erfolgen hat.

Schließlich ist zu berücksichtigen, daß das Gemeinschaftsprozeßrecht den Mitgliedstaaten durchweg die Möglichkeit eröffnet, die Ausübung der mit ihrem Status verbundenen prozessualen Rechte durch innerstaatliche Regelungen Vertretern der Gebietskörperschaften zu überlassen[701]. Diese durch das Gemeinschaftsrecht ermöglichte Wahlfreiheit der Mitgliedstaaten bei der Ausgestaltung des innerstaatlichen Procedere könnte dafür sprechen, auch die Ausübung eigener prozessualer Rechte der regionalen Gebietskörperschaften auf gemeinschaftsrechtlicher Ebene von der Zustimmung des jeweiligen Mitgliedstaates abhängig zu machen.

Aus diesen Gründen könnte das Gemeinschaftsrecht gehindert sein, prozessuale "Einmischungen" der Bundesländer gegen den Willen der Bundesregierung zuzulassen. Der Grundsatz der völkerrechtlichen Impermeabilität[702] der Staaten könnte sich im Gemeinschaftsrecht dahingehend auswirken, daß ein Auftreten der Bundesländer nicht gegen den Willen der Bundesregierung erfolgen darf. Für Länderauftritte vor dem Gerichtshof müßte dann eine ausdrückliche oder konkludente Genehmigung der Bundesregierung vorliegen.

3. Autonomie der Gemeinschaftsrechtsordnung

Zu bedenken ist, ob die vorstehende Betrachtungsweise der Eigenart und Autonomie der Gemeinschaftsrechtsordnung gerecht würde. Diese unterscheidet sich von gewöhnlichen völkerrechtlichen Verträgen dadurch, daß sie mit echten, aus der Übertragung von Hoheitsrechten der Mitgliedstaaten herrüh-

700 Fastenrath, S. 215; ähnlich Paal, S. 50 f.

701 Dauses, BayVBl. 1989, S. 609 (609); Schede, S. 185.

702 Bleckmann-Bleckmann, S. 367.

renden Hoheitsrechten ausgestattet ist. Damit haben die Mitgliedstaaten - wenn auch in begrenztem Umfang - ihre Souveränitätsrechte beschränkt[703].

Diese Beschränkung spricht dafür, daß sich die Mitgliedstaaten gegenüber der Gemeinschaft nicht mehr auf ihre Souveränität berufen können, soweit das Gemeinschaftsprozeßrecht regionalen Gebietskörperschaften eigene prozessuale Rechte vor dem Gerichtshof einräumt. Es erscheint daher zweifelhaft, ob die Zulässigkeit eines Auftretens der Bundesländer über die im Gemeinschaftsprozeßrecht fixierten Voraussetzungen und Beschränkungen hinaus an das Einverständnis der Bundesregierung geknüpft werden darf.

Dabei ist zu berücksichtigen, daß juristische Meinungsverschiedenheiten zwischen Mitgliedstaaten und deren regionalen Gebietskörperschaften auf gemeinschaftsprozessualer Ebene in mehreren Konstellationen denkbar sind:

So könnte in einem Vorlageverfahren gemäß Art. 177 EGV ein am Ausgangsverfahren beteiligtes und daher vor dem Gerichtshof gemäß Art. 20 Abs. 2 Satzung äußerungsberechtigtes Bundesland[704] eine andere Rechtsauffassung vertreten als die - durch die Bundesregierung vertretene - ebenfalls gemäß Art. 20 Abs. 2 Satzung äußerungsberechtigte Bundesrepublik Deutschland. Ähnliches würde gelten, wenn die Bundesrepublik Deutschland nach dem Beispiel Großbritanniens in der Rs. "Gibraltar/Rat"[705] in einem durch ein Bundesland eingeleiteten Nichtigkeitsverfahren gemäß Art. 173 EGV auf Seiten des beklagten Gemeinschaftsorgans von ihrem privilegierten Interventionsrecht gemäß Art. 37 Abs. 1 Satzung Gebrauch machen würde. Entsprechendes gilt für eine durch ein Bundesland gemäß Art. 175 EGV erhobene Untätigkeitsklage.

Art. 34 Satzung EGKS, der in Abweichung von Art. 37 Satzung Interventionen natürlicher oder juristischer Personen in allen Verfahrensarten zuläßt, zeigt, daß im Bereich des EGKS auch umgekehrt ein Streitbeitritt eines Bundeslandes sogar in einem verfassungsrechtlichen Verfahren zwischen der Bundesrepublik Deutschland und einem Gemeinschaftsorgan möglich wäre[706]. Als

---

[703] EuGH Rs. 6/64 (Costa/ENEL), Slg. 1964, S. 1251 (1269); vgl. Léontin-Jean Constantinesco, S. 640.

[704] Wie etwa das Land Baden-Württemberg in EuGH Rs. 66/85 (Lawrie-Blum), Slg. 1986, S. 2121 (2143).

[705] EuGH Rs. C-298/89 (Gibraltar/Rat), Slg. 1993 I, S. 3605 (3607).

[706] Rengeling/Middeke/Gellermann, S. 358.

Beispiel sei das der Aufsichtsklage nach Art. 169 EGV entsprechende Verfahren nach Art. 88 EGKSV genannt.

Mit der Eigenständigkeit der gemeinschaftsrechtlichen Rechtsordnung erscheint es nicht vereinbar, in allen diesen Fällen die Wahrnehmung prozessualer Rechte durch regionale Gebietskörperschaften an das Einverständis der jeweiligen Zentralregierung zu knüpfen. Eine derartige Beschränkung würde übersehen, daß die Mitgliedstaaten ihre Souveränitätsrechte auch in Ansehung des Gemeinschaftsprozeßrechts eingeschränkt haben[707]. Danach bleibt es zwar den Mitgliedstaaten überlassen, ob und in welcher Form sie staatliche Untergliederungen mit eigener Rechtspersönlichkeit schaffen. Sofern solche Untergliederungen jedoch existieren und das Gemeinschaftsrecht ihnen bestimmte prozessuale Rechte einräumt, muß der jeweilige Mitgliedstaat die Geltendmachung dieser Rechte auch gegen sich hinnehmen.

Diese Einschätzung wird zudem durch die Akzente bekräftigt, die der EUV im Sinne einer behutsamen Einbeziehung föderativer Grundsätze in die Gemeinschaftsrechtsordnung[708] setzt. Die Anerkennung der Stellung der Gebietskörperschaften im institutionellen Gefüge der Union durch die Schaffung eines Regionalausschusses[709], die aus der Neufassung des Art. 146 EGV resultierende Möglichkeit einer Beteiligung von Länderministern an der Arbeit des Rates[710], die Pflicht der Gemeinschaftsorgane zur Achtung der Identität der Mitgliedstaaten[711], die Festschreibung des Subsidiaritätsprinzips[712] und die Länderkompetenzen schonende neue Regelungstechnik des Ausschlusses der Angleichung von mitgliedstaatlichen Rechtsvorschriften in mehreren Politikbereichen[713] sind die wichtigsten dieser Neuerungen, welche die Annahme einer Landesblindheit auch des Gemeinschaftsprozeßrechts[714] als überholt erscheinen lassen[715].

---

707 Vgl. Fasselt-Rommé, S. 45.

708 Hilf, VVDStRL 53 (1994), S. 7 (10).

709 Neßler, EuR 1994, S. 216 (225).

710 Pernice, DVBl. 1993, S. 909 (916 f.).

711 Epiney, EuR 1994, S. 301 (307).

712 Oppermann/Classen, NJW 1993, S. 5 (8).

713 Kleffner-Riedel, S. 99 ff.

714 So noch Kössinger, S. 139.

715 Bleckmann, DVBl. 1992, S. 335 (338); Wuermeling, EuR 1993, S. 196 (196).

Folglich trägt das zur Begründung eines ungeschriebenen Zustimmungserfordernisses herangezogene Argument der Mediatisierung der gesamten staatlichen Gewalt der Mitgliedstaaten durch die jeweilige Zentralregierung nur noch für den Bereich des Vertragsverletzungsverfahrens. Wie gezeigt wurde, wirkt dort die bisherige Landesblindheit auch unter der Geltung des EUV noch fort. In jenem Verfahren ist aber nach geltendem Recht eine Länderbeteiligung ohnehin ausgeschlossen, so daß sich die Frage eines Zustimmungserfordernisses überhaupt nicht stellt. Für die anderen Verfahrensarten lassen sich hingegen aus den Begriffen Landesblindheit und Mediatisierung der Staatsgewalt keine Rückschlüsse mehr ziehen, da sie das Gemeinschaftsrecht nicht mehr durchgehend prägen und einem gewissen "Landesbewußtsein" gewichen sind.

Es wäre widersinnig, einerseits die eigenständige institutionelle Stellung der Länder und anderer Gebietskörperschaften anzuerkennen, sie in bedeutendem Umfang in das gemeinschaftsrechtliche Vollzugssystem einzubinden und ihnen folgerichtig - insbesondere im Bereich der Nichtigkeitsklage - angemessene Rechtsschutzmöglichkeiten zu gewähren, sie aber andererseits hinsichtlich der Ausübung dieser Möglichkeiten gleichsam unter die Vormundschaft der Bundesregierung oder anderer Zentralregierungen zu stellen.

Aus diesen Gründen ist ein ungeschriebenes Erfordernis des Gemeinschaftsprozeßrechts, demzufolge Länderauftritte vor dem Gerichtshof der Zustimmung der Bundesregierung bedürften, abzulehnen.

II. Gemeinschaftsrechtliche Auswirkungen eines eventuellen Zustimmungserfordernisses nach deutschem Verfassungsrecht

Denkbar erscheint auch, daß das deutsche Verfassungsrecht eigenständige Auftritte der Bundesländer vor dem Gerichtshof entweder untersagt oder zumindest von der Zustimmung der Bundesregierung abhängig macht. Bejahendenfalls könnte die Bundesregierung die verfassungsrechtlichen Grenzen dieser Auftritte möglicherweise im Wege eines Bund-Länder-Streits gemäß Art. 93 Abs. 1 Nr. 3 GG oder durch einen Antrag auf Erlaß einer entsprechenden einstweiligen Anordnung gemäß § 32 BVerfGG vor dem Bundesverfassungsgericht durchsetzen. Der Ansatzpunkt einer verfassungsrechtlichen Prüfung dieser Fragen wäre die grundsätzliche Alleinvertretungszuständigkeit der Bundesregierung in auswärtigen Angelegenheiten gemäß Art. 32 Abs. 1 GG[716]. Hier können sie indes dahinstehen, wenn sich ihre Beurteilung nicht auf die eigenen gemeinschaftsprozessualen Rechte der Länder in Verfahren vor dem Gerichtshof auswirken würde.

Nach dem Grundsatz vom Vorrang des Gemeinschaftsrechts[717] würde eine verfassungsgerichtliche Entscheidung, welche den Bundesländern die Inanspruchnahme von gemeinschaftsrechtlich gewährten Rechtsschutzmöglichkeiten verwehrte, eine Vertragsverletzung der Bundesrepublik Deutschland im Sinne des Art. 169 EGV darstellen. Da das Bundesverfassungsgericht den Vorrang des Gemeinschaftsrechts in den Grenzen des Art. 24 Abs. 1 GG a.F. - heute Art. 23 Abs. 1 GG[718] - anerkennt[719], hätte ein Bund-Länder-Streit bzw. ein Antrag auf Erlaß einer einstweiligen Anordnung in derartigen Fällen keine Aussicht auf Erfolg. Aus diesem Grunde kann hier ein etwaiges Zustimmungerfordernis nach deutschem Verfassungsrecht dahinstehen, da es sich ohnehin nicht auf gemeinschaftsrechtlicher Ebene auswirken könnte[720].

III. Ergebnis und Ausblick

Eine ungeschriebene gemeinschaftsrechtliche Zulässigkeitsvoraussetzung, nach der die Ausübung eigener prozessualer Rechte der Länder oder vergleichbarer regionaler Gebietskörperschaften vor dem Gerichtshof stets der Zustimmung der Zentralregierung des jeweiligen Mitgliedstaates bedürfte, ist abzulehnen.

Im Bereich des aus der Sicht der mitgliedstaatlichen Souveränität besonders sensiblen Vertragsverletzungsverfahrens, in dessen Ausgestaltung der Grundsatz der Landesblindheit des EWGV a.F. noch fortwirkt, stellt sich die Frage nach dem Zustimmungserfordernis mangels entsprechender Beteiligungsmöglichkeiten der Länder ohnehin nicht. Sie wird sich aber auch dann nicht stellen,

---

716 Pieper, JA 1993, S. 42 (50 f.); Neßler, EuR 1994, S. 216 (217).

717 Ständige Rechtsprechung seit EuGH Rs. 26/62 (Van Gend & Loos), Slg. 1963, S. 1 (25 f.); Rs. 6/64 (Costa/ENEL), Slg. 1964, S. 1251 (1269); Rs. 106/77 (Simmenthal II), Slg. 1978, S. 629 (644).

718 Zum Verhältnis des Art. 23 GG n.F. zu Art. 24 Abs. 1 GG Sommermann, DÖV 1994, S. 596 (603).

719 BVerfGE 73, S. 339 ff. ("Solange II"); dazu Hilf, EuGRZ 1987, S. 1 ff.; auf diese Entscheidung bezieht sich das BVerfG in seiner Maastricht-Entscheidung, BVerfGE 89, S. 155 (175), und verdeutlicht damit, daß es die "Solange II"-Lehre im Kern nicht in Frage stellt; vgl. Schröder, DVBl. 1994, S. 316 (323); Bleckmann-Pieper, RIW 1993, S. 969 (972 ff.); Wittkowski, BayVBl. 1994, S. 359 (362); Horn, DVBl. 1995, S. 89 (90); Streinz, EuZW 1994, S. 329 (331).

720 Ähnlich Pieper, JA 1993, S. 42 (50 f.).

wenn die prozessuale Stellung der Länder dort künftig im hier vorgeschlagenen Sinne - etwa durch die Einführung des Instituts der notwendigen Beiladung - gestärkt werden sollte.

Ein nach deutschem Verfassungsrecht möglicherweise bestehendes Zustimmungserfordernis könnte sich somit aufgrund des Vorrangs des Gemeinschaftsrechts nicht auf die eigenen prozessualen Rechte der Länder vor dem Gerichtshof auswirken.

Fünftes Kapitel

Mittelbare Teilhabe der Bundesländer an der prozessualen Stellung der Bundesrepublik Deutschland vor dem Europäischen Gerichtshof

A. Anwendungsbereiche für eine mittelbare Länderbeteiligung

Das Gemeinschaftsprozeßrecht gewährt den Ländern in einigen Verfahrensarten eigene prozessuale Rechte vor dem Gerichtshof. Ergänzend ist unter mehreren Gesichtspunkten zu prüfen, ob und unter welchen Voraussetzungen die Länder auf innerstaatlichem Wege eine Teilhabe an der privilegierten prozessualen Stellung der Bundesrepublik Deutschland als Mitgliedstaat der Europäischen Union erzwingen können.

Wie gezeigt, steht das Gemeinschaftsrecht einer derartigen Teilhabe nicht entgegen[1]. Zudem gestattet das im Hinblick auf die Länderkompetenzen besonders relevante Vertragsverletzungsverfahren keine unmittelbare Länderbeteiligung vor dem Gerichtshof. Entprechendes gilt für diejenigen Vorabentscheidungsverfahren, in denen die Länder nicht als Parteien des Ausgangsverfahrens gemäß Art. 20 Satzung äußerungsberechtigt sind, und für andere Verfahren, in denen die Bundesrepublik Deutschland privilegiert äußerungsberechtigt ist.

Im Bereich der Nichtigkeits- und Untätigkeitsklage schließlich bleibt abzuwarten, ob der Gerichtshof der hier vertretenen Auffassung folgt und den Ländern eine beschränkt privilegierte Klageberechtigung zuspricht. Es steht zu hoffen, daß der Gerichtshof hier im Lichte der durch den EUV bewirkten Änderungen eine Korrektur seiner bisherigen, auf der Landesblindheit des Gemeinschaftsrechts unter der Geltung des EWGV a.F. beruhenden Einordnung der Länder in die Gruppe der nichtprivilegierten natürlichen und juristischen Personen vornimmt, ohne daß es einer Änderung des geschriebenen Gemeinschaftsprozeßrechts im Sinne der in der Literatur erarbeiteten Vor-

---

1 Schede, S. 185; Dauses, BayVBl. 1989, S. 609 (609).

schläge[2] bedarf. Solange der Gerichtshof eine solche Klärung noch nicht herbeigeführt hat, müssen die Länder auch für die Nichtigkeits- und die Untätigkeitsklage prüfen, ob die Möglichkeit besteht, an den privilegierten Klagerechten der Bundesrepublik Deutschland durch innerstaatliche Mechanismen teilzuhaben.

B. Varianten einer mittelbaren Länderbeteiligung

Konstruktiv kommt eine mittelbare Teilhabe der Länder an den gemeinschaftsprozessualen Rechten der Bundesrepublik Deutschland vor dem Gerichtshof in zweierlei Weise in Betracht:

Einerseits könnten die Länder durch den Bundesrat an diesen Rechten teilhaben[3]. In diesem Falle würde dem einzelnen Land die mittelbare Beteiligung an einem Verfahren vor dem Gerichtshof also durch den Bundesrat vermittelt, so daß eine zweifach gestufte mittelbare Beteiligung vorläge.

Andererseits kann ein einzelnes Land möglicherweise auch direkt über den Bund die Einleitung eines Verfahrens vor dem Gerichtshof erreichen oder auf ein bereits anhängiges Verfahren Einfluß nehmen[4]. Dann würde sich zusätzlich die Frage stellen, wie sich widerstrebende Rechtsauffassungen einzelner Länder zum Ausgleich bringen ließen.

In Verfolgung beider Ansätze wird hier zunächst die durch den Bundesrat vermittelte Teilhabe der Länder an prozessualen Rechten der Bundesrepublik Deutschland vor dem Gerichtshof untersucht. Anschließend bleibt zu klären, ob bzw. unter welchen Voraussetzungen auch einzelne Länder auf die Geltendmachung dieser Rechte Einfluß nehmen können.

C. Durch den Bundesrat vermittelte Teilhabe der Bundesländer an gemeinschaftsprozessualen Rechten der Bundesrepublik Deutschland

Seit den im Zusammenhang mit der Gründung der Europäischen Union vorgenommenen Verfassungsänderungen enthält das Grundgesetz im zweiten Absatz und in den Absätzen vier bis sieben des neuen Art. 23 erstmals Regelungen über eine durch den Bundesrat vermittelte Beteiligung der Länder an

---

2 Dauses, Gutachten, S. D 113 ff.

3 Morawitz/Kaiser, S. 116 ff.; Schede, S. 182 ff.

4 Vgl. Joos/Scheurle, EuR 1989, S. 226 (232).

der integrationspolitischen Willensbildung und -betätigung des Bundes[5]. Konkretisiert wird diese doppelt mittelbare Beteiligung durch das auf der Grundlage von Art. 23 Abs. 7 GG erlassene Gesetz über die Zusammenarbeit von Bund und Ländern in Angelegenheiten der Europäischen Union[6]. Die in diesem Gesetz getroffenen Regelungen wurden ihrerseits durch eine gemäß § 9 EUZBLG abgeschlossene Bund-Länder-Vereinbarung näher ausgestaltet[7].

Das EUZBLG ist an die Stelle der bisher geltenden Beteiligungsregelung in Art. 2 des deutschen Zustimmungsgesetzes zur Einheitlichen Europäischen Akte[8] getreten. Diese betraf lediglich die innerstaatliche Mitwirkung des Bundesrates an der integrationspolitischen Willensbildung des Bundes bezüglich des gemeinschaftsrechtlichen Beschlußverfahrens im Rat und in Beratungsgremien der Kommission[9]. Mitspracherechte bei der Prozeßführung der Bundesrepublik vor dem Gerichtshof räumte sie hingegen weder dem Bundesrat noch den einzelnen Ländern ein.

I. § 7 EUZBLG und Abschnitt V BLV-EU im Wortlaut

Der durch den Bundesrat vermittelten Teilhabe der Länder an gemeinschaftsprozessualen Rechten der Bundesrepublik Deutschland widmen sich § 7 EUZBLG und der V. Abschnitt der BLV-EU.

§ 7 EUZBLG lautet:

> (1) Die Bundesregierung macht auf Verlangen des Bundesrates unbeschadet eigener Klagerechte der Länder von den im EUV vorgesehenen Klagemöglichkeiten Gebrauch, soweit die Länder durch ein Handeln oder Unterlassen von Organen der Union in Bereichen ihrer Gesetzgebungsbefugnisse betroffen sind und der Bund kein Recht zur Gesetzgebung hat. Dabei ist die gesamtstaatliche Verantwortung des Bundes, einschließlich außen-, verteidigungs- und integrationspolitisch zu bewertender Fragen, zu wahren.
>
> (2) Absatz 1 gilt entsprechend, wenn die Bundesregierung im Verfahren vor dem Europäischen Gerichtshof Gelegenheit zur Stellungnahme hat.
>
> (3) Hinsichtlich der Prozeßführung vor dem Europäischen Gerichtshof stellt die Bundesregierung in den in den Absätzen 1 und 2 genannten Fällen sowie für Ver-

---

5 Ausführlich zur Bundesratsbeteiligung nach dem neuen Art. 23 GG Schede, S. 45 ff.

6 BGBl. 1993 I S. 313; im folgenden "EUZBLG"; Morawitz/Kaiser, S. 86 ff.

7 Bundesanzeiger 1993 Nr. 226 S. 10425: Im folgenden "BLV-EU"; vgl. dazu Borchmann, EuZW 1994, S. 172 f.

8 Ress, EuGRZ 1987, S. 361 (363 ff.); Borchmann, AöR 112 (1987), S. 586 (605 ff.).

9 Borchmann, AöR 112 (1987), S. 586 (616 ff.).

> tragsverletzungsverfahren, in denen die Bundesrepublik Deutschland Partei ist, mit dem Bundesrat Einvernehmen her, soweit Gesetzgebungsbefugnisse der Länder betroffen sind und der Bund kein Recht zur Gesetzgebung hat.

Ergänzend legt Abschnitt V der BLV-EU unter der Überschrift "Verfahren vor den Europäischen Gerichten" folgendes fest:

> 1. Im Hinblick auf die hier zu wahrenden Verfahrensfristen unterrichtet die Bundesregierung den Bundesrat unverzüglich von allen Dokumenten und Informationen über Verfahren vor dem Europäischen Gerichtshof und dem Gericht erster Instanz, an denen die Bundesregierung beteiligt ist. Dies gilt auch für Urteile zu Verfahren, an denen sich die Bundesregierung beteiligt.
>
> 2. Macht die Bundesregierung bei Vorliegen der Voraussetzungen von § 7 Abs. 1 EUZBLG auf Beschluß des Bundesrates von den im Vertrag über die Europäische Union vorgesehenen Klagemöglichkeiten Gebrauch, so fertigt sie die entsprechende Klageschrift. Von den Ländern wird hierfür rechtzeitig eine ausführliche Stellungnahme zur Sache zur Verfügung gestellt.
>
> 3. Nr. 2 gilt entsprechend, wenn die Bundesregierung in Verfahren vor dem Europäischen Gerichtshof Gelegenheit zur Stellungnahme hat.

II. Auslegungsfragen

Die durch § 7 EUZBLG i.V.m. dem V. Abschnitt der BLV-EU getroffenen Regelungen werfen eine Reihe von Auslegungsproblemen auf: Fraglich ist zunächst, auf welche gemeinschaftsprozessualen Rechte der Bundesrepublik Deutschland sich die Beteiligungsrechte des Bundesrates erstrecken sollen. Darüber hinaus ist klärungsbedürftig, in welchen Gesetzgebungsbereichen eine solche Beteiligung in Betracht kommt. Schließlich ist zu prüfen, ob der Bundesregierung oder dem Bundesrat ein Letztentscheidungsrecht für den Fall einzuräumen ist, daß sie hinsichtlich der Verhandlungsführung vor dem Gerichtshof kein Einvernehmen erzielen.

Sämtliche Fragen sollen zunächst ausschließlich anhand von Wortlaut, Systematik und Zweck der durch das EUZBLG getroffenen Regelungen untersucht werden. Die so gefundenen Antworten stehen unter dem Vorbehalt einer sich anschließenden verfassungsrechtlichen Überprüfung.

1. Verfahrensmäßiger Anwendungsbereich des § 7 EUZBLG

§ 7 EUZBLG unterscheidet zwischen drei Beteiligungsformen. Im ersten Absatz geht es um die privilegierte Aktivlegitimation der Bundesrepublik für Nichtigkeits- und Untätigkeitsklagen. Der zweite Absatz betrifft ihr privilegiertes Recht, Stellungnahmen vor dem Gerichtshof abzugeben. Der dritte

Absatz schließlich erstreckt die Beteiligung des Bundesrates auch auf die Passivlegitimation der Bundesrepublik in Vertragsverletzungsverfahren. In allen drei Beteiligungsfällen liegt die Prozeßführung nach dem Wortlaut der Regelung bei der Bundesregierung.

a) "Im EUV vorgesehene Klagemöglichkeiten"

Ein schlichtes Redaktionsversehen dürfte dem Gesetzgeber bei der Formulierung "im Vertrag über die Europäische Union vorgesehene Klagemöglichkeiten" in § 7 Abs. 1 S. 1 EUZBLG unterlaufen sein. Dieser Vertrag schließt nämlich die Zuständigkeit des Gerichtshofs für die im EUV getroffenen Regelungen - etwa die Gemeinsame Außen- und Sicherheitspolitik - in Art. L weitestgehend aus[10]. Nichtigkeits- und Untätigkeitsklagen, auf welche § 7 Abs. 1 S. 1 EUZBLG abzielt, können nicht aufgrund des EUV erhoben werden, sondern aufgrund des EGV, des EAGV und des EGKSV. Der EUV sieht lediglich Änderungen der einschlägigen Bestimmungen in den genannten drei Verträgen vor[11]. Andere Verfahrensarten wie etwa die Staatenklage gemäß Art. 170 EGV, auf die sich die Beteiligung des Bundesrates gemäß § 7 Abs. 2 EUZBLG ebenfalls erstrecken kann, bleiben durch den EUV unberührt. Hier macht die für § 7 Abs. 2 EUZBLG entsprechend geltende Bezugnahme auf die im EUV vorgesehenen Klagemöglichkeiten keinen Sinn. Folglich ist § 7 EUZBLG dahin auszulegen, daß mit der Formulierung "im Vertrag über die Europäische Union vorgesehene Klagemöglichkeiten" die Klagemöglichkeiten in EGV, EAGV und EGKSV gemeint sind[12].

b) "Gelegenheit zur Stellungnahme"

Auslegungsbedürftig ist die Formulierung "Gelegenheit zur Stellungnahme" in § 7 Abs. 2 EUZBLG. Die systematische Zusammenschau mit den Absätzen 1 und 3 der Vorschrift macht zunächst deutlich, daß dieser Formulierung eine über die prozessualen Rechte der Bundesrepublik als Partei in Nichtigkeits-, Untätigkeits- und Vertragsverletzungsverfahren hinausgehende Bedeutung zukommen soll. Anderenfalls hätte der Gesetzgeber die Aussage des zweiten Absatzes nicht zwischen, sondern hinter die Vorschriften über die genannten

10 Hans Georg Fischer, EuZW 1994, S. 747 (749); Everling, ZfRV 1992, S. 241 (249); Oppermann, DVBl. 1994, S. 901 (901); Oppermann/Classen, Aus Politik und Zeitgeschichte 1993, Heft 28, S. 11 (16); Hilf, EuZW 1995, S. 7 (8); Lautenschlager, EuR 1994, Beiheft 1, S. 127 (133).

11 Nenstiel, JR 1993, S. 485 (486 ff.).

12 Diesem Verständnis folgt auch Schede, S. 182 ff.

drei Verfahrensarten gestellt. Daher erfaßt § 7 Abs. 2 EUZBLG jedenfalls die privilegierten Äußerungsrechte der Bundesrepublik Deutschland als Mitgliedstaat in Vorabentscheidungsverfahren gemäß Art. 20 Abs. 2 Satzung[13].

Fraglich ist aber, ob § 7 Abs. 2 EUZBLG darüber hinaus auch auf die privilegierte Interventionsberechtigung der Mitgliedstaaten nach Art. 37 Abs. 1 Satzung abhebt. Dagegen spricht, daß dem Intervenienten gemäß Art. 37 Abs. 3 Satzung im Verfahren vor dem Gerichtshof Antragsrechte zustehen, die über die bloße Äußerung oder Stellungnahme hinausgehen. So kann er etwa im Rahmen des Streithilfeantrags jedes Angriffs- und Verteidigungsmittel selbständig vorbringen[14]. Im Vergleich dazu sind die nach Art. 20 Abs. 2 Satzung im Vorabentscheidungsverfahren Äußerungsberechtigten nicht in der Lage, über ihre Äußerung hinaus auf den Gegenstand des Verfahrens Einfluß zu nehmen[15].

Die allgemein gehaltene Wortwahl "Gelegenheit zur Stellungnahme" in § 7 Abs. 2 EUZBLG deutet indes darauf hin, daß sich der Anwendungsbereich der Vorschrift nicht im Vorabentscheidungsverfahren gemäß Art. 177 EGV erschöpfen soll. Sonst hätte nämlich eine ausdrückliche Bezugnahme auf diese Verfahrensart nahegelegen, wie sie § 7 Abs. 3 EUZBLG für das Vertragsverletzungsverfahren enthält. Entscheidend für eine Einbeziehung der Streithilfe spricht zudem, daß sie für den Bereich der streitigen Verfahren ähnliche Funktionen erfüllt wie die privilegierte Äußerungsberechtigung der Mitgliedstaaten nach Art. 20 Abs. 2 Satzung für das Vorabentscheidungsverfahren, in welchem ein "Streit"beitritt aufgrund der nichtkontradiktorischen Natur des Verfahrens schon begrifflich nicht in Frage kommt[16].

Zudem verdeutlicht die Erwähnung von Verfahren vor dem Gericht erster Instanz im V. Abschnitt der BLV-EU, daß sich der Anwendungsbereich der Beteiligungsregelung nicht auf Vorabentscheidungsverfahren sowie Nichtigkeits-, Untätigkeits- und Vertragsverletzungsverfahren, in denen die Bundesrepublik Deutschland Partei ist, beschränken kann. Nach der geltenden Rechtslage besitzt das Gericht erster Instanz nämlich weder für Vorabentscheidungs-

---

13 Morawitz/Kaiser, S. 117; Schede, S. 183; Oschatz/Risse, DÖV 1995, S. 437 (448).

14 G/T/E-Wolf, Art. 37 Satzung, Rn. 8 ff.

15 EuGH Rs. 5/72 (Grassi), Slg. 1972, S. 443 (448); Rengeling/Middeke/Gellermann, S. 213.

16 Rengeling/Middeke/Gellermann, S. 191.

verfahren noch für Verfahren, an denen Mitgliedstaaten als Parteien beteiligt sind, eine Zuständigkeit[17].

Schließlich entspricht eine Einbeziehung des Streitbeitritts auch dem Sinn und Zweck der Beteiligungsregelung, wonach den Ländern durch den Bundesrat immer dann Mitspracherechte eingeräumt werden sollen, wenn ein Verfahren vor dem Gerichtshof Bereiche betrifft, für welche sie nach dem Grundgesetz die Gesetzgebungskompetenz innehaben. Dies kann auch außerhalb des Vorabentscheidungsverfahrens, etwa bei einer durch die Kommission gegen einen anderen Mitgliedstaat als die Bundesrepublik Deutschland erhobenen Aufsichtsklage, der Fall sein. Hier kommt eine Stellungnahme der Bundesrepublik - und damit mittelbar des Bundesrates - nur aufgrund eines Streitbeitritts gemäß Art. 37 Abs. 1 Satzung in Betracht[18].

Als Ergebnis bleibt festzuhalten, daß die Formulierung "Gelegenheit zur Stellungnahme" in § 7 Abs. 2 EUZBLG nicht nur die privilegierte Äußerungsberechtigung der Bundesrepublik Deutschland in Vorabentscheidungsverfahren gemäß § 20 Abs. 2 Satzung betrifft, sondern auch ihre in streitigen Verfahren vor dem Gerichtshof stets bestehende privilegierte Interventionsberechtigung gemäß Art. 37 Abs. 1 Satzung[19].

c) "Unbeschadet eigener Klagerechte der Länder"

Nach dem Wortlaut des § 7 Abs. 1 S. 1 EUZBLG besteht die Klageverpflichtung der Bundesregierung "unbeschadet eigener Klagerechte der Länder". In der Literatur ist daraus gefolgert worden, die Bundesregierung müsse nur klagen, "wenn die Länder selbst nicht eigene Klagerechte haben"[20]. Diese Auslegung ist mit dem natürlichen Sinn des Wortes "unbeschadet" kaum zu vereinbaren. Vielmehr stellt die Formulierung überflüssigerweise klar, daß eigene, aus dem Gemeinschaftsrecht resultierende prozessuale Rechte der Länder durch die Regelung in § 7 Abs. 1 EUZBLG nicht berührt werden. Sofern derartige Rechte bestehen, kommt den Ländern ein Wahlrecht zu: Sie können den Europäischen Gerichtshof entweder selbst anrufen oder die Bundesregierung durch Mehrheitsbeschluß des Bundesrates zur Klage ver-

17 Nenstiel, JR 1993, S. 485 (487; 489; 491).

18 Vgl. G/T/E-Wolf, Art. 37 Satzung, Rn. 1.

19 I. E. wohl wie hier Schede, S. 183: § 7 Abs. 2 EUZBLG finde "insbesondere" auf Vorabentscheidungsverfahren Anwendung; ähnlich Morawitz/Kaiser, S. 117: Das Vorabentscheidungsverfahren stelle den "Schwerpunkt" für die Anwendung der Vorschrift dar.

20 Morawitz/Kaiser, S. 117.

pflichten. Regelmäßig werden sie in derartigen Situationen einer eigenen Klage den Vorzug geben, weil sie die Verhandlungsführung vor dem Gerichtshof dann eigenverantwortlich gestalten können. Eine Verpflichtung der Bundesregierung zur Klageerhebung gemäß § 7 Abs. 1 S. 1 EUZBLG kommt nach dem Wortlaut der Vorschrift aber auch neben einer Länderklage vor dem Europäischen Gerichtshof in Betracht.

d) "Beteiligung" an Verfahren vor dem Europäischen Gerichtshof

Klärungsbedürftig ist schließlich, wann die Bundesregierung an einem Verfahren vor dem Gerichtshof im Sinne der BLV-EU "beteiligt" ist und daher den Bundesrat unverzüglich über das betreffende Verfahren unterrichten muß. Die Formulierung in der BLV-EU ist schon deshalb unglücklich, weil nicht die Bundesregierung, sondern die Bundesrepublik Deutschland an Verfahren vor dem Gerichtshof beteiligt ist.

Auch eine Beteiligung der Bundesrepublik Deutschland liegt jedoch erst dann vor, wenn diese entweder Partei in einem streitigen Verfahren ist oder von ihren privilegierten Äußerungs- und Interventionsrechten bereits Gebrauch gemacht hat. In diesen Fällen hat eine unverzügliche Unterrichtung des Bundesrates zu erfolgen.

Die bloße Berechtigung zur Äußerung gemäß Art. 20 Abs. 2 Satzung oder zur Intervention gemäß Art. 37 Abs. 1 Satzung führt hingegen noch nicht zu einer Beteiligung im technischen Sinne. Gleichwohl muß eine Unterrichtungspflicht der Bundesregierung schon in diesen Fällen angenommen werden, damit § 7 Abs. 2 EUZBLG nicht von vornherein leerläuft. Folglich ist von einer "Beteiligung" im Sinne der BLV-EU schon dann auszugehen, wenn die Bundesregierung gemäß Art. 20 Abs. 2 bzw. gemäß Art. 37 Abs. 1 Satzung äußerungs- bzw. interventionsberechtigt ist.

Daher hat die Bundesregierung den Bundesrat unverzüglich zu informieren, sobald ihr durch den Kanzler des Gerichtshofs gemäß Art. 20 Abs. 1 S. 2 Satzung die Vorlageentscheidung eines mitgliedstaatlichen Gerichts zugestellt worden ist[21]. Bei anderen - streitigen - Verfahren vor dem Gerichtshof, deren Einleitung der Bundesregierung trotz ihrer nach Art. 37 Abs. 1 Satzung stets bestehenden privilegierten Interventionsberechtigung nicht amtlich zur Kenntnis gebracht wird, muß der Bundesrat hingegen ebenso wie die Bundesregierung selbst auf die Möglichkeit verwiesen werden, gemäß Art. 16 § 5 VerfO

21 Zum Ablauf des Verfahrens Gündisch, S. 107 ff.

das Register des Gerichtshofs einzusehen oder sich über die erhobenen Rechtsstreitigkeiten im Amtsblatt Teil C zu informieren[22].

2. *Betroffene Gesetzgebungsbereiche*

Voraussetzung für eine Beteiligung der Länder durch den Bundesrat ist nach § 7 EUZBLG jeweils, daß Gesetzgebungskompetenzen der Länder betroffen sind und der Bund kein Recht zur Gesetzgebung hat. Danach werden zunächst diejenigen Gesetzgebungsbereiche erfaßt, für welche das Grundgesetz dem Bund überhaupt keine Gesetzgebungskompetenz zuweist. Ein Recht zur Gesetzgebung hat der Bund jedoch auch in den Bereichen der konkurrierenden Gesetzgebungskompetenzen und der Rahmengesetzgebungskompetenzen nicht, wenn die Voraussetzungen für sein Tätigwerden gemäß Art. 72 Abs. 2 GG nicht vorliegen[23]. Sind diese Voraussetzungen gegeben, so ist unerheblich, ob der Bund sein Recht zur Gesetzgebung tatsächlich ausgeübt hat[24]. Anderenfalls würde er gleichsam zum Tätigwerden gezwungen, um eine mögliche "Einmischung" der Länder zu vermeiden. Dies würde auch den Interessen der Länder zuwiderlaufen[25].

Die Beteiligungsregelung in § 7 EUZBLG findet demnach sowohl in denjenigen Bereichen Anwendung, in welchen der Bund überhaupt keine Gesetzgebungskompetenzen besitzt, als auch in den Bereichen der konkurrierenden und der Rahmengesetzgebungskompetenzen, sofern die Voraussetzungen für ein Tätigwerden des Bundes nicht vorliegen[26]. Somit scheiden lediglich die ausschließlichen Gesetzgebungskompetenzen des Bundes gemäß Art. 73 GG von vornherein aus dem Anwendungsbereich des § 7 EUZBLG aus. Auch im Bereich der Verwaltungskompetenzen der Länder findet eine Beteiligung nach dem eindeutigen Wortlaut der Vorschrift nicht statt.

---

22 Dort werden die Rechtssachen unter Angabe der Rechtssachennummer und des Eingangsdatums sowie unter Schilderung der wesentlichen Klagegründe veröffentlicht gemäß Art. 25 der Dienstanweisung für den Kanzler vom 4.12.1974, ABl. 1974 Nr. L 350/33 i.d.F. v. 15.2.1982, ABl. 1982 Nr. C 39/1.

23 Wolfgang Fischer, ZParl 1993, S. 32 (42).

24 Vgl. Morawitz/Kaiser, S. 110; Oschatz/Risse, DÖV 1995, S. 437 (446).

25 Vgl. Wolfgang Fischer, ZParl 1993, S. 32 (42 f.).

26 Schede, S. 182 f.; vgl. Oschatz/Risse, DÖV 1995, S. 437 (446).

3. Einvernehmen mit dem Bundesrat

Gemäß § 7 Abs. 3 EUZGLG stellt die Bundesregierung in allen Beteiligungsfällen hinsichtlich der Prozeßführung vor dem Gerichtshof Einvernehmen mit dem Bundesrat her. Offen bleibt aber, wessen Auffassung sich im Streitfall durchsetzen soll[27].

a) Analoge Anwendung des § 5 Abs. 2 S. 5 EUZBLG

Eine Regelung zu einem ähnlich gelagerten Problem enthält § 5 Abs. 2 S. 5 EUZBLG in bezug auf die deutsche Verhandlungsposition im Rat zu Vorhaben, welche im Schwerpunkt Länderkompetenzen berühren. Hier soll sich nach gescheiterten Bemühungen um die Erzielung eines Einvernehmens zwischen Bundesregierung und Bundesrat die mit 2/3-Mehrheit zum Ausdruck gebrachte Auffassung des Bundesrates durchsetzen[28]. Dabei ist die gesamtstaatliche Verantwortung des Bundes zwar gemäß § 5 Abs. 2 S. 2 EUZBLG zu wahren. Die letzte Entscheidung liegt jedoch beim Bundesrat[29].

Eine analoge Anwendung dieser Vorschrift auf den Fall des § 7 Abs. 3 EUZBLG dürfte bereits mangels einer Regelungslücke ausscheiden. Dem Gesetzgeber kann nicht unterstellt werden, er habe die Frage in § 7 Abs. 3 EUZBLG übersehen[30]. Darüber hinaus kommt eine Analogie auch deshalb nicht in Betracht, weil die Beteiligung der Länder durch den Bundesrat am gemeinschaftlichen Rechtssetzungsverfahren im Vergleich zu ihrer mittelbaren Teilhabe an gemeinschaftsprozessualen Rechten der Bundesrepublik unterschiedlich ausgestaltet ist. Die Beteiligung des Bundesrates am Rechtssetzungsverfahren ist erheblich intensiver: Hier hat die Bundesregierung gemäß § 5 Abs. 1 EUZBLG schon im Bereich ausschließlicher Gesetzgebungskompetenzen des Bundes die Stellungnahme des Bundesrates zu berücksichtigen, wenn "Interessen der Länder" berührt sind[31].

Im Bereich der "ausschließlichen Länderkompetenzen" soll die Verhandlungsführung im Rat gemäß § 6 Abs. 2 S. 1 EUZBLG sogar auf einen vom

---

27 Morawitz/Kaiser, S. 118, wollen die Lösung dieses Problems der Praxis überlassen; vgl. auch Oschatz/Risse, DÖV 1995, S. 437 (448).

28 Schede, S. 139; 141.

29 Scholz, NVwZ 1993, S. 817 (823).

30 Ähnlich Schede, S. 184 f.

31 Schede, S. 119 f.

Bundesrat benannten Vertreter der Länder übertragen werden[32]. Dabei erfaßt der auch in Art. 23 Abs. 6 GG verwendete, aber verfassungsrechtlich nicht definierte Begriff der ausschließlichen Länderkompetenzen nicht nur jene Gesetzgebungsbereiche, in denen der Bund nicht tätig werden darf, weil das Grundgesetz ihm überhaupt keine Gesetzgebungskompetenz einräumt. Vielmehr werden darunter auch die Bereiche der konkurrierenden und der Rahmengesetzgebungskompetenzen verstanden, sofern kein Bedürfnis für eine bundeseinheitliche Regelung im Sinne des Art. 72 GG besteht[33].

Beide Regelungen finden hinsichtlich der Länderbeteiligung an gemeinschaftsprozessualen Rechten der Bundesrepublik Deutschland keine Entsprechung. Eine Beteiligung im Bereich ausschließlicher Bundeskompetenzen findet hier nicht statt. Die Verhandlungsführung liegt nach § 7 Abs. 3 EUZBLG stets bei der Bundesrepublik und kann in keinem Fall auf einen Ländervertreter übertragen werden. Angesichts dieser Unterschiede besteht kein Raum für eine analoge Anwendung des § 5 Abs. 3 S. 5 EUZBLG auf den Fall des fehlenden Einvernehmens bei § 7 Abs. 3 EUZBLG.

b) Letztentscheidungsrecht der Bundesregierung

Zweifelhaft ist, ob der Bundesregierung ein Letztentscheidungsrecht für Streitfälle nach § 7 Abs. 3 EUZBLG zugestanden werden kann. Zwar ist - wie gezeigt - ihre Stellung auf dem Gebiet der Bundesratsbeteiligung an gemeinschaftsprozessualen Rechten der Bundesrepublik vergleichsweise stark ausgeprägt. Die Beteiligungsrechte des Bundesrates nach § 7 EUZBLG würden aber ausgehebelt, wenn die Bundesregierung bei fehlendem Einvernehmen zur Frage der Verhandlungsführung vor dem Europäischen Gerichtshof das letzte Wort hätte. Der Bundesrat könnte die Bundesregierung wohl gemäß § 7 Abs. 1 EUZBLG zur Klageerhebung zwingen. Anschließend wären ihm jedoch prozessual die Hände gebunden. Ein Letztentscheidungsrecht der Bundesregierung bei fehlendem Einvernehmen ist daher abzulehnen.

c) Unüberwindbarkeit eines fehlenden Einvernehmens

Denkbar wäre auch, das in § 7 Abs. 3 EUZBLG geforderte Einvernehmen zwischen Bundesregierung und Bundesrat dadurch zu schützen, daß hinsicht-

---

32 Maunz/Dürig-Randelzhofer, Art. 24 Abs. 1 GG, Rn. 209.

33 Beschluß und Bericht des Bundestags-Sonderausschusses Maastricht, BT-Drs. 12/3896, S. 20; Oschatz/Risse, DÖV 1995, S. 437 (446); Morawitz/Kaiser, S. 110.

lich der Verhandlungsführung vor dem Gerichtshof keinem der beiden Organe ein "Machtwort" zugestanden wird[34]. In diesem Falle blieben sie auf die Herstellung eines Konsenses angewiesen. Sofern dieser nicht erzielt werden könnte, so würde dies - schon wegen der knappen Fristen des Gemeinschaftsprozeßrechts für Verfahrenshandlungen[35] - zur Handlungsunfähigkeit der Bundesregierung im Verfahren vor dem Gerichtshof führen.

Damit würde sich die Bundesrepublik Deutschland auf europäischer Ebene der Lächerlichkeit preisgeben. Sie würde zudem die Einleitung eines Vertragsverletzungsverfahrens gemäß Art. 169 EGV riskieren, da die Mitgliedstaaten gemäß Art. 5 EGV gemeinschaftsrechtlich verpflichtet sind, im Umgang mit den Gemeinschaftsorganen handlungsfähig zu bleiben[36]. Sonst würde die Funktionsfähigkeit der Gemeinschaft selbst in Frage gestellt.

Neben gemeinschaftsrechtlichen Bedenken sprechen auch Sinn und Zweck der Beteiligungsregelung in § 7 EUZBLG dagegen, ein fehlendes Einvernehmen für unüberwindbar und die Handlungsunfähigkeit der Bundesrepublik zur "Lösung" des Problems zu erklären. Die Handlungsunfähigkeit würde sich in den Fällen des § 7 Abs. 1 und 2 EUZBLG nämlich ausschließlich zu Lasten des Bundesrates und damit der Länder auswirken, in deren Interesse und auf deren Initiative hier die Geltendmachung gemeinschaftsrechtsprozessualer Rechte der Bundesrepublik Deutschland jeweils erfolgt. Im Falle des § 7 Abs. 3 EUZBLG wäre die aus einem fehlenden Einvernehmen resultierende Handlungsunfähigkeit zwar auch für den Bund nachteilig, dem formal eine Verurteilung im Vertragsverletzungsverfahren drohen würde. Schwerpunktmäßig träfe sie aber auch hier die Bundesländer, welche das Urteil in ihrem Zuständigkeitsbereich umzusetzen hätten[37].

Die den Ländern über den Bundesrat in § 7 EUZBLG eingeräumten Beteiligungsrechte würden daher bei Unüberwindbarkeit eines fehlenden Einvernehmens hinsichtlich der Verhandlungsführung vor dem Gerichtshof ebenso

34 So wohl Morawitz/Kaiser, S. 118, die vom "Zwang zur Herstellung des Einvernehmens" sprechen.

35 So beträgt etwa die Frist für schriftliche Äußerungen im Vorabentscheidungsverfahren gemäß Art. 20 Abs. 2 Satzung zwei Monate.

36 Vgl. Everling, DVBl. 1993, S. 936 (947).

37 Vgl. EuGH Verb. Rs. 314 bis 316/81, 83/82 (Waterkeyn), Slg. 1982, S. 4337 (4360 f); Zuleeg, in: Blomeyer/Schachtschneider, S. 9 (14); Dauses, BayVBl. 1989, S. 609 (609); G/T/E-Krück, Art. 171, Rn. 4.

leerlaufen wie bei einem Letztentscheidungsrecht der Bundesregierung. Deshalb scheidet auch diese Lösung aus.

d) Argumentum a maiore ad minus aus § 7 Abs. 1 EUZBLG

Wirkung können die Beteiligungsrechte des Bundesrates nach § 7 EUZBLG im Fall mangelnden Einvernehmens mit der Bundesregierung nur erzielen, wenn das letzte Wort im Streitfall beim Bundesrat liegt. Zwar kommt eine Analogie zu § 5 Abs. 2 S. 5 EUZBLG - wie gezeigt - nicht in Betracht. Bereits aus dem systematischen Zusammenhang des § 7 EUZBLG selbst erhellt jedoch, daß in seinem Anwendungsbereich der Wille des Bundesrates maßgeblich ist und sich notfalls gegen die Auffassung der Bundesregierung durchsetzt.

Anküpfungspunkt ist die Grundnorm des § 7 Abs. 1 S. 1 EUZBLG. Danach erhebt die Bundesregierung Klage "auf Verlangen" des Bundesrates. Entsprechendes gilt gemäß § 7 Abs. 2 EUZBLG für die Abgabe von Stellungnahmen. Folglich liegt die Entscheidung über das "ob" der Klageerhebung bzw. Stellungnahme beim Bundesrat, auch wenn die Bundesregierung anderer Meinung sein sollte[38]. Diese gesetzliche Wertung muß auch bei der Regelung des "wie" der Verhandlungsführung vor dem Europäischen Gerichtshof in § 7 Abs. 3 EUZBLG respektiert werden. Soll sich die Auffassung des Bundesrates hinsichtlich der Klageerhebung gegenüber einer abweichenden Auffassung der Bundesregierung durchsetzen, so muß dies erst recht auch für die nachrangige Frage der Verhandlungsführung gelten. Es wäre widersinnig, wenn der Bundesrat die Bundesregierung gemäß § 7 Abs. 1 und 2 EUZBLG auch gegen deren Willen zur Klage bzw. Abgabe einer Stellungnahme veranlassen könnte, dann aber hinsichtlich der inhaltlichen Ausgestaltung der Klage oder Stellungnahme vor dem Gerichtshof auf ihren Goodwill angewiesen bliebe.

Folglich muß die durch einfachen Mehrheitsbeschluß artikulierte Ansicht des Bundesrates maßgeblich sein, wenn ein Einvernehmen im Sinne des § 7 Abs. 3 EUZBLG nicht erzielt werden kann.

III. Verfassungsrechtliche Würdigung

Die in § 7 EUZBLG i.V.m. der BLV-EU getroffenen Regelungen führen zu mehreren verfassungsrechtlichen Problemen. Diese Probleme ergeben sich aus einem Vergleich des § 7 EUZBLG mit Art. 23 Abs. 4-7 GG. Er zeigt, daß § 7

---

38 Morawitz/Kaiser, S. 117.

EUZBLG in mehrfacher Hinsicht hinter den Vorgaben des Art. 23 GG zurückbleibt, der in den Absätzen zwei bis sieben gegenüber Art. 32 Abs. 1 GG speziellere Regelungen zur Außenvertretung der Bundesrepublik Deutschland in Angelegenheiten der Europäischen Union enthält[39]. Hinsichtlich der mit dem neuen Europaartikel 23 GG im allgemeinen verbundenen Probleme - insbesondere seiner redaktionell mißglückten Fassung[40], der durch ihn bewirkten Gefahren für die integrationspolitische Handlungsfähigkeit der Bundesrepublik Deutschland, der Stellung des Bundesrates in Art. 23 GG als kollektiver Vertretung von Länderinteressen und des Übergangs vom Kompetenzföderalismus zum Beteiligungsföderalismus[41] - wird auf das diesbezügliche allgemeine Schrifttum verwiesen[42].

1. "Alternative Verfassungswidrigkeit" des § 7 EUZBLG

Auf den ersten Blick scheint § 7 EUZBLG an "alternativer Verfassungswidrigkeit" zu leiden: Entweder die Vorschrift geht in ihrem Regelungsgehalt nicht weit genug, oder sie geht zu weit.

Bei unbefangener Lektüre des Art. 23 Abs. 2 und 4-7 GG beschränkt sich dieser nicht auf die innerstaatliche Beteiligung des Bundesrates am gemeinschaftlichen Rechtssetzungsverfahren im Rat und in den Beratungsgremien der Kommission. Für die Auslösung der Beteiligungsmechanismen maßgeblich ist nämlich, daß "Angelegenheiten der Europäischen Union" im Sinne von Art. 23 Abs. 2 GG in Rede stehen. Zu diesen Angelegenheiten zählen zwanglos auch Verfahren vor dem Europäischen Gerichtshof, in denen die Bundesrepublik prozessuale Rechte wahrnimmt, die ihr kraft ihrer Mitgliedschaft gebühren[43]. Deshalb scheinen sich die Absätze vier bis sieben des Art. 23 GG auch auf die mittelbare Teilhabe des Bundesrates an den gemeinschaftsprozessualen Rech-

---

39 Zum Spezialitätsverhältnis Hilf, VVDStRL 53 (1994), S. 7 (18).

40 Ossenbühl, DVBl. 1993, S. 629 (630) nennt die Vorschrift zutreffend "schon redaktionell ein ziemliches Monstrum"; nach Auffassung von Oschatz/Risse, DÖV 1995, S. 437 (437) ist die Vorschrift "sprachlich nicht gerade zum Meisterstück geraten".

41 Dästner, NWVBl. 1994, S. 1 (1;9); Berggreen, zitiert bei Bachmann, ZRP 1993, S. 69 (69); zur Problematik der Kompetenzkompensation im Verhältnis Bund-Länder Klein, DVBl. 1981, S. 661 (663 f.).

42 Hilf, VVDStRL 53 (1994), S. 7 (17 f.); Badura, EuR 1994, Beiheft 1, S. 9 (13 ff.); Breuer, NVwZ 1994, S. 417 (421 ff.); Schwarze, JZ 1993, S. 585 (590); Di Fabio, Der Staat 32 (1993), S. 191 (206 ff.); Everling, DVBl. 1993, S. 936 (943 ff.); Herdegen, EuGRZ 1992, S. 589 (593 f.); Röhl, EuR 1994, S. 409 (443).

43 Schede, S. 100.

ten der Bundesrepublik als Mitgliedstaat der Europäischen Union zu beziehen. Die Regelung in § 7 EUZBLG bliebe dann allerdings in zweifacher Hinsicht hinter den in Art. 23 Abs. 5 und Abs. 6 GG aufgestellten Grundsätzen für die Beteiligung des Bundesrates zurück. Hieraus könnte seine Verfassungswidrigkeit resultieren (s. unten a)).

Sollten sich die Absätze vier bis sieben des Art. 23 GG dagegen überhaupt nicht auf gemeinschaftsprozessuale Rechte der Bundesrepublik Deutschland beziehen, so würde § 7 EUZBLG umgekehrt einer verfassungsrechtlichen Grundlage entbehren und würde in jeder Hinsicht "zu weit" gehen. Die Folge wäre wiederum Verfassungswidrigkeit (s. unten b)).

a) Zu geringe Bundesratsbeteiligung

aa) Keine Beteiligung in den Fällen des Art. 23 Abs. 5 S. 1 GG

Art. 23 Abs. 5 S. 1 GG verlangt eine Beteiligung des Bundesrates sogar im Bereich der ausschließlichen Gesetzgebungskompetenzen des Bundes und "soweit im übrigen der Bund das Recht zur Gesetzgebung hat". Damit erfaßt die Vorschrift auch die Bereiche der konkurrierenden Gesetzgebung und der Rahmengesetzgebung, sofern die Voraussetzungen für ein Tätigwerden des Bundes gemäß Art. 72 GG vorliegen. Zwar hat die Bundesregierung nach Art. 23 Abs. 1 S. 1 a. E. GG in den genannten Fällen die Stellungnahme des Bundesrates lediglich "zu berücksichtigen"[44]. Hinsichtlich der mittelbaren Mitwirkung des Bundesrates an Verfahren vor dem Europäischen Gerichtshof sieht § 7 EUZBLG jedoch in den genannten Gesetzgebungsbereichen noch nicht einmal diese schwache Beteiligungsform vor. Vielmehr soll hier überhaupt keine Beteiligung des Bundesrates stattfinden. In diesem Punkt erscheint die Vereinbarkeit der Ausführungsregelung in § 7 EUZBLG mit Art. 23 Abs. 5 GG fraglich.

bb) Keine Außenvertretung durch Ländervertreter gemäß Art. 23 Abs. 6 GG in Verfahren vor dem Europäischen Gerichtshof

Nach Art. 23 Abs. 6 GG soll eine Übertragung der Rechte der Bundesrepublik Deutschland als Mitgliedstaat der Europäischen Union auf einen vom Bundesrat benannten Vertreter der Länder stattfinden, sofern "im Schwerpunkt

44 Scholz, NVwZ 1993, S. 817 (822).

ausschließliche Gesetzgebungsbefugnisse[45] der Länder betroffen sind"[46]. Trotz der "soll"-Formulierung in Art. 23 Abs. 6 GG besteht Einigkeit darüber, daß eine Übertragung bei Vorliegen der in der Vorschrift genannten Voraussetzungen erfolgen muß, sofern das Gemeinschaftsrecht ihr nicht entgegensteht[47].

Abweichend von Art. 23 Abs. 6 GG sieht § 7 EUZBLG eine Übertragung der gemeinschaftsprozessualen Mitgliedstaatsrechte auf einen vom Bundesrat benannten Ländervertreter für keinen Gesetzgebungsbereich vor[48]. Es ist daher zweifelhaft, ob § 7 EUZBLG mit Blick auf Art. 23 Abs. 6 GG hinsichtlich der Beteiligung des Bundesrates an der Außenvertretung der Bundesrepublik Deutschland vor dem Gerichtshof weit genug geht.

b) Zu weitgehende Beteiligung des Bundesrates nach § 7 EUZBLG

Sofern dagegen die Absätze vier bis sieben des Art. 23 GG die mittelbare Teilhabe des Bundesrates an gemeinschaftsprozessualen Rechten der Bundesrepublik Deutschland nicht erfassen sollten, wäre umgekehrt zu fragen, ob die Regelung in § 7 EUZBLG nicht zu ausgedehnt ist. In diesem Fall sähe das aufgrund von Art. 23 Abs. 7 GG als Ausführungsgesetz zu den vorangehenden Absätzen vier bis sieben erlassene EUZBLG nämlich Beteiligungsrechte des Bundesrates in einem Bereich vor, in welchem sie nach den umzusetzenden Verfassungsvorschriften gerade nicht gegeben sein sollen. Dies könnte mit dem grundsätzlichen Außenvertretungsanspruch des Bundes gemäß Art. 32 Abs. 1 GG[49] unvereinbar sein.

c) Zwischenergebnis

Im Ergebnis scheint hinsichtlich des § 7 EUZBLG eine alternative Verfassungswidrigkeit vorzuliegen: Entweder bleibt die Vorschrift hinter den Anfor-

---

45 Zum Begriff der "ausschließlichen Länderkompetenzen" s. oben S. 216 f.

46 Wilhelm, BayVBl. 1992, S. 705 (710); zum Begriff der "schwerpunktmäßigen" Betroffenheit von Länderkompetenzen Oschatz/Risse, DÖV 1995, S. 437 (442 f.).

47 BT-Drs. 12/3896, S. 20; Oschatz/Risse, DÖV 1995, S. 437 (446); Maunz/Dürig-Randelzhofer, Art. 24 GG, Rn. 209, unter Verweis auf das gemeinsame Verständnis innerhalb der Gemeinsamen Verfassungskommission; Schede, S. 161 f.; Wilhelm, BayVBl. 1992, S. 705 (710).

48 Schede, S. 185 f.

49 Vgl. Hilf, VVDStRL 53 (1994), S. 7 (18); Dästner, NWVBl. 1994, S. 1 (7); Kleffner-Riedel, BayVBl. 1995, S. 104 (107); Neßler, EuR 1994, S. 216 (217); Schweitzer, ZG 7 (1992), S. 128 (140); Wiedmann, AöR 117 (1992), S. 46 (65); vgl. auch Schütz, BayVBl. 1990, S. 481 (482).

derungen des Art. 23 GG zurück, oder ihr fehlt die verfassungsrechtliche Grundlage. Zur Klärung dieses Problems ist zu prüfen, ob die Absätze vier bis sieben des Art. 23 GG auch die gemeinschaftsprozessualen Rechte der Bundesrepublik Deutschland als Mitgliedstaat erfassen.

2. *Reichweite von Art. 23 Abs. 4-7 GG*

a) Wortlaut

Der Wortlaut der Absätze vier bis sieben des Art. 23 GG weist keine zwingende Beschränkung der innerstaatlichen Beteiligung des Bundesrates auf den Bereich des gemeinschaftlichen Rechtssetzungsverfahrens auf. So ist unter den Voraussetzungen des Art. 23 Abs. 4 GG der Bundesrat allgemein "an der Willensbildung" des Bundes in Angelegenheiten der Europäischen Union zu beteiligen[50]. Für die Ausgestaltung der innerstaatlichen Beteiligung im einzelnen differenziert der fünfte Absatz zwischen den verschiedenen Gesetzgebungsbereichen. Nach dem sechsten Absatz ist die "Wahrnehmung der Rechte, die der Bundesrepublik Deutschland als Mitgliedstaat der Europäischen Union zustehen", unter näher bezeichneten Voraussetzungen auf einen vom Bundesrat benannten Vertreter der Länder zu übertragen. Hierunter fallen auch gemeinschaftsprozessuale Rechte[51].

Entscheidend ist stets, daß sich die Willensbildung des Bundes auf "Angelegenheiten der Europäischen Union" im Sinne des Art. 23 Abs. 2 S. 1 GG bezieht[52]. Derartige Angelegenheiten stellen nicht nur gemeinschaftliche Rechtssetzungsvorhaben dar. Vielmehr zählen dazu auch Verfahren vor dem Gerichtshof[53].

Lediglich bei Art. 23 Abs. 5 GG läßt der Wortlaut fraglich erscheinen, ob auch hier gemeinschaftsprozessuale Rechte der Bundesrepublik Deutschland erfaßt werden sollen. So ist in Art. 23 Abs. 5 S. 3 GG von Angelegenheiten die Rede, die zu "Ausgabenerhöhungen oder Einnahmeminderungen" für den Bund führen können. Zwar können derartige Wirkungen in erheblichem Umfang auch von Urteilen des Gerichtshofs ausgehen, wie etwa in der Rs.

---

50 Maunz/Dürig-Randelzofer, Art. 24 Abs. 1 GG, Rn. 210.

51 Oschatz/Risse, DÖV 1995, S. 437 (447); Schede, S. 185.

52 Herdegen, EuGRZ 1992, S. 589 (593).

53 Schede, S. 100.

"Francovich"[54]. Trotzdem zielt diese Formulierung erkennbar auf gemeinschaftliche Rechtssetzungsakte.

b) Systematische Auslegung

Die Systematik des Art. 23 GG spricht eher dafür, die Beteiligung des Bundesrates auch auf die gemeinschaftsprozessualen Rechte der Bundesrepublik Deutschland zu erstrecken. Während nämlich der dritte Absatz der Vorschrift hinsichtlich der innerstaatlichen Beteiligung des Bundestages ausdrücklich auf die deutsche "Mitwirkung an Rechtssetzungsakten der Europäischen Union" abstellt[55], fehlt eine derartige einschränkende Festlegung für die in den Absätzen vier bis sechs geregelte Beteiligung des Bundesrates. Im Umkehrschluß liegt daher die Folgerung nahe, daß Art. 23 GG eine innerstaatliche Teilhabe an gemeinschaftsprozessualen Rechten der Bundesrepublik Deutschland nur den Ländern durch den Bundesrat, nicht aber dem Bundestag einräumt.

c) Entstehungsgeschichte

aa) Art. 23 Abs. 5 und 6 GG

Die Entstehungsgeschichte des Art. 23 GG hingegen spricht für eine Beschränkung der den Bundesrat betreffenden Beteiligungs- und Außenvertretungsregelungen in den Absätzen fünf und sechs auf das gemeinschaftliche Rechtssetzungsverfahren[56]:

Im Hinblick auf die innerstaatliche Beteiligung des Bundesrates nach dem fünften Absatz hebt die Gemeinsame Verfassungskommission in ihrer Begründung auf "EG-Vorhaben" ab und verdeutlicht damit, daß sich die Vorschrift lediglich auf das gemeinschaftliche Rechtssetzungsverfahren beziehen soll[57]. Bezüglich des sechsten Absatzes weist sie darauf hin, daß eine Übertragung der mitgliedstaatlichen Rechte der Bundesrepublik Deutschland auf einen vom Bundesrat benannten Vertreter der Länder durch die Neufassung des Art. 146

---

[54] EuGH Verb. Rs. C-6/90 und C-9/90 (Francovich), Slg. 1991 I, S. 5357 (5413 ff.); Vgl. auch Rs. 43/75 (Defrenne II), Slg. 1976, S. 455: Hier beschränkte der Gerichtshof wegen der zu erwartenden finanziellen Folgen seines Urteils dessen Wirkungen auf künftige Sachverhalte.

[55] Scholz, NVwZ 1993, S. 817 (822).

[56] Maunz/Dürig-Randelhofer, Art. 24 Abs. 1 GG, Rn. 210.

[57] BT-Drs. 12/6000, S. 19 (23); vgl. Oschatz/Risse, DÖV 1995, S. 437 (447).

EGV ermöglicht werde[58]. Durch Art. 23 Abs. 6 GG soll also für den Bereich der Bundesrepublik Deutschland von der mit Art. 146 EGV gemeinschaftsrechtlich eröffneten Option Gebrauch gemacht werden[59]. Die Möglichkeit einer Übertragung der gemeinschaftsprozessualen Rechte der Bundesrepublik auf einen Ländervertreter als Bevollmächtigten in Verfahren vor dem Gerichtshof gemäß Art. 17 Satzung[60] wird dagegen nicht erwähnt.

Darüber hinaus sehen die Vorschläge der Gemeinsamen Verfassungskommission als eigenständigen Regelungsgegenstand des aufgrund von Art. 23 Abs. 7 GG zu erlassenen Ausführungsgesetzes neben der rechtlichen Grundlage für Länderbüros am Sitz der Europäischen Union ausdrücklich die Verpflichtung der Bundesregierung vor, auf Verlangen des Bundesrates vor dem Gerichtshof Klage zu erheben, sofern die Länder in ihren Gesetzgebungsbefugnissen betroffen sind[61]. Die Kommission ging also davon aus, daß sich diese Verpflichtung noch nicht aus der verfassungsrechtlichen Regelung in Art. 23 Abs. 5 und 6 GG selbst ergibt[62].

bb) Art. 23 Abs. 4 GG

Aus dieser Sicht der Gemeinsamen Verfassungskommission könnte die Regelung in § 7 EUZBLG nur auf die Grundnorm des Art. 23 Abs. 4 GG gestützt werden. Danach ist der Bundesrat an der integrationsbezogenen Willensbildung des Bundes zu beteiligen, "soweit er an einer entsprechenden innerstaatlichen Maßnahme mitzuwirken hätte oder soweit die Länder innerstaatlich zuständig wären". Da die Länder innerstaatlich zur Wahrnehmung ihrer Gesetzgebungskompetenzen und deren Verteidigung vor dem Bundesverfassungsgericht zuständig sind, liegen die Voraussetzungen einer Bundesratsbeteiligung nach Art. 23 Abs. 4 GG im Sinne des § 7 EUZBLG vor[63].

Es ist nicht ersichtlich, daß die Gemeinsame Verfassungskommission die mittelbare Beteiligung des Bundesrates an Verfahren vor dem Gerichtshof auch aus dem Anwendungsbereich des Art. 23 Abs. 4 GG herausnehmen wollte.

58 BT-Drs. 12/6000, S. 19 (23); ähnlich Maunz/Dürig-Randelzhofer, Art. 24 Abs. 1 GG, Rn. 210.

59 Kalbfleisch-Kottsieper, in: Freiburghaus, S. 145 (147).

60 Schede, S. 185.

61 BT-Drs. 12/600, S. 19 (24).

62 Maunz/Dürig-Randelzhofer, Art. 24 Abs. 1 GG, Rn. 210.

63 Schede, S. 184.

Dagegen spricht ihre Absicht, eine einfachgesetzliche Regelung der Bundesratsbeteiligung an gemeinschaftsprozessualen Rechten der Bundesrepublik Deutschland verfassungsrechtlich zu ermöglichen[64]. Grundlage hierfür kann aber nur Art. 23 Abs. 4 GG sein, da die Absätze fünf und sechs - wie bereits dargelegt - auf den gemeinschaftsprozessualen Bereich keine Anwendung finden sollen. Auch nach dem Verständnis der Gemeinsamen Verfassungskommission unterfällt die Entscheidung für oder gegen eine Klageerhebung oder die Geltendmachung anderer prozessualer Rechte vor dem Gerichtshof daher der Willensbildung des Bundes in Angelegenheiten der Europäischen Union im Sinne des Art. 23 Abs. 4 GG.

d) Teleologische Auslegung

Angesichts der unterschiedlichen Auslegungsergebnisse, die sich aus Wortlaut, Systematik und Entstehungsgeschichte des Art. 23 GG ergeben haben, kommt der teleologischen Auslegung ausschlaggebende Bedeutung zu.

aa) Art. 23 Abs. 4 GG

Art. 23 Abs. 4 GG knüpft an die noch allgemeiner gehaltene Formulierung in Art. 23 Abs. 2 GG an und schreibt die Beteiligung des Bundesrates an Angelegenheiten der Europäischen Union als Grundnorm und ohne die Nennung von Ausnahmen fest. Damit schließt sie auch ihrer Ratio nach Verfahren vor dem Europäischen Gerichtshof als ein Feld derartiger Angelegenheiten ein[65]. Bezüglich Art. 23 Abs. 4 GG führt die teleologische Auslegung daher zu demselben Ergebnis wie bereits die anderen Auslegungsmethoden.

bb) Art. 23 Abs. 5 GG

Zweifelhaft erscheint, ob auch Sinn und Zweck des Art. 23 Abs. 5 GG für eine Anwendung dieser Vorschrift auf den gemeinschaftsprozessualen Bereich sprechen. Dabei ist davon auszugehen, daß die Anwendungsbereiche des vierten und des fünften Absatzes des Art. 23 GG nicht notwendig übereinstimmen[66]. Nicht alle in der Grundnorm des vierten Absatzes vorgesehenen Beteiligungsfelder müssen daher auch dem abgestuften innerstaatlichen Betei-

---

64 BT-Drs. 12/600, S. 19 (24).

65 Schede, S. 100.

66 Schede, S. 118 f.; 184 f.

ligungsverfahren nach dem fünften Absatz unterfallen. Für die nicht vom fünften Absatz erfaßten Felder kommt unter direktem Rückgriff auf den vierten Absatz eine Ausgestaltung der Beteiligung durch das aufgrund des siebten Absatzes als Ausführungsgesetz erlassene EUZBLG in Betracht[67].

Die Einbeziehung der gemeinschaftsprozessualen Angelegenheiten der Bundesrepublik Deutschland in den Anwendungsbereich des Art. 23 Abs. 5 GG hätte zur Folge, daß die Länder durch den Bundesrat selbst auf dem Gebiet ausschließlicher Gesetzgebungskompetenzen des Bundes an Verfahren vor dem Gerichtshof zu beteiligen wären, sofern nur "Interessen der Länder" berührt sind. Damit würden ihnen in bezug auf das Gemeinschaftsprozeßrecht, wenn auch nur mittelbar, prozessuale Beteiligungsmöglichkeiten auf Gebieten eingeräumt, auf denen ihnen - abgesehen von der objektiv ausgestalteten, abstrakten Normenkontrolle auf Antrag einer Landesregierung gemäß Art. 93 Abs. 1 Nr. 2 GG[68] - nach dem deutschen Verfassungsprozeßrecht keine Klagemöglichkeiten zustehen. Es entspricht aber nicht Sinn und Zweck der in Art. 23 GG verankerten Beteiligung der Länder durch den Bundesrat, die Länder in gemeinschaftsprozessualen Angelegenheiten besser zu stellen als sie nach dem deutschen Verfassungsprozeßrecht stehen. Vielmehr soll sich ihre Beteiligung nach der innerstaatlichen Kompetenzaufteilung zwischen Bund und Ländern richten[69].

Aus diesem Grunde ist im Einklang mit der Entstehungsgeschichte des Art. 23 Abs. 5 GG[70] die Anwendbarkeit dieser Vorschrift auf den Bereich gemeinschaftsprozessualer Angelegenheiten abzulehnen[71].

cc) Art. 23 Abs. 6 GG

(1) Gemeinschaftsrechtliche Unzulässigkeit einer Übertragung

Sinn und Zweck der den Ländern durch den Bundesrat in Art. 23 Abs. 6 GG zugebilligten Beteiligungsrechte könnten für eine Beschränkung auf den Bereich des gemeinschaftlichen Rechtssetzungsverfahrens sprechen, wenn die Übertragung der gemeinschaftsprozessualen Rechte der Bundesrepublik in Ver-

---

67 Wie hier Schede, S. 184 f.

68 Umbach/Clemens, § 76 BVerfGG, Rn. 2.

69 BT-Drs. 12/6000, S. 19 (22); Scholz, NJW 1993, S. 1690 (1691).

70 BT-Drs. 12/600, S. 19 (22 f.).

71 I. E. wie hier Schede, S. 184; Maunz/Dürig-Randelzhofer, Art. 24 Abs. 1 GG, Rn. 210.

fahren vor dem Gerichtshof auf einen Ländervertreter aus gemeinschaftsrechtlicher Sicht ohnehin unzulässig wäre und schon deshalb nicht in Frage käme.

In der Literatur ist ohne nähere Begründung die Auffassung vertreten worden, die durch Art. 146 EGV hinsichtlich des gemeinschaftlichen Rechtssetzungsverfahrens im Rat eröffnete Brücke für eine Bevollmächtigung von Gliedstaatenvertretern[72] finde keine Entsprechung im Bereich des Gemeinschaftsprozeßrechts[73]. Auch in der Fassung des Vertrages über die Europäische Union ließen die Art. 170, 173 und 175 EGV eine derartige Bevollmächtigung nicht zu. Folglich könne Art. 23 Abs. 6 GG, der auf dem Gebiet der ausschließlichen Länderkompetenzen die Übertragung der mitgliedstaatlichen Rechte der Bundesrepublik auf einen Ländervertreter vorsieht, keine Anwendung auf gemeinschaftsprozessuale Rechte der Bundesrepublik Deutschland finden[74].

Diese Auffassung ist zurückzuweisen. Wie gezeigt, schließt das Gemeinschaftsrecht eine Wahrnehmung der prozessualen Rechte der Bundesrepublik Deutschland durch einen Ländervertreter nicht aus, sofern dieser innerstaatlich zur verbindlichen Vertretung der Bundesrepublik vor dem Gerichtshof befugt ist[75]. Anders als im Bereich des gemeinschaftlichen Rechtssetzungsverfahrens, wo sich der Rat bislang gemäß Art. 2 des Vertrages zur Einsetzung eines gemeinsamen Rates und einer gemeinsamen Kommission aus Mitgliedern der Regierungen der Mitgliedstaaten zusammensetzte[76], bestand die Möglichkeit einer derartigen Delegation im Gemeinschaftsprozeßrecht schon nach der bisherigen Rechtslage. Die Errichtung einer dem Art. 146 EGV entsprechenden Brücke durch den EUV war hierzu also überhaupt nicht erforderlich[77]. Vielmehr kam und kommt als Bevollmächtigter der Bundesrepublik Deutschland gemäß Art. 17 Satzung[78] oder als dessen Beistand oder Anwalt[79] auch ein Ländervertreter in Betracht.

---

72 Lenz-Breier, Art. 146, Rn. 2.

73 Maunz/Dürig-Randelzhofer, Art. 24 Abs. 1 GG, Rn. 210.

74 Maunz/Dürig-Randelzhofer, Art. 24 Abs. 1 GG, Rn. 210.

75 Dauses, BayVBl. 1989, S. 609 (609).

76 Lenz-Breier, Art. 146, Rn. 2; Oppermann, S. 104.

77 Schede, S. 185.

78 Vgl. Rengeling/Middeke/Gellermann, S. 326.

79 Vgl. G/T/E-Wolf, Art. 17 Satzung, Rn. 5 f.; Gündisch, S. 130 f.

Aus diesem Grunde läßt sich eine Beschränkung der Beteiligungsregelungen in Art. 23 Abs. 4-7 GG auf das gemeinschaftliche Rechtssetzungsverfahren und ihre Unanwendbarkeit auf Verfahren vor dem Gerichtshof nicht mit gemeinschaftsrechtlichen Vorgaben begründen. Die Offenheit des Gemeinschaftsprozeßrechts gegenüber einer Bevollmächtigung von Vertretern regionaler Gebietskörperschaften zur Wahrnehmung der prozessualen Rechte des jeweiligen Mitgliedstaates vor dem Gerichtshof spricht vielmehr umgekehrt für eine Einbeziehung dieses Bereiches in die Außenvertretungsregelung des Art. 23 Abs. 6 GG.

(2) Unmöglichkeit schwerpunktmäßiger Betroffenheit bei Gerichtsverfahren

Nach einer in der Literatur vertretenen Meinung erfaßt Art. 23 Abs. 6 S. 1 GG nicht das gerichtliche Vorgehen gegen Rechtsverletzungen vor dem Europäischen Gerichtshof, da er die schwerpunktmäßige Betroffenheit ausschließlicher Gesetzgebungszuständigkeiten der Länder verlange. Eine am Schwerpunkt der Betroffenheit orientierte Gewichtung sei bei Rechtsverletzungen der in § 7 EUZBLG geregelten Art, die nicht zugleich auch Rechte des Bundes betreffen könnten, dem Wesen nach nicht möglich[80].

Diese Auffassung ist aus zwei Gründen abzulehnen. Zum einen legt sie in methodisch bedenklicher Weise die verfassungsrechtliche Norm des Art. 23 Abs. 6 S. 1 GG unter Rückgriff auf den Regelungsgehalt der einfachgesetzlichen Norm des § 7 EUZBLG aus. Zum anderen ist nicht ersichtlich, warum eine schwerpunktmäßige Betroffenheit ausschließlicher Länderkompetenzen im Sinne des Art. 23 Abs. 6 S. 1 GG in Verfahren vor dem Europäischen Gerichtshof nicht in Frage kommen sollte. Gegenstand derartiger Verfahren können durchaus Gemeinschaftsrechtsakte sein, die neben Gesetzgebungsbefugnissen des Bundes auch solche der Länder berühren:

So betraf etwa die in der Rs. "Lawrie Blum"[81] behandelte Grundsatzfrage, welche Tätigkeiten als hoheitlich im Sinne des Art. 48 Abs. 4 EWGV a.F. eingestuft und eigenen Staatsangehörigen vorbehalten werden dürfen, die dienst- und beamtenrechtlichen Gesetzgebungskompetenzen sowohl des Bundes als auch der Länder. Ähnlich könnte ein Vertragsverletzungsverfahren gemäß Art. 169 EGV, welches die Kommission gegen die Bundesrepublik Deutschland einleiten würde, zugleich auf eine mit Art. 48 Abs. 4 EGV unvereinbare

---

80 Schede, S. 186.

81 EuGH Rs. 66/85 (Lawrie-Blum/Land Baden-Württemberg), Slg. 1986, S. 2121.

Ausgestaltung des Beamtenrechts durch den Bund und die Länder gerichtet sein. Auch im Bereich des Umweltrechts, wo die Gemeinschaft[82], der Bund und die Länder[83] Kompetenzen besitzen, sind solche gemeinschaftsprozessualen Konstellationen denkbar. In derartigen Fällen ist eine am Schwerpunkt der kompetentiellen Betroffenheit orientierte Betrachtung im Sinne des Art. 23 Abs. 6 S. 1 GG ebenso möglich und sinnvoll wie bei gemeinschaftlichen Rechtssetzungsvorhaben im Rat.

Auch aus dem Wesen der von Art. 23 Abs. 6 S. 1 GG vorausgesetzten schwerpunktmäßigen Betroffenheit ergibt sich folglich kein durchschlagendes Argument gegen eine Erstreckung der in dieser Vorschrift verankerten Übertragungsregelung auf Verfahren vor dem Europäischen Gerichtshof.

(3) Beteiligungsfreundliche Auslegung des Art. 23 Abs. 6 GG

Für eine Einbeziehung gemeinschaftsprozessualer Angelegenheiten in den Anwendungsbereich des Art. 23 Abs. 6 GG spricht entscheidend der durch die Einfügung des "Europaartikels" in das Grundgesetz verfolgte Zweck. Er dient einer durch den Bundesrat vermittelten, verstärkten Einbeziehung der Länder in den Prozeß der europäischen Integration[84]. Diesem Ziel würde es widersprechen, eine hinter dem Wortlaut des Art. 23 Abs. 6 GG zurückbleibende Auslegung vorzunehmen und gemeinschaftsprozessuale Rechte der Bundesrepublik Deutschland von seinem Anwendungsbereich auszunehmen.

Mit der Vorschrift hat der Verfassungsgesetzgeber seine grundsätzliche Bereitschaft zum Ausdruck gebracht, die Länder bei schwerpunktmäßiger Betroffenheit ihrer ausschließlichen Gesetzgebungskompetenzen durch einen vom Bundesrat benannten Vertreter erstmals auch an der Außenvertretung der Bundesrepublik auf europäischer Ebene teilhaben zu lassen. Dieses Ziel erfordert es, eine derartige Übertragung in sämtlichen unionsbezogenen Angelegenheiten zu gestatten, soweit die in Art. 23 Abs. 6 GG niedergelegten Voraussetzungen erfüllt sind und Gemeinschaftsrecht nicht entgegensteht.

Angesichts der ausschließlichen Bezugnahme der Gemeinsamen Verfassungskommission auf die Möglichkeit einer Beteiligung von Ländervertretern am gemeinschaftlichen Rechtssetzungsverfahren im Rat aufgrund von Art. 146

---

82 Matuschak, DVBl. 1995, S. 81 (83 ff.).

83 Zur Kompetenzverteilung zwischen Bund und Ländern im Umweltbereich Helmut Müller, BayVBl. 1988, S. 289 ff.; Engelhardt, BayVBl. 1988, S. 294 ff.

84 BT-Drs. 12/6000, S. 19 (22).

EGV[85] liegt die Vermutung nahe, daß die Gemeinsame Verfassungskommission ebenso wie ein Vertreter des Schrifttums[86] irrig eine verleichbare Beteiligung in Verfahren vor dem Gerichtshof gemeinschaftsrechtlich für unzulässig hielt[87]. Folglich wird der Wille des Verfassungsgesetzgebers durch eine am Wortlaut orientierte Auslegung des Art. 23 Abs. 6 S. 1 GG, welche den gemeinschaftsprozessualen Bereich einschließt, nicht mißachtet.

e) Zwischenergebnis

Festzuhalten bleibt, daß sowohl Art. 23 Abs. 4 GG als Grundnorm für die Bundesratsbeteiligung als auch die Außenvertretungsregelung des Art. 23 Abs. 6 GG den Bereich gemeinschaftsprozessualer Angelegenheiten einschließen. Lediglich Art. 23 Abs. 5 GG findet keine Anwendung auf die mittelbare Beteiligung der Länder durch den Bundesrat an prozessualen Rechten der Bundesrepublik Deutschland in Verfahren vor dem Europäischen Gerichtshof.

3. Folgerungen für die Auslegung des § 7 EUZBLG

Zu klären bleibt, ob bzw. wie die Auslegung des § 7 EUZBLG im Lichte der vorstehend bejahten Anwendbarkeit der Absätze vier und sechs sowie der Unanwendbarkeit des Absatzes fünf des Art. 23 GG auf gemeinschaftsprozessuale Angelegenheiten zu modifizieren ist, um eine Verfassungswidrigkeit der Vorschrift zu vermeiden.

a) Abweichung des § 7 EUZBLG von Art. 23 Abs. 5 GG

Die von Art. 23 Abs. 5 GG inhaltlich abweichende, restriktivere Regelung der von der Bundesratsbeteiligung erfaßten Gesetzgebungsbereiche in § 7 EUZBLG ist mit Blick auf die Unanwendbarkeit des Art. 23 Abs. 5 GG auf den gemeinschaftsprozessualen Bereich verfassungsrechtlich nicht zu beanstanden. Vielmehr kann die Regelung in § 7 EUZBLG insoweit unmittelbar auf die Grundnorm des Art. 23 Abs. 4 GG gestützt werden[88].

---

85 BT-Drs. 12/6000, S. 19 (23).

86 Maunz/Dürig-Randelzhofer, Art. 24 Abs. 1 GG, Rn. 210.

87 Vgl. Oschatz/Risse, DÖV 1995, S. 437 (447): An die prozessualen Rechte der Bundesrepublik sei "bei der Formulierung des Art. 23 Abs. 6 GG aber wohl nicht gedacht worden".

88 Schede, S. 184.

b) Verfassungskonforme Auslegung des § 7 EUZBLG im Hinblick auf Art. 23 Abs. 6 GG

Aufgrund der Anwendbarkeit des Art. 23 Abs. 6 GG auf gemeinschaftsprozessuale Angelegenheiten ist § 7 EUZBLG dagegen insoweit problematisch, als er seinem Wortlaut nach die Verhandlungsführung stets der Bundesregierung überträgt. Damit steht die Vorschrift im Widerspruch zu Art. 23 Abs. 6 GG, wonach bei schwerpunktmäßiger Betroffenheit ausschließlicher Gesetzgebungskompetenzen der Länder die Wahrnehmung der mitgliedstaatlichen Rechte der Bundesrepublik Deutschland auf einen vom Bundesrat benannten Vertreter der Länder übertragen werden soll bzw. - im Rahmen des gemeinschaftsrechtlich Möglichen - übertragen werden muß[89].

Eine verfassungskonforme Auslegung[90] des § 7 EUZBLG im Lichte des Art. 23 Abs. 6 GG führt zu dem Ergebnis, daß die Wahrnehmung von gemeinschaftsprozessualen Rechten der Bundesrepublik Deutschland in Verfahren vor dem Europäischen Gerichtshof immer dann auf einen vom Bundesrat benannten Vertreter der Länder zu übertragen ist, wenn die Verfahren im Schwerpunkt ausschließliche Gesetzgebungskompetenzen der Länder betreffen[91]. Ausschließliche Gesetzgebungskompetenzen der Länder in diesem Sinne liegen dabei dann vor, wenn der Bund entweder in Ermangelung eines ausdrücklichen Kompetenztitels im Grundgesetz oder in Ermangelung eines Bedürfnisses nach einer bundeseinheitlichen Regelung gemäß Art. 72 GG keine Gesetzgebungskompetenz inne hat[92].

Gemeinschaftsprozessual läßt sich eine solche Übertragung ohne weiteres durch die Bevollmächtigung des vom Bundesrat benannten Vertreters nach Art. 17 Satzung erreichen[93]. Gemäß Art. 23 Abs. 6 S. 2 GG darf die Wahrnehmung der gemeinschaftsprozessualen Rechte der Bundesrepublik Deutschland vor dem Gerichtshof durch den bevollmächtigten Ländervertreter aller-

---

89 Vgl. Oschatz/Risse, DÖV 1995, S. 437 (452).

90 Zur verfassungskonformen Auslegung Hesse, Rn. 81; Umbach/Clemens, § 80 BverfGG, Rn. 49 ff.

91 Praktisch relevant werden könnte dies mit Blick auf die Kulturhoheit der Länder etwa dann, wenn die Kommission wegen der Nichtumsetzung der in der "Fernsehrichtlinie" vorgesehenen Quoten ein Vertragsverletzungsverfahren gegen die Bundesrepublik Deutschland gemäß Art. 169 EGV einleiten sollte.

92 BT-Drs. 12/3896, S. 20; vgl. Oschatz/Risse, DÖV 1995, S. 437 (446); Morawitz/Kaiser, S. 110.

93 Schede, S. 185.

dings nur unter Beteiligung und in Abstimmung mit der Bundesregierung erfolgen. Dabei ist die gesamtstaatliche Verantwortung des Bundes zu wahren.

Sofern ein der Beteiligungsregelung des § 7 EUZBLG unterliegendes Verfahren nicht schwerpunktmäßig ausschließliche Gesetzgebungskompetenzen der Länder betrifft, sondern nur am Rande, kommt eine Übertragung gemäß Art. 23 Abs. 6 GG nicht in Betracht. Folglich liegt die Wahrnehmung der gemeinschaftsprozessualen Rechte der Bundesrepublik Deutschland vor dem Gerichtshof in diesen Fällen entsprechend dem Wortlaut des § 7 EZBLG und des Art. 32 Abs. 1 GG bei der Bundesregierung.

4. Ergebnis und Ausblick

a) Ergebnis

§ 7 des auf der Grundlage von Art. 23 Abs. 7 GG erlassenen EUZBLG sieht erstmals positivrechtlich die mittelbare Beteiligung der Länder durch den Bundesrat an gemeinschaftsprozessualen Rechten der Bundesrepublik Deutschland als Mitgliedstaat der Europäischen Union vor. Einzelheiten zum Beteiligungsverfahren in gemeinschaftsprozessualen Angelegenheiten regelt der V. Abschnitt der gemäß § 9 EUZBLG erlassenen BLV-EU.

Gemäß § 7 Abs. 1 EUZBLG betrifft die Beteiligungsregelung zunächst die privilegierte Aktivlegitimation der Bundesrepublik Deutschland für Untätigkeits- und Nichtigkeitsklagen gemäß Art. 173 Abs. 2 EGV bzw. Art. 175 Abs. 1 EGV. Außerdem erstreckt sie sich gemäß § 7 Abs. 3 EUZBLG auf die Passivlegitimation der Bundesrepublik für Vertragsverletzungsverfahren gemäß Art. 169 EGV. Schließlich bezieht sie sich gemäß § 7 Abs. 2 EUZBLG auf privilegierte Äußerungsrechte der Bundesrepublik in Vorabentscheidungsverfahren nach Art. 177 EGV gemäß Art. 20 Abs. 2 Satzung und auf ihr privilegiertes Interventionsrecht in streitigen Verfahren vor dem Europäischen Gerichtshof gemäß Art. 37 Abs. 1 Satzung[94].

Eine Beteiligung des Bundesrates gemäß § 7 EUZBLG findet zum einen auf denjenigen Gesetzgebungsgebieten statt, in welchen das Grundgesetz überhaupt keinen Kompetenztitel für den Bund aufweist. Zudem erstreckt sie sich auf die Gebiete der konkurrierenden Gesetzgebung und der Rahmengesetzgebung, sofern die Voraussetzungen für ein Tätigwerden des Bundes gemäß

---

94 Vgl. Morawitz/Kaiser, S. 116 ff.

Art. 72 GG nicht vorliegen[95]. Eine Beteiligung im Bereich der Verwaltungskompetenzen der Länder ist nicht vorgesehen.

Die Absätze vier und sechs des Art. 23 GG stellen die verfassungsrechtliche Grundlage der Beteiligungsregelung in § 7 EUZBLG dar. Folglich ist die Regelung im Lichte dieser Vorschriften verfassungskonform auszulegen. Daher ist die Wahrnehmung der gemeinschaftsprozessualen Rechte der Bundesrepublik Deutschland im Hinblick auf die Vorgaben des Art. 23 Abs. 6 GG immer dann auf einen vom Bundesrat benannten Vertreter der Länder zu übertragen, wenn im Schwerpunkt ausschließliche Gesetzgebungskompetenzen der Länder betroffen sind[96].

b) Ausblick

Insgesamt eröffnet die Beteiligungsregelung den Ländern, wenn auch vermittelt durch den Bundesrat, beträchtliche Einflußmöglichkeiten auf die Verfahren vor dem Europäischen Gerichtshof, welche ihre Gesetzgebungszuständigkeiten betreffen. Von besonderer Bedeutung sind solche Möglichkeiten, solange der Gerichtshof die eigene Klageberechtigung der Länder nach Art. 173 und Art. 175 EGV restriktiv beurteilt[97].

Auch nach einer Weiterentwicklung dieser Rechtsprechung im Hinblick auf die durch den EUV gestärkte Stellung der Länder und anderer regionaler Gebietskörperschaften im institutionellen Gefüge der Gemeinschaft und die gemeinschaftsrechtliche Pflicht zur Rücksichtnahme auf mitgliedstaatliche Verfassungsstrukturen wird die Beteiligungsregelung in § 7 EUZBLG ihre Bedeutung für Vertragsverletzungsverfahren sowie für privilegierte Äußerungs- und Interventionsrechte behalten, da das Gemeinschaftsprozeßrecht hier de lege lata eine unmittelbare Beteiligung der Länder ausschließt. Es bleibt abzuwarten, ob sich die komplizierte und mit Auslegungsproblemen behaftete Beteiligungsregelung in der Praxis bewährt[98].

---

95 Wie hier Schede, S. 182 f.

96 A. A. Schede, S. 185 f.; Maunz/Dürig-Randelzhofer, Art. 24 Abs. 1 GG, Rn. 210; vgl. aber auch Oschatz/Risse, DÖV 1995, S. 437 (447): Man könne die These vertreten, daß die Länder aufgrund von Art. 23 Abs. 6 GG "schon von Verfassungs wegen vor dem EuGH anstelle der Bundesregierung handlungsfähig" seien.

97 Vgl. zuletzt EuGH Rs. C-298/89 (Gibraltar/Rat), Slg. 1993 I, S. 3605 (3653 ff.), allerdings noch zur Rechtslage unter dem weitgehend landesblinden EWGV a.F.

98 Skeptisch Pernice, DVBl. 1993, S. 909 (910).

D. Teilhabe einzelner Bundesländer an gemeinschaftsprozessualen Rechten der Bundesrepublik Deutschland

Eine Beteiligung der Länder an gemeinschaftsprozessualen Rechten der Bundesrepublik Deutschland sieht § 7 EUZBZLG ausschließlich vermittelt durch den Bundesrat vor[99]. Positivrechtlich unbeantwortet bleibt die Frage, ob ein einzelnes Land Einfluß auf die Ausübung dieser Rechte nehmen kann, ohne den Umweg über den Bundesrat einschlagen zu müssen[100]. Diese Frage drängt besonders, wenn sich ein Land oder mehrere Länder mit ihrer Rechtsauffassung in der Minderheit befinden und folglich im Bundesrat keine Maßnahmen gemäß § 7 EUZBLG durchsetzen können. Selbst wenn die Ansicht eines Landes im Bundesrat mehrheitsfähig ist, so daß der Beteiligungsmechanismus des § 7 EUZBLG aktiviert werden könnte, steht dem betreffenden Land zudem als Alternative möglicherweise ein Recht auf unmittelbare Einflußnahme zu.

Mangels ausdrücklicher Regelung im Grundgesetz kommt als Anknüpfungspunkt zur Lösung dieser Fragen nur das Prinzip der Bundestreue in Betracht[101]. Dabei sind allerdings die durch das geschriebene Verfassungsrecht in Art. 23 GG getroffenen Wertungen zu berücksichtigen.

I. Prinzip der Bundestreue

Die bundesstaatliche Ordnung des Grundgesetzes ist geprägt von dem in vielfältiger Weise verschränkten Verhältnis zwischen Bund und Ländern. Einerseits stehen sich in diesem Verhältnis häufig unterschiedliche oder sogar gegensätzliche Interessen des Bundes und eines, mehrerer oder aller Länder gegenüber. Andererseits wird es durch die Erforderlichkeit bestimmt, im gemeinsamen Interesse zusammenzuwirken. Beide Aspekte stehen zueinander notwendig in einem Spannungsverhältnis, zu dessen Auflösung es eines die Interessen beider Seiten berücksichtigenden Ausgleichs bedarf[102]. Dies gilt

---

99 Schede, S. 225 f.; Badura, EuR 1994, Beiheft 1, S. 9 (16) spricht von einer "Umbildung des Bundesrates zu einer kooperativen Interessenvertretung der Länder mit Frontstellung gegen den Bund".

100 Bereits mit Blick auf die Diskussion über die Länderbeteiligung im Rahmen des EEA-Zustimmungsgesetzes stellte Ress, EuGRZ 1986, S. 549 (550), die zweifelnde Frage, ob der Bundesrat als Organ, das an der Bundesgesetzgebung beteiligt ist, als "Hüter der Ländergesetzgebungskompetenzen" fungieren kann.

101 Hrbek, in: Festschrift Börner, S. 125 (144); Jooss/Scheurle, EuR 1989, S. 226 (232).

102 Stern, Bd. I, S. 699 f.

umso mehr, als die ausdrücklichen Regelungen des Grundgesetzes das Verhältnis zwischen Bund und Ländern nicht in allen Einzelheiten durchnormieren[103].

Maßstab für den Ausgleich von Bundes- und Länderinteressen ist der verfassungsrechtliche Grundsatz der Bundestreue. Das Bundesverfassungsgericht hat ihn bereits in einer seiner ersten Entscheidungen anerkannt[104] und ständig ausgebaut[105]. In seinem Urteil zur Fernsehrichtlinie hat es klargestellt, daß die Bundesregierung in gemeinschaftsbezogenen Angelegenheiten als Sachwalterin der Länderrechte prozeduralen Pflichten zu bundesstaatlicher Zusammenarbeit und Rücksichtnahme unterliegt[106]. Auch im Schrifttum wird der Grundsatz der Bundestreue als Maßstab für das Bund-Länder-Verhältnis bejaht[107]. Inhalt des Grundsatzes ist die gegenseitige Pflicht zur Rücksichtnahme von Bund und Ländern sowie der Länder untereinander[108]. Der Grundsatz der Bundestreue schließt die im geschriebenen Verfassungsrecht verbleibenden Regelungslücken hinsichtlich der gegenseitigen Beziehungen zwischen Bund und Ländern[109]. Bezüglich der gemeinschaftsprozessualen Rechte der Bundesrepublik Deutschland könnte sich dieser Grundsatz dahingehend auswirken, daß der Bund bei der Wahrnehmung dieser Rechte auf berechtigte Interessen einzelner Länder Rücksicht zu nehmen hat[110].

II. Sperrwirkung der Regelung in Art. 23 GG

Voraussetzung für einen Rückgriff auf den allgemeinen Grundsatz der Bundestreue ist freilich, daß die betreffende Frage im geschriebenen Verfassungsrecht nicht abschließend geregelt ist[111]. Eine solche Regelung könnte für die Länderbeteiligung an gemeinschaftsprozessualen Rechten der Bundesrepublik Deutschland in Art. 23 GG i.V.m. § 7 EUZBLG liegen. Die Entscheidung der Verfassung für eine gebündelte Länderbeteiligung durch den Bundesrat könnte

---

103 BVerfGE 34, S. 216 (232); Kössinger, S. 75.

104 BVerfGE 1, S. 299 (315).

105 BVerfGE 4, S. 115 (141 f.); 8, S. 122 (131); 12, S. 205 (254 f.); 41, S. 291 (308 ff.); 81, S. 310 (337).

106 2 BvG 1/89, Urteil v. 22.3.1995, EuZW 1995, S. 277 (280) = JZ 1995, S. 669 (671).

107 Jarass/Pieroth-Pieroth, Art. 20 GG, Rn. 12 ff.; Maunz/Dürig-Herzog, Art. 20 GG, IV, Rn. 61 ff.

108 BVerfGE 1, S. 299 (315).

109 BVerfGE 34, S. 216 (232).

110 Jooss/Scheurle, EuR 1989, S. 226 (232).

111 Spanner, DÖV 1961, S. 481 (485); Kössinger, S. 76.

zugleich als Votum gegen Beteiligungs- bzw. Einflußmöglichkeiten einzelner Länder zu werten sein[112]. Bejahendenfalls dürfte diese verfassungsrechtliche Wertung wegen des Vorrangs von Gesetz und Verfassung nicht ohne weiteres durch eine Heranziehung der generalklauselartigen Bundestreue übertüncht werden[113].

Es ist aber zweifelhaft, ob die Bundesratslösung in Art. 23 GG eine Sperrwirkung gegenüber der Berücksichtigung der Interessen einzelner Länder bei der Wahrnehmung gemeinschaftsprozessualer Rechte durch die Bundesrepublik Deutschland zu entfalten vermag. In seiner Entscheidung zur Fernsehrichtlinie hat das Bundesverfassungsgericht ausdrücklich offengelassen, ob die Einrichtung von kollektiven Vertretungsmechanismen der Länder gegenüber dem Bund weitergehende Rechte einzelner Länder ausschließt[114]. Gegen eine derartige Sperrwirkung spricht bei gemeinschaftsprozessualen Angelegenheiten, daß sich eine durch den Bundesrat vermittelte Länderbeteiligung und eine unmittelbare Länderberücksichtigung jedenfalls dann nicht ausschließen, wenn der Bundesrat - aus welchen Gründen auch immer - von seinen in § 7 EUZBLG verankerten Beteiligungsbefugnissen keinen Gebrauch macht. Hier bleibt Raum für die Berücksichtigung der Interessen einzelner Länder durch die Bundesregierung[115].

Außerdem dient die Beteiligungsregelung in Art. 23 GG dem Ziel, die Stellung der Länder im Prozeß der europäischen Integration zu stärken und im Zuge dieses Prozesses erlittene Kompetenzverluste zu kompensieren[116]. Diesem Ziel würde eine Auslegung des Art. 23 GG zuwiderlaufen, die aus der Einrichtung einer kollektiven Länderbeteiligung durch den Bundesrat[117] auf die verfassungsrechtliche Unzulässigkeit einer Berücksichtigung von Interessen einzelner Länder schlösse. Aus Sicht eines einzelnen Landes könnte sich dann

---

112 Zutreffend bezeichnet Pernice, DVBl. 1993, S. 909 (919), den Bundesrat als den eigentlichen Gewinner des neuen Art. 23 GG.

113 Vgl. Jarass/Pieroth-Pieroth, Art. 20 GG, Rn. 12.

114 2 BvG 1/89, Urteil vom 22.3.1995, EuZW 1995, S. 277 (281) = JZ 1995, S. 669 (670); die Entscheidung bezog sich noch auf die inzwischen durch das EUZBLG abgelöste Beteiligungsregelung in Art. 2 EEAG; zu dieser Regelung zur Hausen, EuR 1987, S. 322 ff.; Oschatz/Risse, DÖV 1989, S. 509 ff.; Rudolf, in: Festschrift Partsch, S. 357 (363 ff.); Kruis, in: Festschrift Geiger, S. 145 (166 ff.).

115 Vgl. Kruis, in: Festschrift Geiger, S. 145 (168).

116 BT-Drs. 12/6000, S. 19 (22 ff.); Wolfgang Fischer, ZParl 1993, S. 32 (34 ff.).

117 Vgl. Badura, EuR 1994, Beiheft 1, S. 9 (16); Schweitzer, VVDStRL 53 (1994), S. 48 (67) belegt dies mit dem Begriff "Bundesratsmodell".

der Beteiligungsmechanismus des Art. 23 GG i.V.m. § 7 EUZBLG geradezu als Bumerang erweisen, weil er die vor der Novellierung bestehende Rechtslage verschlechtert hätte. Danach kam eine Pflicht des Bundes zur Klageerhebung aus Bundestreue auf Verlangen eines Landes oder mehrerer Länder nämlich auch ohne ein Votum des Bundesrates in Betracht[118].

Gegen eine Sperrwirkung der Bundesratslösung spricht darüber hinaus, daß damit der dem Bundesrat in Art. 23 GG beigelegten Funktion als Sprachrohr der Länder bzw. als kollektiver Front der Länder gegenüber dem Bund eine über die Vorschrift hinausgehende Wirkung zuerkannt würde. Bei dieser Funktion handelt es sich jedoch um einen systemwidrigen und daher nicht verallgemeinerungsfähigen Sonderfall: Gemeinhin nimmt der Bundesrat als Bundesorgan im Gefüge des Grundgesetzes nicht die Rolle eines Vertreters der Länder gegenüber dem Bund ein[119]. Diese sind vielmehr selbst - und nicht mediatisiert durch den Bundesrat[120] - zur Wahrnehmung und Verteidigung ihrer originären verfassungsrechtlichen Kompetenzen berufen[121]. So ist etwa ein einzelnes Bundesland, das sich gegen eine Verletzung seiner verfassungsrechtlichen Rechte durch den Bund zur Wehr setzen möchte, nicht auf die Inanspruchnahme des Bundesrates angewiesen. Vielmehr kann es, vertreten durch die Landesregierung[122], selbst vor dem Bundesverfassungsgericht einen Bund-Länder-Streit gemäß Art. 93 Abs. 1 Nr. 3 GG anhängig machen. Aus diesem Grund kann nicht davon ausgegangen werden, daß den Ländern mit der in Art. 23 GG i.V.m. § 7 EUZBLG getroffenen Beteiligungsregelung die Möglichkeit genommen werden sollte, gestützt auf den Grundsatz der Bundestreue unmittelbar Einfluß auf die Ausübung gemeinschaftsprozessualer Rechte der Bundesrepublik Deutschland vor dem Europäischen Gerichtshof zu nehmen.

---

118 Die von Morawitz/Kaiser, S. 116, geschilderte einvernehmliche Praxis zwischen Bund und Ländern in gemeinschaftsprozessualen Angelegenheiten entsprach dem Grundsatz der Bundestreue.

119 Vgl. Pernice, DVBl. 1993, S. 909 (919); Badura, EuR 1994, Beiheft 1, S. 9 (16); Mechthild Müller, DÖV 1993, S. 103 (105), kennzeichnet die Bundesratsbeteiligung an Angelegenheiten der Europäischen Union deshalb als "Organleihe".

120 Vgl. Röhl, EuR 1994, S. 409 (443).

121 Schweitzer, VVDStRL 53 (1994), S. 48 (60 f.); Breuer, NVwZ 1994, S. 417 (426); Ress, EuGRZ 1986, S. 549 (550); Pernice, DVBl. 1993, S. 909 (919).

122 Umbach/Clemens, § 68 BVerfGG, Rn. 6.

Im Ergebnis bleibt festzuhalten, daß Art. 23 GG i.V.m. § 7 EUZBLG keine abschließende verfassungsrechtliche Regelung für die Länderbeteiligung an Verfahren vor dem Europäischen Gerichtshof enthält[123].

III. Akzessorische Natur des Grundsatzes der Bundestreue

Der Grundsatz der Bundestreue ist insoweit akzessorischer Natur, als daraus keine selbständigen Rechte und Pflichten im Verhältnis zwischen Bund und Ländern abgeleitet werden können. Vielmehr setzt seine Anwendung ein bestehendes Rechtsverhältnis voraus[124]. Erst bei der Ausgestaltung dieses Rechtsverhältnisses kann sich der Grundsatz der Bundestreue auf die Art und Weise der Kompetenzausübung und das Procedere im Umgang miteinander auswirken[125].

Ein derartiges Rechtsverhältnis zwischen dem Bund und einzelnen Ländern ergibt sich für den Bereich der Wahrnehmung gemeinschaftsprozessualer Rechte der Bundesrepublik Deutschland nicht aus der Regelung in Art. 23 GG i.V.m. § 7 EUZBLG. Diese richtet sich nämlich ausschließlich auf die kollektive Länderbeteiligung durch den Bundesrat, nicht aber auf die Berücksichtigung einzelner Länder.

Ließe man hingegen die sich aus dem Prozeß der europäischen Integration für das Bund-Länder-Verhältnis allgemein ergebenden Folgen als Rechtsverhältnis genügen, so würde das Merkmal der Akzessorietät jeder einschränkenden Wirkung beraubt und damit praktisch ausgehöhlt. Die pauschale Differenzierung zwischen akzessorischen und selbständigen Handlungs- und Unterlassungspflichten im Bund-Länder-Verhältnis besitzt keine ausreichende Trennschärfe[126]. Hieraus resultiert auch die innerhalb der Akzessorietätslehre zu verzeichnende Inkonsequenz bzw. Widersprüchlichkeit: Zwar soll der Grundsatz der Bundestreue akzessorisch zu einem bestehenden Rechtsverhält-

---

123 Ähnlich sah Kruis, in: Festschrift Geiger, S. 145 (168 f.), in der früheren Regelung der Bundesratsbeteiligung in Art. 2 EEAG nur eine "Teilkonkretisierung der Bundestreue", weil hierdurch eine Berücksichtigung einzelner Länder nicht schlechthin augeschlossen werde.

124 Vgl. Lerche, AöR 90 (1965), S. 341 (371).

125 2 BvG 1/89, Urteil vom 22.3.1995, EuZW 1995, S. 277 (280) = JZ 1995, S. 669 (670): Der Grundsatz des bundesfreundlichen Verhaltens fordere, daß Bund und Länder "bei der Wahrnehmung ihrer Kompetenzen" aufeinander Rücksicht nähmen.

126 Kössinger, S. 76 f.

nis sein. In engen Grenzen seien daraus aber zugleich unmittelbar Rechte und Pflichten abzuleiten[127].

Zur Vermeidung derartiger Unstimmigkeiten ist vorrangig auf die im geschriebenen Verfassungsrecht zwischen Bund und Ländern getroffene Kompetenzverteilung abzustellen[128]. Folglich ist zu untersuchen, ob das Grundgesetz dem Bund die Kompetenz für die gemeinschaftsprozessuale Wahrnehmung auch von Länderinteressen zuweist. Bejahendenfalls ist - wiederum im Lichte der ausdrücklich durch das Grundgesetz für den Bereich der Außenvertretung getroffenen Wertungen - zu klären, ob bzw. inwieweit der Bund bei der Ausübung dieser Kompetenz auf die Auffassung einzelner Länder Rücksicht zu nehmen hat[129].

IV. Verbandskompetenz des Bundes für die Vertretung der Bundesrepublik Deutschland vor dem Europäischen Gerichtshof

Art. 32 Abs. 1 GG weist dem Bund die Verbandskompetenz für die "Plege der Beziehungen zu auswärtigen Staaten" zu. Zu untersuchen ist, ob darin auch die Wahrnehmung gemeinschaftsprozessualer Rechte vor dem Europäischen Gerichtshof als Gemeinschaftsorgan eingeschlossen ist.

1. Europäische Union bzw. die in ihrer ersten Säule vereinten Gemeinschaften als "Staat" im Sinne des Art. 32 Abs. 1 GG

Der Wortlaut des Art. 32 Abs. 1 GG legt nahe, daß die Vorschrift nur Beziehungen zu Staaten erfaßt. Nach der Drei-Elementen-Lehre kann von einem Staat nur gesprochen werden, wenn die Merkmale Staatsvolk, Staatsgebiet und Staatsgewalt erfüllt sind[130]. Mangels umfassender Personalhoheit und umfassender Gebietshoheit sowie angesichts der Begrenztheit der Gemeinschafts-

---

127 Scheuner, DÖV 1962, S. 641 (646).

128 Ähnlich Kössinger, S. 76 f.

129 Diese Vorgehensweise entspricht derjenigen des Bundesverfassungsgerichts in seiner Entscheidung zur Fernsehrichtlinie: 2 BvG 1/89, Urteil vom 22.3.1995, 1. Leitsatz, EuZW 1995, S. 277 = JZ 1995, S. 669; dort ging es um die Kompetenzverteilung zwischen Bund und Ländern im Hinblick auf das gemeinschaftliche Rechtssetzungsverfahren - hier geht es um die Kompetenzverteilung zwischen Bund und Ländern im Hinblick auf Verfahren vor dem Europäischen Gerichtshof.

130 K. Ipsen-Epping, S. 56 ff.; Doehring, S. 22.

gewalt (keine "Kompetenz-Kompetenz"[131]) erfüllen weder die Europäische Union selbst noch die in ihrer ersten Säule vereinten drei Gemeinschaften diese Voraussetzungen[132].

Es besteht indes Einigkeit darüber, daß Art. 32 Abs. 1 GG Beziehungen nicht nur zu Staaten, sondern auch zu anderen Völkerrechtssubjekten wie insbesondere internationalen Organisationen erfaßt[133]. Der engere Wortlaut wird teils damit erklärt, daß im Entstehungszeitpunkt des Grundgesetzes nahezu ausschließlich Staaten als Völkerrechtssubjekte in Betracht kamen[134]. Ferner wird angeführt, die Formulierung habe die Beziehungen zum Heiligen Stuhl ausklammern sollen[135]. Wieder andere Autoren verweisen darauf, daß sich auch internationale Organisationen von Staaten ableiten[136].

Obwohl die Europäische Union selbst keine Rechtspersönlichkeit besitzt, sind doch die in ihrer ersten Säule vereinten drei Gemeinschaften als Völkerrechtssubjekte[137] "Staaten" im Sinne des Art. 32 Abs. 1 GG. Sofern internationale Verträge auf dem durch den EUV geregelten Gebiet der Gemeinsamen Außen- und Sicherheitspolitik erforderlich werden, bedient sich die Europäische Union gemäß Art. 228 a EGV der Europäischen Gemeinschaft[138].

Das Merkmal "Staaten" im Sinne des Art. 32 Abs. 1 GG ist also erfüllt, da die Beziehungen zur Europäischen Union notwendig die Beziehungen zu den drei Gemeinschaften umfassen.

---

131 Auch Art. F Abs. 3 EUV begründet keine Kompetenz-Kompetenz der EU: BVerfGE 89, S. 155 (195 f.); zusätzliche Hoheitsrechte können der EU nur im Wege der Vertragsänderung gemäß Art. N EUV übertragen werden; Hilf, VVDStRL 53 (1994), S. 7 (11); vgl. auch Pernice, AöR 120 (1995), S. 100 (111 f.); Weber, JZ 1993, S. 325 (327).

132 Blanke, DÖV 1993, S. 412 (414 ff.); Everling, DVBl. 1993, S. 936 (941); Murswiek, Der Staat 32 (1993), S. 161 (168); Heinz, DÖV 1994, S. 994 (994); von einem "staatsähnlichen Charakter" spricht Rupp, NJW 1993, S. 38 (40); ähnlich Philipp, ZRP 1992, S. 433 (438); kritisch zur Kennzeichnung der Europäischen Union als "Staatenverbund" durch BVerfGE 89, S. 155 (185) Bruno Kahl, Der Staat 33 (1994), S. 241 (244 ff.).

133 BVerfGE 2, S. 347 (374); 1, S. 351 (366); Menzel, DÖV 1971, S. 528 (530).

134 Von Münch-Rojahn, Art. 32, Rn. 10; die UNO bestand indes bereits.

135 Fastenrath, S. 93.

136 Statt vieler vgl. Maunz/Dürig-Maunz, Art. 32, Rn. 14.

137 Everling, DVBl. 1993, S. 936 (941); vgl. Art. 210, 211 EGV.

138 Everling, DVBl. 1993, S. 936 (941).

2. Wahrnehmung gemeinschaftsprozessualer Rechte als "Pflege der Beziehungen" im Sinne des Art. 32 Abs. 1 GG

Dahinstehen kann für das Thema der Untersuchung, ob unter einer "Pflege der Beziehungen" im Sinne des Art. 32 Abs. 1 GG nur rechtsförmliche[139] oder auch informelle Beziehungen[140] zu verstehen sind. Die Verfolgung gemeinschaftsprozessualer Rechte der Bundesrepublik Deutschland vor dem Europäischen Gerichtshof ist nämlich rechtsförmlich im engsten Sinne. Sie stellt also nach allen zu Art. 32 Abs. 1 GG vertretenen Auffassungen eine Pflege der Beziehungen im Sinne dieser Vorschrift dar.

3. Europäische Union als "auswärtiger" Staat

Zu bedenken ist schließlich, ob es sich bei der Europäischen Union bzw. den in ihrer ersten Säule vereinten drei Gemeinschaften um einen "auswärtigen" Staat im Sinne des Art. 32 Abs. 1 GG handelt.

a) Europaangelegenheiten als innere Angelegenheiten

Eine Einordnung der Europäischen Union bzw. der zu ihr unterhaltenen Beziehungen als "auswärtig" wird insbesondere von Ländervertretern mit der Begründung abgelehnt, die Europapolitik sei nicht (mehr) als klassische Außenpolitik anzusehen. Sie sei, zumindest teilweise, als Innenpolitik zu qualifizieren. Zur Begründung wird auf den bereits weit entwickelten Integrationsprozeß verwiesen[141]. Nach dieser Auffassung stünde Art. 32 Abs. 1 GG der Berücksichtigung der Interessen eines Landes bei der Wahrnehmung der gemeinschaftsprozessualen Rechte der Bundesrepublik Deutschland durch die Bundesregierung nicht entgegen. Vielmehr wäre dieser Vorgang nach der grundgesetzlichen Kompetenzverteilung zwischen Bund und Ländern für den innerstaatlichen Bereich zu beurteilen.

---

139 Fastenrath, S. 83 ff.; ders., DÖV 1990, S. 125 (133); i.E. ebenso Borchmann, VR 1987, S. 2 (3 ff.); ders., NVwZ 1988, S. 218 (220).

140 So die herrschende Meinung im Schrifttum: Isensee/Kirchhof-Grewe, Bd. III, § 77, Rn. 83; Geck, ZRP 1987, S. 292 f.; Magiera, DÖV 1987, S. 745 f.; Westerwelle, ZRP 1989, S. 121 (122 f.); Nass, EA 1986, S. 619 (625).

141 Borchmann, NVwZ 1988, S. 218 (220); Wilhelm, BayVBl. 1992, S. 705 (710).

b) Europaangelegenheiten als auswärtige Angelegenheiten

Nach der Gegenauffassung ändert der erreichte Integrationsstand nichts an der Einordnung der Beziehungen zur EG als "auswärtig". Daher gelte Art. 32 Abs. 1 GG grundsätzlich auch für diese Beziehungen und begründe eine entsprechende Zuständigkeit des Bundes[142].

c) Stellungnahme

aa) Unterschied zwischen Europäischer Union und herkömmlichen internationalen Organisationen

Für die erstgenannte Auffassung läßt sich anführen, daß der Einfluß des Gemeinschaftsrechts auf die bundesdeutsche Rechtsordnung an Breite und Tiefe weit über den Einfluß herkömmlicher völkerrechtlicher Verträge oder der Mitgliedschaft in anderen internationalen Organisationen wie z.B. der UNO hinausgeht[143]. Das zeigt sich besonders deutlich an der fehlenden Transformationsbedürftigkeit zahlreicher Gemeinschaftsrechtsakte. So entfalten etwa Verordnungen und Entscheidungen nach Art. 189 EGV unmittelbare innerstaatliche Rechtswirkungen. Ähnliches gilt nach der Rechtsprechung des Europäischen Gerichtshofs unter bestimmten Voraussetzungen für nicht fristgerecht umgesetzte Richtlinien[144].

Gleichwohl bleibt zweifelhaft, ob diese Entwicklung Angelegenheiten der Europäischen Union bereits zur Innenpolitik macht. Dagegen spricht, daß die Europäische Union kein "Bundesstaat" ist, innerhalb dessen sämtliche Beziehungen als "innerstaatlich" anzusehen wären[145]. Vielmehr stellt sie trotz des erreichten Integrationsstandes nach wie vor eine zwischenstaatliche Organisation dar[146].

Zudem ist zu berücksichtigen, daß Art. 32 Abs. 1 GG keine Unterscheidung zwischen den Beziehungen zur Europäischen Union bzw. den drei Gemeinschaften und sonstigen Völkerrechtssubjekten trifft. Eine Modifizierung seines

---

142 Neßler, EuR 1994, S. 216 (217); Westerwelle, ZRP 1989, S. 121 (123); Schütz, BayVBl. 1990, S. 481 (482).

143 K. Ipsen-Epping, S. 416 f.; Graf Vitzthum, AöR 115 (1990), S. 281 (287 f.); Tomuschat, in: Magiera/Merten, S. 21 (28 ff.).

144 EuGH Rs. 148/78 (Ratti), Slg. 1979, S. 1629 (1642).

145 Fastenrath, DÖV 1990, S. 125 (129 f.); ähnlich Westerwelle, ZRP 1989, S. 121 (123).

146 Everling, DBVl. 1993, S. 936 (941).

Aussagegehaltes im Hinblick auf den Begriff "auswärtig" erscheint somit nur zulässig, sofern sie sich aus einer systematischen Interpretation des Grundgesetzes ableiten läßt.

bb) Einfluß des Art. 23 Abs. 1 S. 2 GG n.F.

Nach Art. Art. 23 Abs. 1 S. 2 GG n.F. kann der Bund durch Gesetz Hoheitsrechte auf die Europäische Union übertragen. Vor dem Inkrafttreten der neuen Vorschrift gestattete Art. 24 Abs. 1 GG solche Übertragungen[147]. Soweit der Bund von dieser Möglichkeit Gebrauch gemacht hat, könnte darin eine "Öffnung" der Bundesrepublik Deutschland gegenüber der Europäischen Union liegen[148]. Hieraus könnte weiter zu folgern sein, daß die Beziehungen zur Europäischen Union nicht als auswärtig im Sinne des Art. 32 Abs. 1 GG zu qualifizieren wären und die von Art. 32 Abs. 1 GG angestrebte Eingleisigkeit der Außenpolitik insoweit keine Geltung beansprucht.

Da Art. 24 Abs. 1 GG bzw. Art. 23 Abs. 1 S. 2 GG n.F. dem Bund auch eine Übertragung von Hoheitsrechten im Bereich der ausschließlichen Länderkompetenzen gestattet[149], wird von Teilen der Literatur zudem eine Kompensation für Kompetenzverluste der Länder gefordert[150].

Gegen diese Argumentationslinien spricht aber, daß Art. 24 Abs. 1 GG und Art. 23 Abs. 1 S. 2 GG n.F. keine von Art. 32 Abs. 1 GG abweichende Sonderregelung für die Vertretung der Bundesrepublik Deutschland gegenüber der jeweiligen zwischenstaatlichen Einrichtung statuieren, sondern lediglich die deutsche Beteiligung an derartigen Einrichtungen durch entsprechende Übertragungsakte ermöglichen. Art. 24 Abs. 1 GG bzw. Art. 23 Abs. 1 S. 2 GG n.F. ändern folglich die Gewaltenteilung auf dem Gebiet der auswärtigen Angelegenheiten nicht[151].

Außerdem ist zu berücksichtigen, daß ein Vorschlag der Verfassungskommission des Bundesrates, Art. 32 Abs. 1 GG um einen zweiten Satz zu erwei-

---

147 Art. 23 n.F. GG ist lex specialis gegenüber Art. 24 Abs. 1 GG; vgl. Sommermann, DÖV 1994, S. 596 (603).

148 Fastenrath, DÖV 1990, S. 125 (130).

149 Wiedmann, AöR 112 (1992), S. 46 (47); Weber, DVBl. 1986, S. 800 (805); Bonner Kommentar-Tomuschat, Art. 24, Rn. 25 m.w.N.

150 Schröder, JöR 35 (1986), S. 83 (101); Isensee/Kirchhof-Ipsen, Bd. VII, § 181, Rn. 36; Schütz, BayVBl. 1990, S. 481 (482 f.).

151 Isensee/Kirchhof-Mosler, Bd. VII, § 175, Rn. 46.

tern, welcher den Ländern im Rahmen ihrer Zuständigkeiten eine Zusammenarbeit mit auswärtigen Staaten explizit gestatten sollte[152], gerade keine Berücksichtigung bei der jüngsten Verfassungsänderung fand. Damit ergibt sich kein Anhaltspunkt dafür, daß es für die Beziehungen zur Europäischen Union nicht grundsätzlich bei der in Art. 32 Abs. 1 GG festgelegten Zuständigkeit des Bundes bleiben sollte[153].

Auch die Einfügung eines neuen Abs. 1 a) in Art. 24 GG, wonach die Länder mit Zustimmung der Bundesregierung Hoheitsrechte auf (regional begrenzte) grenznachbarliche Einrichtungen übertragen können[154], ändert nichts an dieser Zuständigkeitsverteilung.

Aus diesen Gründen spricht Art. 23 Abs. 1 S. 2 GG nicht dafür, die "Auswärtigkeit" der Beziehungen zur Europäischen Union zu verneinen.

cc) Einfluß des Art. 50 GG n.F.

Vor der im Zusammenhang mit dem EUV vorgenommenen Änderung des Art. 50 GG wurde im Schrifttum teilweise die Auffassung vertreten, die Wahrnehmung der Rechte aus der deutschen Mitgliedschaft in der Europäischen Union sei als "Verwaltung des Bundes" gemäß Art. 50 GG zu qualifizieren[155]. Zu den vertraglichen Mitgliedschaftsrechten zählen auch die gemeinschaftsprozessualen Rechte der Bundesrepublik Deutschland.

Diese Auffassung ist jedenfalls nach der Neufassung des Art. 50 GG nicht mehr zu halten: Die Vorschrift statuiert die Mitwirkung der Länder durch den Bundesrat "in Angelegenheiten der Europäischen Union" neben ihrer Mitwirkung bei der "Gesetzgebung und Verwaltung des Bundes" und verdeutlicht damit, daß es sich um unterschiedliche Bereiche der Mitwirkung handelt.

Art. 50 GG betrifft zwar auch in seiner neuen Fassung lediglich die Mitwirkung der Länder durch den Bundesrat als Bundesorgan, nicht hingegen unmittelbare Mitwirkungsrechte einzelner Länder. Die ausdrückliche Erwähnung der "Angelegenheiten der Europäischen Union" in Art. 50 GG n.F. zeigt

---

152 BR-Drucks. 360/92; vgl. dazu Asmussen/Eggeling, VerwArch 84 (1993), S. 230 (256 f.); Duckwitz, S. 19.

153 Vgl. Hilf, VVDStRL 53 (1994), S. 7 (18); Neßler, EuR 1994, S. 216 (217).

154 Dazu Grotefels, DVBl. 1994, S. 785 ff.

155 Grabitz, EuR 1987, S. 310 (314 f.); ders., in: Hrbek/Thaysen, S. 169 (174 ff.); Hailbronner, JZ 1990, S. 149 (155): Sämtliche Äußerungen bezogen sich auf Art. 50 GG a.F.

jedoch, daß das Grundgesetz dem europäischen Integrationsprozeß eine besondere, auch auf das Bund-Länder-Verhältnis ausstrahlende Stellung einräumt.

Die Neufassung des Art. 50 GG bewirkt also keine Zuweisung der Beziehungen zur Europäischen Union in den Bereich der "Innenpolitik". Sie verdeutlicht jedoch, daß es sich dabei nicht um typisch "auswärtige" Beziehungen im Sinne des Art. 32 Abs. 1 GG handelt[156].

dd) Einfluß des Art. 23 Abs. 1 S. 1, Abs. 2-7 GG n.F.

Art. 23 Abs. 1 S. 1 GG n.F. legt die Bundesrepublik Deutschland darauf fest, bei der Entwicklung einer Europäischen Union mitzuwirken, die u.a. "föderativen Grundsätzen und dem Grundsatz der Subsidiarität" verpflichtet ist.

Durch diese Vorschrift wird dem europäischen Integrationsprozeß - wie schon in der Präambel des GG[157] - eine herausgehobene Bedeutung als Staatsziel eingeräumt[158]. Der Grundsatz des föderativen Aufbaus soll dabei i.V.m. dem Grundsatz der Subsidiarität nicht nur als "Struktursicherungsklausel" die bundesstaatliche Gliederung der Bundesrepublik Deutschland als Mitgliedstaat wahren, sondern auch einen dreistufigen Aufbau der (künftigen) Europäischen Union selbst ermöglichen[159].

Obgleich auch Art. 23 Abs. 1 S. 1 GG n.F. keine vom Grundsatz des Art. 32 Abs. 1 GG abweichende Regelung der deutschen Beziehungen zur Europäischen Union enthält, verdeutlicht die Vorschrift doch, daß die föderative Struktur der Bundesrepublik Deutschland in diesen Beziehungen berücksichtigt werden muß. Diese Auslegung wird durch die Entstehungsgeschichte des Art. 23 Abs. 1 GG n.F. und seinen Zusammenhang mit den nachfolgenden Absätzen vier bis sieben[160] gestützt: Danach dient Art. 23 GG n.F. insgesamt der Stärkung der Beteiligungsrechte der Länder im europäischen Integrationsprozeß[161]. Soweit dem Bundesrat in den Absätzen vier bis sieben des

156 Vgl. Rennert, Der Staat 32 (1993), S. 269 (285).

157 Oschatz/Risse, EA 1988, S. 9 (14).

158 Hilf, VVDStRL 53 (1994), S. 7 (8) spricht von der "ausgestreckten Hand" des Grundgesetzes.

159 Wolfgang Fischer, ZParl 1993, S. 32 (38 f.); Wilhelm, BayVBl. 1992, S. 705 (706 f.); Oppermann/Classen, Aus Politik und Zeitgeschichte 1993, Heft 28, S. 11 (16 f.); Di Fabio, Der Staat 32 (1993), S. 191 (195 f.).

160 Die in den Absätzen 2-7 statuierten Mitwirkungsreche haben erst mit der Entstehung der Europäischen Union ihre volle Wirkung entfaltet; vgl. Wolfgang Fischer, ZParl 1993, S. 32 (46).

161 Wolfgang Fischer, ZParl 1993, S. 32 (33 ff.).

Art. 23 GG Beteiligungsrechte hinsichtlich der deutschen Beziehungen zur Europäischen Union eingeräumt werden, liegt im Verhältnis zu Art. 32 Abs. 1 GG eine speziellere und damit vorrangige verfassungsrechtliche Regelung der Kompetenzverteilung zwischen Bund und Ländern im Bereich der auswärtigen Gewalt vor[162].

Auch Art. 23 Abs. 1 n.F. GG kann freilich nicht zu einer Einordnung der Beziehungen zur Europäischen Union als "innenpolitisch" führen, so daß diese grundsätzlich als "auswärtig" im Sinne des Art. 32 Abs. 1 GG zu qualifizieren sind. Ihre in Art. 23 Abs. 1 n.F. GG zum Ausdruck kommende Eigenart gegenüber herkömmlichen Außenbeziehungen der Bundesrepublik muß aber bei der Beantwortung der Frage berücksichtigt werden, ob ein Land unter Berufung auf den Grundsatz der Bundestreue eine Berücksichtigung seiner Interessen bei der Wahrnehmung gemeinschaftsprozessualer Rechte der Bundesrepublik Deutschland beanspruchen kann[163].

4. Ergebnis

Die Untersuchung hat gezeigt, daß die Wahrnehmung gemeinschaftsprozessualer Rechte der Bundesrepublik Deutschland vor dem Europäischen Gerichtshof eine Pflege der Beziehungen zu einem auswärtigen Staat gemäß Art. 32 Abs. 1 GG darstellt. Folglich steht die umfassende Kompetenzzuweisung an den Bund für den Bereich der auswärtigen Gewalt einer Einflußnahme der Länder hier grundsätzlich entgegen. Die an einer systematischen Auslegung des Grundgesetzes deutlich gewordenen Besonderheiten der Beziehungen zur Europäischen Union strahlen indes auch auf das Bund-Länder-Verhältnis aus. Sie lassen mit Blick auf den Grundsatz der Bundestreue Raum für eine begrenzte Berücksichtigung von Länderinteressen.

V. Berücksichtigung von Länderinteressen bei der Wahrnehmung von gemeinschaftsprozessualen Rechten der Bundesrepublik Deutschland

Die vorstehenden Wertungen des geschriebenen Verfassungsrechts zeigen die Voraussetzungen für eine auf den Grundsatz der Bundestreue gestützte

---

162 Hilf, VVDStRL 53 (1994), S. 7 (18).

163 Hilf, VVDStRL 53 (1994), S. 7 (18) bezeichnet die Angelegenheiten der Europäischen Union zwar als "europäische Innenpolitik"; zugleich macht er aber deutlich, daß Art. 32 Abs. 1 GG auch hier grundsätzlich Geltung beansprucht, sofern nicht die spezielleren Regelungen des Art. 23 Abs. 2-7 GG eingreifen.

Berücksichtigung von Interessen einzelner Länder bei der Wahrnehmung gemeinschaftsprozessualer Rechte der Bundesrepublik Deutschland durch die Bundesregierung auf. Zugleich umreißen sie die Grenzen einer derartigen Berücksichtigung.

Für die Feststellung dieser Voraussetzungen und Grenzen ist zum einen die ausdrückliche Regelung der durch den Bundesrat vermittelten Länderbeteiligung an gemeinschaftsprozessualen Rechten der Bundesrepublik gemäß Art. 23 Abs. 4, 6 und 7 GG i.V.m. § 7 EUZBLG von Bedeutung. Zum anderen ist die umfassende Kompetenzzuweisung an den Bund für den Bereich auswärtiger Angelegenheiten in Art. 32 Abs. 1 GG in Rechnung zu stellen, die grundsätzlich auch für die Beziehungen zur Europäischen Union Geltung beansprucht. Schließlich muß sich die in der Präambel, Art. 23 und Art. 50 GG zum Ausdruck kommende Eigenart der Beziehungen zur Europäischen Union als nicht typisch auswärtig im Sinne des Art. 32 Abs. 1 GG auch auf das Bund-Länder-Verhältnis in gemeinschaftsprozessualen Angelegenheiten auswirken.

Hinsichtlich einer auf den Grundsatz der Bundestreue gestützten Pflicht der Bundesregierung zur Berücksichtigung von Belangen einzelner Länder ist danach zu differenzieren, ob der Bundesrat Maßnahmen nach § 7 EUZBLG getroffen hat oder nicht.

1. Fallkonstellation: Maßnahmen nach § 7 EUZBLG wurden getroffen

Hat der Bundesrat bereits Maßnahmen im Sinne des die Absätze 4 und 6 des Art. 23 GG konkretisierenden § 7 EUZBLG ergriffen, so bleibt für einen Rückgriff auf den Grundsatz der Bundestreue nur geringer Spielraum. Derartige Maßnahmen liegen allerdings nur dann vor, wenn der Bundesrat tatsächlich aktive Schritte gemäß § 7 EUZBLG unternimmt, indem er etwa die Bundesregierung zur Erhebung einer Nichtigkeits- oder Untätigkeitsklage gemäß Art. 173 bzw. 175 EGV veranlaßt. Kommt ein Beschluß mangels Mehrheit nicht zustande oder fällt er negativ aus, so steht dies einem Rückgriff auf den Grundsatz der Bundestreue nicht entgegen. Eine solche Sperrwirkung wäre aus den bereits aufgezeigten Gründen systemwidrig, da die Länder grundsätzlich selbst zur Wahrnehmung ihrer Interessen berufen sind.

Entspricht eine Maßnahme des Bundesrates im so definierten Sinne der Auffassung aller Länder, so besteht ohnehin kein Bedürfnis nach einem derartigen Rückgriff. Spricht sich dagegen ein einzelnes Land oder eine Minderheit von Ländern gegen die Maßnahme aus, so erscheint eine Instrumentalisierung der

Bundestreue zur Verhinderung der durch den Bundesrat beschlossenen Maßnahme aus Sicht der unterlegenen Länder zwar wünschenswert. Grundsätzlich scheidet eine solche Instrumentalisierung jedoch aus, weil sonst die in Art. 23 GG zum Ausdruck kommende Präferenz des Verfassungsgesetzgebers für eine kollektive Mitwirkung der Länder durch den Bundesrat am Prozeß der europäischen Integration mißachtet würde. Insoweit steht die ausdrückliche grundgesetzliche Regelung in Art. 23 GG also einem Rückgriff auf das allgemeine Prinzip der Bundestreue entgegen.

Eine enge Ausnahme wird man lediglich zulassen müssen, wenn die Mehrheit der Länder die durch Art. 23 GG i.V.m. § 7 EUZBLG eröffnete Möglichkeit einer Kollektivvertretung aus offensichtlich sachfremden Erwägungen unter Verstoß gegen den Grundsatz der Bundestreue zum Nachteil eines oder mehrer unterlegener Länder mißbraucht[164]. Das wäre zum Beispiel anzunehmen, falls die Ländermehrheit im Bundesrat Maßnahmen gemäß § 7 EUZBLG ausschließlich aus parteipolitischem Kalkül trifft, obwohl sie verfassungsrechtlich den entgegenstehenden Standpunkt der Minderheit teilt und dies evident ist. In solchen krassen Ausnahmefällen ist die Bundesregierung unter dem Gesichtspunkt der Bundestreue gehalten, die Achtung vor einem durch den Bundesrat getroffenen Beschluß gegen die schutzwürdigen Belange der unterlegenen Länderminderheit abzuwägen. Bei Überwiegen dieser Belange muß sie dem Beschluß insoweit den Gehorsam verweigern.

2. Fallkonstellation: Keine Maßnahmen nach § 7 EUZBLG wurden getroffen

Anders und komplizierter liegen die Dinge, wenn der Bundesrat keine Maßnahmen nach § 7 EUZBLG beschlossen hat. Hier ist weiter danach zu differenzieren, ob durch das von einer gemeinschaftsprozessualen Angelegenheit betroffene Land bzw. durch die Gruppe der betroffenen Länder bereits versucht wurde, Schritte nach § 7 EUZBLG im Bundesrat durchzusetzen.

a) Maßnahmen nach § 7 EUZBLG wurden noch nicht angestrebt

Solange ein solcher Versuch noch nicht erfolgt ist, sind die jeweiligen Länder zunächst auf diesen Weg zu verweisen. Sonst würde wiederum die in Art. 23 GG zum Ausdruck kommende grundgesetzliche Priorität einer Bündelung des Länderwillens in Angelegenheiten der Europäischen Union mißachtet. Insofern

---

164 Ähnlich Kruis, in: Festschrift Geiger, S. 145 (168), zu der früheren Bundesratsbeteiligung gemäß Art. 2 EEAG.

bewirkt die durch das geschriebene Verfassungsrecht gewählte Kollektivlösung verfahrensmäßig, daß der allgemeine Grundsatz der Bundestreue nur subsidiär zur Anwendung kommt. Dies dient durchaus auch den Interessen der jeweils betroffenen Länderminorität: Mittels der weitreichenden Beteiligungsrechte des Bundesrates nach Art. 23 GG i.V.m. § 7 EUZBLG können sie auf die Ausübung der gemeinschaftsprozessualen Rechte der Bundesrepublik Deutschland nachhaltiger Einfluß nehmen als durch eine bloße auf die Bundestreue gestützte Berücksichtigungspflicht der Bundesregierung.

b) Maßnahmen nach § 7 EUZBLG wurden angestrebt

Kommt es aufgrund einer Länderinitiative zu aktiven Maßnahmen des Bundesrates gemäß § 7 EUZBLG, so gelten die oben für diese Fallkonstellation dargelegten Grundsätze[165].

aa) Erfolglosigkeit einer auf Maßnahmen nach § 7 EUZBLG gerichteten Länderinitiative als Voraussetzung für einen Rückgriff auf den Grundsatz der Bundestreue

Nur wenn die auf Maßnahmen nach § 7 EUZBLG gerichtete Länderinitiative - insbesondere mangels Mehrheit im Bundesrat - erfolglos bleibt, weil der Bundesrat keine aktiven Schritte ergreift, besteht Raum für einen Rückgriff auf das Prinzip der Bundestreue. Damit ist eine erfolglose, auf Maßnahmen nach § 7 EUZBLG gerichtete Initiative die erste Voraussetzung für einen Rückgriff auf den insoweit subsidiären allgemeinen Grundsatz der Bundestreue.

bb) Weitere Voraussetzungen für einen Rückgriff auf den Grundsatz der Bundestreue

Eine weitere Voraussetzung ergibt sich aus der in Art. 23 GG i.V.m. § 7 EUZBLG getroffenen Wertung: Danach muß die in Rede stehende gemeinschaftsprozessuale Angelegenheit ausschließliche Gesetzgebungskompetenzen der Länder betreffen. Das ist der Fall, wenn das Grundgesetz entweder überhaupt keine Gesetzgebungskompetenz des Bundes vorsieht oder dem Bund sonst - d.h. in den Bereichen der konkurrierenden oder Rahmengesetzgebungskompetenzen - in Ermangelung eines Bedürfnisses für eine bundeseinheitliche Regelung gemäß Art. 72 GG kein Recht zur Gesetzgebung zu-

---

[165] Vgl. oben S. 248 f.

steht[166]. Sofern ihm hingegen ein solches Recht zusteht, ist auch hier unerheblich, ob er davon Gebrauch gemacht hat. Sonst würde er nämlich den Länderinteressen zuwider zu legislatorischer Aktivität gezwungen, um eine Ländermitsprache zu vermeiden[167].

cc) Grenzen der Mitsprache einzelner Bundesländer

Zu beachten ist, daß eine auf den Grundsatz der Bundestreue gestützte Mitsprache einzelner Länder nicht die umfassende Kompetenzzuweisung an den Bund für den Bereich der auswärtigen Gewalt in Art. 32 Abs. 1 GG[168] in Frage stellen darf. Anders als die im Verhältnis zu Art. 32 Abs. 1 GG als lex specialis einzuordnende Sonderregelung für die Beteiligung des Bundesrates in Art. 23 GG[169] i.V.m. § 7 EUZBLG vermag der allgemeine Grundsatz der Bundestreue nämlich die Verbandskompetenz des Bundes für auswärtige Angelegenheiten gemäß Art. 32 Abs. 1 GG nicht zu verdrängen. Eine Mitsprache einzelner Länder kann deshalb nur soweit gehen, wie es die Besonderheiten der Beziehungen zur Europäischen Union und ihre Qualifizierung als nicht typisch auswärtig im Sinne des Art. 32 Abs. 1 GG zulassen. Die lediglich aus Bundestreue herzuleitenden Beteiligungsrechte einzelner Bundesländer bleiben darum erheblich hinter denjenigen zurück, welche dem Bundesrat nach Art. 23 GG i.V.m. § 7 EUZBLG gebühren[170].

Insbesondere muß einzelnen Ländern mit Blick auf die grundsätzliche Geltung des Art. 32 Abs. 1 GG für die Beziehungen zur Europäischen Union einschließlich der Wahrnehmung gemeinschaftsprozessualer Rechte der Bundesrepublik Deutschland vor dem Europäischen Gerichtshof das Recht versagt bleiben, der Bundesregierung in diesen Beziehungen die Hand zu führen. Für diese Auffassung spricht auch, daß die Bundesregierung aus Bundestreue

---

166 Vgl. Oschatz/Risse, DÖV 1995, S. 437 (446); Morawitz/Kaiser, S. 110.

167 Vgl. Wolfgang Fischer, ZParl 1993, S. 32 (42 f.).

168 Hilf, VVDStRL 53 (1994), S. 7 (18); Neßler, EuR 1994, S. 216 (217).

169 Hilf, VVDStRL 53 (1994), S. 7 (18); Winkelmann, DVBl. 1993, S. 1128 (1132 ff.); entsprechend beurteilte Weber, DVBl. 1986, S. 800 (805), vor dem Inkrafttreten des neuen Art. 23 GG das Verhältnis von Art. 24 GG zu Art. 32 GG.

170 Das BVerfG hat in seiner Entscheidung zur Fernsehrichtlinie, 2 BvG 1/89, Urteil vom 22.3.1995, EuZW 1995, S. 277 (281) = JZ 1995, S. 669 (670 f.), zutreffend festgestellt, daß im Vergleich zu den aus der Bundestreue herzuleitenden Rechten weitergehende Rechte aus der kollektiven Vertretungsregelung in Art. 2 EEAG nur dem Bundesrat, nicht hingegen einzelnen Ländern zustanden; entsprechendes gilt für die Nachfolgeregelung in Art. 23 GG i.V.m. dem EUZBLG.

gegenüber sämtlichen Bundesländern zur Rücksichtnahme verpflichtet ist. Sofern die Bundesländer unterschiedliche Standpunkte hinsichtlich der vor dem Europäischen Gerichtshof zu ergreifenden prozessualen Schritte einnehmen, kann das letzte Wort nur bei der Bundesregierung liegen[171]. Das gilt umso mehr, als nach der hier vertretenen Auffassung ein Rückgriff auf die Bundestreue nur in Betracht kommt, wenn der Bundesrat vergeblich um Maßnahmen nach § 7 EUZBLG angegangen wurde. Gerade dann werden sich aber in der Regel unterschiedliche Standpunkte der Länder gegenüberstehen und einen Mehrheitsbeschluß verhindern.

Die Auffassung eines Landes vermag folglich die Bundesregierung selbst dann nicht zu binden, wenn die in Rede stehende Angelegenheit ausschließliche Gesetzgebungskompetenzen der Länder betrifft. Erst recht ist es in solchen Fällen einzelnen Ländern verwehrt, die Übertragung der Wahrnehmung der gemeinschaftsprozessualen Rechte der Bundesrepublik auf einen von ihnen benannten Vertreter zu beanspruchen.

Statt dessen können einzelne Länder unter Berufung auf den Grundsatz der Bundestreue lediglich verlangen, daß die Bundesregierung ihre rechtzeitig artikulierte Auffassung in Verfahren vor dem Europäischen Gerichtshof berücksichtigt[172]. Die Bundesregierung muß sich also inhaltlich mit dem ihr übermittelten Länderstandpunkt auseinandersetzen und gegebenenfalls begründen, warum sie eine abweichende Auffassung vertritt.

Diese Berücksichtigungspflicht wird noch dadurch abgeschwächt, daß die Bundesregierung die Auffassung eines Landes nicht isoliert bewerten und in prozessuale Schritte vor dem Gerichtshof umsetzen darf. Vielmehr hat sie nach dem Grundsatz der Bundestreue die Standpunkte sämtlicher Länder zu berücksichtigen, soweit sie ihr vor der jeweiligen Entscheidung rechtzeitig zur Kenntnis gebracht werden.

Insgesamt bleiben die Mitspracherechte einzelner Länder deutlich hinter der Beteiligung des Bundesrates zurück. Dieser kann durch Mehrheitsbeschluß nach Art. 23 GG i.V.m. § 7 EUZBLG die Bundesregierung zu bestimmten prozessualen Schritten verpflichten. Darüber hinaus kann er nach der hier vertrete-

---

[171] Zudem wäre die Handlungsfähigkeit der Bundesrepublik Deutschland auf europäischer Ebene bedenklich eingeschränkt: Vgl. Everling, DVBl. 1993, S. 936 (946 f.); Badura, EuR 1994, Beiheft 1, S. 9 (17).

[172] In diesem Sinne auch Jooss/Scheurle, EuR 1989, S. 226 (232); in der Praxis ist die Bundesregierung ihrer Berücksichtigungspflicht bereits in der Vergangenheit nachgekommen: Vgl. Morawitz/Kaiser, S. 116.

nen Auffassung mit Blick auf Art. 23 Abs. 6 GG auch die Übertragung der Verhandlungsführung vor dem Europäischen Gerichtshof auf einen von ihm benannten Vertreter verlangen, sofern im Schwerpunkt ausschließliche Gesetzgebungskompetenzen der Länder betroffen sind. Demgegenüber können einzelne Länder von der Bundesregierung nach dem Grundsatz der Bundestreue lediglich eine bloße Berücksichtigung ihrer Standpunkte verlangen.

VI. Ergebnis

Mitspracherechte einzelner Länder gegenüber der Bundesregierung ergeben sich in gemeinschaftsprozessualen Angelegenheiten lediglich aus dem allgemeinen Grundsatz der Bundestreue[173]. Dieser gilt gegenüber der ausdrücklichen kollektiven Beteiligungsregelung in Art. 23 GG i.V.m. § 7 EUZBLG nur subsidiär. Daher muß ein einzelnes Land zunächst erfolglos im Bundesrat Maßnahmen nach § 7 EUZBLG initiiert haben, bevor es sich direkt gegenüber dem Bund auf die Pflicht zur Bundestreue berufen kann.

Bei der Anwendung des Grundsatzes der Bundestreue sind als maßgebliche verfassungsrechtliche Wertungen neben der kollektiven Beteiligungsregelung des Art. 23 GG einerseits die umfassende Kompetenzzuweisung für den Bereich auswärtiger Beziehungen an den Bund in Art. 32 Abs. 1 GG und andererseits die auf das Bund-Länder-Verhältnis ausstrahlende, herausragende Stellung des europäischen Integrationsprozesses als Staatsziel des Grundgesetzes zu beachten.

Im Ergebnis folgt aus dem Grundsatz der Bundestreue die Pflicht der Bundesregierung, bei der Wahrnehmung der gemeinschaftsprozessualen Rechte der Bundesrepublik vor dem Europäischen Gerichtshof auf die ihr übermittelten Auffassungen einzelner Länder Rücksicht zu nehmen[174]. Diese Pflicht bezieht sich auf gemeinschaftsprozessuale Angelegenheiten in Bereichen, in denen dem Bund entweder überhaupt kein Recht zur Gesetzgebung zusteht oder die Voraussetzungen des Art. 72 GG für sein Tätigwerden auf den Gebieten der konkurrierenden bzw. der Rahmengesetzgebungskompetenzen nicht vorliegen.

---

173 Joos/Scheurle, EuR 1989, S. 226 (232); vgl. auch Gebauer, in: Festschrift Benda, S. 67 (79).

174 Ähnlich Hrbek, in: Festschrift Börner, S. 125 (144).

E. Exkurs: Die Beteiligung der österreichischen Bundesländer an gemeinschaftsprozessualen Rechten der Republik Österreich

Als weiterer föderal strukturierter Mitgliedstaat der Europäischen Union hat auch Österreich die innerstaatlichen Einflußmöglichkeiten seiner Bundesländer auf die Ausübung gemeinschaftsprozessualer Rechte der Republik Österreich vor dem Europäischen Gerichtshof ausdrücklich geregelt. Dabei hat sich Österreich im Unterschied zur Bundesrepublik Deutschland gegen eine kollektive Ländervertretung durch den in Art. 34 ff. des österreichischen Bundesverfassungs-Gesetzes verankerten Bundesrat entschieden und einer unmittelbaren Beteiligung der einzelnen Länder den Vorzug eingeräumt[175].

Im folgenden wird die Ausgestaltung der österreichischen Länderbeteiligung an gemeinschaftsprozessualen Angelegenheiten der Republik Österreich vorgestellt. Ein Vergleich mit der deutschen Beteiligungsregelung in Art. 23 GG i.V.m. § 7 EUZBLG schließt sich an.

I. Ausgestaltung der österreichischen Länderbeteiligung

Sedes materiae ist eine Vereinbarung zwischen Bund und Ländern gemäß Art. 15 a des österreichischen Bundesverfassungs-Gesetzes[176]. Voraussetzung für ein Klageersuchen eines Landes ist, daß ein "rechtswidriges Handeln oder Unterlassen von Organen der Europäischen Gemeinschaft eine Angelegenheit betrifft, in welcher die Gesetzgebung Landessache ist"[177]. Sofern diese Voraussetzungen vorliegen, ergreift der Bund "die nach dem Gemeinschaftsrecht hierfür in Betracht kommenden Rechtsbehelfe vor dem Gerichtshof der Europäischen Gemeinschaften". Eine Klage unterbleibt allerdings, wenn ein anderes Land dem Ersuchen widerspricht oder zwingende außen- und integrationspolitische Gründe dagegensprechen.

Sogar die Frage der Kostentragung wird durch Art. 12 Abs. 1 der Vereinbarung geregelt: Danach sind die jeweils betroffenen Länder in den Fällen des Art. 10 dem Bund zur ungeteilten Hand zum Ersatz der "zur zweckentsprechenden Rechtsverfolgung notwendigen Kosten" verpflichtet, die im Zusammenhang mit den Verfahren vor dem Gerichtshof entstehen. Darüber hinaus

---

175 Schweitzer, VVDStRL 53 (1994), S. 48 (67); Öhlinger, in: Festschrift Helmrich, S. 379 (388 f.); Schäffer, DÖV 1994, S. 181 (192, Fn. 60); Morass, S. 189.

176 Kundgemacht öBGBl. 1992 Nr. 775. Die Vereinbarung ist gemäß Art. 14 bereits am 26.12.1992 in Kraft getreten.

177 Staudigl, in: Freiburghaus, S. 157 (165).

erlegt Art. 12 Abs. 2 der Vereinbarung den betreffenden Ländern die Kosten auf, die der Republik Österreich im Zusammenhang mit Verfahren vor dem Europäischen Gerichtshof wegen eines gemeinschaftsrechtswidrigen Verhaltens der Länder erwachsen[178]. Hiervon werden namentlich Vertragsverletzungsverfahren gemäß Art. 169 EGV erfaßt, welche durch die Kommission anläßlich einer durch die Länder verursachten Gemeinschaftsrechtsverletzung eingeleitet wurden. Außerdem unterfallen ihr Pauschalbeträge und Zwangsgelder, die der Gerichtshof im Anschluß an derartige Verfahren gemäß Art. 171 EGV verhängen kann, wenn die Länder die Vertragsverletzung nicht entsprechend dem Urteil des Gerichtshofs abstellen[179].

Eine durch den Bundesrat vermittelte Teilhabe der Länder an gemeinschaftsprozessualen Rechten der Republik Österreich sieht das österreichische Recht nicht vor.

II. Vergleich mit der deutschen Beteiligungsregelung

Bei oberflächlicher Betrachtung scheinen die österreichischen Bundesländer nach der vorstehend geschilderten Beteiligungsregelung besser zu stehen als die deutschen Bundesländer nach Art. 23 i.V.m. § 7 EUZBLG und - subsidiär - dem Grundsatz der Bundestreue. Insbesondere sind sie nicht darauf angewiesen, zur Umsetzung ihrer auf gemeinschaftsprozessuale Rechte der Republik Österreich bezogenen Anliegen im österreichischen Bundesrat eine Mehrheit zu suchen. Vielmehr können sie diese Anliegen unmittelbar gegenüber der österreichischen Bundesregierung artikulieren[180].

Die auf den ersten Blick länderfreundliche Gestaltung der österreichischen Beteiligungsregelung gibt den Ländern bei näherer Betrachtung Steine statt Brot. Im Vergleich zur deutschen Regelung weist sie rechtstechnische Schwächen und Nachteile grundsätzlicher Natur auf.

---

178 Schäffer, DÖV 1994, S. 181 (192).

179 Eine entsprechende Regelung der Kostenfragen für die Bundesrepublik Deutschland in der aufgrund von § 9 EUZBLG abgeschlossenen BLV-EU scheiterte nach Morawitz/Kaiser, S. 118, am Widerstand der Länder: Diese sahen in einer Bund-Länder-Vereinbarung nicht den richtigen Ort zur Klärung dieser finanzverfassungsrechtlichen Grundsatzfrage.

180 Dies betont Schweitzer, VVDStRL 53 (1994), S. 48 (67).

1. Rechtstechnische Schwächen

Die den österreichischen Bundesländern eingeräumten Einflußmöglichkeiten bleiben deutlich hinter denen des Bundesrates nach Art. 23 GG i.V.m. § 7 EUZBLG zurück. So bezieht sich Art. 10 der Bund-Länder-Vereinbarung lediglich auf die Erhebung von Nichtigkeits- und Untätigkeitsklagen gemäß Art. 173 Abs. 2 und 175 Abs. 1 EGV durch die Republik Österreich. Dagegen ist eine Länderbeteiligung weder an Vertragsverletzungsverfahren gegen die Republik Österreich gemäß Art. 169 EGV, noch an Äußerungsrechten gemäß Art. 20 Abs. 2 Satzung oder Interventionsrechten gemäß Art. 37 Satzung vorgesehen. Alle diese Fälle werden von der deutschen Beteiligungsregelung in § 7 EUZBLG erfaßt.

Bei Nichtigkeits- und Untätigkeitsverfahren findet eine Einflußnahme des jeweiligen Landes auf die Verhandlungsführung nach Art. 10 der österreichischen Bund-Länder-Vereinbarung nur zu Beginn des Verfahrens und nur in der Weise statt, daß der wesentliche Inhalt der Klage einschließlich der Begründung dem Kanzleramt durch das Land zu übermitteln ist. Dagegen sieht die deutsche Regelung eine volle prozessuale Beteiligung des Bundesrates vor[181].

Diese Schwächen der österreichischen Beteiligungsregelung sind allerdings eher rechtstechnischer Natur und daher nicht geeignet, grundsätzliche Bedenken gegen die Einzellösung im Vergleich zur Kollektivlösung zu begründen. Auch bei einer Entscheidung für die Einzellösung als Beteiligungsmodell könnte die Ausgestaltung der unmittelbaren Länderbeteiligung die aufgezeigten Schwächen durch entsprechende Änderungen der Regelung vermeiden. So könnte diese ohne weiteres auf Äußerungs- und Interventionsrechte sowie Vertragsverletzungsverfahren erstreckt werden. Auch käme eine erweiterte Mitwirkung des betreffenden Landes an der Verhandlungsführung vor dem Europäischen Gerichtshof in Frage.

2. Nachteile grundsätzlicher Natur

Schwerer fallen aus der Sicht der Länder andere Merkmale der österreichischen Beteiligungsregelung ins Gewicht. Sie enthält nämlich faktisch ein Vetorecht jedes Landes gegen Klageersuchen anderer Länder und beläßt zudem das

---

181 Schede, S. 182 ff.; Morawitz/Kaiser, S. 116 ff.

letzte Wort hinsichtlich der Entscheidung über die Klageerhebung stets bei der Bundesregierung[182].

a) Faktisches Vetorecht jedes Bundeslandes

Nach Art. 10 Abs. 1 a. E. der Bund-Länder-Vereinbarung unterbleibt eine Klageerhebung durch den Bund auf Ersuchen eines Landes, wenn ein anderes Land widerspricht[183]. Damit steht jedem Bundesland ein faktisches Vetorecht gegenüber Ersuchen aller übrigen Länder zu. Durch das Vetorecht erhält die österreichische Beteiligungsregelung im Ergebnis einen stärker kollektiv ausgeprägten Charakter als die deutsche Regelung in Art. 23 GG i.V.m. § 7 EUZBLG. Während eine Klageerhebung nach Art. 10 Abs. 1 der österreichischen Bund-Länder-Vereinbarung aufgrund des Vetorechts jedes Bundeslandes praktisch nur bei Einstimmigkeit zustande kommt, genügt dazu nach § 7 EUZBLG die einfache Mehrheit im Bundesrat.

Der Grund für diesen Unterschied liegt darin, daß die österreichische Bundesregierung ungeachtet der Entscheidung für die Einzellösung jedem Land gleichermaßen zur Rücksichtnahme verpflichtet ist. Folglich kann sie sich nicht von einem einzelnen Bundesland gegen den Willen eines anderen vor den gemeinschaftsprozessualen Karren spannen lassen.

Anders verhält es sich bei der deutschen Kollektivlösung: Hier sind die Bundesländer darauf angewiesen, durch Abstimmung im Bundesrat zunächst zu einer gemeinsamen oder zumindest mehrheitlichen Position zu finden. Diese Position präsentiert der Bundesrat der Bundesregierung dann als "die" maßgebliche Länderposition. Statt eines Vetorechts besitzt jedes Land hier die Möglichkeit, auf den Willensbildungsprozeß im Bundesrat und das Abstimmungsergebnis einzuwirken.

Bei dem faktischen Vetorecht in der österreichischen Beteiligungsregelung handelt es sich daher nicht nur um eine technische Schwäche. Vielmehr liegt darin ein der Einzellösung wegen der bundesstaatlichen Notwendigkeit der Berücksichtigung aller Länderinteressen immanentes Merkmal, das die Länderbeteiligung nachhaltig schwächt.

---

182 Dies übersieht Schweitzer, VVDStRL 53 (1994), S. 48 (67).

183 Schäffer, DÖV 1994, S. 181 (192, Fn. 60).

b) Notwendiges Letztentscheidungsrecht der Bundesregierung

Nach Art. 10 Abs. 1 a. E. der österreichischen Bund-Länder-Vereinbarung sieht der Bund auch dann von einer Klageerhebung ab, wenn "zwingende außen- und integrationspolitische Gründe dagegen sprechen". Damit behält der Bund hinsichtlich einer Klageerhebung stets das letzte Wort. Auch die Verhandlungsführung liegt durchweg beim Bund. Die Übertragung der Wahrnehmung der gemeinschaftsprozessualen Rechte der Republik Österreich auf einen Ländervertreter ist in keinem Fall vorgesehen. Unter beiden Gesichtspunkten bleibt die österreichische Beteiligungsregelung erheblich hinter der deutschen Regelung in § 7 EUZBLG zurück, welche hinsichtlich der Klageerhebung den Willen des Bundesrates für maßgeblich erklärt[184] und - im Lichte von Art. 23 Abs. 6 GG verfassungskonform ausgelegt[185] - bei schwerpunktmäßiger Betroffenheit ausschließlicher Ländergesetzgebungskompetenzen die Übertragung der Verhandlungsführung auf einen vom Bundesrat benannten Ländervertreter vorsieht. Beide Merkmale wären mit dem Wesen der in Österreich gewählten Einzellösung unvereinbar.

Nach § 7 EUZBLG ist das Verlangen des Bundesrates für die Frage der Klageerhebung maßgeblich. Insoweit wird dem Bundesrat in auswärtigen Angelegenheiten ein Letztentscheidungsrecht eingeräumt und die Bundesregierung daran gebunden[186]. Hierin liegt jedoch noch keine Verschiebung der Verbandskompetenz für auswärtige Angelegenheiten vom Bund auf ein Land[187]. Vielmehr geht die Organkompetenz im Anwendungsbereich des Art. 23 Abs. 4-7 GG innerhalb des Verbandes Bund von der Bundesregierung auf den Bundesrat über[188].

Eine Verschiebung der Verbandskompetenz vom Bund auf ein Land würde sich dagegen ergeben, wenn das betreffende Land der Bundesregierung in gemeinschaftsprozessualen Angelegenheiten die Hand führen dürfte. Dabei müßte allen anderen Ländern wiederum ein Vetorecht eingeräumt werden, so daß die Handlungsfähigkeit des Bundesstaates nach außen in unvertretbarer Weise beeinträchtigt würde.

---

184 Vgl. Morawitz/Kaiser, S. 117.

185 Vgl. oben S. 232 f.

186 Vgl. Breuer, NVwZ 1994, S. 417 (427 f.); Di Fabio, Der Staat 1993, S. 191 (207 ff.); Badura, EuR 1994, Beiheft 1, S. 9 (17).

187 Dästner, NWVBl. 1994, S. 1 (3); Gebauer, in: Festschrift Benda, S. 67 (79).

188 Vgl. Schede, S. 205 f.; 225 f.

Bereits die durch Art. 23 Abs. 6 GG erzwungene Einschaltung des Bundesrates birgt mit Blick auf das langwierige Verfahren der Meinungsbildung innerhalb dieses Organs und die notwendige Abstimmung mit der Bundesregierung nicht unerhebliche Risiken für die Handlungsfähigkeit der Bundesrepublik[189].

Noch stärker geschwächt würde diese Handlungsfähigkeit indes bei der Einzellösung durch die Übertragung der Wahrnehmung der gemeinschaftsprozessualen Rechte des Gesamtstaates auf den Vertreter eines einzelnen Landes. Auch hier müßte angesichts der Gleichberechtigung aller Bundesländer jedem von ihnen ein Vetorecht gegen eine derartige Übertragung zugestanden werden. Die Verbandskompetenz für auswärtige Beziehungen würde vom Bund auf ein Land verschoben.

Das die Ländermitwirkung erheblich schwächende Letztentscheidungsrecht der Bundesregierung ist folglich ein notwendiges Merkmal der in Österreich gewählten Einzellösung, bei welcher sich die Gleichberechtigung der Länder und die äußere Handlungsfähigkeit des Gesamtstaates nicht anders zur Deckung bringen lassen.

III. Ergebnis

Insgesamt gesehen ist die Beteiligung der deutschen Bundesländer an gemeinschaftsprozessualen Rechten der Bundesrepublik Deutschland durch die in Art. 23 GG i.V.m. § 7 EUZBLG gewählte Kollektivlösung deutlich stärker ausgestaltet als die Beteiligung der österreichischen Bundesländer an den entsprechenden Rechten der Republik Österreich durch die in Art. 10 der österreichischen Bund-Länder-Vereinbarung gewählte Einzellösung[190].

Nach der deutschen Regelung erfaßt die Beteiligung auch privilegierte Äußerungs- und Interventionsrechte der Bundesrepublik Deutschland sowie Vertragsverletzungsverfahren nach Art. 169 EGV[191]. Die deutschen Länder werden durch den Bundesrat zudem an der Verhandlungsführung vor dem Europäischen Gerichtshof beteiligt. Vor allem aber ist der die Klageerhebung betreffende Beschluß des Bundesrates gemäß § 7 Abs. 1 EUZBLG für die Bundesregierung verbindlich[192]. Soweit im Schwerpunkt ausschließliche

---

189 Vgl. Everling, DVBl. 1993, S. 936 (946 f.); Badura, EuR 1994, Beiheft 1, S. 9 (17).

190 A. A. Schweitzer, VVDStRL 53 (1994), S. 48 (67).

191 Schede, S. 183; Kleffner-Riedel, S. 246 f.

192 Morawitz/Kaiser, S. 117.

Gesetzgebungskompetenzen der Länder betroffen sind, muß § 7 EUZBLG zudem im Lichte des Art. 23 Abs. 6 GG verfassungskonform ausgelegt und die Wahrnehmung der gemeinschaftsprozessualen Rechte der Bundesrepublik Deutschland auf einen vom Bundesrat benannten Ländervertreter übertragen werden.

In allen genannten Punkten bleibt die österreichische Regelung hinter der deutschen zurück. Die Gründe dafür sind teils technischer Natur, teils ergeben sie sich systembedingt aus der Notwendigkeit, im Bundesstaat auch bei einer Entscheidung für die Einzellösung die Interessen aller Bundesländer zu wahren und gleichzeitig die äußere Handlungsfähigkeit des Gesamtstaates sicherzustellen.

Sechstes Kapitel

Zusammenfassung und Ausblick

A. Zusammenfassung

I. Eigene prozessuale Rechte der Bundesländer vor dem Europäischen Gerichtshof

1. Das Gemeinschaftsprozeßrecht ist durchgängig von der Differenzierung zwischen privilegierten, beschränkt privilegierten und nichtprivilegierten Verfahrensbeteiligten geprägt. Für die prozessuale Stellung der deutschen Bundesländer kommt es entscheidend darauf an, wie sie in dieses System einzuordnen sind.

2. Vor dem Inkrafttreten des Vertrages über die Europäische Union stand die "Landesblindheit" des Gemeinschaftsrechts auch im Bereich des Gemeinschaftsprozeßrechts privilegierten prozessualen Rechten der Bundesländer entgegen. Insbesondere konnten sie Nichtigkeitsklagen nur unter den engen Voraussetzungen eines "unmittelbaren und individuellen Betroffenseins" gemäß Art. 173 Abs. 2 EWGV a.F. erheben. Damit schieden Klagen der Länder gegen die aus Sicht ihrer Kompetenzen besonders brisanten echten Verordnungen und Richtlinien als gemeinschaftsrechtliche Normativakte aus.

3. Mit der Einführung eines Regionalausschusses, der Neufassung des Art. 146 EGV (Vertretung der Mitgliedstaaten im Rat auch durch Mitglieder von Regionalregierungen) und der allgemeinen Verankerung des Subsidiaritätsprinzips setzt der EUV vorsichtige föderative Akzente und läßt die These von der Landesblindheit des Gemeinschaftsrechts als überholt erscheinen. Der Entwicklung zu einem vorsichtigen Landesbewußtsein des Gemeinschaftsrechts muß auch gemeinschaftsprozessual Rechnung getragen werden.

4. Anknüpfend an die Rechtsprechung des Europäischen Gerichtshofs zur Aktivlegitimation des Europäischen Parlaments für Nichtigkeitsklagen über den Wortlaut des Art. 173 Abs. 1 EWGV a.F. hinaus (Rs. "Tschernobyl") kann den Bundesländern im Bereich ihrer Gesetzgebungs- und Verwaltungskompetenzen ein Recht zur Erhebung von Nichtigkeitsklagen zuerkannt wer-

den, ohne daß sie ein unmittelbares und individuelles Betroffensein dartun müßten.

Hierfür spricht zum einen der Grundsatz des institutionellen Gleichgewichts, an dem die Länder über den Regionalausschuß und als "Vollstrecker" des Gemeinschaftsrechts teilhaben. Zum anderen läßt sich dafür die u.a. in Art. F Abs. 1 EUV verankerte Pflicht der Gemeinschaftsorgane zur Rücksichtnahme auf die Identität der Mitgliedstaaten - zu der auch föderative Strukturen gehören - ins Feld führen. Zudem sind die Kriterien des unmittelbaren und individuellen Betroffenseins in Art. 173 Abs. 2 EWGV a.F. bzw. des Art. 173 Abs. 3 EGV ohnehin auf natürliche und juristische Personen des Privatrechts - also den "Marktbürger" - zugeschnitten und nicht für einen wirksamen Schutz von Länderbefugnissen gegen Kompetenzübergriffe seitens der Gemeinschaftsorgane geeignet.

Das Klagerecht der Länder entsprechend Art. 173 Abs. 3 EGV reicht nach dem Grundsatz der Kongruenz von gemeinschaftsrechtlichen Pflichten und Rechtsschutzmöglichkeiten der Gebietskörperschaften allerdings nur soweit, wie diese unmittelbar gemeinschaftsrechtlichen Pflichten unterworfen sind. Nichtigkeitsklagen der Länder kommen demnach zunächst in denjenigen Gesetzgebungsbereichen in Betracht, in denen das Grundgesetz keinen Kompetenztitel zugunsten des Bundes enthält. Im Bereich der konkurrierenden und der Rahmengesetzgebungskompetenzen sind sie nur zulässig, soweit der Bund nicht unter den Voraussetzungen des Art. 72 GG tätig geworden ist und den Ländern damit die innerstaatliche Zuständigkeit entzogen hat. Gestützt auf ihre Verwaltungskompetenzen können die Länder nur insoweit Nichtigkeitsklagen erheben, als sie sich gegen verwaltungsspezifische Regelungen in gemeinschaftlichen Rechtsakten wenden. Damit steht ihnen ähnlich wie dem Europäischen Parlament und der Europäischen Zentralbank gemäß Art. 173 Abs. 3 EGV eine beschränkt privilegierte Klageberechtigung zu.

Auf dem Gebiet der Fiskalverwaltung der Länder besteht kein Anlaß, sie gegenüber den Marktbürgern zu privilegieren. Für Länderklagen in diesem Bereich bleibt es daher bei den Kriterien des unmittelbaren und individuellen Betroffenseins.

5. Auch für Untätigkeitsklagen sind die Bundesländer entsprechend Art. 175 Abs. 4 EGV beschränkt privilegiert. So werden sie in die Lage versetzt, im Bereich ihrer Zuständigkeiten konstruktiv auf die Erreichung der gemeinschaftlichen Ziele hinzuwirken.

6. Die einheitliche Geltung des Gemeinschaftsrechts wird durch derartige Klagerechte der Bundesländer nicht beeinträchtigt. Vielmehr werden drohende Justizkonflikte zwischen Gemeinschaftsrechtsordnung und nationalem Verfassungsrecht vermieden: Nur "solange" der Europäische Gerichtshof den Bundesländern zum Schutz ihrer Kompetenzen keinen wirksamen Rechtsschutz gewährt, muß das Bundesverfassungsgericht hier notfalls in die Bresche springen (Stichwort "Fernsehrichtlinie") und gegebenenfalls einer kompetenzwidrigen Gemeinschaftsnorm für den Bereich der Bundesrepublik Deutschland die Wirkung absprechen.

7. Eine ausdrückliche Aufnahme der Bundesländer und anderer regionaler Gebietskörperschaften der Ebene unmittelbar unterhalb des jeweiligen Mitgliedstaates in den Kreis der gemäß Art. 173 Abs. 3 bzw. Art. 175 Abs. 4 EGV beschränkt privilegierten Klageberechtigten hätte nach hier vertretener Auffassung nur deklaratorische Wirkung. Dennoch wäre eine derartige Änderung des geschriebenen Gemeinschaftsrechts um ihrer klarstellenden Funktion willen zu begrüßen.

8. Im Bereich des Vertragsverletzungsverfahrens nach Art. 169 EGV wirkt die bisherige Landesblindheit des Gemeinschaftsrechts fort. Eine unmittelbare Länderbeteiligung scheidet hier nach geltendem Recht sowohl in der Form des Streitbeitritts gemäß Art. 37 Satzung als auch der Drittwiderspruchsklage gemäß Art. 39 Satzung aus. Künftig könnte eine angemessene Länderbeteiligung am besten durch die Einführung des Instituts der notwendigen Beiladung entsprechend § 65 VwGO ermöglicht werden.

9. In Vorabentscheidungsverfahren gemäß Art. 177 EGV sind die Bundesländer aufgrund von Art. 20 Abs. 2 Satzung nach geltendem Recht nur dann vor dem Europäischen Gerichtshof äußerungsberechtigt, wenn sie am Ausgangsverfahren beteiligt sind. Mit Blick auf die Ausgestaltung der konkreten Normenkontrolle gemäß Art. 100 GG ist de lege ferenda zu erwägen, den Ländern und anderen regionalen Gebietskörperschaften - unabhängig von ihrer Beteiligung am Ausgangsverfahren - auch dann ein Äußerungsrecht einzuräumen, wenn eine von ihnen erlassene Norm den Anlaß für die Vorlageentscheidung des nationalen Gerichts darstellt.

10. Ein ungeschriebenes Erfordernis, wonach die jeweilige Zentralregierung eines Mitgliedstaates der Geltendmachung prozessualer Rechte durch eine seiner Gebietskörperschaften vor dem Europäischen Gerichtshof zustimmen müßte, läßt sich dem Gemeinschaftsprozeßrecht nicht entnehmen. Ein entsprechendes Erfordernis nach nationalem Verfassungsrecht würde gegen den

Grundsatz des Vorrangs des Gemeinschaftsrechts verstoßen und wäre daher unbeachtlich.

II. Innerstaatliche Teilhabe der Bundesländer an gemeinschaftsprozessualen Rechten der Bundesrepublik Deutschland

1. Art. 23 GG i.V.m. § 7 EUZBLG entscheidet sich - im Gegensatz zur österreichischen Einzellösung - grundsätzlich für eine Kollektivvertretung der Länder durch den Bundesrat gegenüber der Bundesregierung, wenn es um Angelegenheiten der Europäischen Union geht.

2. Bei vordergründiger Betrachtung scheint § 7 EUZBLG an "alternativer Verfassungswidrigkeit" zu leiden. Sollten Art. 23 Abs. 4-6 GG die Bundesratsbeteiligung an gemeinschaftsprozessualen Angelegenheiten bewußt nicht erfassen, so würde § 7 EUZBLG die verfassungsrechtliche Grundlage fehlen. Sofern sie sich aber darauf erstrecken, geht die Vorschrift nicht weit genug: So sieht § 7 EUZBLG in keinem Fall die von Art. 23 Abs. 6 GG bei schwerpunktmäßiger Betroffenheit ausschließlicher Gesetzgebungskompetenzen der Länder geforderte Übertragung der Rechte der Bundesrepublik auf einen vom Bundesrat benannten Ländervertreter vor. Auch findet nach § 7 EUZBLG in Abweichung von Art. 23 Abs. 5 GG im Bereich der Gesetzgebungskompetenzen des Bundes keine Bundesratsbeteiligung statt, wenn Interessen der Länder berührt sind.

Nach hier vertretener Auffassung beziehen sich die Absätze vier und sechs, nicht aber der fünfte Absatz des Art. 23 GG, auch auf den gemeinschaftsprozessualen Bereich. § 7 EUZBLG ist deshalb im Lichte des Art. 23 Abs. 6 GG verfassungskonform auszulegen. Daher ist die Wahrnehmung der gemeinschaftsprozessualen Rechte der Bundesrepublik Deutschland immer dann auf einen vom Bundesrat benannten Ländervertreter zu übertragen, wenn ein Verfahren vor dem Europäischen Gerichtshof im Schwerpunkt ausschließliche Gesetzgebungskompetenzen der Länder betrifft.

3. Dem Bundesrat steht im Anwendungsbereich des § 7 EUZBLG nicht nur das letzte Wort hinsichtlich des "ob" der Ausübung gemeinschaftsprozessualer Rechte der Bundesrepublik Deutschland zu. Auch für die Verhandlungsführung vor dem Europäischen Gerichtshof, also für das "wie" der Ausübung, muß sich die Auffassung des Bundesrates durchsetzen, wenn kein Einvernehmen zwischen Bundesregierung und Bundesrat gemäß § 7 Abs. 3 EUZBLG erzielt werden kann. Ein diesbezügliches Letztentscheidungsrecht der Bundes-

regierung ließe die Beteiligungsregelung in § 7 EUZBLG leerlaufen. Dagegen würde die Unüberwindbarkeit eines fehlenden Einvernehmens zur gemeinschaftsprozessualen Handlungsunfähigkeit der Bundesrepublik Deutschland führen.

4. Kommt es nicht zu Maßnahmen des Bundesrates nach § 7 EUZBLG, so kann sich eine Pflicht der Bundesregierung zur Berücksichtigung der Standpunkte einzelner Länder bei der Wahrnehmung gemeinschaftsprozessualer Rechte der Bundesrepublik Deutschland vor dem Europäischen Gerichtshof nur aus dem ungeschriebenen Verfassungsgrundsatz der Bundestreue ergeben. Da das geschriebene Verfassungsrecht der Vertretung der Länder durch den Bundesrat als Kollektivlösung in Art. 23 GG den Vorrang vor einer möglichen Einzellösung einräumt, kommt eine Berufung auf Bundestreue durch einzelne Länder aber im Verhältnis zu § 7 EUZBLG nur subsidiär in Betracht.

5. Die Verbandskompetenzzuweisung für den Bereich der auswärtigen Beziehungen an den Bund in Art. 32 Abs. 1 GG gilt grundsätzlich auch für die Beziehungen zur Europäischen Union. Im Verhältnis zu Art. 32 Abs. 1 GG ist Art. 23 Abs. 2-7 GG lex specialis, soweit die Länder durch den Bundesrat kollektiv an der Außenvertretung der Bundesrepublik Deutschland beteiligt werden.

Ein Rückgriff auf den Grundsatz der Bundestreue zur Herleitung unmittelbarer Berücksichtigungspflichten der Bundesregierung gegenüber einzelnen Bundesländern ist nur unter Beachtung der in Art. 23 Abs. 4-7 GG getroffenen Wertungen und nur in den durch Art. 32 Abs. 1 GG gezogenen Grenzen zulässig. Bei der Auslegung des Art. 32 Abs. 1 GG müssen jedoch der in der Präambel, Art. 23 und Art. 50 GG zum Ausdruck kommende herausragende Stellenwert der europäischen Integration als Staatsziel des Grundgesetzes und die Qualifikation der Beziehungen zur Europäischen Union als nicht typisch auswärtig in Rechnung gestellt werden. In diesen Grenzen ist die Bundesregierung auch einzelnen Ländern gegenüber aus Bundestreue verpflichtet, deren Rechtsstandpunkt in Verfahren vor dem Europäischen Gerichtshof zu berücksichtigen.

B. Ausblick

Gegen die Ergebnisse dieser Arbeit mag eingewendet werden, die Regierungskonferenz von Maastricht habe den Wunsch der Länder nach einer Verstärkung ihrer prozessualen Rechte vor dem Europäischen Gerichtshof nicht übersehen, sondern bewußt unerfüllt gelassen. Zudem hinke der Vergleich zwischen den Ländern und dem Europäischen Parlament, da dieses anders als die Länder ein wichtiges Organ der Gemeinschaft sei.

In der Tat hat es genügend deutliche Versuche der Länder gegeben, gemeinschaftsprozessuale Eigenständigkeit zu gewinnen. Es ist auch nicht zu übersehen, daß die Funktion der Länder als teilsouveräne Untergliederungen eines Mitgliedstaates eine ganz andere ist als die des Europäischen Parlaments.

Wie kaum ein anderes Rechtsgebiet ist aber das Gemeinschaftsrecht auf eine dynamische Fortentwicklung hin angelegt. Die Grenzen zwischen Rechtsfortbildung durch den Gerichtshof und Vertragsänderungen durch die Mitgliedstaaten sind daher fließend. Eine Rechtsfortbildung ist unter zwei Voraussetzungen möglich: Zum einen muß sie systemkonform sein, sich also verwerfungsfrei in die bestehende Rechtsstruktur der Gemeinschaft einfügen. Zum anderen muß sie den objektiv festgestellten Leitlinien des Integrationsprozesses der Gemeinschaft folgen.

Im Sinne des erstgenannten Kriteriums wollte die Arbeit aufzeigen, wo gemeinschaftsprozessualer Spielraum für Länderbeteiligungen bereits de lege lata besteht und wo er erst de lege ferenda geschaffen werden muß. Sie nimmt darüber hinaus für sich in Anspruch, einem zentralen Anliegen der Gemeinschaft zu dienen. Dieses Anliegen ist durch die Postulate Bürgernähe, Erhaltung historisch gewachsener kultureller und landsmannschaftlicher Eigenständigkeit und Identität und Subsidiarität gekennzeichnet. Die Länder stehen im Dienste eben jener Postulate. Sie sind bürgernäher als die zentralstaatliche Ebene, verkörpern historisch gewachsene kulturelle und landsmannschaftliche Bindungen und bilden die Voraussetzung zur Abstufung von Staatlichkeit nach dem Subsidiaritätsprinzip.

Mit der Einrichtung des Regionalausschusses hat die Gemeinschaft einen ersten Schritt im Sinne einer stärkeren Beachtung gewachsener, denzentraler Strukturen vollzogen. Es liegt in der Logik dieser Entwicklung, daß die Länder ihre Interessen vor dem Gerichtshof der Rechtsgemeinschaft vertreten können, soweit eine solche Möglichkeit im System des Gemeinschaftsprozeßrechts angelegt ist.

Wenig zukunftsweisend muten Modelle einer mittelbaren, mitgliedstaatsinternen Länderbeteiligung an. Sie sind ihrer Begründung und Legitimation nach Relikte der früheren Landesblindheit des Gemeinschaftsrechts und der daraus resultierenden Mediatisierung der Länder gegenüber der Gemeinschaft durch den Mitgliedstaat Bundesrepublik Deutschland. Diese Landesblindheit ist aber mittlerweile - wie gezeigt - einem vorsichtigen Landesbewußtsein des Gemeinschaftsrechts gewichen und taugt deshalb nicht mehr als Legitimationsgrundlage einer internen Beteiligung.

Zudem ist der interne Mechanismus wegen der Vielzahl der Akteure - Länder, Bundesrat und Bundesregierung - schwerfällig und wird den Erfordernissen der durch knapp bemessene Fristen geprägten Verfahrenspraxis vor dem Europäischen Gerichtshof kaum gerecht. Hier liegt ein nicht zu unterschätzendes Gefahrenpotential. Sofern nämlich die Länderbeteiligung an gemeinschaftsprozessualen Fristvorgaben scheitert, vermag sie ihren Zweck nicht zu erfüllen. Die Länder müßten dann notgedrungen Zuflucht vor dem Bundesverfassungsgericht suchen, was zu Konflikten zwischen Gemeinschaftsrechtsordnung und Verfassungsrechtsordnung führen könnte. Sofern der Gerichtshof hingegen mit Rücksicht auf das interne Beteiligungsverfahren großzügig Fristverlängerungen oder Wiedereinsetzung in den vorigen Stand gewähren würde, könnte dies zu erheblichen Verfahrensverlängerungen führen.

Die genannten Risiken werden bei einer unmittelbaren Beteiligung der Länder auf gemeinschaftsprozessualer Ebene vermieden. Vor allem aber dient eine unmittelbare Beteiligung dazu, die "dritte Ebene" der Länder, auf welche das gemeinschaftsrechtliche Vollzugssystem angewiesen ist und welche zur Akzeptanz des Gemeinschaftsrechts durch die Bürger entscheidend beitragen kann, in das gemeinschaftliche Rechtsschutzsystem zu integrieren.

C. Summary

I. The German Länders' (Federal States) Own Procedural Rights Before the European Court of Justice

1. The procedural Law of the European Community is characterized by the differentiation between privileged, limited privileged and non privileged participants in the procedure. In order to define the procedural position of the Länder in Community Law it is nessesary to see to which of these categories they belong.

2. Before the Treaty on European Union came into force, the "blindness" of Community Law towards the Länder (Landesblindheit) prohibited any privileged procedural rights of the Länder before the European Court of Justice. Above all they could only bring actions for annulment under Article 173 of the

former Treaty establishing the European Economic Community (EEC Treaty) if a Community act was of "direct and individual" concern to them. Therefore, the Länder were not able to bring actions against Community acts of a normative character - i.e. regulations and directives -, even though from the point of view of the Länders' powers these acts were especially problematic.

3. In establishing a Committee of the Regions, reformulating Article 146 of the new Treaty establishing the European Community (EC Treaty), allowing Ministers of regional governments to represent the respective Member States in the Council, and introducing the principle of subsidiarity as a general principle of Community Law, the Treaty on European Union contains some careful federal accents, in the light of which the thesis of the Community Law's blindness towards the Länder is obsolete. This development towards a careful consciousness of Community Law with regard to the Länder has to be taken into consideration in the area of procedural Community Law, as well.

4. Following the jurisdicion of the European Court of Justice on the European Parliament's right to bring actions for annulment under Article 173 of the former EEC Treaty in spite of the narrower wording of this provision ("Tschernobyl" case), the Länder may be granted a right to bring actions for annulment within the field of their legislative and administrative powers, irrespective of the criteria of direct and individual concern.

On the one hand, such a right can be based on the principle of institutional balance, in which the Länder participate through the Committee of the Regions and as "executors" of Community Law. On the other hand, it is supported by the duty of the Community institutions to take into consideration the identity of the Member States and thus also federal structures within some Member States. This duty is laid down in Article F (1) of the Treaty on European Union. In addition, the criteria of direct and individual concern under Article 173 (2) of the former EEC Treaty and Article 173 (3) of the new EC Treaty are only suitable for natural persons and legal persons under private law - the "citizens of the Internal Market" - and are not suitable for an effective protection of the Länders' powers against Community institutions exceeding their jurisdiction.

The right of the Länder to bring actions for annulment by analogy with Article 173 (3) EC Treaty reaches, however, in accordance with the principle of congruence of the regions' duties and corresponding remedies under Community Law, only as far as they are subject to direct duties arising from Community Law. Therefore, the Länder may bring actions for annulment in those areas in which the Basic Law (Grundgesetz) does not delegate legislative powers to the Federation (Bund) and thus leaves such powers to the Länder. In the areas of concurring and skeleton legislative powers, such actions are only admissible if the Federation has not legislated under Article 72 Basic Law and thereby has divested the Länder of their internal powers. Based on their administrative powers, the Länder may bring actions for annulment only as far as they turn against specifically adminstrative provisions in Community Law acts. The Länder thereby are granted a limited privileged right to bring actions for annulment similar to the procedural position of the European Parliament and the European Central Bank under Article 173 (3) EC Treaty.

As to the Länders' fiscal activities, there is no reason to privilege them in comparison with the citizens of the Internal Market. In this area the Länder may therefore only bring actions for annulment in compliance with the criteria of direct and individual concern.

5. The Länder may also bring limited privileged actions for failure to act by analogy with Article 175 (4) EC Treaty. Thereby they are - within the field of their powers - able to work towards the achievement of the Community's objectives in a constructive way.

6. The uniform application of Community Law is not impaired by such rights of action of the Länder. On the contrary, these rights avoid the impending danger of jurisdiction conflicts between the Community legal order and national constitutional law. It is only so long as the European Court of Justice does not grant the Länder an effective legal protection in order to defend their powers that the Federal Constitutional Court (Bundesverfassungsgericht) must - in case of "emergency" - step into the breach and - if necessary - deny the applicability of a Community act exceeding the Community's competences on the territory of the Federal Republic of Germany.

7. An express inclusion of the Länder and other regions on the level directly beneath the respective Member State into the circle of persons entitled to bring limited privileged actions under Article 173 (3) and Article 175 (4) EC Treaty would, in my opinion, have only declaratory effect. Such an amendment of the written Community Law could, however, make clear the procedural position of the Länder and other regions.

8. In the field of actions of the Commission against Member States for failure to fulfil their obligations under Community Law under Article 169 EC Treaty, the Community Law's previous blindness towards the Länder ist still felt today. De lege lata a direct procedural participation of the Länder in these actions is

neither possible by means of intervention under Article 37 of the Statute of the Court of Justice, nor by means of third-party proceedings under Article 39 of this Statute. De lege ferenda the establishment of the institute of "obligatory summons to interested parties" according to Article 65 of the German Rules of the Administrative Courts (Verwaltungsgerichtsordnung) into Community Law could best ensure an appropriate participation of the Länder in this area.

9. In the area of preliminary rulings under Article 177 EC Treaty, the Länder are only allowed to submit statements to the European Court of Justice under Article 20 of the Statute if they are a party to the process before the national court referring the matter in question. Taking into consideration the more generous provisions governing the similar "constitutional review of statutes or administrative acts" by the Federal Constitutional Court under Article 100 Basic Law de lege ferenda, it is suggested to grant the Länder and other regions, irrespective of their participation in the process before the national court making reference the right to submit statements to the European Court of Justice if a legal act adopted by them is the reason for the national court to refer the case to the European Court of Justice.

10. An unwritten requirement, according to which the respective central government of a Member State would have to agree to actions brought by one of its regions before the European Court of Justice has no basis in Community Law. Such a requirement under national constitutional law would be inconsistent with the principle of primacy of Community Law and therefore could have no legal effect.

II. Internal Participation of the Länder in the Community Procedural Rights of the Federal Republic of Germany as a Member State

1. According to Article 23 Basic Law and Article 7 EUZBLG (Gesetz über die Zusammenarbeit von Bund und Ländern in Angelegenheiten der Europäischen Union = Law governing the cooperation between the Federation and the Länder in the field of the relations with the European Union) the Federal Council (Bundesrat) collectively represents the Länder opposite the Federal Government (Bundesregierung) in the field of relations with the European Union. In contrast to this collective model the Austrian single model grants each Austrian Land the right to influence these relations directly.

2. At first sight Article 7 EUZBLG seems to be "alternatively unconstitutional". If Article 23 (4)-(6) Basic Law should not cover the area of procee-

dings before the European Court of Justice, there would be no constitutional basis at all for Article 7 EUZBLG. If, on the other hand, Article 23 Basic Law should cover these proceedings, Article 7 EUZBLG would not reach far enough. If a Community matter concerns mainly exclusive legislative powers of the Länder, Article 23 (6) Basic Law demands a delegation of Germany's rights as a Member State to a representative of the Länder appointed by the Federal Council. Article 7 EUZBLG does not meet this requirement. Besides, under Article 7 EUZBLG the Federal Council may not participate in a process before the European Court of Justice, if a Community matter in the area of federal legislative powers concerns the Länders' interests, whereas Article 23 (5) Basic Law generally requires such participation.

In my opinion, paragraphs 4 and 6, but not paragraph 5, of Article 23 Basic Law also apply to the area of proceedings before the European Court of Justice. Article 7 EUZBLG therefore has to be interpreted in constitutional conformity with Article 23 (6) Basic Law. Therefore, the Community procedural rights of Germany as a Member State always have to be delegated to a representative of the Länder, appointed by the Federal Council, if proceedings before the European Court of Justice concern mainly exclusive legislative powers of the Länder.

3. Within the scope of application of Article 7 EUZBLG, the Federal Council may not only decide "whether" the Federal Republic of Germany makes use of its Community procedural rights - e.g. brings an action for annulment of a Community act - , but also "how" these rights are exercised before the European Court of Justice. The Federal Government has to accept and follow the Federal Council's decision. Otherwise the Länders' rights to participate through the Federal Council would be worthless.

4. If the Länder do not take collective measures through the Federal Council under Article 7 EUZBLG, the Federal Government may be obliged to take into consideration the opinion of individual Länder on the basis of the unwritten constitutional principle of federal fidelity (Bundestreue). However, since the written constitutional law in Article 23 Basic Law gives - in contrast to the Austrian single model - priority to the Länders' collective representation through the Federal Council, single German Länder may, in relation to Article 7 EUZBLG, only subsidiarily invoke the principle of federal fidelity.

5. The federal responsibility for foreign relations under Article 32 (1) Basic Law also applies in principle to the relations with the European Union. In comparison with Article 32 (1) Basic Law, Article 23 (2)-(7) Basic Law is lex

specialis, to the extent the Länder participate collectively through the Federal Council in the external representation of the Federal Republic of Germany.

Reference to the principle of federal fidelity in order to oblige the Federal Government to take into consideration the point of view of single Länder is admissible only with regard to the criteria laid down in Article 23 (4)-(7) Basic Law and only within the limits of Article 32 (1) Basic Law. In the interpretation of Article 32 (1) Basic Law, however, the outstanding importance of European integration as an objective of the state has to be taken into consideration. This character is above all expressed in the preamble and in Articles 23 and 50 Basic Law. In the light of these constitutional provisions, the relations with the European Union may not be qualified as "typically foreign". Within these limits the Federal Government is obliged by the principle of federal fidelity to take into consideration the legal points of view of single Länder in proceedings before the European Court of Justice.

D. Résumé

I. Droits procéduraux propres des Länder (Etats fédéraux) devant la Cour de Justice des Communautés Européennes

1. Le droit communautaire procédural est caractérisé par la distinction entre parties au procès privilégiées, partiellement privilégiées et non privilégiées. Pour définir la position procédurale des Länder, il faut déterminer à quelle catégorie ils appartiennent.

2. Avant l'entrée en vigueur du Traité instituant l'Union européenne (TUE), l'aveuglement face au phénomène fédéral (Landesblindheit) se manifestait dans le droit communautaire procédural par le non-octroi de droits procéduraux privilégiés aux Länder. Concrètement, les Länder ne pouvaient exercer de recours en annulation que sous la stricte condition d'avoir un intérêt "individuel et direct" au sens de l'article 173 al. 2 du Traité sur la Communauté économique européenne (CEE) dans son ancienne rédaction. De ce fait les Länder ne pouvaient pas exercer de recours en annulation contre des actes communautaires à caractère normatif (règlements et directives), mettant en cause leurs compétences.

3. Avec la création du Comité des régions, la nouvelle rédaction de l'article 146 du Traité sur la Communauté européenne (CE) (qui permet la représen-

tation des Etats membres au Conseil par des ministres des entités infra-étatiques) et la consécration générale du principe de subsidiarité, le TUE met l'accent sur l'aspect fédéral et fait apparaître la thèse de la "Landesblindheit" comme dépassée. La prise en considération prudente du phénomène fédéral dans le droit communautaire doit aussi se manifester dans le droit procédural.

4. De la même manière que la Cour de Justice reconnait au Parlement européen une position active dans les recours en annulation au-delà du contenu littéral de l'article 173 al. 1 CEE dans sa rédaction originale (arrêt "Tchernobyl"), on peut reconnaître aux Länder le droit d'exercer des recours en annulation dans le domaine de leurs compétences législatives et administratives sans qu'ils aient à justifier d'un intérêt individuel et direct.

On peut tout d'abord invoquer en faveur de cette thèse le principe d'équilibre institutionel auquel participent les Länder à travers leur participation au Comité des régions et leur fonction d'exécution du droit communautaire. On peut aussi s'appuyer sur l'obligation des institutions communautaires de respecter l'identité des Etats membres, à laquelle participe leur caractère fédéral, qui se fonde notamment sur l'article F al. 1 TUE. Enfin les critères de l'intérêt individuel et direct de l'article 173 al. 2 CEE dans sa rédaction originale ou de l'article 173 al. 3 CE ont été créés pour s'appliquer à des personnes naturelles et juridiques de droit privé - c'est à dire aux citoyens du marché commun - et ne sont pas appropriés à la protection effective des compétences des Länder contre les excès de pouvoir des institutions communautaires.

Quoi qu'il en soit, selon le principe de concordance entre les obligations juridiques communautaires et les possibilités de protection juridique des collectivités territoriales, le droit des Länder d'exercer un recours en annulation selon l'article 173 al. 3 CE, n'existe que dans la mesure où ils sont soumis aux obligations juridiques communautaires. Les recours en annulation des Länder ne sont donc possibles que contre les règlements qui interviennent dans les domaines où la Loi fondamentale ne reconnaît pas de titre de compétence à la Fédération. Dans les cas de compétences législatives concurrentes et de la législation-cadre, les recours en annulation ne sont recevables que dans la mesure où la Fédération n'est pas intervenue conformément à l'article 72 de la Loi fondamentale et par conséquent n'a pas privé les Länder de leur compétence. En se fondant sur leurs compétences administratives, les Länder ne peuvent présenter de recours en annulation que dans la mesure dans où ils contestent une norme communautaire qui intervient dans une matière typiquement administrative. Ils sont alors titulaires d'un droit partiellement privilégié similaire à celui du Parlement européen et de la Banque centrale européenne du fait de l'article 173 al. 3 CE.

Quand les Länder agissent comme les personnes privées dans le cadre économique (en tant qu'entrepreneurs), il n'existe aucune raison de les privilégier au détriment des citoyens du marché commun. Dans ce domaine il faut donc appliquer aux recours en annulation des Länder le critère de l'intérêt individuel et direct.

5. Dans le domaine des recours en carence, les Länder ont également des droits partiellement privilégiés (par application analogique de l'article 175 al. 4 CE). Ils peuvent ainsi agir de manière constructive pour la réalisation des objectifs communautaires dans le cadre de leurs compétences.

6. Ces droits de recours des Länder ne portent pas atteinte à l'application unitaire du droit communautaire. Ils permettent au contraire d'éviter des conflits juridiques entre le droit communautaire et le droit constitutionnel national: la Cour constitutionnelle fédérale (Bundesverfassungsgericht) ne devra intervenir que lorsque la Cour de Justice n'aura pas garanti la protection juridique efficace des compétences des Länder pour, le cas échéant, déclarer l'inapplication en Allemagne d'une norme communautaire contraire à la réglementation des compétences.

7. La reconnaissance expresse aux Länder et aux autres entités régionales d'un niveau inmédiatement inférieur à l'Etat de privilèges de recours limités selon l'article 173 al. 3 ou l'article 175 al. 4 CE n'aurait, selon l'opinion défendue ici, qu'un caractère déclaratif. Cependant, une réforme du droit communautaire en ce sens serait bienvenue car clarificatrice.

8. La "Landesblindheit" du droit communautaire continue à exister dans la procédure du recours en manquement de l'article 169 CE. Le droit en vigueur exclut ici une participation directe des Länder tant en la forme d'une intervention selon l'article 37 du règlement de la Cour de Justice qu'en la forme d'une tierce opposition selon l'article 39 de ce règlement. Une participation appropriée des Länder pourrait à l'avenir être consacrée par l'introduction de la procédure d'intervention forcée (notwendige Beiladung) d'une façon analogue à l'article 65 de la loi relative à l'organisation des tribunaux administratifs allemands (Verwaltungsgerichtsordnung).

9. Dans la procédure du renvoi préjudiciel de l'article 177 CE et selon l'article 20 al. 2 du règlement de la Cour, les Länder n'ont le droit de présenter leurs observations devant la Cour de Justice que quand ils sont partie au procès prin-

cipal devant la cour nationale. Eu égard à la notion de contrôle concret de la constitutionnalité des lois selon l'article 100 de la Loi fondamentale, il faudrait également envisager, de lege ferenda, la possibilité de donner aux Länder et aux autres entités territoriales régionales - indépendamment de leur participation au procès principal devant la cour nationale - le droit de présenter leurs observations devant la Cour de Justice lorsque la question préjudicielle porte sur une norme dont ils sont les auteurs.

10. On ne trouve pas dans le droit communautaire procédural d'exigence non écrite selon laquelle le gouvernement de chaque Etat membre devrait donner son consentement à l'exercice de droits procéduraux devant la Cour de Justice par une de ses entités territoriales régionales. Une condition similaire posée par le droit constitutionnel national se heurterait au principe de primauté du droit communautaire et serait donc sans effet.

II. Participation interne des Länder dans les droits procéduraux communautaires de la République fédérale allemande

1. L'article 23 de la Loi fondamentale, en relation avec l'article 7 EUZBLG (Gesetz über die Zusammenarbeit von Bund und Länder in Angelegenheiten der Europäischen Union = loi sur la collaboration de la Fédération et des Länder sur les questions relatives à l'Union européenne) pose le principe de la représentation collective des Länder par la deuxième chambre fédérale (Bundesrat) face au gouvernement fédéral (Bundesregierung) dans les matières relatives à l'Union européenne (au contraire du modèle autrichien).

2. Après un examen superficiel, l'article 7 EUZBLG semble souffrir d'une "anticonstitutionnalité alternative". Si l'on estime que l'article 23 de la Loi fondamentale dans ses alinéas 4 à 6 exclut volontairement la participation de la deuxième chambre fédérale aux affaires communautaires procédurales, l'article 7 EUZBLG manque alors de base constitutionnelle. Dans le cas contraire, cette norme ne s'étend pas suffisamment: l'article 7 EUZBLG ne prévoit en effet jamais le transfert des droits de la République fédérale allemande à un représentant des Länder choisi par la deuxième chambre fédérale, comme l'exige l'article 23 al. 6 de la Loi fondamentale, dans des cas où les compétences législatives exclusives des Länder sont touchées sur des points essentiels. L'article 7 EUZBLG, en dérogation à l'article 23 al. 5 de la Loi fondamentale, ne prévoit pas non plus la participation de la deuxième chambre fédérale dans

la sphère des compétences législatives de la Fédération quand les intérêts des Länder sont touchés.

Selon notre opinion, les alinéas 4 et 6, mais non l'alinéa 5 de l'article 23 de la Loi fondamentale, s'appliquent aussi au domaine procédural communautaire. L'article 7 EUZBLG doit donc être interprété conformément à la constitution à la lumière de l'article 23 al. 6 de la Loi fondamentale. Par conséquent, lors qu'un procès devant la Cour de Justice concerne essentiellement les compétences législatives exclusives des Länder, la sauvegarde des droits communautaires procéduraux de la République fédérale allemande doit être déléguée à un représentant des Länder choisi par la deuxième chambre fédérale.

3. Dans le cadre de l'application de l'article 7 EUZBLG, la deuxième chambre fédérale n'a pas seulement le dernier mot sur la question de savoir "si" les droits procéduraux communautaires de la République fédérale allemande doivent être exercés. L'opinion de la deuxième chambre fédérale doit également prévaloir quant à la manière dont doit se développer le procès, c'est à dire sur le "comment" de l'exercice du recours, lorsqu'un accord entre le gouvernement fédéral et la deuxième chambre fédérale ne peut être trouvé selon l'article 7 al. 3 EUZBLG. Un droit de décision finale du gouvernement fédéral en se domaine viderait la réglementation de l'article 7 EUZBLG de son contenu. L'impossiblilité de surmonter l'absence d'accord mènerait à l'incapacité procédurale de la République fédérale allemande.

4. Si la deuxième chambre fédérale ne prend pas de mesures collectives selon l'article 7 EUZBLG, seul le principe constitutionnel non écrit de la fidélité envers la Fédération permet de consacrer l'obligation du gouvernement fédéral de prendre en considération les points de vue de chaque Land dans l'exercice des droits procéduraux communautaires de la République fédérale allemande devant la Cour de Justice.

Dans la mesure où le droit constitutionnel, dans l'article 23 de la Loi fondamentale, fait prévaloir la représentation collective des Länder par la deuxième chambre fédérale sur une solution individuelle, l'appel des Länder au principe de fidélité envers la Fédération en relation avec l'article 7 EUZBLG ne peut être que subsidiaire.

5. L'attribution de la compétence extérieure à la Fédération prévue dans l'article 32 al. 1 de la Loi fondamentale s'applique aussi aux relations avec l'Union européenne. L'article 23 de la Loi fondamentale dans ses alinéas 2 à 7

est une "lex specialis" par rapport à l'article 32 al. 1 dans la mesure où les Länder participent de façon collective à la représentation extérieure de la République fédérale allemande.

Invoquer le principe de fidélité envers la Fédération pour fonder une obligation directe du gouvernement fédéral de prendre en considération les intérêts des Länder n'est possible qu'en respectant les alinéas 4 à 7 de l'article 23 de la Loi fondamentale et dans les limites de son article 32 al. 1. L'interprétation de l'article 32 al. 1 de la Loi fondamentale doit tenir compte de la consécration par la constitution de l'intégration européenne en tant que but de l'Etat, exprimée dans son préambule et dans ses articles 23 et 50, ainsi que de la qualification des relations avec l'Union européenne en tant que relations extérieures atypiques. Dans ces limites et du fait du principe de fidélité envers la Fédération, le gouvernement fédéral est également obligé envers chaque Land de prendre en compte son point de vue juridique dans les procédures devant la Cour de Justice.

E. Sintesi

I. Diritti processuali dei Bundesländer (Stati federali) dinanzi alle Corte Europea di Giustizia

1. Il Diritto Comunitario processuale è caratterizzato dalla distinzione tra parti processuali privilegiate, limitatamente privilegiate e non privilegiate. Per individuare la posizione processuale dei Bundesländer è necessario comprendere come essi si collocano in questo sistema.

2. Precedentemente all'entrata in vigore del Trattato dell'Unione Europea, la "Blindheit (cecità) dinanzi alla realtà federativa" che caratterizzava il diritto comunitario portava a negare diritti processuali privilegiati ai Bundesländer. Più precisamente essi potevano presentare ricorsi di nullità unicamente in presenza di un "interesse individuale e diretto" conformemente all'art. 173, par. 2, del Trattato della Comunità Economica Europea (CEE) nella sua vecchia versione. In tal modo, restavano esclusi i ricorsi dei Länder contro gli atti comunitari di carattere normativo, cioè Regolamenti e Direttive, che risultavano particolarmente problematici sotto il profilo della loro competenza.

3. Con l'introduzione del Comitato delle Regioni, insieme al nuovo testo dell'art. 146 del Trattato della Comunità Europea (CE), che consente la rappresentanza degli Stati membri nell'ambito del Consiglio anche attraverso i

membri dei governi regionali con rango ministeriale, ed alla generale consacrazione del principio della sussidiarità, il Trattato dell'Unione Europea pone cautamente l'accento sulla realtà federativa e fa apparire superata la tesi della Blindheit del Diritto Comunitario dinanzi a quella realtà. Lo sviluppo di una cauta consapevolezza del fenomeno federativo nell'ambito del Diritto Comunitario deve essere tenuto presente nell'esame dei profili processuali.

4. Ricollegandosi alla giurisprudenza della Corte Europea di Giustizia in ordine alla legittimazione attiva del Parlamento Europeo nei ricorsi di nullità, al di là del contenuto letterale dell'art. 173, par. 1, del Trattato CEE nel vecchio testo (caso "Chernobyl"), è possible riconoscere ai Bundesländer un diritto alla presentazione di ricorsi di nullità nell'ambito delle loro competenze legislative ed amministrative senza che debbano giustificare un interesse individuale e diretto.

A favore di questa tesi è il principio dell'equilibrio istituzionale di cui sono partecipi i Länder attraverso il Comitato delle Regioni e nella loro qualità di "esecutori" del Diritto Comunitario. Peraltro si può pure far valere l'obbligo, sancito (tra gli altri) nell'art. F, par. 1, del Trattato dell'Unione Europea, degli organi comunitari di rispettare l'identità degli Stati membri, tra cui alcuni con una struttura federale. Inoltre, i criteri dell'interesse individuale e diretto di cui all'art. 173, par. 2, del Trattato CEE (nel suo vecchio testo) ed all'art. 173, par. 3, del Trattato CE (nuovo testo) sono stati concepiti per le persone fisiche e giuridiche di diritto privato - cioè, per i "cittadini del mercato" - e non sono adeguati per una protezione efficace delle competenze dei Länder dinanzi agli eccessi di potere da parte degli organi comunitari.

Il diritto dei Länder a presentare ricorsi, applicando analogicamente l'art. 173, par. 3, del Trattato, sussiste, conformemente al principio di congruenza tra gli obblighi giuridici comunitari e le possibilità di protezione giuridica delle entità territoriali, nella misura in cui essi sono soggetti direttamente agli obblighi giuridici comunitari. Bisogna prendere in considerazione, allora, la possibilità di ricorsi di nullità da parte dei Länder negli ambiti di competenza legislativa che la Costituzione non assegna alla Federazione. Nell'ambito delle competenze relative alle legislazioni programmatiche e concorrenti sono ammissibili unicamente ricorsi di nullità nella misura in cui la Federazione non abbia legiferato secondo le disposizioni dell'art. 72 della Costituzione, privando così i Länder delle proprie competenze interne. I Länder, sulla base delle proprie competenze amministrative, possono presentare solo ricorsi di nullità se impugnano norme comunitarie che contengano una regolamentazione in materia specificamente amministrativa.

In tal modo, ad essi spetta un diritto limitatamente privilegiato analogo a quello del Parlamento Europeo e della Banca Centrale Europea conformemente all'art. 173, par. 3, del Trattato CE. Nel campo dell'attività economica dei Länder non sussiste alcuna ragione per privilegiarli rispetto ai "cittadini del mercato comune". In quest'ambito si applica, dunque, il criterio dell'interesse individuale e diretto.

5. Applicando l'art. 175, par. 4, del Trattato CE, i Bundesländer sono anche limitatamente privilegiati in ordine ai ricorsi per inattività. In tal modo sono posti nelle condizioni di poter operare costruttivamente, nell'ambito della propria competenza, per la realizzazione degli obiettivi comunitari.

6. L'applicazione unitaria del Diritto Comunitario non viene pregiudicata da tali "diritti a ricorrere" dei Bundesländer. Anzi si eviterebbero minacciosi conflitti giuridici tra l'ordinamento comunitario ed il Diritto Costituzionale nazionale: solo "finché" la Corte Europea di Giustizia non riconoscerà ai Bundesländer un'efficace protezione giuridica per la difesa delle proprie competenze, la Corte Costituzionale Federale (Bundesverfassungsgericht) dovrà necessariamente intervenire in loro aiuto e, nell'ipotesi di una norma comunitaria lesiva della competenza, dichiarare la sua inapplicabilità nella Repubblica Federale Tedesca.

7. Un'inclusione espressa dei Bundesländer (e delle altre entità territoriali regionali di livello immediatamente inferiore al corrispondente Stato membro) nel gruppo dei legittimati limitatamente privilegiati a ricorrere in conformità all'art. 173, par. 3, o all'art. 175, par. 4, del Trattato CE avrebbe, secondo la tesi in questa sede sostenuta, solo un carattere dichiarativo. In ogni caso, una modifica in questo senso del Diritto Comunitario sarebbe da salutare con favore per la sua funzione chiarificatoria.

8. Nell'ambito del procedimento per violazione del Trattato CE (secondo l'art. 169 dello stesso) continua a sussistere, nella sua attuale configurazione, la Blindheit del Diritto Comunitario dinanzi alla realtà federativa. Una partecipazione diretta dei Länder resta, in questo caso, esclusa in base al diritto vigente sia nella forma dell'intervento di cui all'art. 37 del Regolamento della Corte di Giustizia, che nella forma del ricorso per opposizione del terzo di cui all'art. 39 del citato Regolamento. In futuro potrebbe essere resa possibile una partecipazione adeguata dei Länder con l'introduzione dell'istituto della notificazione

necessaria sul modello di quello previsto dall'art. 65 della Legge tedesca sul procedimento contenzioso amministrativo (Verwaltungsgerichtsordnung).

9. Nei procedimenti sulle questioni di carattere pregiudiziale di cui all'art. 177 del Trattato CE, i Bundesländer possono esporre (in base all'art. 20, par. 2, del Regolamento della Corte secondo il diritto vigente) le proprie opinioni dinanzi alla Corte Europea di Giustizia solo quando siano parti del procedimento principale. Tenendo presente la configurazione dei concreti controlli di costituzionalità delle leggi secondo l'art. 100 della Costituzione, bisogna prendere in considerazione, de lege ferenda, la possibilità di riconoscere ai Länder ed alle altre entità territoriali regionali - indipendentemente dalla loro partecipazione al procedimento principale - un diritto ad esporre le proprie opinioni nel caso in cui la norma da essi elaborata rappresenti l'oggetto della questione pregiudiziale sollevata dinanzi al Tribunale nazionale.

10. D'altra parte, nel Diritto Comunitario processuale non è possibile rinvenire un requisito non scritto in base al quale il corrispondente governo centrale di uno Stato membro dovrebbe esprimere il proprio consenso per l'esercizio di diritti processuali dinanzi alla Corte Europea di Giustizia per il tramite di una delle sue entità territoriali regionali. Un requisito del genere, secondo il diritto costituzionale nazionale, violerebbe il principio del primato del Diritto Comunitario e sarebbe pertanto irrilevante.

II. Partecipazione interna dei Bundesländer ai diritti processuali comunitari della Repubblica Federale Tedesca

1. L'art. 23 della Costituzione, in combinato disposto con l'art. 7 EUZBLG (Gesetz über die Zusammenarbeit von Bund und Ländern in Angelegenheiten der Europäischen Union = Legge sulla cooperazione tra la Federazione ed i Länder sulle questioni relative all'Unione Europea), si esprime - contrariamente al modello austriaco di soluzione individuale - sostanzialmente per una rappresentanza collettiva dei Länder attraverso il Consiglio Federale (Bundesrat) dinanzi al Governo Federale (Bundesregierung) quando si tratta di questioni relative all'Unione Europea.

2. A prima vista l'art. 7 EUZBLG sembra essere viziato da una "incostituzionalità alternativa". Se l'art. 23, par. 4 e 6, della Costituzione non prevede la partecipazione del Consiglio Federale nelle questioni processuali comunitarie, all'art. 7 EUZBLG verrebbe a mancare la base costituzionale. Ammesso pure che l'art. 23 contempli una partecipazione del genere, la dispo-

sizione dell'art. 7 EUZBLG non sarebbe comunque sufficiente: quest'ultimo, infatti, non prevede in nessun caso il trasferimento dei diritti della Repubblica Federale Tedesca ad un rappresentante dei Länder, indicato dal Consiglio Federale, così come dispone l'art. 23, par. 6, della Costituzione nei casi in cui siano lese, in un aspetto essenziale, le competenze legislative esclusive dei Länder. Né tantomeno ha luogo secondo l'art. 7 EUZBLG (in deroga all'art. 23, par. 5, della Costituzione) una partecipazione del Consiglio Federale nell'ambito delle competenze legislative della Federazione quando siano toccati interessi dei Länder.

Secondo la tesi qui sostenuta, i paragrafi 4 e 6, ma non il par. 5, dell'art. 23 della Costituzione fanno riferimento all'ambito processuale comunitario. L'art. 7 EUZBLG, pertanto, deve essere considerato, alla luce dell'art. 23, par. 6, conforme alla Costituzione. Consegue che la salvaguardia dei diritti processuali comunitari della Repubblica Federale Tedesca deve essere trasferita ad un rappresentante dei Länder nominato dal Consiglio Federale, quando un procedimento dinanzi alla Corte Europea di Giustizia riguardi essenzialmente competenze legislative dei Länder.

3. Al Consiglio Federale, nell'ambito di applicazione dell'art. 7 EUZBLG, non spetta solo l'ultima parola in ordine al "se" dell'esercizio dei diritti processuali comunitari della Repubblica Federale Tedesca. Anche per la conduzione delle udienze dinanzi alla Corte Europea di Giustizia, e quindi per il "come" dell'esercizio, deve prevalere l'opinione del Consiglio Federale quando non è possibile raggiungere un accordo tra il Governo Federale ed il Consiglio stesso conformemente all'art. 7, par. 3, EUZBLG.

Riconoscere, in questa materia, al Governo Federale un diritto di decisione, come ultima istanza, significherebbe svuotare di contenuto la regolamentazione di cui all'art. 7 EUZBLG. Al contrario, l'insormontabilità della mancanza di accordo condurrebbe all'incapacità di agire della Repubblica Federale Tedesca sul piano processuale comunitario.

4. E'possibile ricavare dal principio non scritto della Bundestreue (la fedeltà verso la Federazione) un obbligo del Governo Federale a prendere in considerazione le opinioni dei singoli Länder nella salvaguardia dei diritti processuali comunitari della Repubblica Federale Tedesca. Poiché il diritto costituzionale scritto, nell'art. 23 della Costituzione, accorda la prevalenza, dinanzi ad una possibile soluzione individuale, alla rappresentanza dei Länder attraverso il Consiglio Federale come soluzione collettiva, non è da prendere in

considerazione, se non unicamente in via sussidaria, un ricorso al principio della Bundestreue attraverso i singoli Länder in relazione all'art. 7 EUZBLG.

5. L'attribuzione di competenze nel campo delle relazioni estere alla Federazione di cui all'art. 32, par. 1, della Costituzione vale anche, sostanzialmente, per le relazioni con l'Unione Europea. L'art. 23, paragrafi 2-7, della Costituzione rappresenta rispetto all'art. 32, par. 1, della stessa, lex specialis nella misura in cui i Länder partecipano in forma collettiva alla rappresentanza esterna della Repubblica Federale Tedesca.

Un ricorso al principio della Bundestreue su cui fondare un obbligo a carico del Governo Federale di prendere in considerazione i punti di vista dei singoli Bundesländer è ammissibile unicamente rispettando i valori fissati nell'art. 23, paragrafi 5-7, della Costituzione e solo nei limiti stabiliti dall'art. 32, par. 1, della Costituzione. Nell'interpretazione di quest'ultima norma bisogna tener presente il valore prioritario dell'integrazione europea come obiettivo statale fissato dalla Costituzione ed espresso nel suo Preambolo e negli articoli 23 e 50, ed anche la qualificazione delle relazioni con l'Unione Europea come relazioni esterne non tipiche. Entro questi limiti il Governo Federale è obbligato verso i singoli Länder, in base al principio della Bundestreue, a tener presente il loro punto di vista giuridico nell'ambito dei procedimenti dinanzi alla Corte Europea di Giustizia.

F. Resumen

I. Derechos procesales propios de los Länder (Estados Federados) ante el Tribunal de Justicia de las Comunidades Europeas

1. El Derecho Comunitario procesal está caracterizado por la distinción entre partes procesales privilegiadas, limitadamente privilegiadas y no privilegiadas. Para definir la posición procesal de los Länder es necesario determinar a cuál de estas categorías pertenecen.

2. Antes de la entrada en vigor del Tratado de la Unión Europea, la "ceguera ante el fenómeno federal" (Landesblindheit) del Derecho Comunitario se plasmaba en el ámbito del Derecho Comunitario procesal negando derechos procesales privilegiados a los Länder. En concreto, los Länder sólo podían presentar recursos de anulación bajo el estricto requisito del "interés individual y directo" del art. 173, párrafo 2.°, del Tratado de la Comunidad Económica Europea (CEE) en su antigua redacción. Con ello quedaban excluidos recursos de los

Länder contra actos comunitarios con fuerza normativa, es decir, reglamentos y directivas, que fueran especialmente problemáticos desde el punto de vista de sus competencias.

3. Con la introducción del Comité de las Regiones, la nueva redacción del art. 146 del Tratado de la Comunidad Europea (CE), permitiendo la representación de los Estados miembros en el Consejo no sólo a través de miembros del Gobierno central sino también a través de miembros de los Gobiernos regionales con rango ministerial, y la consagración general del principio de subsidiaridad, el Tratado de la Unión Europea establece precavidamente acentos federales y deja superada la tesis de la ceguera del Derecho Comunitario ante el fenómeno federal. El desarrollo de una prudente conciencia del fenómeno federal dentro del Derecho Comunitario también ha de ser tenido en cuenta en el aspecto procesal.

4. Conectando con la jurisprudencia del Tribunal de Justicia en relación al tema de la legitimación activa del Parlamento Europeo en los recursos de anulación más allá del contenido literal del art. 173, párrafo 1.°, del Tratado de la CEE en su redacción original (asunto "Tschernobyl"), se puede reconocer a los Länder un derecho a presentar recursos de anulación en el ámbito de sus competencias legislativas y administrativas sin que sea necesario que justifiquen un interés individual y directo.

A favor de esta tesis se puede invocar el principio de equilibrio institucional en el que participan los Länder a través del Comité de las Regiones y en su calidad de "ejecutores" del Derecho Comunitario. También se puede hacer valer la obligación, establecida, entre otros, en el art. F, párrafo 1.°, del Tratado de la Unión Europea, de los órganos comunitarios de respeto a la identidad de los Estados miembros, a la cual pertenece en algunos Estados miembros una estructura federal. Además, el criterio del interés individual y directo del art. 173, párrafo 2.°, del Tratado de la CEE en su antigua redacción o del art. 173, párrafo 3.°, del Tratado de la CE están pensados para las personas naturales y jurídicas de Derecho Privado - es decir, para los "ciudadanos del mercado común" - y no son adecuados para la protección efectiva de las competencias de los Länder contra excesos de poder por parte de los órganos comunitarios.

De todas formas, el derecho a presentar un recurso por parte de los Länder, aplicando analógicamente el art. 173, párrafo 3.°, del Tratado de la CE, sólo se extiende, de acuerdo con el principio de congruencia entre las obligaciones jurídicas comunitarias y las posibilidades de protección jurídica de las entidades territoriales regionales, en la medida en que éstas están sometidas directamente a obligaciones jurídicas comunitarias. Por lo tanto, hay que considerar la posibilidad de recursos de anulación de los Länder en los ámbitos de competencia legislativa donde la Ley Fundamental (Grundgesetz) no contempla ningún título competencial a favor de la Federación. En el ámbito de las competencias legislativas concurrentes y de legislación-marco, sólo son admisibles recursos de anulación cuando la Federación no haya legislado según las condiciones del art. 72 de la Ley Fundamental y con ello haya privado a los Länder de su competencia interna. En base a sus competencias administrativas, los Länder sólo pueden presentar un recurso de anulación cuando impugnen una norma comunitaria que contenga una regulación sobre una materia típicamente administrativa. Con ello les corresponde un derecho limitadamente privilegiado similar al del Parlamento Europeo y del Banco Central Europeo según el art. 173, párrafo 3.°, del Tratado de la CE.

Cuando los Länder actúan en calidad de personas privadas en el ámbito económico (empresarios) no existe ninguna razón para privilegiarlos en relación con los ciudadanos del mercado común. A los recursos de los Länder en ese ámbito ha de aplicarse el criterio del interés individual y directo.

5. Con relación a los recursos por omisión los Länder también están limitadamente privilegiados aplicando analógicamente el art. 175, párrafo 4.°, del Tratado de la CE. Y así se los coloca en la situación de poder actuar constructivamente en la consecución de los objetivos comunitarios en el ámbito de sus competencias.

6. La aplicación unitaria del Derecho Comunitario no resulta afectada por estos derechos a recurrir de los Länder. Más bien se evitarán conflictos jurídicos amenazantes entre el ordenamiento comunitario y el Derecho Constitucional nacional: solamente "mientras" el Tribunal de Justicia no conceda a los Länder protección jurídica eficaz para la defensa de sus competencias, el Tribunal Constitucional Federal (Bundesverfassungsgericht) deberá necesariamente acudir en su ayuda y en caso necesario declarar la inaplicabilidad de la norma comunitaria contraria a la regulación competencial en la República Federal de Alemania.

7. Una inclusión expresa de los Länder, y de otras entidades territoriales regionales de un nivel jerárquico inmediatamente inferior al del Estado miembro correspondiente, en el grupo de los legitimados limitadamente privilegiados para recurrir según el art. 173, párrafo 3.°, o el art. 175, párrafo 4.°, del Tratado de la CE tendría, según la postura aquí defendida, sólo un carácter

declaratorio. De todas formas, una reforma en este sentido del Derecho Comunitario escrito sería bienvenida por su función clarificadora.

8. En el ámbito del procedimiento por violación del Tratado según el art. 169 del Tratado de la CE se mantiene la "ceguera ante el fenómeno federal" del Derecho Comunitario como hasta ahora. Una participación directa de los Länder queda excluida aquí según el derecho vigente, tanto en la forma de una intervención según el art. 37 del Reglamento del Tribunal de Justicia como en la forma de un recurso de oposición de tercero según el art. 39 de dicho Reglamento. En el futuro se podría posibilitar una participación adecuada de los Länder a través de la introducción de la institución de la notificación necesaria, de forma análoga al art. 65 de la Ley de Procedimiento Contencioso-Administrativo alemán (Verwaltungsgerichtsordnung).

9. En el procedimiento de la cuestión prejudicial según el art. 177 del Tratado de la CE, los Länder sólo tienen derecho a presentar sus opiniones ante el Tribunal de Justicia en base al art. 20, párrafo 2.°, del Reglamento del Tribunal de Justicia según el derecho vigente cuando toman parte en el proceso principal. Teniendo en cuenta la forma del control concreto de constitucionalidad de las leyes según el art. 100 de la Ley Fundamental, habría que considerar, de lege ferenda, la posibilidad de otorgar a los Länder y otras entidades territoriales regionales - con independencia de su participación en el proceso principal - un derecho a manifestar sus opiniones también en el caso en que la norma elaborada por ellos fuera el objeto de la cuestión prejudicial planteada ante el tribunal nacional.

10. Del Derecho Comunitario procesal no puede extraerse un requisito no escrito, según el cual el Gobierno correspondiente de un Estado miembro tendría que dar su consentimiento para el ejercicio de derechos procesales a través de una de sus entidades territoriales regionales ante el Tribunal de Justicia. Un requisito similar según el Derecho Constitucional nacional violaría el principio de primacía del Derecho Comunitario y sería por tanto irrelevante.

II. Participación interna de los Länder en los derechos procesales comunitarios de la República Federal de Alemania

1. El art. 23 de la Ley Fundamental en conexión con el art. 7 EUZBLG (Gesetz über die Zusammenarbeit von Bund und Ländern in Angelegenheiten der Europäischen Union = Ley sobre la colaboración entre la Federación y los Länder en cuestiones relativas a la Unión Europea) se decide - en contraposi-

ción con el modelo austriaco de solución individual - básicamente por una representación colectiva de los Länder a través del Consejo Federal (Bundesrat) frente al Gobierno Federal (Bundesregierung), cuando se trata de asuntos relacionados con la Unión Europea.

2. Bajo una mirada superficial, parece que el art. 7 EUZBLG padece de una "anticonstitucionalidad alternativa". Si el art. 23, párrafos 4.°-6.°, de la Ley Fundamental de una forma consciente no comprendiese la participación del Consejo Federal en los asuntos comunitarios procesales, al art. 7 EUZBLG le faltaría su base constitucional. Pero, incluso si se parte de que este artículo si comprende la participación mencionada, esta norma no va lo suficientemente lejos: el art. 7 EUZBLG no contempla en ningún caso el traslado de los derechos de la República Federal de Alemania a un representante de los Länder, elegido por el Consejo Federal, tal y como exige el art. 23, párrafo 6.°, de la Ley Fundamental cuando se encuentran afectadas en puntos esenciales las competencias legislativas exclusivas de los Länder. Tampoco tiene lugar una participación del Consejo Federal en base al art. 7 EUZBLG, a diferencia del art. 23, párrafo 5.°, de la Ley Fundamental, en el campo de las competencias legislativas de la Federación cuando los intereses de los Länder se encuentran afectados.

Según la opinión aquí defendida, los párrafos 4.° y 6.° del art. 23 de la Ley Fundamental se refieren también al ámbito procesal comunitario, en cambio el párrafo 5.° no. El art. 7 EUZBLG, por lo tanto, ha de ser interpretado a la luz del art. 23, párrafo 6.°, de la Ley Fundamental como conforme a la Constitución. Por ello hay que trasladar la salvaguardia de los derechos comunitarios procesales de la República Federal de Alemania a un representante de los Länder elegido por el Consejo Federal, siempre que un proceso ante el Tribunal de Justicia afecte fundamentalmente competencias legislativas exclusivas de los Länder.

3. Al Consejo Federal no sólo le corresponde la última palabra en el ámbito de aplicación del art. 7 EUZBLG sobre el "si" del ejercicio de los derechos procesales comunitarios de la República Federal de Alemania. También para el desarrollo del proceso ante el Tribunal de Justicia, es decir, respecto al "cómo" del ejercicio, debe imponerse la opinión del Consejo Federal cuando no se puede conseguir ningún acuerdo entre el Gobierno Federal y el Consejo Federal según art. 7, párrafo 3.°, EUZBLG. Un derecho de decisión en última instancia sobre estos temas del Gobierno Federal dejaría vacía de contenido la regulación del art. 7 EUZBLG. En sentido contrario, si no se pudiera superar la falta de

acuerdo, esto llevaría a la incapacidad de actuación procesal comunitaria de la República Federal de Alemania.

4. Si no se adoptan medidas del Consejo Federal según el art. 7 EUZBLG, entonces sólo se puede extraer una obligación del Gobierno Federal de toma de consideración de los puntos de vista de Länder particulares, en la salvaguardia de los derechos procesales comunitarios de la República Federal de Alemania ante el Tribunal de Justicia de la CE, del principio constitucional no escrito de la fidelidad federal. Ya que el Derecho Constitucional escrito da primacía a la representación de los Länder a través del Consejo Federal como solución colectiva en el art. 23 de la Ley Fundamental en vez de una posible solución individual, no entra en consideración una alegación del principio de fidelidad federal por parte de Länder particulares en relación con el art. 7 EUZBLG más que de una manera subsidiaria.

5. La atribución de la competencia en el campo de las relaciones exteriores a la Federación prevista en el art. 32, párrafo 1.°, de la Ley Fundamental, también es de aplicación básicamente a las relaciones con la Unión Europea. El art. 23, párrafos 2.°-7.°, de la Ley Fundamental es lex specialis con respecto al art. 32, párrafo 1.°, de la Ley Fundamental, en la medida en que los Länder participan de forma colectiva en la representación exterior de la República Federal de Alemania.

Recurrir al principio de la fidelidad federal para extraer una obligación de toma en consideración directa por parte del Gobierno Federal respecto a Länder particulares sólo es lícito respetando las valoraciones establecidas en el art. 23, párrafos 4.°-7.°, de la Ley Fundamental y sólo en los límites del art. 32, párrafo 1.°, de la Ley Fundamental. En la interpretación del art. 32, párrafo 1.°, de la Ley Fundamental hay que tener presente el valor prioritario de la integración europea como objetivo estatal de la Ley Fundamental, expresado en su Preámbulo, art. 23 y art. 50, y la cualificación de las relaciones con la Unión Europea como relaciones exteriores no típicas. En estos límites también está obligado el Gobierno Federal, en base al principio de fidelidad federal, respecto a los Länder particulares a tener en cuenta su punto de vista jurídico en los procesos ante el Tribunal de Justicia.

Literaturverzeichnis

Abellán, Victoria (Hrsg.): La integración de España en las Comunidades Europeas y las competencias de las Comunidades Autonomas, 1. Auflage, Barcelona 1985.

Allkemper, Ludwig: Wege zur Verbesserung des Individualrechtsschutzes im Vorabentscheidungsverfahren nach Art. 177 EG-Vertrag, EWS 1994, S. 253-258.

Alternativkommentar: Kommentar zum Grundgesetz für die Bundesrepublik Deutschland, 2 Bände, Reihe Alternativkommentare, Neuwied/Frankfurt, 2. Auflage 1989.

Asmussen, Claus/*Eggeling*, Ulrich: Empfehlungen des Bundesrates zur Stärkung des Föderalismus in Deutschland und Europa, VerwArch 84 (1993), S. 230-259.

Bachmann, Ulrich: Chancen des Föderalismus in Deutschland und Europa, ZRP 1993, S. 69-70.

Badura, Peter: Die "Kunst der föderalen Form" - Der Bundesstaat in Europa und die europäische Föderation, in: Badura, Peter/Scholz, Rupert (Hrsg.), Wege und Verfahren des Verfassungslebens, Festschrift für Peter Lerche zum 65. Geburtstag, München 1993, S. 369-384.

— Willensbildung und Beschlußfassung in der Europäischen Union, EuR 1994, Beiheft 1, S. 9-23.

Badura, Peter/*Scholz*, Rupert (Hrsg.): Wege und Verfahren des Verfassungslebens, Festschrift für Peter Lerche zum 65. Geburtstag, München 1993.

Baetge, Dietmar: Grundzüge des Vertrags von Maastricht, BayVBl. 1992, S. 711-717.

Basse, Hermann: Das Verhältnis zwischen der Gerichtsbarkeit des Gerichtshofes der Europäischen Gemeinschaften und der deutschen Zivilgerichtsbarkeit, Berlin 1967, zugl. Jur. Diss. Univ. München 1966.

Bassot, Étienne: Le Comité des régions - regions françaises et Länder allemands - face à un nouvel organe communautaire, RMC 1993, S. 729-739.

Bauer, Joachim: Europa der Regionen, Berlin 1991.

Baumhof, Christopher: Die deutschen Bundesländer im europäischen Einigungsprozeß - unter besonderer Berücksichtigung der Mitwirkung der Länder an EWG-Vorhaben, München 1991, zugl. Jur. Diss. Univ. München, 1990.

Baur, Jürgen F./*Müller-Graff*, Peter-Christian/*Zuleeg*, Manfred (Hrsg.): Europarecht - Energierecht - Wirtschaftsrecht, Festschrift für Bodo Börner zum 70. Geburtstag, Köln 1992.

Becker, Bernd/*Bull*, Hans Peter/*Seewald*, Otfried (Hrsg.): Festschrift für Werner Thieme zum 70. Geburtstag, Köln u.a. 1993.

Bender, Bernd/*Breuer*, Rüdiger/*Ossenbühl*, Fritz/*Sendler*, Horst (Hrsg.): Rechtsstaat zwischen Sozialgestaltung und Rechtsschutz, Festschrift für Konrad Redeker zum 70. Geburtstag, München 1993.

Benz, Arthur: Perspektiven des Föderalismus in Deutschland, DÖV 1991, S. 586-598.

— Regionen als Machtfaktor in Europa?, VerwArch 84 (1993), S. 328-348.

Beutler, Bengt/*Bieber*, Roland/*Pipkorn*, Jörn/*Streil*, Jochen: Die Europäische Gemeinschaft -Rechtsordnung und Politik, 4. Auflage, Baden-Baden 1993.

Biancarelli, Jacques: CEE et collectivités territoriales, La dynamique institutionelle, AJDA 1991, S. 835-845.

Birke, Hans Eberhard: Die deutschen Bundesländer in den Europäischen Gemeinschaften, Berlin 1973.

Blanke, Hermann-Josef: Die Bundesländer im Spannungsverhältnis zwischen Eigenstaatlichkeit und Europäischer Integration, in: Heckmann, Dirk/Meßerschmidt, Klaus (Hrsg.), Gegenwartsfragen des öffentlichen Rechts, Berlin 1988, S. 53-81.

— Der Unionsvertrag von Maastricht - ein Schritt auf dem Weg zu einem europäischen Bundesstaat?, DÖV 1993, S. 412-423.

Bleckmann, Albert: Anmerkung zu ArbG Hamm, Beschluß vom 6.12.1982-4 Ca 1076/82, DB 1983, S. 1103-1104.

— Europarecht. Das Recht der Europäischen Gemeinschaft, 5. Auflage, Köln u.a. 1990.

— Die Rechtsquellen des Europäischen Gemeinschaftsrechts, NVwZ 1993, S. 824-828.

— Der Vertrag über die Europäische Union, DVBl. 1992, S. 335-343.

Bleckmann, Albert/*Pieper*, Stefan Ulrich: Maastricht, die grundgesetzliche Ordnung und die "Superrevisionsinstanz", RIW 1993, S. 969-977.

Blomeyer, Wolfgang/*Schachtschneider*, Karl Albrecht (Hrsg.): Die Europäische Union als Rechtsgemeinschaft, Berlin 1995.

Böhm, Johann: Die Europäische Union - Gefahr oder Chance für den Föderalismus in Deutschland?, BayVBl. 1993, S. 545-551.

Bohley, Peter: Europäische Einheit, föderatives Prinzip und Währungsunion: Wurde in Maastricht der richtige Weg beschritten?, Aus Politik und Zeitgeschichte, B 1/1993, S. 34-45.

Bohr, Kurt/*Albert*, Helmut: Die Europäische Union - das Ende der eigenständigen Kulturpolitik der deutschen Bundesländer?, ZRP 1993, S. 61-66.

Bonner Kommentar: Bonner Kommentar zum Grundgesetz, Loseblattsammlung, Heidelberg, Stand: 70. Lieferung März 1993.

Borchmann, Michael: Auswärtige Aktivitäten der Bundesländer - Recht und Realität, Verwaltungsrundschau 1987, S. 1-5.

— Bundesstaat und europäische Integration, AöR 112 (1987), S. 586.

— Doppelter Föderalismus in Europa. Die Forderungen der deutschen Länder zur Politischen Union, EA 1991, S. 340.

— Neue Bund-Länder-Vereinbarung über die Zusammenarbeit in Angelegenheiten der Europäischen Union, EuZW 1994, S. 172-173.

— Regierungskonferenz 1996 - das Positionspapier der deutschen Länder, EuZW 1995, S. 570-573.

— Verbindungsbüros der Bundesländer bei der EG - Berechtigte Interessenvertretung oder Nebenaußenpolitik, NVwZ 1988, S. 218-220.

Borchmann, Michael/*Kaiser*, Wilhelm: Die Mitwirkung der Länder im EG-Ministerrat, in: Borkenhagen, Franz H.G./Bruns-Klöss, Christian (Hrsg.), Die deutschen Länder in Europa. Politische Union und Wirtschafts- und Währungsunion, Baden-Baden 1992 II, S. 36-46.

Borkenhagen, Franz H.G./*Bruns-Klöss*, Christian (Hrsg.): Die deutschen Länder in Europa. Politische Union und Wirtschafts- und Währungsunion, Baden-Baden 1992.

von Borries, Reimer: Das Subsidiaritätsprinzip im Recht der Europäischen Union, Deutscher Landesbericht für den XVI. FIDE-Kongreß 1994 in Rom, EuR 1994, S. 263-300.

Brändel, Claus: Zur Bindungswirkung rechtswidriger Entscheidungen der EWG-Kommission, AWD (BB) 1965, S. 301-305.

Brealey, Mark/*Hoskins*, Mark: Remedies in EC law; Law and Practice in the English and EC Courts, London 1994.

Brenner, Michael: Der unitarische Bundesstaat in der Europäischen Union - Zum Ausgleich unitarischer und föderativer Strukturen in der Bundesrepublik Deutschland vor dem Hintergrund eines vereinten Europa, DÖV 1992, S. 903-911.

Breuer, Rüdiger: Die Sackgasse des neuen Europaartikels (Art. 23 GG), NVwZ 1994, S. 417-429.

von Burchard, Friedrich: Der Rechtsschutz natürlicher und juristischer Personen gegen EG-Richtlinien gemäß Art. 173 Abs. 2 EWGV, EuR 1991, S. 140-170.

von Caemmerer, Ernst/*Schlochauer*, Hans-Jürgen/*Steindorff*, Ernst: Probleme des Europäischen Rechts, Festschrift für Walter Hallstein zum 65. Geburtstag, Frankfurt a. M. 1966.

Carl, Dieter: Europäische Integration und bundesstaatlicher Finanzausgleich, NVwZ 1994, S. 947-952.

Carstens, Karl: Die kleine Revision des Vertrages über die Europäische Gemeinschaft für Kohle und Stahl ZaöRV 21 (1961), S. 1-37.

Classen, Dieter: Maastricht und die Verfassung: Kritische Bemerkungen zum neuen "Europa-Artikel" 23 GG, ZRP 1993, S. 57-61.

Coen, Martin/*Hölscheidt*, Sven/*Pieper*, Stefan Ulrich (Hrsg.): Europa '93: Auf dem Weg zur Europäischen Union, Festschrift für Albert Bleckmann zum 60. Geburtstag, Berlin 1993.

Conrad, Friedrich Wilhelm: Formen der Vollziehung des Europäischen Gemeinschaftsrechts durch die Bundesrepublik Deutschland und Formen der Gemeinschaftsaufsicht, Bonn 1968.

Constantinesco, Léontin-Jean: Das Recht der Europäischen Gemeinschaften, Band 1, 1. Auflage, Baden-Baden 1977.

Constantinesco, Vlad: "Subsidiarität": Magisches Wort oder Handlungsprinzip der Europäischen Union?, EuZW 1991, S. 561-563.

Dästner, Christian: Zur Aufgabenverteilung zwischen Bundesrat, Landesregierungen und Landesparlamenten in Angelegenheiten der Europäischen Union, NWVBl. 1994, S. 1-9.

Daig, Hans Wolfram: Nichtigkeits- und Untätigkeitsklagen im Recht der Europäischen Gemeinschaften, 1. Auflage, Baden-Baden 1985.

Däubler, Wolfgang: Erweiterung des Rechtsschutzes gegen EWG-Verordnungen durch Drittwiderspruchsklage? AWD (BB) 1966, S. 172-175.

— Die Klage der EWG-Kommission gegen einen Mitgliedstaat, NJW 1968, S. 325-331.

von *Danwitz*, Thomas: Die Garantie effektiven Rechtsschutzes im Recht der Europäischen Gemeinschaften. Zur Verbesserung des Individualrechtschutzes vor dem EuGH, NJW 1993, S. 1108-1115.

Dauses, Manfred A.: Empfiehlt es sich, das System des Rechtsschutzes und der Gerichtsbarkeit in der Europäischen Gemeinschaft, insbesondere die Aufgaben der Gemeinschaftsgerichte und der nationalen Gerichte, weiterzuentwickeln?, Gutachten D für den 60. DJT, Band I, Teil D, München 1994.

— Grundlagen der Rechtsprechung des Europäischen Gerichtshofes -Auswirkungen auf Bund und Länder BayVBl. 1989, S. 609-617.

— (Hrsg.): Handbuch des EG-Wirtschaftsrechts, München 1993.

— Das Vorabentscheidungsverfahren nach Artikel 177 EWG-Vertrag, Luxemburg 1986.

Dietlein, Max: Zur Problematik der Föderativstruktur eines geeinten Deutschlands in der Europäischen Gemeinschaft, NWVBl. 1990, S. 253-259.

Di Fabio, Udo: Der neue Art. 23 des Grundgesetzes, Der Staat 32 (1993), S. 191-217.

Dine, Janet/*Douglas-Scott*, Sionaidh/*Persaud*, Ingrid: Procedure and the European Court, London 1991.

Doehring, Karl: Allgemeine Staatslehre: eine systematische Darstellung, Heidelberg 1991.

Dörr, Dieter: Die Europäischen Gemeinschaften und die deutschen Bundesländer, NWVBl. 1988, S. 289-294.

Duckwitz, Edmund: Der Vertrag über die Europäische Union, in: Ress, Georg/Stein, Torsten (Hrsg.), Vorträge, Reden und Berichte aus dem Europa-Institut, Nr. 270, Saarbrücken 1992.

Edward, David/*Lane*, Robert: European Community Law, Edinburgh 1991.

Ehle, Dietrich: Klage- und Prozeßrecht des EWG-Vertrages, Loseblattsammlung, Stand 5. Ergänzungslieferung Dezember 1972, Herne, Berlin.

Ehle, Dietrich/*Schiller*, Volker: Das Streithilfeverfahren vor dem Europäischen Gerichtshof, EuR 1982, S. 48-59.

Ehlermann, Claus-Dieter: Zur Diskussion um einen "Solange III"-Beschluß: Rechtspolitische Perspektiven aus der Sicht des Gemeinschaftsrechts, EuR 1991, Beiheft 1, S. 27-38.

Ehlers, Dirk: Die Klagebefugnis nach deutschem, europäischen und U.S.-amerikanischem Recht, VerwArch 84 (1993), S. 139-177.

Eiselstein, Claus: Verlust der Bundesstaatlichkeit? Kompetenzverluste der Länder im kulturellen Sektor vor dem Hintergrund von Art. 79 III GG, NVwZ 1989, S. 323-330.

Engelhardt, Dieter: Die Ausschöpfung der Landeskompetenzen im Umweltrecht, BayVBl. 1988, S. 294-298.

Epiney, Astrid: Gemeinschaftsrecht und Föderalismus: "Landes-Blindheit" und Pflicht zur Berücksichtigung innerstaatlicher Verfassungsstrukturen, EuR 1994, S. 301-324.

— Die Pflicht der Gemeinschaft zur Beachtung föderaler Strukturen der Mitgliedstaaten, in: Freiburghaus, Dieter (Hrsg.), Die Kantone und Europa, Bern u.a. 1994, S. 69-89.

Everling, Ulrich: Zur Begründung der Urteile des Gerichtshofs der Europäischen Gemeinschaften, EuR 1994, S. 127-143.

— Brauchen wir "Solange III"?, EuR 1990, S. 195-227.

— Zur föderalen Struktur der Europäischen Gemeinschaft, in: Hailbronner, Kay/Ress, Georg/Stein, Torsten (Hrsg.), Staat und Völkerrechtsordnung, Festschrift für Karl Doehring, Berlin u.a. 1989, S. 179-198.

— Zur Funktion des Gerichtshofs der Europäischen Gemeinschaften als Verwaltungsgericht, in: Bender, Bernd/Breuer, Rüdiger/Ossenbühl, Fritz/Sendler, Horst (Hrsg.), Rechtsstaat zwischen Sozialgestaltung und Rechtsschutz, Festschrift für Konrad Redeker zum 70. Geburtstag, München 1993, S. 293-311.

— Justiz im Europa von morgen, DRiZ 1993, S. 5-15.

— Stand und Zukunftsperspektiven der Europäischen Gerichtsbarkeit, in: Everling, Ulrich/Narjes, Karl-Heinz/Sedemund, Jochim (Hrsg.), Europarecht, Kartellrecht, Wirtschaftsrecht, Festschrift für Arved Deringer, Baden-Baden 1993, S. 40-58.

— Die Stellung des Bürgers in der Europäischen Gemeinschaft, ZfRV 1992, S. 241-256.

— Überlegungen zur Struktur der Europäischen Union und zum neuen Europa-Artikel des Grundgesetzes, DVBl. 1993, S. 936-947.

— Das Vorabentscheidungsverfahren vor dem Gerichtshof der Europäischen Gemeinschaften, Baden-Baden 1986.

Everling, Ulrich/*Narjes*, Karl-Heinz/*Sedemund*, Jochim (Hrsg.): Europarecht, Kartellrecht, Wirtschaftsrecht, Festschrift für Arved Deringer, Baden-Baden 1993.

Faber, Angela: Die Klagebefugnis des Europäischen Parlaments, DVBl. 1990, S. 1095-1100.

Faller, Hans Joachim/*Kirchhof*, Paul/*Träger*, Ernst (Hrsg.): Verantwortlichkeit und Freiheit, Festschrift für Willi Geiger zum 80. Geburtstag, Tübingen 1989.

Fasselt-Rommé, Ursula: Parteiherrschaft im Verfahren vor dem EuGH und dem Europäischen Gerichtshof für Menschenrechte, Baden-Baden 1993, zugl. Jur. Diss. Univ. Saarbrücken, 1990/91.

Fastenrath, Ulrich: Länderbüros in Brüssel - Zur Kompetenzverteilung für informales Handeln im auswärtigen Bereich DÖV 1990, S. 125-136.

— Kompetenzverteilung im Bereich der auswärtigen Gewalt, München 1986, zugl. Jur. Diss. Univ. München, 1985.

— Die Struktur der erweiterten Europäischen Union, EuR 1994, Beiheft 1, S. 101-126.

Fischer, Hans Georg: Die Zusammenarbeit in den Bereichen Justiz und Inneres - die "3. Säule" des Vertrages über die Europäische Union, EuZW 1994, S. 747-750.

Fischer, Wolfgang: Die europäische Union im Grundgesetz: Der neue Artikel 23, ZParl 1993, S. 32-49.

Freiburghaus, Dieter: Föderalismus und Regionalismus in Europa. Eine Standortbestimmung, in: Ders. (Hrsg.), Die Kantone und Europa, Bern u.a. 1994, S. 21-39.

— (Hrsg.): Die Kantone und Europa, Bern u.a. 1994.

Frenz, Walter: Subjektiv-öffentliche Rechte aus Gemeinschaftsrecht vor deutschen Verwaltungsgerichten, DVBl. 1995, S. 408-415.

Frowein, Jochen Abr.: Konkurrierende Zuständigkeit und Subsidiarität. Zur Kompetenzverteilung in bündischen Systemen, in: Badura, Peter/Scholz, Rupert, Wege und Verfahren des Verfassungslebens, Festschrift für Peter Lerche zum 65. Geburtstag, München 1993, S. 401-410.

— Das Maastricht-Urteil und die Grenzen der Verfassungsgerichtsbarkeit, ZaöRV 54 (1994), S. 1-16.

Fuß, Ernst Werner: Die "Richtlinie des Europäischen Gemeinschaftsrechts", DVBl. 1965, 378-384.

Gassner, Ulrich M.: Rechtsgrundlagen und Verfahrensgrundsätze des Europäischen Verwaltungsverfahrensrechts, DVBl. 1995, S. 16-24.

Gebauer, Klaus-Eckart: Interessenregelung im föderalistischen System, in: Klein, Eckart (Hrsg.), Grundrechte, soziale Ordnung und Verfassungsgerichtsbarkeit, Festschrift für Ernst Benda zum 70. Geburtstag, München 1994, S. 67-90.

Geck, Wilhelm Karl: Besprechung von Fastenrath: Auswärtige Gewalt, ZRP 1987, S. 292-293.

Geiger, Rudolf: EG-Vertrag, Kommentar zu dem Vertrag zur Gründung der Europäischen Gemeinschaft, 2. Auflage, München 1995.

— Die Stellung der Bundesländer im Europäischen Gemeinschaftsrecht und ihre Rechtsschutzmöglichkeiten gegen Rechtsakte der Gemeinschaft, in: Kremer, Harry Andreas (Hrsg): Die Landesparlamente im Spannungsfeld zwischen europäischer Integration und europäischem Regionalismus, Beiträge zum Parlamentarismus Band 2, München 1988, S. 51-71.

Gersdorf, Hubertus: Das Kooperationsverhältnis zwischen deutscher Gerichtsbarkeit und EuGH, DVBl. 1994, S. 674-685.

Glaesner, Hans-Joachim: Willensbildung und Beschlußverfahren in der Europäischen Union, EuR 1994, Beiheft 1, S. 25-40.

Gleiß, Alfred/*Kleinmann*, Werner: Der Drittwiderspruch gegen Entscheidungen des Gerichtshofes der Europäischen Gemeinschaften, NJW 1966, S. 278-281.

Goetschel, Laurent: Die Vielfalt der föderalen und regionalen Strukturen in Europa, in: Freiburghaus, Dieter (Hrsg.), Die Kantone und Europa, Bern u.a. 1994, S. 41-65.

Grabitz, Eberhard: Die deutschen Länder in der EG-Politik: Verfassungsrechtliche Grundlagen, in: Hrbek, Rudolf/Thaysen, Uwe, Die deutschen Länder und die Europäischen Gemeinschaften, Baden-Baden 1986, S. 169-180.

— Die deutschen Länder in der Gemeinschaft, EuR 1987, S. 310-321.

Grabitz, Eberhard/*Hilf*, Meinhard (Hrsg.): Kommentar zum EWG-Vertrag, Loseblattsammlung, Stand: 7. Ergänzungslieferung September 1994, München.

Grimm, Dieter: Braucht Europa eine Verfassung?, JZ 1995, S. 581-591.

von der Groeben, Hans/*Thiesing*, Jochen/*Ehlermann*, Claus-Dieter: Kommentar zum EWG-Vertrag, 4 Bände, 4. Auflage, Baden-Baden 1991.

Grotefels, Susan: Die Novellierung des Art. 24 GG, DVBl. 1994, S. 785-792.

Gündisch, Jürgen: Rechtsschutz in der Europäischen Gemeinschaft. Ein Leitfaden für die Praxis, Stuttgart u.a. 1994.

Häberle, Peter: Europäische Rechtskultur, Versuch einer Annäherung in zwölf Schritten, 1. Auflage 1994, Baden-Baden Nomos.

— Verfassungsrechtliche Fragen im Prozeß der europäischen Einigung, EuGRZ 1992, S. 429-437.

Häde, Ulrich: Anmerkung zum Urteil des BVerfG vom 22.3.1995-2 BvG 1/89 -, EuZW 1995, 284-285.

Hailbronner, Kay: Die deutschen Bundesländer in der EG, JZ 1990, S. 149-158.

Hailbronner, Kay/*Ress*, Georg/*Stein*, Torsten (Hrsg.): Staat und Völkerrechtsordnung, Festschrift für Karl Doehring, Berlin u.a. 1989.

Haneklaus, Winfried: Zur Frage der funktionsgerechten Regionalisierung in einer föderal verfaßten Europäischen Union, DVBl. 1991, S. 295-299.

Hasselbach, Kai: Individualrechtsschutz bei Verstößen deutscher Gesetze gegen das europäische Gemeinschaftsrecht, MDR 1994, S. 849-852.

zur Hausen, Götz Eike: Die deutschen Länder als Souffleure auf der Brüsseler Bühne?, EuR 1987, S. 322-332.

Heberlein, Horst: Maastricht - ein Erfolg für die kommunale Selbstverwaltung?, DVBl. 1994, S. 1213-1222.

Heckmann, Dirk/*Meßerschmidt*, Klaus (Hrsg.): Gegenwartsfragen des öffentlichen Rechts, Berlin 1988.

Heintzen, Markus: Die "Herrschaft" über die Europäischen Gemeinschaftsverträge - Bundesverfassungsgericht und Europäischer Gerichtshof auf Konfliktkurs?, AöR 119 (1994), S. 564-589.

Heinz, Eckhart: Europäische Zukunft - Bundesstaat oder Staatengemeinschaft?, DÖV 1994, S. 994-1000.

Herdegen, Matthias: Die Belastbarkeit des Verfassungsgefüges auf dem Weg zur Europäischen Union, EuGRZ 1992, S. 589-594.

Hess, Wolfgang: Die EG-Rundfunkrichtlinie vor dem Bundesverfassungsgericht, Anmerkungen zum Verfahren 2 BvG 1/89, AfP 1990, S. 95-100.

Hesse, Konrad: Grundzüge des Verfassungsrechts der Bundesrepublik Deutschland, 17. Auflage 1990.

Hilf, Meinhard: Zum Beschluß des Bundesverfassungsgerichts vom 19. Mai 1974, Auswirkungen auf die Gemeinschaftsrechtsordnung, ZaöRV 35 (1974), S. 51-66.

— EG-Außenkompetenzen in Grenzen, Das Gutachten des EuGH zur Welthandelsorganisation, EuZW 1995, S. 7-8.

— Europäische Union: Gefahr oder Chance für den Föderalismus in Deutschland, Österreich und der Schweiz?, VVDStRL 53 (1994), S. 8-25.

— Europäische Union und nationale Identität der Mitgliedstaaten, in: Randelzhofer, Albrecht/Scholz, Rupert, Wilke, Dieter (Hrsg.), Gedächtnisschrift für Eberhard Grabitz, München 1995, S. 157-170.

— Das Klagerecht des Europäischen Parlaments im Organstreit, EuR 1990, S. 273-280.

— Die Organisationsstruktur der Europäischen Gemeinschaften, Rechtliche Gestaltungsmöglichkeiten und Grenzen, Belin u.a. 1982.

— Solange II: Wie lange noch Solange?, Der Beschluß des Bundesverfassungsgerichts vom 22. Oktober 1986, EuGRZ 1987, S. 1-7.

— Thesen zur föderalen Balance, in: Weidenfeld, Werner (Hrsg.), Reform der Europäischen Union: Materialien zur Revision des Maastrichter Vertrags 1996, Gütersloh 1995, S. 223-225.

Hochbaum, Ingo: Kohäsion und Subsidiarität - Maastricht und die Länderkulturhoheit, DÖV 1992, S. 285-292.

— Politik und Kompetenzen der Europäischen Gemeinschaften im Bildungswesen, BayVBl. 1987, S. 481-490.

Hofmann, Hans: Die Ausgestaltung des Gesetzgebungsverfahrens nach der Reform des Grundgesetzes, NVwZ 1995, S. 134-138.

Horn, Hans-Detlev: "Grundrechtsschutz in Deutschland" - Die Hoheitsgewalt der Europäischen Gemeinschaften und die Grundrechte des Grundgesetzes nach dem Maastricht-Urteil des Bundesverfassungsgerichts, DVBl. 1995, S. 89-96.

Hrbek, Rudolf: Der Ertrag der "Verfassungsdebatte" von Maastricht: Ein Erfolg für den Föderalismus und die deutschen Länder?, in: Baur, Jürgen F. (Hrsg.), Europarecht - Energierecht - Wirtschaftsrecht, Festschrift für Bodo Börner zum 70. Geburtstag, Köln 1992, S. 125-149.

Hrbek, Rudolf/*Thaysen*, Uwe (Hrsg.): Die deutschen Bundesländer und die Europäischen Gemeinschaften, Baden-Baden 1986.

Hummer, Waldemar/*Simma*, Bruno/*Vedder*, Christoph/*Emmert*, Frank: Europarecht in Fällen, 2. Auflage, Baden-Baden 1994.

Ipsen, Hans Peter: Als Bundesstaat in der Gemeinschaft, in: von Caemmerer, Ernst/Schlochauer, Hans-Jürgen/Steindorff, Ernst (Hrsg.), Probleme des Europäischen Rechts, Festschrift für Walter Hallstein zum 65. Geburtstag, Frankfurt a. M. 1966, S. 248-265.

— Die europäische Integration in der deutschen Staatsrechtslehre, in: Baur, Jürgen F. (Hrsg.), Europarecht - Energierecht - Wirtschaftsrecht, Festschrift für Bodo Börner zum 70. Geburtstag, Köln 1992, S. 163-177.

— Europäisches Gemeinschaftsrecht, Tübingen 1972.

— Zehn Glossen zum Maastricht-Urteil, EuR 1994, S. 1-21.

Ipsen, Knut: Völkerrecht, 3. Auflage, München 1990.

Isensee, Josef/*Kirchhof*, Paul (Hrsg.): Handbuch des Staatsrechts der Bundesrepublik Deutschland, Band III 1988, Band VII 1992, Heidelberg.

Jarass, Hans/*Pieroth*, Bodo: Grundgesetz für die Bundesrepublik Deutschland, Kommentar, 2. Auflage, München 1992.

Jekewitz, Jürgen/*Klein*, Karl Heinz/*Kühne*, Jörg Detlef/*Petersmann*, Hans/*Wolfrum*, Rüdiger (Hrsg.): Des Menschen Recht zwischen Freiheit und Verantwortung, Festschrift für Karl Josef Partsch zum 75. Geburtstag, Berlin 1989.

Jickeli, Joachim: Der Binnenmarkt im Schatten des Subsidiaritätsprinzips, JZ 1995, S. 57-64.

Jooss, Gerhard/*Scheurle*, Klaus-Dieter: Die bundesstaatliche Ordnung im Integrationsprozeß - unter besonderer Berücksichtigung der EuGH-Rechtsprechung und der Rechtsschutzmöglichkeiten der Länder, EuR 1989, S. 226-236.

Kahl, Bruno: Europäische Union: Bundesstaat - Staatenbund - Staatenverbund?, Der Staat 33 (1994), S. 241-258.

Kahl, Wolfgang: Möglichkeiten und Grenzen des Subsidiaritätsprinzips nach Art. 3 b EG-Vertrag, AöR 118 (1993), S. 414-446.

Kalbfleisch-Kottsieper, Ulla: Föderalismus und Regionalismus in Europa. Die Europapolitik der deutschen Bundesländer, in: Freiburghaus, Dieter (Hrsg.), Die Kantone und Europa, Bern u.a. 1994, S. 145-156.

— Fortentwicklung des Föderalismus in Europa - vom Provinzialismus zur stabilen politischen Perspektive?, DÖV 1993, S. 541-551.

Kelsen, Hans: Die staatsrechtliche Durchführung des Anschlusses Österreichs an das Deutsche Reich, Zeitschrift für öffentliches Recht 1927, S. 329-352.

Kewenig, Wilhelm A.: Die Europäischen Gemeinschaften und die bundesstaatliche Ordnung der Bundesrepublik Deutschland, JZ 1990, S. 458-466.

Kirchhof, Paul: Deutsches Verfassungsrecht und Europäisches Gemeinschaftsrecht, EuR 1991, Beiheft 1, S. 11-25.

— Nach vierzig Jahren: Gegenwartsfragen an das Grundgesetz, JZ 1989, S. 453-465.

Kleffner-Riedel, Angelika: Die Mitwirkung der Länder und Regionen im EU-Ministerrat, BayVBl. 1995, S. 104-108.

— Regionalausschuß und Subsidiaritätsprinzip. Die Stellung der deutschen Bundesländer nach dem Vertrag über die Europäische Union, Frankfurt 1993, zugl. Jur. Diss. Univ. Würzburg, 1993.

Klein, Eckart (Hrsg.): Grundrechte, soziale Ordnung und Verfassungsgerichtsbarkeit, Festschrift für Ernst Benda zum 70. Geburtstag, München 1994.

— Die Kompetenz- und Rechtskompensation - Überlegungen zu einer Argumentationsfigur, DVBl. 1981, S. 661-667.

Klein, Eckart/*Haratsch*, Andreas: Neuere Entwicklungen des Rechts der Europäischen Gemeinschaften, 1. Teil, DÖV 1993, S. 785-798.

Klinke, Ulrich: Der Gerichtshof der Europäischen Gemeinschaften, Aufbau und Arbeitsweise, Baden-Baden 1989.

Kloepfer, Michael/*Merten*, Detlef/*Papier*, Hans-Jürgen/*Skouris*, Wassilios: Kontinuität und Diskontinuität in der deutschen Verfassungsgeschichte. Von der Reichsgründung bis zur Wiedervereinigung, Seminar zum 80. Geburtstag von Karl August Bettermann, Berlin 1994.

Knemeyer, Franz-Ludwig: Subsidiarität - Föderalismus, Dezentralisation, DVBl. 1990, S. 449-454.

Koch, Robert: Einwirkungen des Gemeinschaftsrechts auf das nationale Verfahrensrecht, EuZW 1995, S. 78-85.

König, Doris: Das Urteil des Bundesverfassungsgerichts zum Vertrag von Maastricht - ein Stolperstein auf dem Weg in die europäische Integration?, ZaöRV 54 (1994), S. 17-51.

Kössinger, Winfried: Die Durchführung des Europäischen Gemeinschaftsrechts im Bundesstaat, Berlin 1989, zugl. Jur. Diss. Univ. München, 1988.

Kokott, Juliane: Deutschland im Rahmen der Europäischen Union - zum Vertrag von Maastricht, AöR 119 (1994), S. 207-237.

Konow, Gerhard: Zum Subsidiaritätsprinzip des Vertrages von Maastricht, DÖV 1993, S. 405-412.

Kopp, Ferdinand: Verwaltungsgerichtsordnung, 10. Auflage, München 1994.

Kraußer, Hans Peter: Das Prinzip der begrenzten Ermächtigung im Gemeinschaftsrecht als Strukturprinzip des EWG-Vertrages, Berlin 1991, zugl. Jur. Diss. Univ. Erlangen 1991.

Kremer, Harry Andreas (Hrsg.): Die Landesparlamente im Spannungsfeld zwischen europäischer Integration und europäischem Regionalismus, München 1988.

Kruis, Konrad: Einige Gedanken über die bündische Sorge für das Grundgesetz, in: Badura, Peter/Scholz, Rupert (Hrsg.), Wege und Verfahren des Verfassungslebens, Festschrift für Peter Lerche zum 65. Geburtstag, München 1993, S. 475-486.

— Variationen zum Thema Kompetenzkompensation - Eine verfassungsrechtliche Bewertung der Bundessratsmitsprache nach Art. 2 des Gesetzes zur Einheitlichen Europäischen Akte vom 28. Februar 1986 -, in: Faller, Hans Joachim/Kirchhof, Paul/Träger, Ernst (Hrsg.), Verantwortlichkeit und Freiheit, Festschrift für Willi Geiger zum 80. Geburtstag, Tübingen 1989, S. 145-178.

Lambers, Hans-Jürgen: Subsidiarität in Europa - Allheilmittel oder juristische Leerformel?, EuR 1993, S. 229-242.

Lasok, Paul E.: The European Court of Justice, Practice and Procedure, 2. Auflage, London 1994.

Lautenschlager, Hans-Werner: Die Struktur der erweiterten Europäischen Union, EuR 1994, Beiheft 1, S. 127-146.

Lecheler, Helmut: Der nationale öffentliche Dienst und der europäische Binnenmarkt, BayVBl. 1989, S. 417-421.

Leidinger, Adalbert: Region und Selbstverwaltung, NWVBl. 1991, S. 325-332.

Lenz, Carl Otto (Hrsg.): EG-Vertrag, Kommentar, 1. Auflage, Köln u.a. 1994.

— Firnis oder Rechtsgemeinschaft? - Einschränkung des Vorlagerechts nach Art. 177 EWGV auf letztinstanzliche Gerichte?, NJW 1993, S. 2664-2665.

— Rechtsschutz im Binnenmarkt, NJW 1994, S. 2063-2067.

— Der Vertrag von Maastricht nach dem Urteil des Bundesverfassungsgerichts, NJW 1993, S. 3038-3039.

Lerche, Peter: Das Bundesverfassungsgericht und die Verfassungsdirektiven, AöR 90 (1965), S. 341-372.

Letzgus, Klaus/*Hill*, Hermann/*Klein*, Hans Hugo/*Kleinert*, Detlef/*Oschatz*, Georg-Berndt/*de With*, Hans (Hrsg.): Für Recht und Staat, Festschrift für Herbert Helmrich zum 60. Geburtstag, München 1994.

Lück, Michael: Die Gemeinschaftstreue als allgemeines Rechtsprinzip im Recht der Europäischen Gemeinschaft Baden-Baden 1992, zugl. Jur. Diss. Univ. Kiel 1991.

Magiera, Siegfried: Besprechung von Fastenrath: Auswärtige Gewalt, DÖV 1987, S. 745-746.

Magiera, Siegfried/*Merten*, Detlef (Hrsg.): Bundesländer und Europäische Gemeinschaft, Berlin 1988.

Mankowski, Peter: Einstweiliger Rechtsschutz und Vorlagepflicht nach Art. 177 Abs. 3 EWG-Vertrag, JR 1993, S. 402-406.

Mathijsen, Petrus: A Guide to European Union Law, 6. Auflage, London 1995.

Matthies, Heinrich: Empfiehlt es sich, die Bestimmungen des europäischen Gemeinschaftsrechts über den Rechtsschutz zu ändern oder zu ergänzen? Referat, in: Verhandlungen des 46. DJT, Band II, Sitzungsberichte, Teil G, Europarechtliche Arbeitsgemeinschaft, S. G 53 - G 96, Berlin u.a. 1966.

Matuschak, Holger: Die Bedeutung des neuen Art. 130s Abs. 2 EGV im Rahmen des EG-vertraglichen Umweltrechts, DVBl. 1995, S. 81-88.

Maunz, Theodor: Der Verfassungsstaat als Glied einer Europäischen Gemeinschaft, BayVBl 1990, S. 545-549.

Maunz, Theodor/*Dürig*, Günter: Grundgesetz. Kommentar, 4 Bände, Loseblattsammlung: Stand: 31. Lieferung Mai 1994, München.

Maurer, Hartmut (Hrsg.): Das akzeptierte Grundgesetz, Festschrift für Günter Dürig zum 70. Geburtstag, München 1990.

Meier, Gert: Die Beteiligung der Bundesländer an der Gesetzgebung der Europäischen Gemeinschaften - ein Ende der Diskussion?, ZRP 1987, S. 228-230.

— Einfluß auf das Europarecht: Die deutsche Selbstbeschränkung, EuZW 1995, S. 257.

Memminger, Gerhard: Bedeutung des Verfassungsrechtsstreits zur EG-Rundfunklinie, DÖV 1989, S. 846-850.

Menzel, Eberhard: Zur Revision des Grundgesetzes: Die Regelungen über die Auswärtige Gewalt, DÖV 1971, S. 528-540.

Merten, Detlef (Hrsg.): Föderalismus und Europäische Gemeinschaften, Berlin 1990.

Meyer-Teschendorf, Klaus: Die Vorschläge der Gemeinsamen Verfassungskommission zur Reform des Gesetzgebungsverfahrens, DÖV 1994, S. 766-777.

Middeke, Andreas/*Szczekalla*, Peter: Änderungen im europäischen Rechtsschutzsystem. Der Maastrichter Unionsvertrag und seine Auswirkungen auf die europäische Gerichtsbarkeit, JZ 1993, S. 284-292.

Millgramm, Karl-Heinz: Föderalismus und Individuum, DVBl. 1990, S. 740-748.

Mögele, Rudolf: Grundzüge der Rechtsordnung der Europäischen Gemeinschaften, BayVBl. 1989, S. 577-587.

Möschel, Wernhard: Subsidiaritätsprinzip und europäisches Kartellrecht, NJW 1995, S. 281-285.

— Zum Subsidiaritätsprinzip im Vertrag von Maastricht, NJW 1993, S. 3025-3028.

Morass, Michael: Regionale Interessen auf dem Weg in die Europäische Union. Strukturelle Entwicklung der Perspektiven der Interessenvermittlung österreichischer und deutscher Landesakteure auf dem Weg im Rahmen der Europäischen Integration, Schriftenreihe des Instituts für Föderalismusforschung, Band 60, Wien 1994.

Morawitz, Rudolf/*Kaiser*, Wilhelm: Die Zusammenarbeit von Bund und Ländern bei Vorhaben der Europäischen Union, Bonn 1994.

Müller, Helmut: Landeskompetenzen im Umweltrecht, BayVBl 1988, S. 289-293.

Müller, Lothar: Gemeinsame Grundzüge der europäischen Verfassungen, BayVBl. 1993, S. 513-517.

— Verfassungsrechtliche Fußnoten zum Maastrichter Vertrag über eine Wirtschafts- und Währungsunion, DVBl. 1992, S. 1249-1255.

Müller, Mechthild: Die Mitwirkung der Landesparlamente in Bundes- und Europaangelegenheiten, DÖV 1993, S. 103-107.

von Münch, Ingo (Hrsg.): Grundgesetzkommentar, München, 2. Auflage 1983.

— (Hrsg.): Staatsrecht - Völkerrecht - Europarecht, Festschrift für Hans-Jürgen Schlochauer zum 75. Geburtstag, Berlin u.a. 1981.

Murswiek, Dietrich: Maastricht und der pouvoir constituant, Der Staat 32 (1993), S. 161-190.

Nass, Klaus Otto: "Nebenaußenpolitik" der Bundesländer, EA 1986, S. 619-628.

Nenstiel, Volker: Das Rechtsschutzsystem des EWG-Vertrages vor und nach Maastricht, JR 1993, S. 485-493.

Neßler, Volker: Europäisches Gemeinschaftsrecht vor deutschen Gerichten, DVBl. 1993, S. 1240-1246.

— Die "neue Ländermitwirkung" nach Maastricht, EuR 1994, S. 216-229.

Nettesheim, Martin: Horizontale Kompetenzkonflikte in der EG, EuR 1993, S. 243-260.

Nicolaysen, Gert: Europarecht I, 1. Auflage, Baden-Baden 1991.

— Funktionalität und Kontrolle der Subsidiarität, in: Weidenfeld, Werner (Hrsg.), Reform der Europäischen Union: Materialien zur Revision des Maastrichter Vertrags 1996, Gütersloh 1995, S. 156-165.

— Ein neuer Weg zur Konkurrentenklage, Anmerkung zum EuGH-Urteil Rs. 169/84 vom 28.1.1986, EuR 1986, S. 261-265.

Niemeyer, Hans-Jörg: Erweiterte Zuständigkeiten für das Gericht erster Instanz der Europäischen Gemeinschaften, EuZW 1993, S. 529-531.

Nihoul, Paul: La recevabilité des recours en annulation introduits par un particulier à l'encontre d'un acte communautaire de portée générale, RTDE 30 (1994), S. 171-194.

Öhlinger, Theo: Ein Bundesstaat auf dem Weg in die Europäische Gemeinschaft. Verfassungsfragen eines künftigen Beitritts Österreichs zur EG, in: Letzgus, Klaus/Hill, Hermann/Klein, Hans Hugo/Kleinert, Detlef/Oschatz, Georg-Berndt/de With, Hans (Hrsg.), Für Recht und Staat, Festschrift für Herbert Helmrich zum 60. Geburtstag, München 1994, S. 379-394.

Oppermann, Thomas: Die dritte Gewalt in der Europäischen Union, DVBl. 1994, S. 901-908.

— Europarecht. Ein Studienbuch, München 1991.

Oppermann, Thomas/*Classen*, Claus Dieter: Europäische Union: Erfüllung des Grundgesetzes, Aus Politik und Zeitgeschichte 1993, Heft 28, S. 11-20.

— Die EG vor der Europäischen Union, NJW 1993, S. 5-12.

Ortlepp, Beate C.: Das Vertragsverletzungserfahren als Instrument zur Sicherung der Legalität im Europäischen Gemeinschaftsrecht, Baden-Baden 1987.

Oschatz, Georg-Berndt: Normsetzung der Länder in einem Europa der Regionen. Gesetzgebung oder Satzungserlaß?, ZG 5 (1990), S. 14-23.

Oschatz, Georg-Berndt/*Risse*, Horst: Bundesrat und Europäische Gemeinschaften-Neue Verfahrensregeln der Bundesrats -Geschäftsordnung für EG-Vorlagen, DÖV 1989, S. 509-519.

— Die Bundesregierung an der Kette der Länder? - Zur europapolitischen Mitwirkung des Bundesrates, DÖV 1995, S. 437-452.

— Europäische Integration und deutscher Föderalismus, EA 1988, S. 9-16.

Ossenbühl, Fritz: Maastricht und das Grundgesetz - eine verfassungsrechtliche Wende?, DVBl. 1993, S. 629-637.

— Probleme der Vefassungsreform in der Bundesrepublik Deutschland, DVBl. 1992, S. 468-477.

Paal, Ursel: Bundesrat und Außenpolitik, zugl. Jur. Diss. Univ. Würzburg 1983.

Palacio González, José: The Principle of Subsidiarity (A guide for lawyers with a particular community orientation), ELRev. 1995, S. 355-370.

Papier, Hans-Jürgen: Verfassungskontinuität und Verfassungsreform im Zuge der Wiedervereinigung, in: Kloepfer, Michael/Merten, Detlef/Papier, Hans-Jürgen/ Skouris, Wassilios (Hrsg.), Kontinuität und Diskontinuität in der deutschen Verfassungsgeschichte. Von der Reichsgründung bis zur Wiedervereinigung, Seminar zum 80. Geburtstag von Karl August Bettermann, Berlin 1994, S. 85-99.

Patrono, Mario: Die Rolle der Regionen in Italien und das Recht der EG, in: Schäffer, Heinz (Hrsg.), Wirtschaftsrecht und Europäische Regionen, Berlin 1994, S. 51-57.

Pechstein, Matthias: Subsidiarität der EG-Medienpolitik, DÖV 1991, S. 535-542.

Pernice, Ingolf: Carl Schmitt, Rudolf Semd und die europäische Integration, AöR 120 (1995), S. 100-120.

— Europäische Union: Gefahr oder Chance für den Föderalismus in Deutschland, Österreich und der Schweiz?, DVBl. 1993, S. 909-924.

Petersen, Ulrich: Zur Rolle der Regionen im künftigen Europa, DÖV 1991, S. 278-285.

Pfeiffer, Thomas: Keine Beschwerde gegen EuGH-Vorlagen?, NJW 1994, S. 1996-2002.

Philipp, Wolfgang: Ein dreistufiger Bundesstaat?, ZRP 1992, S. 433-438.

Pieper, Stefan Ulrich: Subsidiaritätsprinzip - Strukturprinzip der Europäischen Union, DVBl. 1993, S. 705-712.

Pieper, Thomas: Locke, Lindau, Luxemburg - Zur Behandlung der auswärtigen Gewalt in Staatstheorie und Verfassungsrecht, JA 1993, S. 42-52.

Rabe, Hans-Jürgen: Europäische Gesetzgebung - das unbekannte Wesen, NJW 1993, S. 1-5.

— Vorlagepflicht und gesetzlicher Richter, in: Bender, Bernd/Breuer, Rüdiger/ Ossenbühl, Fritz/Sendler, Horst (Hrsg.), Rechtsstaat zwischen Sozialgestaltung und Rechtsschutz, Festschrift für Konrad Redeker zum 70. Geburtstag, München 1993, S. 201-212.

Randelzhofer, Albrecht/*Scholz*, Rupert/*Wilke*, Dieter (Hrsg.): Gedächtnisschrift für Eberhard Grabitz, München 1995.

Rawlinson, William/*Cornwell-Kelly*, Malachy: European Community Law, A Practioner's Guide, 2. Auflage, London 1994.

Redeker, Konrad/*von Oertzen*, Hans-Joachim: Verwaltungsgerichtsordnung, Kommentar, 11. Auflage, Stuttgart u.a. 1994.

Rengeling, Hans Werner: Europa der Regionen, in: Becker, Bernd/Bull, Hans Peter/Seewald, Otfried (Hrsg.), Festschrift für Werner Thieme, zum 70. Geburtstag, Köln u.a. 1993, S. 445-459.

— Die Garantie der kommunalen Selbstverwaltung im Zeichen der europäischen Integration, DVBl. 1990, S. 893-903.

— Rechtsetzung der Europäischen Gemeinschaft und Kommunen, ZG 9 (1994), S. 277-296.

Rengeling, Hans-Werner/*Middeke*, Andreas/*Gellermann*, Martin: Rechtsschutz in der Europäischen Union, München 1994.

Rennert, Klaus: Der deutsche Föderalismus in der gegenwärtigen Debatte um eine Verfassungsreform, Der Staat 32 (1993), S. 269-286.

Ress, Georg: Das deutsche Zustimmungsgesetz zur Einheitlichen Europäischen Akte - Ein Schritt zur "Föderalisierung" der Europapolitik EuGRZ 1987, S. 361-367.

— Die Europäischen Gemeinschaften und der deutsche Föderalismus, EuGRZ 1986, S. 549-558.

Riegel, Reinhard: Gliedstaatkompetenzen im Bundesrat und Europäisches Gemeinschaftsrecht, DVBl. 1979, S. 245-251.

— Zum Verhältnis zwischen gemeinschaftsrechtlicher und innerstaatlicher Gerichtsbarkeit, NJW 1975, S. 1049-1057.

Röhl, Christian: Die Beteiligung der Bundesrepublik Deutschland an der Rechtssetzung im Ministerrat der Europäischen Union, EuR 1994, S. 409-444.

Rudolf, Walter: Das akzeptierte Grundgesetz, Europa und die Länder, in: Maurer, Hartmut (Hrsg.), Das akzeptierte Grundgesetz, Europa und die Länder, Festschrift für Günter Dürig zum 70. Geburtstag, München 1990, S. 145-158.

— Die Bundesländer und die europäische Einigung, in: Merten, Detlef (Hrsg.), Föderalismus und Europäische Gemeinschaften, Berlin 1990, S. 263-273.

— Bundesländer und Europäisches Gemeinschaftsrecht, in: von Münch, Ingo (Hrsg.), Staatsrecht - Völkerrecht - Europarecht, Festschrift für Hans-Jürgen Schlochauer zum 75. Geburtstag, Berlin u.a. 1981, S. 117-136.

— Bundesstaat und Völkerrecht, AVR 27 (1989), S. 1-30.

— Die deutschen Bundesländer und die Europäischen Gemeinschaften nach der Einheitlichen Europäischen Akte, in: Jekewitz, Jürgen/Klein, Karl Heinz/Kühne, Jörg Detlef/Petersmann, Hans/Wolfrum, Rüdiger (Hrsg.), Des Menschen Recht zwischen Freiheit und Verantwortung, Festschrift für Karl Josef Partsch zum 75. Geburtstag, Berlin 1989, S. 357-375.

Rupp, Hans Heinrich: Muß das Volk über den Vertrag von Maastricht entscheiden?, NJW 1993, S. 38-40.

Rybak, Hubertus/*Hofmann*, Hans: Verteilung der Gesetzgebungsrechte zwischen Bund und Ländern nach der Reform des Grundgesetzes, NVwZ 1995, S. 230-235.

Sannwald, Rüdiger: Die Reform der Gesetzgebungskompetenzen nach den Beschlüssen der Gemeinsamen Verfassungskommission von Bundestag und Bundesrat, DÖV 1994, S. 629-637.

— Die Reform des Grundgesetzes, NJW 1994, S. 3313-3320.

Schäffer, Heinz: Europa und die österreichische Bundesstaatlichkeit, Gedanken zur Bewahrung und Weitereintwicklung des Föderalismus im werdenden Europa, DÖV 1994, S. 181-195.

— (Hrsg.): Wirtschaftsrecht und Europäische Regionen, Berlin 1994.

Schambeck, Herbert: Rechtsfragen der Entwicklung der Europäischen Integration, ÖJZ 1993, S. 826-832.

Schede, Christian: Bundesrat und Europäische Union - Die Beteiligung des Bundesrates nach dem neuen Art. 23 des Grundgesetzes, Frankfurt u.a. 1884, zugl. Jur. Diss. Univ. Würzburg, 1994.

Schermers, Henry/*Waelbroeck*, Denis: Judicial protection in the European Communities, 5. Auflage, Deventer 1992.

Scheuner, Ulrich: Struktur und Aufgabe des Bundesstaats in der Gegenwart, DÖV 1962, S. 641-648.

Schink, Alexander: Die europäische Regionalisierung, DÖV 1992, S. 385-393.

Schleyer, Hanns-Eberhard: Subsidiarität und formalisierte Mitwirkungsrechte der Länder. Anmerkungen zum neuen "Europaartikel" Art. 23 GG, WM 47 (1993), S. 735.

Schmidhuber, Peter M.: Das Subsidiaritätsprinzip im Vertrag von Maastricht, DVBl. 1993, S. 417-422.

Schmidhuber, Peter M./*Hitzler*, Gerhard: Die Verankerung des Subsidiaritätsprinzips - ein wichtiger Schritt auf dem Weg zu einer föderalen Verfassung der Europäischen Gemeinschaft, NVwZ 1992, S. 720-725.

Schmidt-Aßmann, Eberhard: Empfiehlt es sich, das System des Rechtsschutzes und der Gerichtsbarkeit in der Europäischen Gemeinschaft weiterzuentwickeln?, JZ 1994, S. 832-840.

Schmidt-Bleibtreu, Bruno/*Klein*, Franz: Kommentar zum Grundgesetz für die Bundesrepublik Deutschland, Neuwied, Darmstadt, 7. Auflage 1990.

Schmidt-Jortzig, Edzard: Effektiver Rechtsschutz als Kernstück des Rechtsstaatsprinzips nach dem Grundgesetz, NJW 1994, S. 2569-2573.

Schneider, Jens-Peter: Effektiver Rechtsschutz Privater gegen EG-Richtlinien nach dem Maastricht-Urteil des Bundesverfassungsgerichts, AöR 119 (1994), S. 294-320.

Schoch, Friedrich: Die Europäisierung des Allgemeinen Verwaltungsrechts, JZ 1995, S. 109-123.

Scholz, Rupert: Europäische Union und deutscher Bundesstaat, NVwZ 1993, S. 817-824.

— Europäische Union und Verfassungsreform, NJW 1993, S. 1690-1692.

— Wie lange bis "Solange III?", NJW 1990, S. 941-946.

Schoo, Johann: Das Europäische Parlament und sein Verfassungsgericht - von der Vormundschaft zur Volljährigkeit, EuGRZ 1990, S. 525-533.

Schröder, Meinhard: Bundesstaatliche Erosionen im Prozeß der europäischen Integration, JöR 35 (1986), S. 83-102.

— Das Bundesverfassungsgericht als Hüter des Staates im Prozeß der europäischen Integration. Bermerkungen zum Maastricht-Urteil, DVBl. 1994, S. 316-325.

Schroeder, Werner: Alles unter Karlsruher Kontrolle?, Die Souveränitätsfrage im Maastricht-Urteil des BVerfG, ZfRV 1994, S. 143-157.

Schütz, Hans-Joachim: Verfassungsrechtliche Fragen der Teilhabe der deutschen Bundesländer an Entscheidungen in den Europäischen Gemeinschaften, BayVBl. 1990, S. 481-489, 518-524.

Schwan, Hartmut Heinrich: Die deutschen Bundesländer im Entscheidungssystem der Europäischen Gemeinschaften, Berlin 1982.

Schwarze, Jürgen: Das Staatsrecht in Europa, JZ 1993, S. 585-594.

Schweitzer, Michael: Beteiligung der Bundesländer an der europäischen Gesetzgebung, ZG 7 (1992), S. 128-148.

— Europäische Union: Gefahr oder Chance für den Föderalismus in Deutschland, Österreich und der Schweiz?, VVDStRL 53 (1994), S. 48-69.

Schweitzer, Michael/*Hummer*, Waldemar: Europarecht. Das Recht der Europäischen Gemeinschaften (EGKS, EWG, EAG) - mit Schwerpunkt EWG, 4. Auflage, Frankfurt 1993.

Sedemund, Jochim: Referat zum Thema: Empfiehlt es sich, das System des Rechtsschutzes und der Gerichtsbarkeit, insbesondere die Aufgaben der Gemeinschaftsgerichte und der nationalen Gerichte, weiterzuentwickeln, in: Verhandlungen des 60. DJT, Band II/1, München 1994, S. N 41-N 56.

Seidl-Hohenveldern, Ignaz: Constitutional Problems Involved in Austria's Accession to the EU, CMLRev. 1995, S. 727-741.

Sommermann, Karl-Peter: Staatsziel "Europäische Union" - Zur normativen Reichweite des Art. 23 Abs. 1 S. 1 GG n. F., DÖV 1994, S. 596-604.

Spanner, Hans: Zur Rechtskontrolle des bundesfreundlichen Verhaltens, DÖV 1961, 481-486.

Starck, Christian: Die deutschen Länder und die auswärtige Gewalt, in: Badura, Peter/Scholz, Rupert (Hrsg.), Wege und Verfahren des Verfassungslebens, Festschrift für Peter Lerche zum 65. Geburtstag, München 1993, S. 561-573.

Staudigl, Fritz: Zur Rolle der österreichischen Länder im europäischen Integrationsprozeß, AJPIL 45-46 (1993-94), S. 41-66.

— Die Teilnahme der österreichischen Länder am europäischen Integrationsprozeß, in: Freiburghaus, Dieter (Hrsg.), Die Kantone und Europa, Bern u.a. 1994, S. 157-184.

Graf Stauffenberg, Franz Ludwig/*Langenfeld*, Christine: Maastricht - ein Fortschritt für Europa?, ZRP 1992, S. 252-259.

Steinberg, Rudolf/*Britz*, Gabriele: Die Energiepolitik im Spannungsfeld nationaler und europäischer Regelungskompetenzen, DÖV 1993, S. 313-323.

Steiner, Josephine: Textbook on EEC Law, 4. Auflage, London 1994.

Stern, Klaus: Das Staatsrecht der Bundesrepublik Deutschland, Band I, 2. Auflage, München 1984.

— Das Staatsrecht der Bundesrepublik Deutschland, Band II, München 1980.

Stettner, Rupert: Die Tagung der Vereinigung der Deutschen Staatsrechtslehrer 1993 in Mainz, AöR 119 (1994), S. 321-355.

Stewing, Clemens: Das Subsidiaritätsprinzip als Kompetenzverteilung im Europäischen Recht, DVBl. 1992, S. 1516-1518.

Streinz, Rudolf: Die Auswirkungen des europäischen Gemeinschaftsrechts auf die Kompetenzen der deutschen Bundesländer, in: Heckmann, Dirk/Meßerschmidt, Klaus (Hrsg.), Gegenwartsfragen des öffentlichen Rechts, Berlin 1988, S. 15-51.

— Europarecht, 2. Auflage, Heidelberg 1995.

— Das Maastricht-Urteil des Bundesverfassungsgerichts, EuZW 1994, S. 329-333.

— Der Verfassungsstaat als Glied einer europäischen Gemeinschaft - zur Staatsrechtslehrertagung 1990, DVBl. 1990, S. 949-963.

Strohmeier, Rudolf W.: Die Auswirkungen des Maastrichter Vertrages auf die Regionen, BayVBl. 1993, S. 417-423.

— Möglichkeiten der Einflußnahme auf Entscheidungsprozesse der EG durch Bundesländer nach Einrichtung von Länderbüros in Brüssel, DÖV 1988, S. 633-637.

Tomuschat, Christian: Aller guten Dinge sind III?, EuR 1990, S. 340-361.

— Bundesstaats- und Integrationsprinzip in der Verfassungsordnung des Grundgesetzes, in: Magiera, Siegfried/Merten, Detlef (Hrsg.), Bundesländer und Europäische Gemeinschaft, Berlin 1988, S. 21-43.

Triantafyllou, Dimitris: Ist die Nichtigkeitsklage des Europäischen Parlaments eine Klage sui generis?, DÖV 1990, S. 1040-1046.

Ule, Carl Hermann: Anmerkung zu BVerwG, Beschluß vom 24.1.1985 - 2 C 98.81 -, DVBl. 1985, S. 745-746.

— Empfiehlt es sich, die Bestimmungen des europäischen Gemeinschaftsrechts über den Rechtsschutz zu ändern oder zu ergänzen? Gutachten, in: Verhandlungen des 46. DJT, Band I, Teil 4, Berlin 1966.

Umbach, Dieter/*Clemens*, Thomas (Hrsg.): Bundesverfassungsgerichtsgesetz, Mitarbeiterkommentar und Handbuch, Heidelberg 1992.

Vaucher, Marc: Réalité juridique de la notion de région communautaire, RTDE 30 (1994), S. 525-550.

Graf Vitzthum, Wolfgang: Der Föderalismus in der europäischen und internationalen Einbindung der Staaten, AöR 115 (1990), S. 281-304.

Voß, Ulrike/*Wenner*, Gregor: Der EuGH und die gemeinschaftsrechtliche Kompetenzordnung. Kontinuität oder Neuorientierung, NVwZ 1994, 332-337.

Freiherr Waitz von Eschen, Friedrich: Grundgesetz und internationale Zusammenarbeit, BayVBl. 1991, S. 321-328.

Weber, Albrecht: Die Bundesländer und die Reform der Gemeinschaftsverträge, DVBl. 1986, S. 800-806.

— Zur künftigen Verfassung der Europäischen Gemeinschaft. Föderalismus und Demokratie als Strukturelemente einer Europäischen Verfassung, JZ 1993, S. 325-330.

Weidenfeld, Werner: Reform der Europäischen Union: Materialien zur Revision des Maastrichter Vertrags 1996, Gütersloh 1995.

von Welck, Georg: Die Bundesländer und die Einheitliche Europäische Akte, München 1991, zugl. Jur. Diss. Univ. München, 1990.

Westerwelle, Guido: Auswärtiger Dienst der Länder ?, ZRP 1989, S. 121-125.

Wiedmann, Thomas: Föderalismus als europäische Utopie, AöR 117 (1992), S. 46-70.

Wiethoff, Claudia: Zur Bürgernähe in der Europäischen Gemeinschaft, in: Coen, Martin/Hölscheidt, Sven/Pieper, Stefan Ulrich (Hrsg.), Europa '93: Auf dem Weg zur Europäischen Union, Festschrift für Albert Bleckmann zum 60. Geburtstag, Berlin 1993, S. 319-332.

Wilhelm, Paul: Europa im Grundgesetz: Der neue Artikel 23, BayVBl. 1992, S. 705-710.

Winkelmann, Ingo: Innerstaatliche Kompetenzverteilung bei Vertragsabschlüssen in Angelegenheiten der Europäischen Union, DVBl. 1993, S. 1128-1136.

— (Hrsg.): Das Maastricht-Urteil des Bundesverfassungsgerichts vom 12. Oktober 1993. Dokumentation des Verfahrens mit Einführung, Berlin 1994.

Wittkowski, Ralf: Das Maastricht-Urteil des Bundesverfassungsgerichts vom 12.10.1993 als "Solange III"-Entscheidung, BayVBl. 1994, S. 359-363.

Wolf, Joachim: Die Revision des Grundgesetzes durch Maastricht, JZ 1993, S. 594-601.

Wuermeling, Joachim: Das Ende der " Landesblindheit": Der Ausschuß der Regionen nach dem neuen EG-Vertrag, EuR 1993, S. 196-211.

— Föderalismus und Regionalismus in Europa, Bericht über den Verfassungskongreß vom 14.-16. September 1989 in Bonn, BayVBl. 1990, S. 489-491.

Zbinden, Martin: Die Entwicklung der Stellung der Regionen in der Europäischen Gemeinschaft durch den Unionsvertrag, in: Freiburghaus, Dieter (Hrsg.), Die Kantone und Europa, Bern u.a. 1994, S. 91-118.

Zuleeg, Manfred: Anmerkung zu BVerfG, Urteil vom 22.3.1995 - 2 BvG 1/89 -, JZ 1995, S. 673-677.

— Die Europäische Gemeinschaft als Rechtsgemeinschaft, NJW 1994, S. 545-549.

— Der rechtliche Zusammenhalt der Europäischen Gemeinschaft, in: Blomeyer, Wolfgang/Schachtschneider, Karl Albrecht (Hrsg.), Die Europäische Union als Rechtsgemeinschaft, Berlin 1995, S. 9-36.

— Die Stellung der Länder im europäischen Integrationsprozeß, DVBl. 1992, S. 1329-1337.

Zumschlinge, Konrad: Informationsbüros der Bundesländer in Brüssel, Die Verwaltung 1989, S. 217-236.

Entscheidungsverzeichnis

Die Fundstellen der in dieser Arbeit zitierten Entscheidungen sind kursiv hervorgehoben.

A. Entscheidungen des Europäischen Gerichtshofs

10.05.1960	Verb. Rs. 3-18, 25, 26/58 (Barbara Erzbergbau u.a./Hohe Behörde), Slg. 1960, S. 373-479; *S. 45 f., 174, 198.*
15.07.1960	Rs. 25/59 (Niederlande/Hohe Behörde), Slg. 1960, S. 743-817; *S. 176.*
16.12.1960	Rs. 6/60 (Humblet/Belgien), Slg. 1960, S. 1163-1230; *S. 93.*
18.05.1962	Rs. 13/60 (Gleitling u.a./Hohe Behörde), Slg. 1962, S. 177-288; *S. 174.*
12.07.1962	Verb. Rs. 42, 49/59 (Breedband), Slg. 1962, S. 289-345; *S. 182.*
12.07.1962	Verb. Rs. 9, 12/60 (Belgien/Vloberghs und Hohe Behörde), Slg. 1962, S. 347-394; *S. 181.*
14.12.1962	Verb. Rs. 16, 17/62 (Confédération nationale des producteurs de fruits et légumes u.a./Rat), Slg. 1962, S. 961-1002; *S. 48, 174.*
05.02.1963	Rs. 26/62 (Van Gend & Loos), Slg. 1963, S. 1-61; *S. 115, 205.*
27.03.1963	Verb. Rs. 28-30/62 (Da Costa), Slg. 1963, S. 63-99; *S. 194.*
15.07.1963	Rs. 25/62 (Plaumann/Kommission), Slg. 1963, S. 211-269; *S. 50, 52, 72, 89.*
12.05.1964	Rs. 101/63 (Wagner), Slg. 1964, S. 417-452; *S. 76.*
02.07.1964	Rs. 103/63 (Rhenania u.a./Kommission), Slg. 1964, S. 913-936; *S. 36, 150 f.*
15.07.1964	Rs. 6/64 (Costa/ENEL), Slg. 1964, S. 1251-1311; *S. 115, 190, 202, 205.*
04.02.1965	Rs. 20/64 (Albatros), Slg. 1965, S. 46-74; *S. 92, 190.*

01.03.1966	Rs. 48/65 (Lütticke/Kommission), Slg. 1966, S. 27-48; *S. 149.*
30.06.1966	Rs. 61/65 (Vaassen-Goebbels/Beamtenfonds), Slg. 1966, S. 583-618; *S. 125.*
15.10.1969	Rs. 16/69 (Kommission/Italien), Slg. 1969, S. 377-391; *S. 163.*
12.11.1969	Rs. 29/69 (Stauder), Slg. 1969, S. 419-430; *S. 113.*
10.12.1969	Verb. Rs. 10, 18/68 (Eridania u.a./Kommission), Slg. 1969, S. 459-504; *S. 89, 149.*
17.02.1970	Rs. 31/69 (Kommission/Italien), Slg. 1970, S. 25-45; *S. 162.*
05.05.1970	Rs. 77/69 (Kommission/Belgien), Slg. 1970, S. 237-247; *S. 31, 114, 163.*
06.10.1970	Rs. 9/70 (Franz Grad/Finanzamt Traunstein), Slg. 1970, S. 825-858; *S. 59, 72.*
18.11.1970	Rs. 15/70 (Chevalley/Kommission), Slg. 1970, S. 975-985; *S. 36, 151.*
18.11.1970	Rs. 8/70 (Kommission/Italien), Slg. 1970, S. 961-973; *S. 114, 163.*
17.12.1970	Rs. 25/70 (Einfuhr und Vorratsstelle für Getreide Frankfurt/ Firma Köster, Berodt und Co Hamburg), Slg. 1970, S. 1161-1181; *S. 191.*
17.12.1970	Rs. 26/70 (Einfuhr und Vorratsstelle für Getreide Frankfurt/ Günter Henck Hamburg), Slg. 1970, S. 1183-1194; *S. 191.*
17.12.1970	Rs. 11/70 (Internationale Handelsgesellschaft), Slg. 1970, S. 1125-1160; *S. 115.*
31.03.1971	Rs. 22/70 (Kommission/Rat), "AETR", Slg. 1971, S. 263-295; *S. 60, 72.*
26.10.1971	Rs. 15/71 (Mackprang/Kommission), Slg. 1971, S. 797-810; *S. 150 f., 154.*
23.11.1971	Rs. 62/70 (Bock/Kommission), Slg. 1971, S. 897-917; *S. 51.*
15.12.1971	Verb. Rs. 51-54/71 (International Fruit Company u.a./ Kommission), Slg. 1971, S. 1107-1126; *S. 52.*
08.03.1972	Rs. 42/71 (Nordgetreide/Kommission), Slg. 1972, S. 105-116; *S. 149.*

21.03.1972	Rs. 82/71 (Staatsanwaltschaft Italien/SAIL Bari), Slg. 1972, S. 119-154; *S. 191.*
15.06.1972	Rs. 5/72 (Grassi), Slg. 1972, S. 443-455; *S. 212.*
15.01.1974	Rs. 134/73 (Holtz & Willemsen/Rat), Slg. 1974, S. 1-16; *S. 154.*
14.05.1974	Rs. 4/73 (Nold), Slg. 1974, S. 491-516; *S. 113.*
08.10.1974	Rs. 175/73 (Union Syndicale/Rat), Slg. 1974, S. 917-931; *S. 88.*
18.11.1975	Rs. 100/74 (CAM/Kommission), Slg. 1975, S. 1393-1418; *S. 54.*
26.02.1976	Rs. 52/75 (Kommission/Italien), Slg. 1976, S. 277-290; *S. 31, 114, 161, 163.*
08.04.1976	Rs. 43/75 (Defrenne II), Slg. 1976, S. 455-493; *S. 224.*
17.02.1977	Rs. 66/76 (CFDT/Rat), Slg. 1977, S. 305-314; *S. 74.*
31.03.1977	Rs. 88/76 (Société pour l'exportation des sucres/Kommission), Slg. 1977, S. 709-739; *S. 54.*
05.05.1977	Rs. 101/76 (Koninklijke Scholten Honig/Rat und Kommission), Slg. 1977, S. 797-814; *S. 48, 51.*
09.03.1978	Rs. 106/77 (Simmenthal II), Slg. 1978, S. 629-658; *S. 115, 205.*
16.03.1978	Rs. 123/77 (Unicme/Rat), Slg. 1978, S. 845-854; *S. 120, 126.*
11.04.1978	Rs. 95/77 (Kommission/Niederlande), Slg. 1978, S. 863-878; *S. 161.*
03.05.1978	Rs. 112/77 (Töpfer/Komission), Slg. 1978, S. 1019-1040; *S. 54.*
18.01.1979	Verb. Rs. 103-109/78 (Société des Usines de Beauport u.a./Rat), Slg. 1979, S. 17-33; *S. 174.*
13.02.1979	Rs. 85/76 (Hoffmann-La Roche/Kommission), Slg. 1979, S. 461-601; *S. 71, 164.*
06.03.1979	Rs. 92/78 (Simmenthal/Kommission), Slg. 1979, S. 777-830; *S. 50, 127.*
28.03.1979	Rs. 90/78 (Granaria/Rat und Kommission), Slg. 1979, S. 1081-1101; *S. 154.*
28.03.1979	Rs. 175/78 (Saunders), Slg. 1979, S. 1129-1145; *S. 190.*
29.03.1979	Rs. 113/77 (NTN u.a./Rat), Slg. 1979, S. 1185-1275; *S. 174.*
29.03.1979	Rs. 121/77 (Nachi Fujikoshi/Rat), Slg. 1979, S. 1363-1386; *S. 51.*

05.04.1979	Rs. 148/78 (Ratti), Slg. 1979, S. 1629-1656; *S. 59, 72, 243.*
11.07.1979	Rs. 60/79 (Fédération Nationale des Producteurs de Vins de Table/Kommission), Slg. 1979, S. 2429-2433; *S. 154.*
25.09.1979	Rs. 232/78 (Kommission/Frankreich), Slg. 1979, S. 2729-2748; *S. 115.*
18.10.1979	Rs. 125/78 (GEMA/Kommission), Slg. 1979, S. 3173-3202; *S. 36, 150 f.*
26.06.1980	Rs. 136/79 (National Panasonic/Kommission), Slg. 1980, S. 2033-2070; *S. 71, 165, 194.*
29.10.1980	Rs. 138/79 (Roquette Frères/Rat), Slg. 1980, S. 3333-3391; *S. 52, 74, 76 f.*
29.10.1980	Rs. 139/79 (Maizena GmbH/Rat), Slg. 1980, S. 3393-3426; *S. 77.*
02.12.1980	Rs. 42/80 (Kommission/Italien), Slg. 1980, S. 3635-3642; *S. 114, 163.*
13.05.1981	Rs. 66/80 (S. p. A. International Chemical Corporation/ Amministrazione delle Finanze dello Stato), Slg. 1981, S. 1191-1239; *S. 191, 196.*
15.09.1981	Rs. 208/80 (Lord Bruce of Donington), Slg. 1981, S. 2205-2228; *S. 76.*
11.11.1981	Rs. 60/81 (IBM/Kommission), Slg. 1981, S. 2639-2668; *S. 48, 60.*
19.01.1982	Rs. 8/81 (Becker/Finanzamt München Innenstadt), Slg. 1982, S. 53-84; *S. 59.*
25.03.1982	Rs. 45/81 (Moksel Import-Export/Kommission), Slg. 1982, S. 1129-1153; *S. 57.*
26.05.1982	Rs. 44/81 (Bundesrepublik Deutschland und Bundesanstalt für Arbeit/Kommission), Slg. 1982, S. 1855-1889; *S. 47, 72.*
10.06.1982	Rs. 246/81 (Lord Bethell), Slg. 1982, S. 2277-2299; *S. 36, 150 f.*
10.06.1982	Rs. 255/81 (R.A. Grendel GmbH/Finanzamt für Körperschaften in Hamburg), Slg. 1982, S. 2301-2317; *S. 191.*
06.10.1982	Rs. 283/81 (C.I.L.F.I.T.), Slg. 1982, S. 3415-3442; *S. 194.*
06.10.1982	Rs. 307/81 (Alusuisse/Rat und Kommission), Slg. 1982, S. 3463-3479; *S. 54.*

28.10.1982	Rs. 135/81 (Groupement des Agences de Voyages/Kommission), Slg. 1982, S. 3799-3817; *S. 88.*
14.12.1982	Verb. Rs. 314-316/81, 83/82 (Waterkeyn), Slg. 1982, S. 4337-4370; *S. 163, 166, 172, 218.*
15.12.1982	Rs. 211/81 (Kommission/Dänemark), Slg. 1982, S. 4547-4573; *S. 162.*
10.02.1983	Rs. 230/81 (Luxemburg/Parlament), Slg. 1983, S. 255-325; *S. 114.*
01.03.1983	Rs. 301/81 (Kommission/Belgien), Slg. 1983, S. 467-481; *S. 114, 163.*
14.07.1983	Rs. 231/82 (Spijker Kwasten/Kommission), Slg. 1983, S. 2559-2571; *S. 50, 55.*
22.09.1983	Rs. 271/82 (Ministère Public/Auer), Slg. 1983, S. 2727-2753; *S. 59.*
04.10.1983	Rs. 191/82 (Fediol/Kommission), Slg. 1983, S. 2913-2950; *S. 52, 88.*
10.04.1984	Rs. 14/83 (von Colson und Kamann/Land Nordrhein-Westfalen), Slg. 1984, S. 1891-1920; *S. 37, 62, 64, 189, 191, 195.*
28.06.1984	Rs. 180/83 (Moser), Slg. 1984, S. 2539-2551; *S. 92, 190.*
11.07.1984	Rs. 222/83 (Gemeinde Differdange/Kommission), Slg. 1984, S. 2889-2906; *S. 43 f., 46, 131, 133, 136, 139, 153.*
17.10.1984	Verb. Rs. 83, 84/84 (N.M./Kommission), Slg. 1984, S. 3571-3576; *S. 151.*
17.10.1984	Rs. 135/84 (F.B./Kommission), Slg. 1984, S. 3577-3580; *S. 48.*
17.01.1985	Rs. 11/82 (Piraiki-Patraiki/Kommission), Slg. 1985, S. 207-250; *S. 50 f.*
13.02.1985	Rs. 293/83 (Gravier/Stadt Lüttich), Slg. 1985, S. 593-615; *S. 155.*
13.03.1985	Verb. Rs. 296, 318/82 (Niederlande und Leuwaarder Papierwarenfabriek/Kommission), Slg. 1985, S. 809-827; *S. 50.*
20.03.1985	Rs. 264/82 (Timex/Rat und Kommission), Slg. 1985, S. 849-871; *S. 52, 83, 129.*
28.03.1985	Rs. 215/83 (Kommission/Belgien), Slg. 1985, S. 1039-1055; *S. 163.*

22.05.1985	Rs. 13/83 (Europäisches Parlament/Rat), Slg. 1985, S. 1513-1603; *S. 76 f., 150 f.*
22.05.1985	Rs. 33/84 (Fragd/Italien), Slg. 1985, S. 1605-1620; *S. 129.*
10.07.1985	Rs. 118/83 (CMC/Kommission), Slg. 1985, S. 2325-2353; *S. 36, 150.*
15.01.1986	Rs. 52/84 (Kommission/Belgien), Slg. 1986, S. 89-106; *S. 114.*
28.01.1986	Rs. 169/84 (Cofaz/Kommission), Slg. 1986, S. 391-417; *S. 49 f., 83.*
26.02.1986	Rs. 152/84 (Marshall/Southampton and South-West Hampshire Area Health Authority (Teaching)), Slg. 1986, S. 723-751; *S. 60.*
13.03.1986	Rs. 296/84 (Sinatra), Slg. 1986, S. 1047-1065; *S. 92, 190.*
23.04.1986	Rs. 294/83 (Les Verts), Slg. 1986, S. 1339-1373; *S. 72, 77, 82, 110.*
30.04.1986	Verb. Rs. 209-213/84 (Asjes), Slg. 1986, S. 1425-1473; *S. 190.*
15.05.1986	Rs. 222/84 (Johnston/Chief Constable of the Royal Ulster Constabulary), Slg. 1986, S. 1651-1694; *S. 71.*
03.07.1986	Rs. 66/85 (Lawrie-Blum/Baden-Württemberg), Slg. 1986, S. 2121-2148; *S. 32, 37, 188, 191, 195, 198, 202, 229.*
03.07.1986	Rs. 34/86 (Rat/Europäisches Parlament), Slg. 1986, S. 2155-2214; *S. 77.*
10.07.1986	Rs. 270/84 (Assunta Licata/Wirtschafts- und Sozialausschuß), Slg. 1986, S. 2305-2319; *S. 77.*
10.07.1986	Rs. 149/85 (Wybot), Slg. 1986, S. 2391-2411; *S. 76.*
10.07.1986	Rs. 282/85 (DEFI/Kommission), Slg. 1986, S. 2469-2482; *S. 89, 129, 133.*
22.10.1986	Rs. 75/84 (Metro/Kommission), Slg. 1986, S. 3021-3096; *S. 49 f.*
24.02.1987	Rs. 26/86 (Deutz und Geldermann/Kommission), Slg. 1987, S. 941-953; *S. 54.*
12.03.1987	Rs. 176/84 (Kommission/Griechenland), Slg. 1987, S. 1193-1226; *S. 44, 162.*
12.03.1987	Rs. 178/84 (Kommission/Deutschland), "Reinheitsgebot", Slg. 1987, S. 1227-1277; *S. 125, 162.*

17.03.1987	Rs. 333/85 (Mannesmann-Röhrenwerke/Rat), Slg. 1987, S. 1381-1411; *S. 52.*
20.05.1987	Verb. Rs. 233-235/86 (Champlor/Kommission), Slg. 1987, S. 2251-2256; *S. 54.*
11.06.1987	Rs. 14/86 (Pretore di Salò), Slg. 1987, S. 2545-2571; *S. 60, 190.*
09.07.1987	Verb. Rs. 281, 283-285, 287/85 (Deutschland u.a./Kommission), Slg. 1987, S. 3203-3258; *S. 91, 148.*
22.10.1987	Rs. 314/85 (Foto-Frost/Hauptzollamt Lübeck-Ost), Slg. 1987, S. 4199-4235; *S. 196.*
08.03.1988	Verb. Rs. 62, 72/87 (Exécutif régional wallon und SA Glaverbel/Kommission), Slg. 1988, S. 1573-1599; *S. 44 f., 46, 51 f., 55, 57, 87, 92, 121, 124, 133, 136, 139, 141, 153, 166, 177, 198.*
07.06.1988	Rs. 20/85 (Roviello/Landesversicherungsanstalt Schwaben), Slg. 1988, S. 2805-2854; *S. 77.*
20.09.1988	Rs. 190/87 (Oberkreisdirektor des Kreises Borken/Moormann), Slg. 1988, S. 4689-4726; *S. 59.*
22.09.1988	Rs. 45/87 (Kommission/Irland), Slg. 1988, S. 4929-4966; *S. 31.*
27.09.1988	Rs. 302/87 (Europäisches Parlament/Rat), "Comitologie", Slg. 1988, S. 5615-5645; *S. 62, 65, 74-80, 85, 89, 94 f., 133.*
02.02.1989	Rs. 94/87 (Kommission/Deutschland), Slg. 1989, S. 175-193; *S. 26, 114, 160.*
14.02.1989	Rs. 247/87 (Star Fruit/Kommission), Slg. 1989, S. 291-302; *S. 36, 150.*
29.06.1989	Verb. Rs. 250/86, 11/87 (RAR/Rat und Kommission), Slg. 1989, S. 2045-2048; *S. 50.*
11.07.1989	Rs. 265/87 (Schräder), Slg. 1989, S. 2237-2273; *S. 103.*
21.09.1989	Verb. Rs. 46/87, 227/88 (Hoechst AG/Kommission), Slg. 1989, S. 2859-2935; *S. 71.*
06.12.1989	Rs. C-147/86 (POIFXG), Slg. 1989, S. 4103-4109; *S. 32, 182.*
14.03.1990	Rs. C-156/87 (Gestetner Holdings/Rat und Kommission), Slg. 1990 I, S. 781-846; *S. 52.*

22.05.1990	Rs. C-70/88 (Europäisches Parlament/Rat), "Tschernobyl", Zwischenurteil, Slg. 1990 I, S. 2041-2075; *S. 42, 70, 72 f., 80-87, 90, 94, 96, 105, 110, 134 ff., 141, 157, 168.*
12.06.1990	Rs. C-8/88 (Deutschland/Kommission), Slg. 1990 I, S. 2321-2366; *S. 62, 64, 109, 164.*
19.06.1990	Rs. C-213/89 (Factortame), Slg. 1990 I, S. 2433-2475; *S. 115.*
26.06.1990	Rs. C-152/88 (Sofrimport/Kommission), Slg. 1990 I, S. 2477-2513; *S. 52, 54.*
13.07.1990	Rs. C-2/88 (Zwartveld), Slg. 1990 I, S. 3365-3375; *S. 43, 72.*
20.09.1990	Rs. C-5/89 (Kommission/Deutschland), Slg. 1990 I, S. 3437-3459; *S. 26, 160.*
28.02.1991	Rs. C-57/89 (Kommission/Deutschland), Slg. 1991 I, S. 883-933; *S. 160.*
16.05.1991	Rs. C-358/89 (Extramet Industries/Rat), Slg. 1991 I, S. 2501-2533; *S. 57 f.*
11.06.1991	Rs. C-300/89 (Kommission und Europäisches Parlament/Rat), Slg. 1991 I, S. 2867-2902; *S. 148.*
04.10.1991	Rs. C-70/88 (Europäisches Parlament/Rat), Endurteil, Slg. 1991 I, S. 4529-4568; *S. 148.*
17.10.1991	Rs. C-58/89 (Kommission/Deutschland), Slg. 1991 I, S. 4983-5030; *S. 57 f., 160.*
19.11.1991	Verb. Rs. C-6/90, C-9/90 (Francovich), Slg. 1991 I, S. 5357-5418; *S. 60, 73, 224.*
06.02.1992	Rs. C-77/91 (Kommission/Italien), Slg. 1992 I, S. 557-564; *S. 179.*
08.07.1992	Rs. C-270/91 (Kommission/Italien), Slg. 1992 I, S. 4421-4430; *S. 162.*
09.07.1992	Rs. C-2/90 (Kommission/Belgien), Slg. 1992 I, S. 4431-4481; *S. 26, 31, 160 f., 165, 199.*
17.03.1993	Rs. C-155/91 (Kommission/Rat), Slg. 1993 I, S. 939-970; *S. 179.*
29.06.1993	Rs. C-298/89 (Gibraltar/Rat), Slg. 1993 I, S. 3605-3657; *S. 45 f., 133, 136, 153, 199, 202, 234.*
30.06.1993	Verb. Rs. C-181/91, C-248/91, (Europäisches Parlament/Rat und Kommission) Slg. 1993 I, S. 3685-3721; *S. 42, 85.*

B. Entscheidungen des Bundesverfassungsgerichts

12.10.1993 2 BvR 2134, 2159/92, "Maastricht", BVerfGE 89, S. 155-213; *S. 91, 102, 148, 205, 241.*

22.03.1995 2 BvG 1/89, "Fernsehrichtlinie", EuZW 1995, S. 277-284 = JZ 1995, S. 669-673; *S. 27 f., 144-148, 236 f., 239 f., 251.*

92,– 4/6